근대교육 형성기의 모성 담론

한용진 감수 | 채성주 저

학지사

이 저서는 2007년 정부(교육인적자원부)의 재원으로
한국학술진흥재단의 지원을 받아 출판되었음(KRF-2007-B00054)

감수자 서문

한 사람의 학자(學者)를 길러 내기 위해서는 최소한 30년 이상의 세월이 필요하다. 어쩌면 학자는 만들어지는 것이 아니라, 천명(天命)에 의해 하늘이 내는 것이며, 하늘이 허락하는 것일지도 모르겠다. 그런데 인명은 재천(在天)이라 하늘이 준 것을 하늘이 거두어 간다고 하더라도 이 또한 천명(天命)일 것이니 인간의 힘으로 어찌할 수 없을 것이다. 중용에서는 천명을 성(性)이라 하고[天命之謂性], 이러한 성을 따르는 것, 즉 솔성(率性)이 바로 사람의 길[率性之謂道]이라 하였으며, 교육이란 바로 이러한 사람의 길을 닦는 것[修道之謂教]이라 하지 않았던가? 2007년 추석 연휴가 끝난 9월 27일, 이른 아침에 채성주 박사의 동생으로부터 "어제 저녁 교통사고로 형이 세상을 떠났다."는 소식을 전해 듣고는 망연자실(茫然自失), 새삼 공자가 훌륭한 제자 안회(顔回)를 잃고 가슴 아파하던 모습이 떠올랐다.

자식을 낳아 기르는 부모의 마음에 열 손가락 깨물어 아프지 않은 손가락이 없다고 하지만, 다른 한편으로 손이 더 가는 아이와 덜 가는 아이가 있듯이 제자들 중에도 수제자와 애제자가 있게 마련이다. 농담처럼 수제자는 스승의 뜻을 앞서가는 제자인 데 반해, 애제자는

애 먹이는 제자라고 학생들에게 말한 적이 있었다. 물론 채성주 박사는 항상 자신의 일을 반듯하게 처리하면서 나의 학문적 시각을 넓혀 주는 학문적 동지이며, 청출어람(青出於藍)의 본보기가 되는 수제자(首弟子)였다.

채성주 박사가 나에게 찾아와 제자가 되기를 원하였던 1997년 봄은 나 역시 신참내기 교수였고, 교육철학 및 교육사 분야에 대한 학생들의 관심이 그다지 높지 않았을 때였다. 나는 일주일 동안 전공 선택에 대하여 좀 더 고민하고 찾아오라 말하였고, 그는 내 말에 순순히 되돌아갔다가 다시 찾아와 흔들림 없이 전공을 공부하던 학생이었다. 많은 지도학생을 거느리기보다는 단 한 사람이라도 공부하고 싶은 사람을 지도하고 싶었던 나의 교육신조를 이해해 준 동지(同志)였다. 맹자의 군자삼락(君子三樂)처럼 천하의 영재를 얻어 함께 배우고 성장하는 교학상장(教學相長)의 즐거움을 선사해 준 학문적 동반자(同伴者)였다.

사실 우리 사회에서 교육철학 및 교육사는 교육학의 꽃이라기보다는 교육학의 뿌리 혹은 밑둥이라 할 수 있다. 많은 사람들이 꽃과 열매에 탐닉할 때에 오히려 튼튼한 뿌리가 되어 묵묵히 나무가 건강히 자랄 수 있도록 영양분을 공급해 주는 것이 바로 기초학문으로서 교육철학 및 교육사의 역할이기도 하다. 화무십일홍(花無十日紅)으로 화려한 꽃은 계절에 따라 피고 지지만, 튼튼한 뿌리는 세월이 흐를수록 더욱 굳건해진다. 기초의학이 없는 임상의학의 발달을 생각할 수 없듯이 교육학에 꼭 필요한 근간(根幹)이 되는 학문에 그는 온 정성을 다 바쳤고, 그 역작이 바로 『근대교육 형성기의 모성 담론』으로 빛을 보게 되었다.

이 책은 2006년 8월 채성주 박사의 박사학위 논문 유고집이다. 채성주 박사는 많은 사람들이 이름이나 논문의 주제에서 쉽게 오해하는 것처럼 여성학자가 아니라, 세 형제의 맏아들이며, 부인과 두 아들을 둔 단란한 가정의 가장이었다. 이미 석사학위 논문에서도 1920년대 여성교육을 연구한 바 있는 채성주 박사는 대부분의 페미니즘 연구가 여성에 의해 이루어지는 것을 보완하기 위하여, 남성에 의한 여성교육 연구자라는 독특한 입지를 구축하였다.

채성주 박사는 이 책에서 근대적 모성(motherhood)에 대하여 논하고 있다. 그리고 그 기본논리는 모성이라는 개념이 사회적, 역사적으로 구성되며, 근대적 모성 담론은 가정과 교육에 대한 인식 변화를 배경으로 하고 있다는 것이다. 교육사적 접근을 통해 모성의 역사적 변화와 근대적 모성론의 등장을 논하면서, 기본적으로 근대적 모성에는 가부장적 시선의 입장과 여성의 주체적 모성론이 작용해왔음을 밝히고 있다.

전자의 가부장적 모성론은 남성중심적 가치판단에 따라 여성들의 연대 가능성을 봉쇄하고 어머니 노릇을 사회적으로 고립된 노동으로 만들고 있는 데 반해, 후자의 주체적 모성론은 여성 스스로 근대적 모성의 교육적 역할을 수용하는 모습을 보여 주고 있다. 가부장적 모성 담론은 도구적 모성론과 계몽적 모성론을 이루는 데 반해, 주체적 모성론은 봉건성과 근대성이 가부장 체제 속에서 공존하는 현실에서 여성 스스로 주체로서의 지위를 모색하려는 저항의 의미도 담고 있다. 그러나 근대적 모성에 대한 여성의 주체적 전략은 그 적극적 가능성에도 불구하고 학교교육에 대한 보조노동자라는 함정도 가지고 있기에, 모성이 갖는 가능성과 함정을 적극 이해하여 개선하고자 노력해야 한다는 것이 이 책에서 말하고자 하는 바이다.

최근 우리 사회에서 진행되는 기러기 현상은 자녀교육에 관한 모성의 비대해진 권력을 의미하는 것일 수도 있다. '좋은 어머니'와 '나쁜 어머니'에 대한 가치판단을 교육 본래의 입장에서 다시 돌아보고, 모성의 교육적 기능이 어머니–자녀 관계, 나아가 부모–자녀 관계에서 중요한 갈등을 유발하는 원인임을 확인하고 동시에 그 해답을 이 책에서 찾을 수 있다면 무척 다행이라 생각된다.

비록 그가 2007년 9월 26일 저녁, 불의의 교통사고로 유명을 달리하였으나, 이와는 무관하게 이 논문은 한국교육학회 2007년도 박사학위 논문상에 선정되었고 또한 한국학술진흥재단의 박사학위 논문간행지원사업의 지원을 받게 되었다. 이러한 사회적 평가는 적어도 이 논문이 단지 누군가를 기리기 위하여 유고집의 형태로 간행되는 것이 아니라, 바로 그 내용의 우수성으로 인해 모성에 관심을 갖는 모든 사람들에게 읽을 가치가 있는 책이기에 간행되는 것임을 입증해 주는 것이기도 하다.

"호랑이는 죽어서 가죽을 남기고 사람은 죽어서 이름을 남긴다."고 하지만, 누군가에게 의미 있는 업적을 남기고 세상을 떠난다는 것은 빈손으로 온 세상에 큰 족적을 남기고 가는 것이라 할 수 있다. 현대사회에서 모성의 교육적 논의가 보다 활발히 논의됨으로써 고인의 모성 담론에 담긴 교육적 뜻이 더욱 펼쳐지기를 기대해 본다.

2008년 12월

지도교수 한용진

차 례

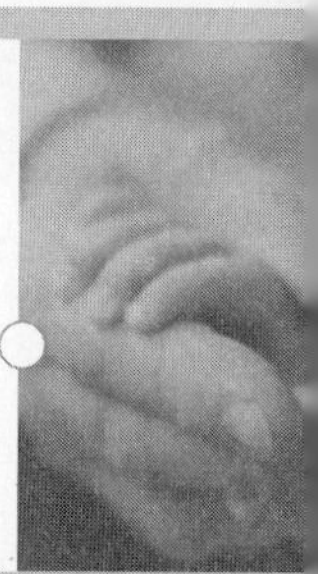

제 1 장

모성 담론의 출발점

오늘날 우리 사회에서 논의되는 교육문제의 중심에는 여성, 즉 '어머니로서의 여성'이 있다. 이는 단순히 자녀에 대한 어머니의 영향력이 어떠한 교육적 결과를 산출할 수 있는가 하는 학문적 논의에 국한되는 것이 아니라 가정과 학교, 사회 등의 모든 교육의 장(場)에 걸쳐 '어머니로서의 여성'이 교육 행위를 진행하고 이해하는 전제로서 위치하고 있음을 의미한다. 일례로, 우리는 학교교육에서 '보조적인 교육 노동자'로 받아들여지는 어머니를 일상적으로 마주한다. 자녀를 대신한 교실 청소를 비롯한 등굣길 교통정리, 어머니 급식당번 등 학교교육의 현장에서 발생하는 사소한 '돌봄노동(care work)'에 당연하게 '어머니로서의 여성'이 동원된다.

국민 개개인의 교육받을 권리를 보장해야 한다는 인권적 측면에서 기원하는 의무교육(compulsory education)의 초등교육 수준부터 학교와 국가가 보조적 위치로 어머니를 '자연스럽게' 동원하는 것은 이중으로 문제가 된다. 우선, 동원 대상으로 규정되는 여성과 그 가정에 대해 의식적 · 무의식적으로 '정상적' 모성을 규정한다는 문제가 있다. 최근 학교의 부당한 어머니 노동력 동원에 문제를 제기하고 나선 '어머니 급식당번제 폐지를 위한 모임'(cafe.daum.net/momcy)은 "학부모 급식당번제가 지난 10년간 '모든 가정에는 비장애인이고 집에서 노는 존재로 언제든지 동원 가능한 어머니가 있다.'는 전제하에 실시되었고 이로 인해 장애인, 한부모, 조손(祖孫) 가족의 아이들이 상처를 받는 것은 물론 직장모와 전업주부모 간의 갈등까지 부추기고 있다."[1]며 학부모 급식당번제의 폐지를 주장하고 나섰다. 이들의 주장에서 정확히 지적되고 있듯이 학교를 통한 어머니 노동력의 동원은 '정상적인 정신적 · 육체적 능력을 소유한 전업주부로서의 어머니가 언제나 자녀의 교육을 위해 준비된 상태로 대기하고 있다.'는 근대 자본주의적 핵가족의 신화를 '정상화(normalize)'하고 있다. 그리고 현실에서 존재할 수 있는 다양한 결합방식의 가족과 모성을 '정상성'의 대립항인 '비정상성'으로 규정하는 폭력을 행사한다. 또한 교육현장에서 피교육자인 자녀들에게 '어머니는 이러해야 한다.'는 당위적 명제로서 정상적 모성이 재생산된다는 측면[2]에서 지극히 비교육적이

1) 최서영, '학교급식 학부모 강제 동원, 이제 그만', 「프레시안」(www.pressian.com), 2005년 4월 7일.

2) 여성부가 주관한 한 조사연구에 따르면, "아버지는 직업을 가지고 어머니는 가정을 돌보는 것이 좋다."라는 명제에 대한 부모-자식 간의 의견 일치율은 전체적으로 70%를 상회하였다(아빠-아들 76.5%, 아빠-딸 70.8%, 엄마-아들 71.4%, 엄마-딸 70.1%). 여성부, 「전국가족조사 및 한국가족보고서」(연구보고 2003-24), 2003, 148쪽. 이는 '정상적' 가족 및 모성에 대한 가치관의 세대 간 재생산이 높은 비율로 이루어짐을 의미하는 한편, 딸에 비해 아들에

라고 할 수 있다.

교육을 통해 폭력적 영향력을 행사하게 되는 '정상적 모성'의 부담은 급격한 출산율 저하 현상으로 이어진다. 1960년대 6명가량이던 우리나라의 합계출산율은 1983년 인구대체수준이라고 하는 2.1명으로 감소한 후, 2005년에는 사상 최저인 1.08명을 기록하여 세계 최저 출산국으로 분류되었다. 합계출산율 저하의 원인에는 여러 가지가 있지만 '한국사회에서 어머니가 되는 것이 주는 부담'이 중요한 원인의 하나로 지적되고 있다.[3] 이는 2005년 미 · 기혼 남녀들을 대상으로 한 '결혼과 출산에 대한 인식조사'에서도 잘 드러나고 있다. 무자녀 기혼자들은 '출산 시 고려사항'에 대해 '장래 자녀 교육비용과 성장환경'(38.3%), '탁아 · 육아 비용'(38.3%), '육아를 담당할 사람'(12.8%) 등으로 응답하였다. 또한 '실제로 도움이 되는 저출산 대책'에 대한 질문에 대해서도 54%의 응답자가 '국공립 육아 · 탁아시설 증설'을 선택하였고, '저소득층 자녀의 고등학교까지의 무상교육 실시'(51%), '만 5세 미만의 영유아 보육료 지원'(49.2%) 등의 순서로 나타났다.[4] 여기에서 알 수 있듯이 우리 사회에서 심각한 사회문제로 부각되고 있는 합계출산율의 급격한 저하 현상의 중요 원인으로 지적되는 '어

게 재생산되는 비율이 상대적으로 높게 나타나고 있음을 고려한다면 양성평등교육의 측면에서도 모성의 '정상성'은 극복되어야 하는 과제임을 암시한다는 사실을 알 수 있다.

3) 조주은, "엄마인 게 행복한 대한민국'은 불가능한가', 「프레시안」 (www.pressian.com), 2005년 11월 2일.

4) 이상은 한국리서치가 2005년 11월 16일 25~39세 가임연령기의 전국 남녀 502명을 대상으로 한 조사결과다. 최서영, '애 못 낳는 이유 1위, 교육 · 육아비', 「프레시안」 (www.pressian.com), 2005년 11월 17일.

머니 되기의 부담'의 근저에는 '어머니가 자녀교육을 전담해야 한다.'는 명제가 도사리고 있다. 간혹 사회적 시선이 집중되곤 하는 미국으로의 원정출산 역시 근대교육에 전제되어 있는 모성의 왜곡된 표현이라고 할 수 있다. 즉, 현 교육체제에 불만을 느끼는 이들이 원정출산을 통해 자녀의 미국 시민권을 확보하고, 조기 영어교육을 거쳐 손쉽게 미국 교육체제로 편입되고자 하는 것이다. 미국으로의 원정출산이나 조기유학에 대한 논의는 대체로 성 중립적인 어조로 부모 양쪽을 겨냥하는 듯이 다루어지지만, 그러한 사회적 논의 이면에는 행위 주체인 '어머니－여성'에 대한 충고나 경고가 함축되어 있다. 한편 조기유학이나 원정출산에 대한 비판적 시각도 대부분 아동에게 미치게 될 부정적 영향력이나 '정상적' 가족의 유지가능성에 집중됨으로써 실제 행위 주체인 어머니의 경험은 목소리를 얻고 있지 못하게 된다.[5] 결국 오늘날 교육은 중요한 여성문제의 한 축이 되고 있고 모성이 그 매개체가 되고 있다.

명문대학으로의 진입을 목적으로 하는 자녀들의 학교교육을 일종의 '프로젝트'로 인식하면서 명확한 '투자' 개념을 도입한다는 소위

5) LG카드가 2005년 11월 전국의 기혼남녀 396명을 설문조사한 결과를 보면, 응답자의 54.8%가 '자녀를 이미 조기유학 보냈거나 여건이 허락한다면 보낼 의향이 있다.'고 대답했고, 부모 중 한 사람이 한국에 남으면 어느 쪽이 남는 것이 합리적인지에 대한 질문에 대해 79.5%가 아버지라고 지적하면서, '안정적인 경제적 뒷받침'(65.1%), '자녀의 건강이나 정서적 안정을 위해서는 어머니가 옆에 있는 것이 유리'(21.9%) 등을 그 이유로 꼽았다. 즉, 어머니가 자녀교육을 전담해야 한다는 신화는 가부장적 · 자본주의적 경제체제와 강한 연계성을 보여 주고 있는 것이다. 황희경, '기혼남녀 절반, "자녀 조기유학 보낼 의향"', 「한겨레신문」, 2005년 12월 5일 참고.

'강남 대치동 엄마'[6]나 비인간적 입시 위주의 교육환경에 저항하면서 공동체적인 교육 품앗이를 지향하는 소위 '강북 품앗이 엄마'[7]나 교육목적에 대한 이해의 대립에도 불구하고 '교육을 전담하는 모성'의 역할 모델을 내면화시키고 있다는 공통점을 보이고 있다. 나아가 '맹모삼천지교(孟母三遷之敎)'나 사임당 신씨, 한석봉의 어머니 등은 이렇게 교육에 열성적인 오늘날의 어머니들에게 한편 비판의 근거가 되면서도 다른 한편으로 정당화의 근거가 되는 '전통'으로 불리고 있다.

지금까지도 어김없이 훌륭한 어머니로 호명되는 이들은 과연 오늘날 어머니들을 비출 수 있는 모델로서의 보편성을 갖춘 존재라고 할 수 있을까? 만약 가정과 교육이 연결되는 모습이 지금과 다른 형태가 가능하다면, 오늘날 우리의 일상에서 보이는 양태는 과연 어떤 과정 속에서 도출된 것인가? 결국 오늘날 교육의 근저에 형성되어 있는 이러한 모성상은 어디에서 기원하는 것인가?

1960년대 '치맛바람'이라는 용어가 부정적인 모성을 표상하면서 등장한 이래 오늘날까지도 '사교육'이나 '교육열'이라는 용어 속에는 모성에 대한 교육적 기대 내지는 비판이 함축되어 있다.[8] 즉, 교육

---

6) 김은실, 『(사교육 1번지) 대치동 엄마들의 입시전략』(서울: 이지북, 2004) 참고.

7) 최서영, "'강남 대치동 엄마' vs '강북 품앗이 엄마'", 「프레시안」(www.pressian.com), 2005년 5월 14일.

8) '치맛바람'이 전적으로 부정적 의미를 내포하는 용어인 데 반해, '교육열'은 상대적으로 긍정적 가치를 부여하기 위한 노력까지 포괄하는 용어다. 이종각, 『교육열 올바로 보기』(서울: 원미사, 2003) 참고. 그렇지만 여기에서도 '교육열'의 주된 쟁점은 '어머니'에게서 부각되고 있다. 교육열의 실질적인 담지자가 어머니라는 사실을 지적하는 연구로는 김희복, 「학부모 문화 연구」, 서울대학교 교육학과 박사학위 논문, 1992; 추병식, 「집단 순응과 대리 만족의 교

이라는 현상을 둘러싼 각종 담론들은 각기 그를 정당화해 줄 수 있는 '모성'에 대한 담론들과 연결고리를 형성하고 있는 것이다. 오늘날 우리가 일상적으로 마주하게 되는 교육문제의 복잡한 실타래 한가운데에 위치하는 모성을 교육과 새로운 관계를 형성하게 되는 시공간 속에서 고찰하는 것이 필요한 것이다.

이 책에서는 모성(motherhood)이라는 개념[9])이 사회적 · 역사적으

육열」, 『교육사회학연구』 제9권 제1호, 1999, 17－30쪽 등 참고.

9) 모성(motherhood)은 여성학 내부에서도 문제적인 개념이다. 대체로 모성에 대한 페미니스트들의 분석은 (1) 모성의 '실재들'이 그것들의 지배적 재현과 어떻게 분기하는가, (2) 어머니 노릇의 경험이 보여 주는 다양성 그리고 (3) 여성해방을 위한 투쟁으로써뿐만 아니라 하나의 세력권(a site of strength)으로 모성을 그려 낼 수 있다는 것 등에 초점을 맞추고 진행되었다. Erica Burman, 'Motherhood', Lorraine Code (Ed.), *Encyclopedia of Feminist Theories* (London & New York: Routledge, 2000.), p. 352.

모성은 'motherhood'와 'maternity'의 두 가지 영어 단어의 번역어다. 'motherhood'는 'the quality or state of being a mother'를, 'maternity'는 'the quality or state of being a pregnant' 내지는 'the qualities belonging to or associated with motherhood'를 의미한다. 즉, 'maternity'가 어머니가 될 수 있는 여성의 생물학적 능력을 의미한다면, 'motherhood'는 어머니가 된다는 것의 의미까지를 내포하는 사회적 개념이라고 할 수 있다. 천성림, 「1920 · 30년대 중국지식인의 '모성'담론과 '모성보호' 인식」, 『중국사연구』 제24집, 2003. 6, 211쪽.

독일어에는 '임신, 출산, 육아를 통한 어머니'라는 상태를 지칭하는 Mütterlichkeit와 '어머니 고유의, 혹은 어머니적 됨됨이'를 표현하는 Müttershaft가 모두 모성으로 번역될 수 있다. 한편 박희경은 '어머니'는 물리적인 지시 대상을 가리킬 뿐 아니라, 담론과 경험 그리고 이미지까지 포함하는 다층적 차원을 갖는다고 이야기하면서, 개개 어머니들을 표상하는 수식어들은 모성 담론의 의미망이 개인의 경험 이전에 주어져 있음을 가리킨다고 지적한다. 박희경, 「모성담론에 부재하는 어머니」, 『페미니즘 연구』 창간호, 2001, 223－224쪽.

한편 일본에서는 '母心' '母態' '母權' 등의 단어로 번역해 사용하다가, 1916년 모성보호논쟁의 발단이 된 요사노 아키코(與謝野晶子)의 논문 「母性偏重を

로 구성되고 변화된다는 전제에서 출발하여, 오늘날까지도 '어머니'라는 단어와 가장 밀접하게 연관되면서도 '경험으로서의 모성'10)의 측면에서 가장 억압적인 동시에 가장 자랑스럽게 여겨지는 '교육'을 중심으로 모성 담론에 접근하고자 한다. 그러므로 이를 위하여 '근대적 모성 담론에 투영된 교육적 기능'에 대해 고찰하는 것을 목적으로 한다. 이러한 연구 목적을 달성하기 위하여 일차적으로 모성을 둘러

排す」(『太陽』)이 처음으로 '모성'이라는 단어를 사용한 것으로 추정된다. 중국의 경우에는 1920년대에 이르러 모성이 사회적 이슈가 되는데, 모성보호의 의미를 갖는 '母權'이나 출산, 육아 등 어머니로서의 임무를 가리키는 '母職' 등이 더 일반적으로 사용되었다. 천성림, 앞의 글, 211-212쪽. 우리의 경우에는 일반적으로 '어머니' '어미' 등이 사용되다가 일본에서의 모성보호논쟁이 소개되고, 엘렌 케이(Ellen Key)의 이론이 소개되면서 '모성'이라는 단어가 일반화된 것으로 보인다.

이 책에서 사용하는 '모성'(motherhood)과 '어머니 노릇(mothering)'은 한 개인이 다른 개인을 돌보고 양육하는 관계이며, 생물학적 측면만이 아니라 이데올로기와 같은 사회문화적 측면을 포괄하는 개념이다. 또 어머니 노릇이 여성에게 일차적인 정체성의 기반으로 강요되는 경우를 강조하기 위하여 '어머니-여성'이라는 용어를 사용하였다.

10) 이 용어는 아드리엔느 리치(Adrienne Rich)가 사용한 이후, 최근 여성사 연구에서 중요한 이슈로 부각되고 있다. Adrienne Rich, 김인성 역 『더 이상 어머니는 없다: 모성의 신화에 대한 반성』(서울: 평민사, 1995); 안태윤, 「일제하 모성에 관한 연구-전시체제와 모성의 식민화를 중심으로」, 성신여자대학교 박사학위 논문, 2001; 이연정, 「모성론에 관한 비판적 고찰」, 서울대학교 사회학과 석사학위 논문, 1994 참고. 한편 모성 담론은 페미니즘적 입장에 서 있는 교육철학에서도 중요한 논쟁거리다. 이에 대해서는 Sara Ruddick, 이혜정 역, 『모성적 사유: 전쟁과 평화의 정치학』(서울: 철학과 현실사, 2002); Nel Noddings, *Caring, a Feminine Approach to Ethics & Moral Education* (Berkeley: University of California Press, 1984.); Nel Noddings, 추병완·박병춘·황인표 공역, 『배려교육론』(서울: 다른우리, 2002) 참고.

싼 사회문화적 담론이 구축되는 양상에 초점을 맞추고자 한다. 그러나 모성 담론에서 생물학적 측면과 사회문화적/이데올로기적 측면을 명확하게 구분한다는 것이 쉽지 않을뿐더러 모성 담론 전체에 접근하는 데 긍정적인 것만도 아니다. 여성의 육체 그 자체가 가부장제의 토대이기 때문에[11] '모성'의 생물학적 측면 역시 가부장적 지배체제 속에서 억압되고 희생된다. 따라서 모성에 대한 접근에서 어느 한쪽만을 부각시키는 것은 오히려 모성 담론을 왜곡할 수 있다. 결국 생물학적 모성도 끊임없이 재편되는 가부장 체제로부터 자유롭지 못하다. 모성의 생물학적 측면과 사회문화적 측면 모두를 아우르는 기획이 바로 교육이었으며, 근대교육은 모성을 새롭게 규정하면서 전개되었다. 이러한 작업은 근대적 모성이 구성되는 지층을 고찰할 수 있도록 해 줄 뿐 아니라, 전통적 어머니와 근대적 어머니가 서로 마주하고 갈등하는 모습을 도드라지게 할 수 있을 것이다.

그럼에도 불구하고 교육현상에서 모성이 차지하는 중요성에 비해 '모성'을 교육사적인 측면에서 고찰하려는 직접적인 시도는 거의 찾아보기 어렵다. 다만 교육사 연구 영역에서 '모성'이 간접적인 방식으로 다루어지는 경우는 크게 두 가지로 구분될 수 있을 것이다.

우선 '모성'이 중심주제의 하나로 다루어질 수밖에 없는 가정교육 및 아동교육에 대한 교육사적 연구가 있다. 실제 모습을 분명하게 보여 주는 사료가 부족한 현실 속에서 교육인류학적 접근 방법을 통해 전통 가정교육을 재구성하려는 시도[12]나 가훈과 여훈서의 내용

11) Adrienne Rich, 위의 책, 54쪽.

12) 김영철, 「"구운몽"에 나타난 전통 가정교육」, 서울대학교 교육학과 박사학위 논문, 1996. (『전통 가정교육 연구』(서울: 문음사, 1998)로 출간됨).

을 통한 접근,[13] 철학적 · 사상사적 측면에서의 접근[14] 등은 기존의 학교 중심적 교육사 연구 경향에 비추어 볼 때 참신한 시도라고 평가할 수 있다. 그러나 전통적 가정교육의 긍정적 측면을 부각시키고자 하는 연구 관점 때문에 가정교육의 중요한 주체로서 '어머니'를 인정하면서도 유교의 여성관 내지는 모성관에서 파생하는 성차별적 주제를 부각시키지 못하고 있다는 한계점이 드러난다. 젠더에 대한 맹점(blind point)에서 파생되는 이러한 한계는 아동교육을 다루고 있는 연구들에서도 그대로 반복되고 있다.[15] 그러나 중국 전통의 태교론과 유아교육론을 다루면서 『예기(禮記)』와 「내칙(內則)」편에 드러나는 모(姆)의 존재를 부각시키려는 안경식의 연구[16]는 주목할 만한 성과라고 할 수 있다.

교육사 연구 영역에서 '모성'이 부각되는 또 다른 사례는 여성교육에 대한 연구에서 찾아볼 수 있다. 손직수의 『조선시대여성교육연구』[17]를 비롯한 연구 성과들이 여기에 해당된다. 조선시대의 각종 여성교훈서를 중심으로 한 여성교육이나 근대 이후 제기되는 '현모양처' 교육에 대한 연구로 범주화될 수 있는 연구에서 '모성'은 여성이 교육대상으로 가시화될 수 있었던 근거로 평가된다. 그러나 '모성'을 근

13) 손인수, 『韓國人의 家庭敎育』(서울: 문음사, 1992).

14) 이계학 · 유혜령 · 손직수 · 이홍우, 『한국인의 전통가정교육사상』(성남: 한국정신문화연구원, 1993).

15) 유안진, 『한국 전통사회의 유아교육』(서울: 서울대학교 출판부, 1990); 류점숙, 『전통사회의 아동교육』(대구: 중문, 1994); 안경식, 『한국 전통 아동교육사상』(서울: 학지사, 2005) 참고.

16) 안경식, 위의 책.

17) 손직수, 『조선시대여성교육연구』(서울: 성균관대학교 출판부, 1982).

거로 여성교육이 실시될 수 있었다는 사실에 초점을 맞출 경우, 그것이 가부장적 사회체제의 요구에서 비롯되었다는 점이 은폐될 수 있다.

한편 최근 여성학 분야에서 모성에 대한 역사적 연구를 찾아볼 수 있다. 신영숙[18]이나 전경옥 등의 연구 성과[19] 등 일제 강점기의 여성사 연구에서 '모성'은 여성의 지위와 의식을 결정짓는 중요한 요인으로 제기되고 있다. 여성은 스스로 정체성을 형성하지 못하고 남성과의 관계 속에서 규정된다는 시몬 드 보부아르(Simone de Beauvoir)의 지적[20]에서 드러나듯이, 여성학적 입장을 표방하는 연구 성과들은 조선 사회가 개화기에 접어들기 시작하면서 새롭게 '어머니상'이 구성되고 일제 강점기를 거치면서 타자화되는 과정을 추적하고 있다.

특히 최근 '모성'을 주제로 한 안태윤의 연구 성과[21]에서는 기존의 모성에 대한 연구가 현모양처 담론을 형성해 내는 주체세력을 남성주체, 식민지배세력, 여성주체 등으로 구분하지 못하면서 여성이 식민세력과 남성들에 의해 이중으로 식민화되고 타자화된다는 점을

---

18) 신영숙, 「일제하 한국여성사회사 연구」, 이화여자대학교 박사학위 논문, 1989.

19) 전경옥 · 변신원 · 박진석 · 김은정, 『한국여성근현대사 1: 개화기－1945년 한국여성문화사』(서울: 숙명여자대학교 출판국, 2004). 특히 '모성 담론과 모성에 대한 의구심' 참고.

20) "여자들은 … '우리들'이라고는 하지 않는다. 남자들은 '여자들'이라고 부른다. 그리고 여자들은 이 말을 자기네들을 가리키는 것으로서 받아들인다." Simone de Beauvoir, 조홍식 역, 『제2의 성』(서울: 을유문화사, 1993), 17쪽 참고.

21) 안태윤, 「일제하 모성에 관한 연구－전시체제와 모성의 식민화를 중심으로」, 성신여자대학교 박사학위 논문, 2001.

충분히 부각시키지 못하였고, 시기적으로는 1930년대 말부터 본격화되는 일본 제국주의의 전쟁 동원 체계에서 시행된 모성 이데올로기를 통한 여성 동원을 설명하지 못한다는 점 그리고 경험으로서의 모성을 고려하지 못하였다는 점 등을 문제점으로 지적하였다.[22] 시기적으로 현재에 중점을 두면서 '모성'이라는 주제에 사회적 · 역사적인 측면에서 접근을 시도한 연구들도 지속적으로 나타나고 있다.[23] 이런 연구 성과는 여성학적 시각을 전면에 내세움으로써 젠더 지향적 모성 이해를 가능하게 한다는 장점을 보여 준다. 특히 여성학 내부에서의 '모성' 이데올로기를 둘러싼 논쟁을 기반으로 현재의 교육과의 연관을 고려하는 접근법은 교육학 영역에도 많은 시사점을 준다고 평가할 수 있다.

그러나 교육과 모성이 근대적으로 재편되는 역동적인 생성 과정에 대한 관심의 부족으로 가부장적 사회체제가 모성을 억압적 현실로 만들게 되었다는 도식적 평가를 크게 벗어나지 못한다는 한계를 드러내기도 한다. 특히 현재 드러나는 모성 갈등을 중심으로 한 여

---

22) 안태윤, 위의 글, 10－11쪽.

23) 심영희 · 정진성 · 윤정로 공편, 『모성의 담론과 현실: 어머니의 성 · 삶 · 정체성』(서울: 나남출판, 1999); 윤택림, 『한국의 모성』(서울: 미래인력연구센터, 2001); 조성숙, 『'어머니'라는 이데올로기: 어머니의 경험세계와 자아찾기』(서울: 한울, 2002). 여성학 영역에서 '모성'이 어머니－자녀 관계를 중심으로 한 젠더 지향적 연구를 시도하고 있다면, 이에 대한 대칭축으로서 어머니－아들, 나아가 아버지－아들의 관계 형성에 대한 연구 성과도 있다. 전인권, 『남자의 탄생』(서울: 푸른숲, 2003)과 김영진, 『한국의 아들과 아버지』(서울: 황금가지, 2001) 참고. 전자는 연구자 자신의 사례를 객관화하면서, 후자는 정신의학적 사례를 인용하면서 가부장적 체계 속에서 성 정체성 형성의 문제를 제기한다.

성사 연구는 모성 개념이 근대라는 계기를 중심으로 다양하게 표출되는 양상을 충분히 그려 내지 못하고 있다. 모성을 역사적인 구성체로 설정하고 그 변화 양상을 추적하는 작업 역시 의미 있는 작업이기는 하지만 그 결과로 도출되는 일련의 단계적 모성론은 서로 이질적 요소가 뒤섞여 나타나는 현재의 우리에게 교육적 측면에서 문제를 던져 주고 있는 '어머니'를 설명하기에 부족한 점이 있다. '비동시성의 동시성'이라는 말에서 드러나듯이 우리가 흔히 사용하는 개념들 그리고 우리에게 규정적 힘으로 작용하는 담론들은 낯설고 이질적인 것들이 서로 덧칠하기를 반복하면서 형성된다. 근대교육의 기저에는 서로 평등한 개별 주체에게 권능을 부여함으로써 해방적 기능을 수행한다는 전제가 함의되어 있고, 이렇게 형성된 '개인'은 근대 여성해방론의 등장 기반이기도 하였다.

모성은 양성(兩性) 모두에게 억압적 · 수동적인 동시에 해방적 · 능동적인 개념이다. '어머니'는 여성을 억압하는 가부장적 기획이면서도 여성 스스로 능동적으로 재구성해 온 전략적 거점이기도 하다. 즉, 여성으로 하여금 자아의 희생을 받아들이게 하면서 가부장적 기획에 포획되는 개념으로 작용하면서도 동시에 여성 스스로 새로운 권력 관계를 만들어 나가는 출발점이 되기도 한다. 남성 역시 여성을 모성에 가두었다고 인식하는 바로 그 지점에서 스스로 그 안에 갇혀 버리고 마는 것이다. 그리고 이렇게 모성을 둘러싸고 억압과 해방이 서로 교차되도록 하는 요인의 한가운데 '교육'이 자리 잡고 있다. 이렇게 상호 대립적 담론이 어우러져 있는 모성을 이해하기 위해서는 지금 우리가 익숙하게 받아들이고 있는 '어머니'가 재편되는 시점을 살펴볼 필요가 있다. 교육과 모성을 인과관계가 아닌 상관관계 속에서 접근한다면 각각은 서로를 새롭게 조명해 줄 수 있는 계기를 마련해 줄 것이다.

이 책에서는 연구방법에 있어 문헌자료를 이용한 역사적 담론 분석 방법을 사용하고자 하며 이를 위하여 개화기 이후 등장한 신문과 잡지를 사료로 선택하였다. 그리고 이런 사료는 크게 세 가지 범주로 구분될 수 있다. 즉, 담론 형성 주체에 따라 가부장적 시각을 드러내고 있는 논의와 성 중립적 입장을 표방하는 논의 그리고 여성 자신의 목소리를 엿볼 수 있는 사료로 나누어질 수 있다.

실제 어머니의 삶이 어떠했는지, 그 삶에서 어머니는 실제로 어떠한 교육적 역할을 수행했는지는 사료를 통해 접근하기도 어렵고 주된 관심사도 아니다. 이러한 문제 역시 모성 논쟁에서 중요한 문제이기는 하지만 개별 주체들의 통약 불가능한 경험을 부각시켜 보는 작업은 본 연구의 문제의식과는 거리가 있기 때문이다.

모성 담론의 근대적 재편성에서 나타나는 교육(학)적 영향력을 살펴보기 위하여 미셸 푸코(Michel Foucault)가 제기하였던 계보학적 비판, 즉 특정 담론이 다른 체계를 구성하는 규범적인 담론과 실천에 가하는 효과를 측정하는 접근법[24)]을 전제하고자 한다. 푸코에 따르면 담론은 권력과 앎이 서로 결부되는 지점이며, 담론의 세계에 받

---

24) Michel Foucault, 이정우 역, 『담론의 질서』(서울: 새길, 1993), 45쪽. 푸코가 "한 문화가 사물들 상호 간의 근접을 체험하는 방식과 그 문화가 사물들 상호 간의 관계에 대한 '표(表)' 및 사물들의 통람(通覽)에 필요한 질서를 설정하는 방식"을 질문하는 것도 같은 맥락이다. Michel Foucault, 이광래 역, 『말과 사물』(서울: 민음사, 1980), 21쪽. 또한 이는 어떤 가치의 기원을 드러냄으로써 기원의 가치를 근본적으로 전복하려는 비판적 방법으로써의 니체적인 계보학이 선취된 것이다. 박태호, 「근대적 주체의 역사이론을 위하여」, 김진균·정근식 편저, 『근대주체와 식민지 규율권력』(서울: 문화과학사, 1997), 69쪽.

아들여진 담론과 배제된 담론 또는 지배하는 담론과 지배되는 담론에 의해 분할된 것으로가 아니라 다양한 전략에서 작용할 수 있는 많은 담론적 요소들로 생각해야 한다. 즉, 담론은 권력을 운반하고 산출하며 그것을 강화하지만 또한 서서히 침식하고 노출시키며 약하게 만들고 가로막게 해 주는 것이다.[25] 근대교육의 형성과정과 더불어 (재)구성되기 시작한 근대적 모성은 현재 우리의 어머니에게 '정상적인 것'으로 요구되는 교육적 기능이 어떤 기원을 가지고 있는지 보여 주는 계기를 마련해 줄 것이다.

근대에 들어서 연속성과 단절성이 교차하면서 생산된 모성 담론을 살펴보고 근대교육의 형성이 모성 담론의 근대적 재편성에 미친 영향을 살펴보기 위해 이 책은 다음과 같이 구성되었다.

제2장에서는 모성의 역사적 변화에 대한 기존의 연구 성과를 개관한다. 우선 모성의 역사적 전개에 대한 서구의 연구 성과를 개관하면서 본 논의를 위한 하나의 모델을 탐색하고, 다음으로 조선시대의 여성에게 요구되었던 역할과 모성론에 대해 간략하게 살펴봄으로써 근대적 모성론의 상대항이 되었던 '전통적 어머니 노릇'을 규명해 보고자 한다.

제3장에서는 근대적 모성 담론이 등장하게 되는 사회적 · 역사적 배경에 대해서 살펴보고자 한다. 여기에서는 개화기 이후 모성 담론 형성에 영향을 미친 배경요인으로 가족과 교육에 대한 근대적 논의를 고찰하는데, 개화기 이후 생존의 문제로 부각된 근대로의 편입은 거의 모든 영역에서 적극적으로 진행되었다. 전통적 가족제도에 대

25) Michel Foucault, 이규현 역, 『성의 역사 1: 앎의 의지』 (서울: 나남, 1999), 114쪽.

한 비판과 가족을 형성하는 근대적 방식 및 새롭게 제시된 이상적 가족 등을 고찰하고, 근대적 교육론을 구성하는 특징과 아동관의 변화, 여성교육론에 대해 살펴봄으로써 근대적 모성이 등장하는 배경에 대해 개관하고자 한다.

제4장에서는 근대적 모성론과 어머니의 교육적 기능에 대한 가부장적 요구를 분석한다. 여기에서는 근대적 모성론을 구성하는 가부장적 시각을 도구적 모성론과 과학적 모성론으로 대별하여 살펴본다. 도구적 모성론은 공적 영역인 국가나 사회, 민족 등을 근거로 어머니 노릇의 중요성을 강조하면서 여성을 사적 영역인 가정으로 배제하였고, 과학적 모성론은 남성 전문가가 가치중립성을 내세운 과학을 기반으로 어머니로서의 여성을 대상화시켜 나갔다.

제5장에서는 근대적 모성론 및 그 교육적 기능을 여성들 스스로가 어떤 방식으로 수용하고 타협해 나갔는지 고찰한다. 어머니 노릇의 전문성은 여성 스스로에게 새로운 사회적 지위를 확보할 수 있는 전략이 될 수 있었고, 또한 남성 중심적인 모성론을 주체적으로 재구성함으로써 새로운 저항의 가능성을 모색하였다.

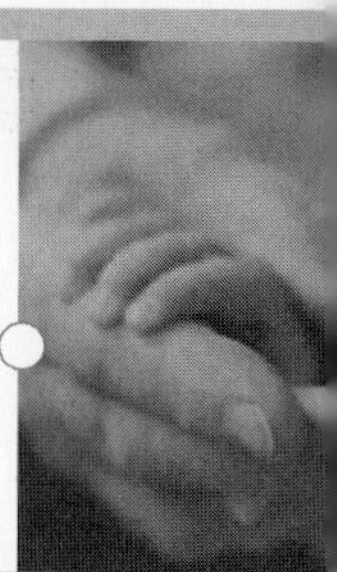

제2장

모성의 역사적 변화

여기에서는 근대적 모성을 논의하기에 앞서, 모성의 역사적 변화를 두 가지 측면에서 살펴보고자 한다. 먼저 서양에서 진행된 모성의 역사적 변화에 대한 연구를 개관하고자 한다. '모성' 자체가 서구 페미니즘이 날카롭게 대립하고 있는 논제이기 때문에, 모성에 대한 역사적 시각이 일치된 결론을 도출하고 있지 못하고 도식화의 위험도 없지 않지만, 본 논의를 진행하는 데 하나의 모델을 제공해 줄 수는 있을 것이다.

다음으로 조선시대 여성의 사회적 지위와 어머니의 역할에 대해 살펴보고자 한다. 조선시대의 모성론은 대립 내지는 결합의 관계를 맺으면서 근대적 모성론에 영향을 미치는 요인이 되었다.

1 서구 모성론의 변화

1) 고대와 중세의 모성론

일반적으로 고대의 어머니상은 위대한 대지의 모성이라는 상징으로 이해되고 있다. 대부분 여신이 창세 신화의 핵심적 역할을 담당하는 것이나 이러한 신화가 '모살해(母殺害)' 신화를 동반한다는 점 그리고 풍만한 여성상 유물이 발굴된다는 점 등은 전 세계적으로 보편적인 현상이다.[1] 신석기시대 중반부터 아이를 안고 있는 위대한 어머니상들이 나타나기 시작하였고, 이는 최초의 '생각하는' 인간들 속에서 여성의 생산능력이 숭배받기 시작하였음을 알려 준다.[2] 또한 농업은 어머니의 권력을 강화시켜 주는 역할을 하였다.

5세기 무렵 아테네에서 자녀양육을 선택하는 권한은 남편에게 있었다. 그리고 여성은 분명한 상속자를 출산하였을 경우에 자신의 정체성을 확고히 할 수 있었다. 여성이 그러한 지위를 얻게 되는 근거는 아들을 낳는 데 있었지, 그 아들을 기르는 데 있는 것은 아니었다. 결국 모성의 중심적인 관심사는 양육이 아니라 출산이었다.[3] 아

---

1) 귄터 그라스(Günter Grass)는 여성, 특히 모성적 역할을 중심에 둔 여성의 지위 변화를 탁월한 소설적 상상력으로 풀어냈다. 그는 『넙치』에서 석기시대의 첫 번째 여자 요리사 아우아에게 세 개의 유방이 있었고, 이를 통해 누구도 배고프지 않은 세상의 모습을 그려 냈다. 철기시대에 등장한 두 번째 여자 요리사 비가에게서부터 세 번째 유방은 사라진다. Günter Grass, 김재혁 역, 『넙치』(서울: 민음사, 2002) 참고.

2) Shari L. Thurer, 박미경 역, 『어머니의 신화』(서울: 까치, 1995), 39쪽.

3) 위의 책, 101－122쪽.

테네에서는 유모의 고용이 일종의 관습처럼 시행되었다. 하나의 오이코스(oikos: 가족 또는 가정) 내에 유모가 존재한다는 사실은 그만큼 어머니와 아이 사이를 멀게 할 수 있는 것이다. 모유 수유가 임신 가능성을 감소시킨다는 점을 감안할 때, 부유층 여성의 유모 고용은 그 여성의 다산성을 회복하는 데 기여했으며, 동시에 유모의 임신 가능성을 감소시켜 아이들을 잘 돌볼 수 있는 여유가 생기도록 출산율을 재분배했다. 또한 수세기 동안 유모 고용 거래를 담당한 사람이 수유기 여성의 남편이자 아이의 아버지였다는 사실은 유모 고용이 가부장적 지배 때문이라는 설명[4)]을 설득력 있게 만들어 준다.

중세에 들어서 본격적으로 훌륭한 어머니상이 조직되기 시작하였다. 그리고 그 역할은 성모 마리아에게 돌아갔다. 마리아는 자기 자신의 욕망을 가지지 않고 아이를 위한 모든 정당한 정신적 결정권을 행사하는 존재다. 그러나 성모 마리아에게 투사된 어머니의 모습은 정숙함이나 경건함과 같이 남편과 신의 존재를 전제로 한 것이었다. 즉, 아이와의 관계, 특히 교육적 관계 속에서의 훌륭함은 아직 등장하지 않았다. 이는 필립 아리에스(Philippe Ariés)가 지적했듯이 아직 '아동기'가 발견되지 않았다는 사실과도 관련이 있다.[5)]

중세 초기에 가치를 인정받은 것은 현실로 존재하는 모성이 아니라 정신적인 모성이었다. 생물학적인 어머니는 독신을 고집하는 정

---

4) Shari L. Thurer, 위의 책, 123－125쪽.

5) 아리에스는 16～17세기에 등장한 가족의식이 아동기에 대한 의식과 불가분의 관계를 가진다고 지적한다. 또한 15세기까지의 도상에는 아이들이 등장하지 않고 있고, 부인은 대체로 남편과 함께 일하는 모습으로 묘사되고 있음도 지적한다. Philippe Ariés, 문지영 역, 『아동의 탄생』(서울: 새물결, 2003), 540－558쪽 참고.

신적인 어머니에 비해 '열등한 어머니'였다. 초기 기독교의 성에 대한 반감과 생물학적 재생산의 필요성, 경건한 신앙심의 요구 등은 섹슈얼리티의 개입으로 타락한 결혼보다 금욕적 생활을 강조하게 되었다. 기독교가 산아제한을 반대하였던 기본적인 이유가 태아의 생명에 대한 동정심에서 비롯된 것이 아니라 출산을 목적으로 하지 않은 성행위, 즉 즐기기 위한 성행위를 금지하기 위한 것이었다. 모성은 육욕적인 탐닉을 억제하기 위해 끌어낸 대가였다.[6)]

르네상스 시기는 한층 젠더의 역할을 공고하게 만들었다. 결혼 적령기 여성들의 공급과잉 현상이 일어나고, 이에 따라 여성들에게 요구되는 지참금이 급격히 상승했다. 불평등한 결혼이 남성들에게 유리하게 작용하자 남성들은 배우자로서 결혼 적령기보다 어린 여성을 선택하기 시작하였고, 이는 결혼한 부부가 참된 동반자가 될 가능성을 점점 줄어들게 하였다. 점점 더 가정 안으로만 묶이게 된 어머니는 자신이 미숙했기 때문에 자신의 자녀를 성숙하게 돌볼 수 없다고 생각하게 되었다.[7)]

2) 근대의 모성론

근대 초엽 사회 전반에 걸친 광범위한 변화가 모성의 변화를 촉발시켰다. 이러한 요소 중 무엇보다 근본적으로 모성을 바라보는 시각을 교정하게 된 것은 아동의 발견과 사적 가족의 탄생이었다. 물론 이 과정은 상당히 장기간에 걸쳐 점진적으로 일어난 변화이면서 서

6) Shari L. Thurer, 앞의 책, 158－165쪽.

7) 위의 책, 196－202쪽.

로에게 커다란 영향을 미친 사건이었다.

학교교육의 확대는 서서히 진행되던 가족의 변화과정에서 어린이와 어머니를 새롭게 조명하는 계기를 제공하였다.[8] 이러한 과정에서 절도 있는 행위 규범을 강조하던 학교교육에 대비되는 어머니의 '무절제한 귀여워하기'는 용납될 수 없는 것으로 인식되기 시작하였다. 부모들이 새로운 교육제도를 지지하게 된 근본적인 요인 중 하나는 학교교육이 꾸준히 성장하던 개인주의적 욕구에 부합하면서 정신을 연마시킨다는 점이었다. 즉, 사회 전체적으로 두 가지 변화가 함께 진행되고 있었던 것이다. 하나는 직계가족이 핵가족으로 변화했다는 것이고, 다른 하나는 어린이의 이해관계와 표상 세계를 가계(家系)의 것과 일치시키기 위해 어린이를 집단에 통합시키려 했던 개방적이고 공동체적인 공적 교육이, 어린이를 집단에 통합시키려 했던 것은 동일하지만 개인의 능력을 최대한 계발시키고자 하는 학교 형태의 공적 교육으로 대체되었다는 것이다.[9]

모성에 대한 인식의 변화를 가져온 가족과 아동관의 근대적 변화를 추동한 원인들을 단언하기는 어렵다. 그러나 서구적 '근대'의 특징이라고 할 수 있는 국민국가(nation-state)의 성립, 자본주의의 발전 그리고 계몽사상에 입각한 개인의 발견 등이 중요한 계기를 제공했음은 분명하다. 이 세 가지 요인이 가족과 아동관의 변화에 미친 영향을 개관하면 다음과 같다.

---

8) Philippe Ariés, 앞의 책, 585쪽.

9) 자크 젤리, 「어린이의 개인화」, Philippe Ariés · Georges Duby · Roger Chartier 공편, 이영림 역, 『사생활의 역사 3(르네상스부터 계몽주의까지)』 (서울: 새물결, 2002), 399－420쪽.

첫째, 국민국가의 중앙집권적인 권력 구조는 업적주의를 내면화한 관료층을 필요로 하였다. 표준화된 국어(language-of-state)의 발달과 이를 물리적으로 뒷받침해 준 인쇄자본주의의 발전은 이와 같은 관료층의 출현을 촉진하였다.[10] 세습적 신분을 넘어서는 사회적 이동 가능성과 행정 및 교수언어로서 지방어(vernacular)의 채택은 학교교육으로의 강력한 유인책[11]이 될 수 있었다.

둘째, 산업혁명을 기반으로 하는 자본주의가 요구한 생산 방식의 변화는 가족 구성에 영향을 미쳤다. 노동력의 자유로운 이동을 조건으로 하는 자본주의는 토지 중심의 농업이나 장인 중심의 수공업이 가지고 있던 공동체적 생산 방식을 침식하였다. 이에 따라 생산과 소비가 결합된 단위로서의 직계가족은 노동력의 유연한 이동에 적합한 핵가족으로 변화하기 시작하였고, 근대적 공사 영역 분리에 입각하여 가족의 생산 기능은 약화되었다. 그리고 아동에 대한 인식 역시 '경제적으로는 가치가 없지만, 정서적으로 아주 귀중한' 존재로 변화되었다.

셋째, 계몽주의 사상은 다른 사람과 구별되는, 그리고 다른 사람으

---

10) 베네딕트 앤더슨(Benedict Anderson)은 인쇄자본주의와 이를 기반으로 하는 지방어화(vernacularizing)의 원인으로 라틴어의 비어화(秘語化, esotericization), 종교개혁, 행정의 중앙집권화 및 행정지방어(administrative vernacular)의 부각 등을 제시하였다. Benedict Anderson, 윤형숙 역, 『상상의 공동체: 민족주의의 기원과 전파에 대한 성찰』 개정증보판, (서울: 나남출판, 1991), 67-71쪽.

11) 국민국가의 성립과 학교교육의 관계에서 중앙집권적인 관료층의 필요성은 일부를 차지하는 것이다. 니시카와 나가오(西川長夫)는 학교교육을 '신체의 국민국가화'라는 측면에서 인민을 국민으로 만들어가는 기제로 파악한다. 西川長夫, 윤대석 역, 『국민이라는 괴물』(서울: 소명출판, 2002), 69-72쪽.

로부터 침해받을 수 없는 이성적 존재로서의 개인을 등장하게 하였다. 이는 개인의 성취를 기반으로 하는 업적주의의 토대로서 학교교육으로의 현실적인 유인책을 마련하였을 뿐만 아니라, 개인을 자신만의 내면성을 가지고 있다고 파악하면서 근대적 아동관의 배경이 되기도 하였다.[12)]

한편 학교교육의 중요성이 인식되었던 것의 이면에는 부모의 교육적 능력에 대한 의심도 자리하고 있었다. 17세기 교육 영역에서 영향력 있는 저술가였던 코메니우스(J. A. Comenius)는 『대교수학』에서 학교교육의 필요성을 언급하면서 "자녀를 가르치기에 충분한 능력과 여가를 가지고 있는 부모가 거의 없다."는 점과 "자녀를 교육시킬 여가가 있는 부모가 있을 수도 있지만… 학생 상호 간에 서로 모범이 되고 자극을 줄 때 더 좋은 결과와 더 많은 즐거움을 얻을 수 있다."는 점을 그 이유로 제시하였다.[13)]

그러나 자녀양육은 너무나 중요한 문제이기 때문에 도저히 여성에게 맡겨 둘 수 없다는 믿음이 지배적이었다. 여성의 이성적 힘은

---

12) '공동체적 독서/음독(音讀)'에서 '개인적 독서/묵독(黙讀)'으로의 변화의 이면에도 내면성에 충실한 근대적 개인의 발견이 자리하고 있었다. 이에 대해서는 천정환, 『근대의 책읽기: 독자의 탄생과 한국 근대문학』(서울: 푸른역사, 2003), 120-132쪽 참고. 이러한 글읽기 방식의 변화 역시 공적 교육 방식에 영향을 미치지 않을 수 없었을 것이다. 그러나 이 주제는 이 책의 범위를 넘어서는 것으로 여기에서는 근대적 개인의 발견이 학교교육의 실제에도 적지 않은 영향을 끼친 한 가지 예로 지적하는 것에 그치고자 한다.

13) J. A. Comenius, 정확실 역, 『대교수학』(서울: 교육과학사, 1987), 69쪽. 또한 코메니우스는 인간 영혼의 본질을 지성과 의지, 기억으로 구분하고 이에 적합한 지식과 덕성, 신앙을 교육의 내용으로 제시하였다. 이 역시 당시 교육의 지향점을 특징적으로 보여 주고 있다고 할 수 있다.

너무나 약하고, 여성의 도덕적 약점은 너무나 크다고 여겨졌다. 자녀양육에 관한 저술은 언제나 아버지를 가리키는 '그(he)'라는 대명사를 사용했고, 이는 가족 내에서의 아버지의 결정적인 권위에 대한 인식이었다. 아버지는 도덕적이고 지적인 지도의 근원이었다. 여성의 도덕적 우월성은 아버지가 일로 집 밖에서 활동하기 때문에 자녀들이 완전히 어머니의 궤도 안에서만 자라게 되는 18세기에 이르러 인정되기 시작하였다.[14)]

한편 18세기에는 산업화에 대한 반발로 시작된 낭만주의의 결과로 도덕적으로 강화된 어머니가 등장하였으나 종교적 영향력은 감소된 상태였다. 대신 순진한 아이와 성역으로서의 가정 그리고 주재하는 천사로서의 어머니라는 낭만주의적 이미지가 영향력을 가지기 시작하였다. 자녀를 지도해야 할 어머니의 의무는 어머니에게 광범위한 주제에 관하여 자신의 생각을 표현할 발판을 제공하였다. 신에 대한 의지는 점점 아동복지가 사랑이 깊고 조심스러운 어머니의 손에 있다는 세속적인 믿음에 자리를 내주게 되었다. 이제 어머니와 아버지에게 또는 아버지에게만 속했던 의무는 어머니의 배타적인 영역인 것으로 변화하였다. 그리고 사랑스러운 어머니의 이미지는 부르주아의 계급적 표상이 되었다. 그러나 그 이면에서는 자녀교육에 대한 걱정근심이라는 부담이 어머니에게 전가되고 있었다.[15)]

18세기 어머니와 아버지의 교육적 역할 배분을 다룬 가장 대표적인 교육사상가는 루소(J. J. Rousseau)다. 루소는 『에밀』에서 생물학적 어머니의 수유 능력을 의무로 제시하면서 참된 교사로서의 아버지

14) Shari L. Thurer, 앞의 책, 236-237쪽.

15) 위의 책, 266-275쪽.

의 위치를 재확인하였다.[16] 또한 에밀의 반려자인 소피의 교육을 언급하면서 "여성의 교육은 모두 남성에게 관련되어야 한다."고 역설하였다.[17] 17세기부터 18세기에 이르는 동안 가족과 모성을 둘러싼 사회 전반적인 변화는 모성의 중요성을 강조하고 그 역할을 재조명하기 시작하였다. 하지만 코메니우스나 루소에게서 보이는 것처럼 어머니의 교육적 역할은 아직 혼란스러운 상태였다고 할 수 있다. 어머니의 교육적 역할이 갖는 중요성과 자연스러움을 교육학의 영역으로 끌어들인 결정적인 계기를 마련한 것은 페스탈로치(J. H. Pestalozzi)였다.

페스탈로치는 자신이 운영한 이베르당 학원에서 영어교사로 근무하였던 그리브스(J. P. Greaves)에게 보낸 「유아교육서한」을 통해 어머니의 교육적 역할을 분명하게 강조하였다. 그는 1818년 그리브스에게 보낸 서한에서 모성애가 조기교육의 결정적 요소임을 지적하고, 어머니가 천부적 교사이며 그 역할을 수행하기 위해 마련된 가장 중요한 요소가 배려 깊은 사랑이라고 역설하였다.[18] 동시에 페스탈로치는 어머니의 집착이 정상적인 아동 발달을 저해할 수 있는 위험에 대해서도 경고하였다.[19] 20세기 이후 현재까지 강조되고 있는

---

16) J. J. Rousseau, 정봉구 역, 『에밀』(서울: 범우사, 1984), 27-41쪽.

17) 위의 책, 496-497쪽. 루소가 소피를 통해 제시한 여성교육론에 대한 페미니즘적 반론에 대해서는 J. R. Martin, 유현옥 역, 『교육적 인간상과 여성-이상적인 여성상 정립을 위한 탐색』(서울: 학지사, 2002), 81-138쪽 참고.

18) 페스탈로치의 서한은 J. H. Pestalozzi, 김정환 역, 『페스탈로치가 어머니들에게 보내는 편지』(서울: 양서원, 1999) 참고. 또한 이 서한의 역사적 배경과 교육철학적 의미에 대해서는 김정환, 『페스탈로치의 교육철학』(서울: 고려대학교 출판부, 1995) 중 제5장 유아교육론 참고.

19) J. H. Pestalozzi, 위의 책 중 '제18신 어머니의 품안으로부터의 해방' 참고.

어머니상, 즉 자녀(의 교육)를 위하여 끊임없는 모성애를 표현하면서도 유년기 이후 자신의 강렬한 애정을 우아하게 포기할 수 있는 어머니를 그려 내고 있었던 것이다.

기초적인 양육이 전부였던 과거와는 달리 18세기와 19세기에는 특정한 목적을 가지고 영향력을 행사하는 단계가 시작된다. 제일 먼저 건강상의 위험과 유해한 환경으로부터 아이를 보호하려는 노력이 나타났고, 이는 어린이와 관련된 문화적 측면에서의 노동비용을 증가시켰다. 또한 특정한 목적을 가지고 영향력을 행사하는 행위로는 어린이의 정신적 · 도덕적 발전을 조종하려는 시도를 들 수 있다. 이리하여 의식적인 교육 노동의 시대라는 새로운 시대가 시작되는 것이다.[20)]

한편 독일 지역을 중심으로 19세기 여성들의 자율성 탐색 과정에서 '영적인 모성(spiritual motherhood)' 개념이 수용되었다. 시민교육을 강조하던 자유주의 사조가 아동 양육의 중요성을 새롭게 인식하였고, 이러한 결정적 기능은 이전 시기부터 진행되어 오던 공사 영역 분리를 여성이 자신의 장점으로 활용할 수 있는 기회를 얻게 되었다. 즉, 모성으로 표상되던 어머니가 당시 광범위하게 진행되던 유치원 운동(the Kindergarten Movement)에 젊은 여성이 참여할 수 있는 발판을 마련하였던 것이다. 이 젊은 여성들은 자신이 이수한 유치원의 교사양성과정을 개인적 자율성과 경제적 독립 수단으로 활용하였고, 이는 유치원 운동을 이끌었던 남성 지도자들, 예를 들면 프뢰벨(Friedrich Fröbel)이나 디스터베크(F. A. W. Diesterweg) 등을 혼

---

20) Elisabeth Beck-Gernsheim, 이재원 역, 『내 모든 사랑을 아이에게?(한 조각 내 인생과 아이 문제)』(서울: 새물결, 2000), 9-60쪽.

란스럽게 만들기도 하였다.[21] 이는 초기 페미니즘 운동가들이 적극적으로 모성을 활용하였던 것과 같은 맥락으로 이해할 수 있으며, 여성들에게 모성이 하나의 전략으로 자리 잡을 수 있는 가능성의 영역이었음을 시사해 준다.

20세기 어머니를 특징짓는 표현은 '과학적'이다. 폭발적인 과학적 발견 및 발명은 삶의 진보를 위한 무한한 가능성에 대한 신뢰로 이어졌다. 진보에 대한 이러한 믿음은 발전하는 과학과 기술이 훌륭한 아이의 완성을 도울 수 있다는 생각으로 이어졌고, 어머니는 자녀 양육에 전문지식을 이용해야만 한다는 생각이 등장하기 시작하였다.

과학적 모성은 여성에게는 이중적 의미를 가지게 되었다. 한편으로 '과학적인' 모성은 어머니의 가사부담이 하나의 직업생활과 유사한 가치를 지니고 어머니는 자녀와의 관계에서 전문가라는 인식을 심어 주었다. 그러나 다른 한편으로 과학의 많은 부분은 의심스러운 것이었다. 즉, 과학은 어머니로 하여금 끊임없이 전문가에 의존하게 만들었고 자기확신의 토대를 약화시켰다. 결국 어머니는 독단적인 전문가, 특히 남성 전문가의 지배하에 놓이게 되었다.[22]

모성은 합법적이고 규칙에 속박되었으며 반드시 정복해야 할 과학적 지식체의 구현이라고 생각되기 시작하였다.[23] 교육받은 젊은 부르주아 여성들은 과학적 모성을 적극적으로 받아들였다. 19세기 말 미국을 중심으로 이루어진 자발적인 어머니운동은 과학적 모성

---

21) Ann Taylor Allen, 'Spiritual Motherhood: German Feminists and The Kindergarten Movement, 1848－1911', *History of Education Quarterly*, *22* (Fall 1982.), pp. 319－325.

22) Shari L. Thurer, 앞의 책, 310쪽.

23) 위의 책, 318쪽.

의 적극적 수용의 좋은 예라고 할 수 있다. 즉, 1888년 뉴욕 시의 중상류층 어머니들이 '아동본성연구회(the Society for the Study of Child Nature)'를 조직하였고, 그 목적은 자녀양육의 과학화였다.[24] 그리고 이러한 어머니운동의 연장선상에서 1897년 '전국어머니회(National Congress of Mothers)'가 결성되었다.

과학적 모성은 어머니가 단지 자녀들을 모니터할 뿐만 아니라 과학적으로 훈련된 전문가들의 책을 읽고 그들의 충고를 따르기를 요구했다. 여기에서 핵심은 규칙이었고 자녀들과 너무 많은 친밀감을 나누는 것은 최악의 실수로 간주되었다.[25]

20세기 초엽 왓슨(J. Watson)의 행동주의와 프로이트(S. Freud)의 정신분석학은 또 다른 어머니상을 창출하는 이론적 밑바탕을 제공하였다. 두 심리학 이론이 여성과 어머니에게 미친 영향력에 대한 평가를 간단히 정리해 보면, 행동주의는 어머니의 역할을 기계적으로 만들면서 사실상 대체 가능한 존재로 격하시켰고, 프로이트의 충동이론은 아버지와 자녀의 심리적 관련성을 역설하면서 상대적으로 어머니는 온화함을 유지하도록 만들었다.

제2차세계대전이 끝난 1940년대 후반부터 1980년대까지는 어머니의 공감 능력이 강조되기 시작하였다. 어머니들이 행동주의적 입장에서 아이들의 습관을 형성하려고 했던 노력은 의심받기 시작하였고, 아기의 감정적 요구에 반응하고(즉, 아기의 마음을 읽고), 아기에게

---

24) 어머니운동(the Mothers' Movement)에 대해서는, Barbara Ehrenreich · Deirdre English, *For Her Own Good: 150 Years of the Experts' Advice to Women* (New York: Anchor Books, 1989.), pp. 191－196 참고.

25) Shari L. Thurer, 앞의 책, 320－321쪽.

필요한 것을 충족시키고, 아기의 퇴화를 참아 내고, 인식의 발달을 촉진시키고, 그리고 다른 무엇보다도 이런 일을 하면서 개인적으로 만족스럽게 느끼는 것이 어머니의 일로 인식되었다.[26] 어머니의 과학적 관리와 공감 능력에 대한 강조가 교차하는 1940~1950년대에는 가사노동을 대체할 수 있는 기술성과가 실제 가정생활로 보급되기 시작하였고, 사회 전체적으로 가정성(domesticity)이 이상으로 제시되었다. 그리고 교외의 훌륭한 집에서 대여섯 명의 자녀들을 돌보고 가사노동에 주력하면서 이러한 이상을 실현하고자 하였던 중산층 이상의 여성들이 심리적 우울증세를 호소하는, 소위 '이름 붙일 수 없는 문제들(the problem that has no name)'이 발생하기 시작하였다.[27] 또한 이 시기 교육을 지배한 주요 담론은 '아이들에게는 아무런 문제도 없다. 다만 부모에게 문제가 있을 뿐이다.'였다.[28]

과학적 모성과 공감적 모성의 이면에는 가치중립적 과학을 전면에 내세운 남성 전문가가 자리하고 있었다. 학술토론과 육아전문서적을 통해 광범위하게 파급된 전문성은 사실 과학적 모성과 공감적 모성을 어머니 개인의 육체에 동시에 각인시켰다. 즉, 언제나 곁에 있고, 모든 것을 제공하며, 지칠 줄 모르고, 인내하고, 재치 있는 '훌륭한 어머니' 그리고 자녀들의 모든 요구에 응하는 '훌륭한 어머니'를 만들어 냈다.[29]

---

26) 위의 책, 336-337쪽.

27) '이름 붙일 수 없는 문제(the problem that has no name)'는 베티 프리단(Betty Friedan)의 용어다. Betty Friedan, 김행자 역, 『여성의 신비』(서울: 평민사, 1996) 참고.

28) Shari L. Thurer, 앞의 책, 344쪽.

29) 위의 책, 350쪽.

한편 눈부신 속도로 발전을 거듭하던 소비자본주의는 '과학적'이나 '공감적'이라는 수식어구가 무색하리만큼 어머니를 수동적인 존재로 만들었다. 어머니는 끊임없이 자신의 주위에 쏟아지는 광고를 따라 자신의 자녀에게 무엇인가를 지속적으로 공급해 주는 역할을 맡게 되었다. 그리고 이런 어머니에게 남게 된 '과학'과 '공감'은 광고에 등장하는 전문가의 말로 조작된 것이었다. 만능의 어머니상이 만들어지는 동시에, 어머니는 자녀에게 무엇도 할 수 없는 역설적인 상황이 연출된 것이다.

전문가들은 훌륭한 어머니가 되기 위한 조건을 늘려 나갔다. 그에 비례하여 '나쁜(bad)' 어머니의 이미지도 늘어날 수밖에 없었다. '과보호하는' 어머니와 '나태한' 어머니(neglectful mother)는 '나쁜' 어머니의 대표적인 사례였다.[30]

'슈퍼우먼 증후군(superwoman syndrome)' '흔들리지 않는 아버지(deadbeat dads)' '어머니의 방식(mommy track)' '대리 모성(surrogate motherhood)' '혼자 사는 어머니(the single mother)' 등, 1980년대와 1990년대 초반에는 모성과 부모되기를 둘러싼 문제에 대한 진단이 계속 증가하였다.[31] 1996년에는 교육, 보건, 가족의 안전 등 집안의 정치적 문제를 끌어안고 사는 여자를 일컫는 '사커 맘(soccer mom)'[32]

30) 위의 책, 366-367쪽.

31) 위의 책, 386쪽.

32) 이 용어는 공화당 선거운동원 켈리안느 피츠페트릭(Kellyanne Fitzpatrick)이 「뉴욕타임스」에 기고한 글에서 사용한 것인데, 축구장 등 아이들의 과외활동 장소를 쫓아다니며 뒷바라지를 하는 엄마들을 총칭하는 표현이다. 이전의 '슈퍼 엄마'와는 달리 가족 이외의 모든 관심과 야심을 상당 부분 포기한 여성을 가리킨다. Judith Warner, 임경현 역, 『엄마는 미친 짓이다』(서울: 프

이라는 용어가 등장하였다. 그리고 이렇게 나열되는 수많은 문제들의 틈새를 공허하게 메워 주는 것은 열광적으로 진행되는 소비자본주의였다. 서구에서 기원하여 점차 세계 시장을 확보하고 있는 소비자본주의는 '좋은' 어머니와 '나쁜' 어머니를 지시해 주는 또다른 준거가 되고 있다. 다른 한편으로, 발전된 의학기술이 제공한 새로운 선택 가능성은 이전에는 상상할 수 없는 것처럼 보였던 다양한 부모되기 방식을 가능하게 해 주었을 뿐만 아니라 '아이를 위한 출발기회의 최적화'라는 부모의 의무가 '아이의 유전학적인 최적화'에 이르는 경향도 생겨 나고 있다.[33] 즉, 의학기술의 발전과 경쟁적인 교육환경은 출생 이후의 자녀교육을 위해 전력하는 어머니를 넘어서 출생 이전의 유전학적 조건까지도 선택의 영역으로 만들고 있는 것이다.

2 조선시대 여성과 모성

유교적 세계관에 기반을 두고 있던 조선 사회는 가부장적 체계를 이루고 있었다. 조선시대 여성의 지위에 대한 논의는 크게 두 가지 대립적인 양상을 보이고 있다. 하나는 여성이 남성에 종속되어 남성의 지배를 받았다는 주장이고, 다른 하나는 남성과 여성이 구분된

리즘하우스, 2005), 157-158쪽.

33) Elisabeth Beck-Gernsheim, 박은주 역, 『가족 이후에 무엇이 오는가?』(서울: 새물결, 2005), 16쪽, 151쪽, 171쪽.

삶의 공간에서 작용했을 뿐 종속과 지배의 관계라고 보기는 어렵다는 주장이다.[34] 전자는 조선 건국 세력이 자신들의 이념인 성리학을 보편화시키는 과정에서 가족과 노동, 섹슈얼리티 등에 이르는 전반적인 영역에서 여성을 억압해 나갔다고 주장하는 반면, 후자의 경우에는 유교문화에서 여성의 존재론적 지위가 음양의 원리에 의거한 가부장제라는 틀을 벗어날 수는 없지만,[35] 남성과 여성이 각각 조화를 지향하는 관계로 이해해야 한다고 주장한다.[36] 조선 사회의 가부장제 속에서 남성과 여성의 관계에 대한 고찰은 현재 우리의 가부장적 체계를 이해하는 데 중요한 주제이기는 하지만, 여기에서는 모성의 교육적 기능이라는 연구주제와 관련해서 조선시대 여성의 사회적 지위와 모성의 위상을 개관하고자 한다.

1) 여성의 사회적 지위

조선은 철저하게 신분제가 관철되는 사회이면서 친족 중심의 가부장적 체제를 구성하고 있었다. 이순구는 조선의 인적 구조는 남녀간 지위의 차별 구조가 혈연관계에서도 세대구분원리(世代區分原理), 타성차등원리(他姓差等原理), 적서차등원리(嫡庶差等原理)의 세 원리

---

34) 이순형, 「경국대전을 통해 본 조선 초기 여성의 지위」, 『가족과 문화』 제13집 제2호, 2001, 159쪽.

35) 김미영, 『유교문화와 여성』(서울: 살림, 2004), 6쪽.

36) 유교라는 사상체계와 조선이라는 사회가 여성을 단순히 억압한 것으로 이해해서는 안 된다는 논의에 대해서는 정옥자 · 이순형 · 이숙인 · 함재봉, 「좌담 조선 여성은 억압받았는가?」, 『전통과 현대』 통권 12호, 2000년 여름호, 104-135쪽 참고.

가 고려된 지위체계였다고 지적하고, 남성이든 여성이든 계급 내에서는 한 가족단위로 대우받았으며 그 가문의 지위에 따라 동일 지위를 받았지, 개별적으로 차별화된 지위에 놓여 있지 않았다고 지적한다.[37] 또한 박광용은 조선의 가부장제가 '도덕적 가부장제'였다고 지적하면서 가정에서 여성의 최소한의 지위 및 권위를 유지시켜 주는 효과가 있었다고 주장한다. 즉, "조선적 '인간학'의 완성은 … 한편으로는 풍속적으로는 가정에서의 여성의 지위를 강화시키는 측면도 있었다."라고 하면서, 이른바 칠거(七去)와 삼불거(三不去) 문제가 단순히 가장의 일방적인 권한이라기보다 성리적 인간에게 적용되는 기준으로 격상되었다는 점을 그 예로 들고 있다.[38]

이에 반해 조혜정은 가부장제의 성격을 공식·비공식 차원으로 구분하여 논의하면서, 조선 사회가 "첫째로 원칙의 차원에서는 사적(혈연적) 영역과 공적(혈연을 초월하는 차원에서의) 영역의 구분이 엄격히 이루어졌었다는 것"과 "두 번째로 주목될 점은 공사(公私) 구분이 원칙적으로는 존재하는 것으로 되어 있지만, 실제로 실행의 면에서 볼 때는 상당히 결합되어 있었다는 점"을 지적하였다. 그리고 조선 사회가 "명분상으로는 공적인 영역이 우위를 차지하는 사회이나, 실제로는 사적인 영역이 공적인 통치영역을 압도한 실질적 가족주의

37) 이순형, 앞의 글, 175쪽.

38) 박광용, 「조선후기 여성의 사회적 지위에 대한 시론」, 『성평등연구』 제2집, 1999, 140쪽. 칠거(七去)는 '불순부모(不順父母), 무자(無子), 음(淫), 투(妬), 유악질(有惡疾), 다언(多言), 절도(竊盜)'이고 삼불거는 '유소취무소귀(有所取無所歸), 여갱삼년상(與更三年喪), 전빈천후부귀(前貧賤後富貴), 즉 조강지처(糟糠之妻)'를 말한다.

사회"라고 규정한다.[39] 또한 이이효재는 조선의 가부장제 성격은 중국의 종법을 도입하여 종족제를 모방했으나 중국의 종족제도와는 달리 종자(宗子) 중심의 조상 제사권 상속과 종가(宗家)의 적통계승을 중요시한 종친(宗親) 중심의 친족제도로 발전되었다고 지적하면서, 동성동본불혼, 성불변의 원칙, 타성 양자 금지 등을 종족제 친족제도를 유지하는 기본이며 여성을 차별하고 예속시키는 가부장제의 기본 성격이라고 파악하였다.[40]

조선시대 여성의 사회적 지위에 대해 서로 대립된 주장을 펼치고 있지만, 양쪽 모두 조선 사회에서 개인은 가족이라는 울타리 속에서 자신의 지위를 보장받고 삶을 영위했다는 점에는 동의하고 있는 것으로 보인다. 그렇다면 가족제도 안에서 여성은 어떠한 지위를 요구받았는가? 이를 가장 압축적으로 잘 보여 주는 것이 소위 '삼종지도(三從之道)'라고 할 수 있다. 즉, 어릴 때는 부모에 복종하고, 자라나 결혼하여서는 남편을 따라야 하며, 남편이 죽은 후에는 아들을 따라야 한다는 것[41]이 가족제도 안에서 여성의 생애주기를 결정해 주는 명제였다. 부모에게 효도하고 윗사람을 공경하는 사상은 비단 여성에게만 강요되었던 것은 아니었다. 그러나 가족제도 안에서 남성의 경우에는 '효(孝)'와 '경(敬)'의 대상이 일치하는 데 반해, 여성은 '효'와 '경'이 일치하지 않는다는 갈등의 요소를 내포하고 있다. 마르티

39) 조혜정, 「가부장제의 변형과 극복: 한국가족의 경우」, 『한국여성학』 제2집, 1986, 147쪽.

40) 이이효재, 『조선조 사회와 가족－신분상승과 가부장제문화』 (서울: 한울아카데미, 2003), 71쪽, 320쪽.

41) "(婦人從人者也) 幼從父兄 嫁從夫 夫死從子" 『예기』 「효특성(效特性)」; 최재석, 『韓國家族硏究』 개정판, (서울: 일지사, 1994), 206쪽에서 재인용.

나 도이힐러(Martina Deuchler)는 이러한 갈등을 "유교 이데올로기는 여성이 남편의 출계 집단으로 융합될 것을 요구하며, 이것은 여성이 원래 딸로 출생했을 때의 권리를 점점 잃어 가는 것으로 설명할 수 있다."고 지적한다.[42)]

성리학을 기반으로 한 조선시대의 여성이 가족에서 획득할 수 있는 지위는 딸, 아내, 며느리, 어머니 등이었다. 여기에서 딸은 '효'라는 규범이 투영된다는 면에서 아들과 같은 범주라고 할 수 있을 것이다.[43)] 여성은 혼인을 통해 보다 분명한 사회적 지위를 획득하게 된다. 이광규는 여성에게는 남성의 가부장권과 대비되는 주부권(主婦權)이 있었고, 이러한 권리를 행사하기 위해 여성에게 요구되었던 의무는 봉제사(奉祭祀), 접빈객(接賓客), 시부모(侍父母)였다고 지적한다.[44)]

청나라 왕상(王相, 1662~1722)이 기존에 유행하던 네 가지 여훈서를 하나로 묶어 만든 『여사서(女四書)』에서도 여성에게 요구된 의무의 비중이 잘 드러난다.[45)] 「여계(女誡)」·「여논어(女論語)」·「내훈(內訓)」·

42) Martina Deuchler, 윤성진 역, 「유교에 기초한 입법화와 이것이 여성의 지위에 미친 결과」, 『역사와 경계』 Vol. 44, 2002, 197쪽.

43) 물론 딸과 아들에 대한 기대치나 대우가 동일했다고 보기는 어렵다. 『시경(詩經)』「소아(小雅)·사간(斯干)」의 "남아를 낳으면 침상 위에 뉘이고 화려한 옷을 입히고 구슬을 쥐어 주고, … 여아를 낳으면 침상 아래 누이고 수수한 옷을 입히고 실패를 쥐어 준다[乃生男子, 載寢之牀, 載衣之裳, 載弄之璋, … 乃生女子, 載寢之地, 載衣之裼, 載弄之瓦]."는 문장은 딸과 아들에 대한 기대치가 분명하게 달랐다는 점을 보여 준다.

44) 이광규, 『韓國家族의 構造分析』(서울: 일지사, 1982), 141-160쪽.

45) 『여사서』는 영조가 10년(1734)에 이덕수(李德壽)에게 명하여 언문으로 번역하고, 12년(1736) 출간된 번역본에 스스로 서문을 썼다. 『여사서』에 대한 해

「여범첩록(女範捷錄)」 등으로 구성된 『여사서』는 딸로서 갖추어야 할 효(孝)와 출가 이후의 생활을 대비한 자기수양 그리고 아내와 며느리로서의 자세에 많은 비중을 두고 있다. 또한 1636년에서 1640년까지 서울의 대표적인 양반가 여성이라고 할 수 있는 남평 조씨(南平曺氏)가 남긴 『병자일기(丙子日記)』에서도 봉제사와 접빈객이 가장 중요한 행사로 기록되어 있다.[46)]

조선시대 여성이 사회적 지위에 영향을 미친 가장 중요한 요소는 혼인이라고 할 수 있고, 그를 통해 확보되는 지위는 아내, 며느리, 어머니 등이었다.[47)] 그리고 봉제사, 접빈객은 이러한 사회적 지위에 따르는 가장 중요한 역할이었다.

제와 각 책의 배경에 대해서는 이숙인 역주, 『여사서』(서울: 도서출판 여이연, 2003) 중 제5장 '『여사서』 해제' 참고.

46) 이에 대해서는 이순구, 「조선 후기 양반가 여성의 일상생활 일례 I-『丙子日記』를 중심으로」, 조선사회연구회 편, 『조선시대의 사회와 사상』(서울: 조선사회연구회, 1998), 117-137쪽 참고.

47) 물론 상층 양반을 제외한 대부분의 신분에서 노동력으로서의 여성 역시 중요한 요소였다. 그러나 이는 오늘날과 같이 직업을 통해 자아정체성 형성에 영향을 미치는 사회적 지위로 보기는 어려운 면이 있어서, 여기에서는 생략하였다. 조선시대 여성 노동력에 대해서는 이순구, 「조선초기 여성의 생산노동」, 『국사관논총』 제49집, 1993, 77-103쪽; 이순구, 「조선시대 여성의 일과 생활」, 한국여성연구소 여성사연구실 편, 『우리 여성의 역사』(서울: 청년사, 1999), 203-224쪽 등 참고. 한편 김경미는 17세기 여성의 행장이나 묘지명에서 여성의 노동을 '내조'라는 명목으로 은폐하려는 조선의 유교 가부장제의 기획을 지적한다. 김경미, 「선비의 아내, 그녀들의 숨은 노동」, 『여/성이론』 제11호, 2004년 겨울호, 188-207쪽.

2) 모성과 자녀교육

조선시대 여성에게 어머니라는 지위는 사회적 위신을 획득하는 동시에, 인간으로서 자신의 가치를 입증하고 나아가 일정한 수준의 권력을 행사할 수 있는 가능성의 영역이었다. 특히 아들딸 균분 상속제의 붕괴뿐만 아니라 부인의 재주권 약화, 수신전 폐지 등은 부인으로서의 여성의 물적 기반을 심각하게 침식하게 되었고, 여성에게 어머니로서의 정체성이 한층 부각되게 되었다.[48] 조선시대는 유교화를 통해 점차적으로 법적, 경제적, 제도적으로 여성의 어머니 역할을 강화시키는 '모성의 제도화'를 추진하였다.[49]

어머니에 대한 복제는 가부장적 모성의 제도화를 가장 잘 보여 주는 예다. 즉, 부모 상제와 관련하여 삼부팔모를 정의한 이른바 삼부팔모론(三父八母論)[50]은 부성(父性)과 모성이 하나의 제도이며 정치적 · 사회적 구성물임을 보여 준다. 우선 아버지는 세 종류가 있을 수 있지만 어머니는 여덟 종류가 있다는 것 자체가 모성의 가부장적 개념화를 보여 준다. 삼부란 세 가지의 계부를 지칭하는데, 함께 살고 있는 계부, 현재 함께 살지 않는 계부, 함께 산 적이 없는 계부를 칭한다. 이는 어머니를 중심으로 아버지를 개념화했다는 점에서 흥미로운 아버지의 개념화이며, 동거 여부가 계부의 장례 시 입을 복(服)의 등급에서 가장 우선된다. 한편 팔모는 적모(嫡母), 계모(繼母),

---

48) 조은, 「모성의 사회적 · 역사적 구성－조선 전기 가부장적 지배 구조의 형성과 '아들의 어머니'」, 『사회와 역사』 제55집, 1999, 85쪽.

49) 윤택림, 『한국의 母性』(서울: 미래인력연구원, 2001), 40쪽; 조은, 위의 글, 74쪽.

50) 이하 '삼부팔모론'에 대해서는 조은, 위의 글, 91－93쪽 참고.

양모(養母), 서모(庶母), 유모(乳母), 자모(慈母), 가모(嫁母), 출모(出母 또는 黜母)를 지칭하며 이들의 등급화는 계부와는 비교가 안 될 만큼 복잡하게 가례(家禮)와 복(服)으로 나타난다.[51] 이처럼 어머니의 대우에서 중요한 것은 자기를 낳았느냐 안 낳았느냐가 아니라 승중(承重)할 아들의 어머니인가 아닌가가 더 중요하였다. 이와 같이 부계 혈연관계를 중시하는 사회체제에서 어머니-자녀 관계는 그 어머니가 아버지와 맺는 관계에 따라서 결정된다.[52]

결국 가부장적 지배 구조의 토대가 되었던 가부장적 모성의 제도화는 여성을 어머니로 본질화시키고 '아들의 어머니'로 규범화시키고 제도화시킴으로써 가능하였다. 그리고 이러한 제도화 과정에서 부인권보다는 어머니권이 강화되고, 여성은 아들의 어머니로 규범화되며 돌보는 어머니보다는 돌봄을 받는 어머니가 이상화된다.[53]

그렇다면 조선시대의 자녀교육에서 어머니의 역할은 어떠했는가?

---

51) 팔모(八母) 각각의 개념과 복제는 다음과 같다. '적모'란 적자에게는 친어머니이지만 서자에게는 아버지의 적처(嫡妻)이며 평생토록 지친(至親)의 관계를 유지한 어머니로서 재최(齊衰) 3년으로 하고 있다. '계모'는 본래 적모를 이어 정식으로 아버지의 부인이 된 사람이며 그 정통성이 인정되어 적자의 계모에 대한 복상은 적모와 같다. '자모'란 원래는 첩이었으나 모자 관계로 실제로 양육한 경우이며, 이 경우는 적모와 같이 복제는 재최 3년이다. '서모'는 아버지의 첩에 대한 적자의 관계를 말하며 그 복은 시마(緦麻) 3월에 그친다. '유모'는 첩으로서 젖을 먹여 키워 준 경우로 시마 3월의 복을 입는다. '양모'는 적모 · 계모와 마찬가지로 재최 3년복이었다. '출모'란 아버지로부터 버림받은 어머니, '가모'란 개가한 어머니를 말한다.

52) 이종서, 「'전통적' 계모관(繼母觀)의 형성과정과 그 의미」, 『역사와 현실』 제51호, 2004. 3, 138쪽.

53) 조은, 앞의 글, 95쪽.

> (무릇 자식을 낳으면) 여러 어머니[諸母] 중에서 자격이 있는 자를 가리되, 반드시 寬裕하고, 慈惠롭고, 溫良하며, 恭敬하고, 모든 일에 신중하며 말이 적은 자를 가려내어, 그 가장 뛰어난 자로서 子師를 삼으며, 그 다음인 자로서 慈母로 삼고, 또 그 다음인 자로서 保母를 삼는다.[54]

『예기(禮記)』에서는 제후(諸侯)의 자식이 태어나면 "자사(子師), 자모(慈母), 보모(保姆, 保母)"[55]를 선택한다고 말한다. 여기에서 나타나듯이 아이에게는 여러 명의 어머니가 있을 수 있고, 아이의 교육은 많은 어머니들 중에서 그만한 자격을 갖춘 사람을 선발하여 담당하게 하였다. 이는 생물학적 어머니가 반드시 자녀교육을 담당해야 할 필요가 있는 것도 아니고, 나아가 자녀를 가장 잘 교육시킬 수 있는 사람도 아님을 의미한다. 특히 상층 양반의 경우는 다음 세대에 대한 교육이 가계의 흥망이 관련되는 문제였기 때문에 자녀교육 담당자를 신중하게 선택해야 했다.[56]

---

54) 『예기』, 권5, 「내칙」; 김숙자, 「유교 전통사회의 어머니 역할과 아동양육」, 『교육학연구』 제34권 제5호, 1996, 373쪽에서 재인용.

55) '慈母'는 아이의 원하는 바와 싫어하는 바를 분명히 가려 주는 자를 말하고, '保姆'는 아이의 잠자리를 편안케 해 주는 자를 일컫는다고 한다. 김숙자, 위의 글, 373쪽.

56) 박광용은 "주자 소종법의 가족 개념은 혈통(血統) 중심 개념이라기보다는 공덕(功德; 도덕, 학문, 관작)에 입각한 정통(正統) 중심 개념이라는 점이 그 특징이었다."라고 지적하면서 "당연히 어릴 때 자녀교육을 전담하는 사대부 가문의 어머니의 역할이 더욱 중요하게 될 수밖에 없었다."고 결론을 내린다. 박광용, 앞의 글, 142쪽. 그러나 아내－며느리의 선택 과정에서도 신중을 기했겠지만, 그만큼 중요한 자녀교육이었기에 그 효과가 '불확실한' 어머니에게 자녀교육을 전담하게 했을 가능성은 오히려 낮다고 보아야 할 것이다.

또한『주역(周易)』의 남녀관에 비추어 보아도 어머니가 곧 자녀교육 담당자가 되기는 어려웠을 것이다. 정선이는『주역』에서 함괘(咸卦), 가인괘(家人卦), 구괘(姤卦), 귀매괘(歸妹卦) 등이 여성관과 관련된다고 지적하고, 함괘, 구괘, 귀매괘가 만남의 도(道)를 설명하고 있다면 가내에서의 도리는 가인괘에 표현되고 있다고 말한다.[57] 가인괘의 핵심논리는 남성은 바깥을, 여성은 안을 바로 해야 한다는 것이다. 한편 '몽매한 자를 포섭하는 길하다'고 표현되는 몽괘(蒙卦)가 교육과 간접적으로 관련을 가질 수도 있다고 하고, 이를 계사전의 '하늘의 도 [乾道]는 남성을 이루고 땅의 도 [坤道]는 여성을 이룬다' '건도(乾道)는 광대한 시초를 차지하고 곤도(坤道)는 물건을 작성한다. 건도는 간이하게 알고[知] 곤도는 간단한 것으로 할 수 있다[能]'는 구절과 연결하면서, 건도는 시작[始]과 앎[知]으로, 곤도는 이룸[成], 할 수 있음[能]에 대응된 개념으로 나타나고 있음을 지적한다.[58] 이런『주역』의 남녀관에 따르면, 어머니는 단순한 양육 수준을 벗어나기 어렵다. 어머니가 자녀교육을 직접 담당한다고 해도, 그것은 어디까지나 아버지-남성의 지시를 수행하는 역할에 그칠 뿐이다. 이는 앞서 지적하였던 여성의 '삼종지도'의 덕목에도 연결될 수 있다.

안경식은 설화에 나타난 전통교육의 모습을 고찰하면서, 어머니가 아동교육의 주체가 된다는 것은 특이한 상황이 아니라고 지적한다. 그리고 구비설화에서는 주제의 특이성보다 상황의 특이성이 관찰되

57) 정선이,「周易의 女性觀과 敎育觀에 관한 一考察」,『교육철학』8, 1990, 117-119쪽.

58) 위의 글, 120쪽.

는데, 그 대표적인 경우가 부친 부재 상황, 즉 편모슬하에서의 교육이라고 지적한다.[59] 아버지가 없는 상황에서 어머니가 자녀교육을 전담하는 상황은 '특이'한 것이다. 조선시대의 경우 부재하는 어머니는 다른 어머니로 대체될 수 있었고, 이것은 비난의 대상이 되지 않았다. 그러나 부재하는 아버지는 대체 불가능한 존재였다. 따라서 아버지의 부재는 자녀교육이라는 관점에서 가장 곤란한 경우에 해당되는 것이다. 즉, 교육의 궁극적 주체가 사라진 상황에 마주하게 되는 것이다. 특히 어머니의 사회적 지위를 확보해 줄 수 있는 자녀는 '아들'이었다는 점을 상기한다면, "아들의 도덕적 윤리적 행위에 대한 교육적 책임"[60]을 진 아버지의 부재는 곧 어머니 자신의 사회적 지위마저도 위태롭게 됨을 의미하였다.

조선시대 아버지가 자녀, 특히 아들의 교육을 책임졌다는 사실은 여러 가지 자료를 통해 입증되고 있다. 먼저 조선시대 아동교육을 연구한 류점숙에 따르면, 조선시대 선비들의 일과 중 자녀교육은 중요한 비중을 차지하고 있었다. 안정복의 『하학지남(下學指南)』과 윤최식의 『일용지결(日用指訣)』에 나타난 선비들의 하루 일과 시간을 보면, 하루에도 수차례씩 자녀(아들)의 독서를 감독하고 지도하는 모습이 나타난다. 일례로 『하학지남』의 경우는 "늘 거처하는 곳으로 물러가 자제(子弟)들에게 읽을 책을 부과함: 묘시(卯時)" "자제들에게 글씨 쓰는 책을 부과함: 진시(辰時)" "다시 자제들의 독서를 격려하고 의문 나는 곳이나 어려운 곳이 있으면 질문하도록 함: 사시(巳

---

59) 안경식, 『구비설화에 나타난 한국 전통교육』(서울: 문음사, 2004), 85쪽.

60) 송인자, 「조선시대 가족문화의 교육적 의미」, 『교육학연구』 제40권 제3호, 2002, 77쪽.

時)" "다시 자제들을 타일러 헛되이 놂이 없이 부과된 책을 부지런히 읽도록 함: 오시(午時)" "다시 자제들을 불러 읽은 것 중에서 의문 나는 곳의 뜻을 강론함: 미시(未時)" "자제들을 불러 모아 종일(終日) 읽은 책 중에서 의문 나는 곳의 뜻을 강론함: 유시(酉時)" "밤이 깊어진 후 자제들에게 서재에서 물러나게 하여 낮에 읽은 이치에 대해 거듭 익히도록 함: 술시(戌時)" 등 선비의 하루 일과가 자녀교육으로 세밀하게 제시되어 있다.[61]

이와 같이 자녀교육을 담당하는 아버지의 모습은 아들들에게 보내는 정약용의 편지에도 잘 드러나 있다.

> 내가 지금까지 너희들 공부에 대해서 글과 편지로 수없이 권했는데도 너희는 아직 경전(經傳)이나 예악(禮樂)에 관해 하나도 질문을 해오지 않고 역사책에 관한 논의도 보여 주지 않고 있으니 어찌된 셈이냐? … 내가 유배생활에서 풀려 몇 년간이라도 너희들과 생활할 수만 있다면 너희들의 몸과 행실을 바로잡아 효제(孝悌)를 숭상하고 화목하는 일에 습관들게 하며 경사(經史)를 연구하고 시례(詩禮)를 담론하면서 … [62]

신유사옥(1801)으로 유배생활을 하고 있던 정약용은 위와 같이 편지를 통하여 끊임없이 두 아들의 공부를 권면하는 모습을 보여 준

61) 『하학지남』과 『일용지결』에 나타난 조선시대 선비들의 하루 일과에 대해서는 류점숙, 『전통사회의 아동교육』 재판, (대구: 중문, 2001), 192-212쪽 참고.

62) '두 아들에게 부치노라 7(寄兩兒)', 1803년 정월 초하루; 정약용, 박석무 편역, 『유배지에서 보낸 편지』 개정판, (서울: 창작과비평사, 2001), 65-67쪽에서 재인용.

다. 물론 "폐족으로서 잘 처신하는 방법은 오직 독서하는 것 한 가지밖에 없다."[63]는 인식도 있었겠지만, 여러 가지 서적에 대한 평가와 올바른 독서 방법 및 순서 등을 세심하게 지도하는 모습은 조선시대 자녀, 특히 아들에 대한 교육의 책임이 아버지에게 있었을 뿐 아니라, 실제 교육에서도 아버지가 담당하는 경우가 많았음을 시사한다. 이러한 문헌자료 외에도 자녀교육에서 아버지의 역할을 보여 주는 사료가 있다.

하수경은 〈문자도〉의 가정교육적 의의를 고찰하면서 그것이 일목요연하게 요약한 교육내용의 전달, 사물의 인지, 접근의 수월성, 반복 교육 등의 교육적 기대효과를 가지고 있었다고 지적한다.[64] 그런데 스스로 지적하고 있듯이 전통적인 주생활문화에는 성별과 가족의 서열, 상하의 신분상 공간사용의 위계질서가 투영되어 있었다는 점을 고려한다면, 〈문자도〉의 교육적 기대효과는 아버지에게서 아들로 전달되었을 것임을 추정할 수 있다.

한편 조선 후기 풍속화를 통해 여성의 일상생활을 고찰한 김성희는 아이를 돌보는 장면을 보여 준다. 윤덕희(1685~1776)의 〈오누이〉에는 머리를 길게 늘어뜨려 댕기를 맨 누이가 어린 사내 동생을 안으려는 모습이 그려져 있고, 김홍도(1745~?)의 〈길쌈〉에는 며느리가 베틀에 앉아 베를 짜는 동안 할머니가 아기를 업고 돌보고 있으며, 〈수경엽출〉에는 차양을 치고 앉아 감독하는 양반과 책을 읽고 있는 손자가 보인다. 또 우진호(1832~?)의 〈경직도병〉에는 안채 후원에서

63) '두 아들에게 부치노라 2(寄二兒)', 1802년 12월 22일; 위의 책, 35에서 재인용.

64) 하수경, 「조선시대 가정교육과 문자도」, 『종교교육학연구』 제17권, 2003. 12, 240쪽.

부인들이 감을 따고 있고 한 소녀가 아기를 업고 있으며, 본채에서는 여인들이 직조일을 하는 동안 할머니가 손자를 돌보고 있다. 20세기 작자미상의 그림인 〈평생도〉(국립중앙박물관 소장) 중 '치사'에서도 안채에서 부인이 베를 짜는 동안 옆에서 시어머니가 아기를 업고 지켜보고 있다.[65] 주부가 가내에서 일을 하고 있을 때 다른 가족이 육아를 맡기도 하였음을 알 수 있다. 이와 같은 풍속화의 장면은 아이 돌보기, 즉 양육이 어머니에게 전담되었던 것이 아니라 손윗누이나 조부모가 분담하고 있었고, 지적인 측면의 교육은 어머니가 아닌 할아버지의 몫이었음을 보여 준다.

할아버지가 지적인 측면에서의 교육뿐 아니라 실제 양육에 참가하는 모습을 보여 주는 문헌도 있다. 이문건(1494~1567)은 자신의 손자 수봉(守封)을 양육하는 과정을 『양아록(養兒錄)』이라는 기록으로 남겼다.[66]

> … 여종에게 대신 젖을 먹이게 하여, 5세 때까지 오히려 젖을 먹였네. … 병진년(1556) 봄에 젖을 떼고, 내 잠자리에서 자라 불러 들였네. … 손자를 안아 눕히고 그와 더불어 잠자며, 밤을 함께 지내고 항상 따로 놔두지 않았네. … 죽을 먹이는 일 똥누이는 일을, 일일이 할애비더러 해달라 졸라대네. / 기쁜 마음에 스스로 꺼리지 않고, 돌봐주니 기뻐하고 좋아하는구나. … [67]

---

65) 김성희, 「조선시대 여성의 가내외에서의 일상생활－조선 후기 회화에 나타난 여성을 중심으로」, 『대한가정학회지』 제42권 제7호, 2004, 42－44쪽.

66) 『양아록』의 내용에 대한 분석은 이문건, 이상주 역주, 『양아록』(서울: 태학사, 1997) 말미에 첨부된 이상주, 「李文楗의 『養兒錄』－16세기 한 士大夫의 子孫養育의 體驗的 詩篇」 참고.

67) '손자가 할아버지를 잘 따라서'(1556년 9월), 위의 책, 86－87쪽.

이문건 역시 정약용과 마찬가지로 유배생활을 하고 있었고, 하나 있던 아들이 열병과 풍(風)으로 제구실을 하지 못하였고 그나마도 손자가 일곱 살이 되던 해에 세상을 떠난 상황이었기 때문에, 손자의 양육에 세심한 관심을 기울였을 가능성도 있다. 그러나 앞의 인용 부분에서와 같이 어머니가 양육이나 교육을 전담하지 않았다는 사실이 크게 달라지지는 않을 것이다. 여기에 나타나 있듯이, 여종을 유모로 삼아 수유를 대신하게 하는 점, 수유기가 끝나자 곧바로 처소를 할아버지에게로 옮기는 점, 아이가 스스럼없이 할아버지에게 병수발을 요구하는 점 등은 양육과 교육이라는 어머니 노릇이 반드시 생물학적 어머니와 연결되는 것이 아니었음을 보여 준다. 또한 할아버지가 손자의 교육을 담당하면서 손자의 지적 능력에 대해 정확한 판단을 보여 주는 부분[68]이나 '잡스럽고 쌍스러운' 어투에 종아리를 때리며 꾸짖는 부분[69] 등은 가계의 계승자에 대한 관심을 바탕으로 자녀, 특히 아들에 대한 양육 및 교육이 할아버지-아버지로 이어지는 부계 혈통에서 중요한 관심사이자 역할이었음을 보여 준다.

요약하면 유교적 가부장제 사회를 지향하였던 조선 사회의 여성은 딸, 아내, 며느리, 어머니 등의 사회적 지위를 가지고 있었다. 혼인을 계기로 남편의 집안사람이라는 공식적 지위를 가지게 되는 여성에게는 딸로서의 '효'와 아내-며느리로서의 '경'이 내부적으로 갈등할 수 있는 소지가 있었다. 또한 시집으로 들어간 여성에게 가장 중요하게 요구되었던 역할은 아내로서 남편에 대해 순종할 것과 더

68) '글자를 깨우치게 되어'(1556년 9월 5일), 위의 책, 90-91쪽.

69) '종아리를 때림'(1557년 9월 4일), '꾸짖고 나서'(1559년 3월 13일), '종아리를 때리고 나서'(1560년 5월 1일), 위의 책, 97-100쪽, 111-115쪽.

불어 며느리로서의 봉제사, 접빈객의 기능이었다.

성리학적 세계관이 자리를 잡아 가고, 딸과 주부로서 여성이 누릴 수 있었던 권한이 축소되면서 '모성의 제도화'가 이루어졌다. 그러나 조선시대의 복제 규정인 '삼부팔모(三父八母)'에서 보이듯이, 제도적으로 확장된 어머니의 권리는 일차적으로 '아들의 아버지'와의 관계에서 확보될 수 있는 것이었다. 또한 자녀, 특히 아들의 양육 및 교육은 어머니에게만 국한된 역할이 아니었음을 각종 자료를 통해 알 수 있었다. 아들은 가계를 계승해 나갈 주체로서 아버지-할아버지의 지대한 관심 속에서 양육되고 교육받았던 것이다.[70] 조선시대 어머니-여성에게 기대되었던 가장 중요한 역할은 승중봉사(承重奉祀)할 수 있는 아들을 출산한다는 생물학적 모성의 측면이 강했고, 오히려 자녀의 양육이나 교육에 관한 역할은 집안의 여러 사람들과 공유하고 있었다고 할 수 있다.

70) 일본 역시 메이지유신을 계기로 본격적인 근대 국민국가가 출현하기 이전에는 '家(いえ)'의 계승자인 아들에 대한 의식적인 가정교육이 아버지에 의해 주관되었다. 이에 대해서는 小山静子, 『子どもたちの近代: 學校教育と家庭教育』(東京: 吉川弘文館, 2002), 3-4쪽.

제 3 장

근대적 모성론의 등장

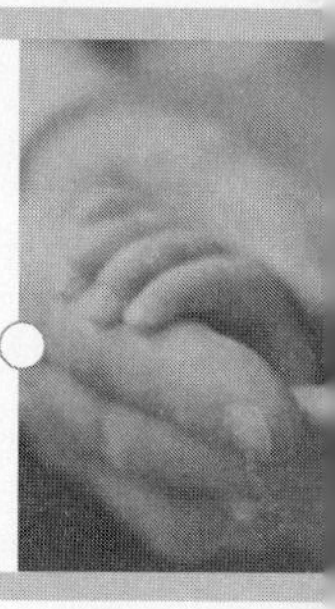

이 장에서는 모성의 근대적 변화가 이루어지는 지평에 대해서 살펴보고자 한다. 개화기에서 일제 강점기에 이르는 기간은 이미 존재해 오던 개념군과 그 개념군이 작동하는 지평에 새로운 개념군이 유입되면서 이전과는 질적으로 차이를 보이는 담론 지평을 형성하게 된다. 서구의 근대적 개념군이 때로는 서구의 직접적인 용어로, 때로는 일본이나 중국을 거치는 간접적인 방식으로 다양하게 유입되었고, 이 과정에서 활발한 '번역'[1] 작용이 경쟁적인 양상으로 전개되

---

1) 여기에서 '번역'은 김현미, 「문화 번역: 근대적 성찰의 비판적 작업」, 『문화과학』 27, 2001년 가을호 참고. 그에 따르면 근대의 역사는 타자의 '차용(appropriation)'의 역사이며, 이는 곧 번역의 역사라고 할 수 있다. 이때 번역은 상호적인 것이며, 어느 한편의 의도적이고 일방적인 의지로 주도되는 과정이 아니라 양편의 갈구와 욕망이 교차하고 타협하는 과정이다. 이러한 양편의 욕망과 갈구가 어디에서 어떻게 합쳐졌고 엇나갔는가를 드러냄으로써

었다. 여성에게 피할 수 없는 생물학적 조건으로 규정되었던 '어머니'를 둘러싼 담론 역시 변화를 피할 수 없었다. 또한 이렇게 새로운 지평의 형성에 결정적인 것이 '없었던 사실의 출현'이라기보다 '있었던 사실의 재배치'라는 점[2]을 생각한다면, 언제나 '자연스러움'으로 여겨졌던 '어머니임(됨)', 즉 모성이 겪을 수밖에 없었던 변화의 폭은 생각보다 한층 격렬한 것일 수 있다.

어머니, 가족, 교육 등과 같은 용어 자체는 시대를 초월하여 사용되어 왔다고 볼 수 있다. 더욱이 유교적 세계관을 강조하던 조선 사회에서 이 용어들은 다른 어떤 사회 못지않게 중요한 의미를 가지고 있었다. 그렇지만 서구적 근대와 마주치면서 이 용어들의 내포 관계는 한층 복잡한 양상을 보여 주게 된다. 전통적으로 견지되어 오던 모성론이 새롭게 유입된 '근대적 모성론'과 어떠한 상호 관계를 보여 주는가를 살펴보는 작업은 곧바로 이 두 '어머니', 즉 전통적 모성론과 근대적 모성론이 마주 보게 되는 지평에 어떤 담론이 자리 잡고 있었는지 고찰할 것을 요구한다.

이 장에서는 근대적 모성의 형성 배경을 조망해 보고자 한다. 근대적 모성이 형성되는 지평은 크게 두 가지로 나누어 살펴볼 수 있다. 우선 '어머니'가 될 수 있는 조건, 다시 말해 한 여성이 어떻게 가정을 구성해야 하는지에 대한 논의를 고찰해 본다. 논의의 전개를 위해 연애와 결혼 그리고 가정생활 등으로 구분하여 접근해 볼 것이다.

다음으로는 근대적 교육론의 특징에 대한 고찰이 필요하다. 교육이 어떠한 모습으로 이루어져야 하는가에 대한 규정은 교육이 이루

근대에 대한 비판적 성찰을 가능케 한다.

2) 권보드래, 『한국 근대소설의 기원』(서울: 소명출판, 2000), 21쪽.

어지는 과정에서 어머니가 어떤 역할을 해야 하는가라는 질문으로 이어지기 때문에, 근대적 모성론에 적지 않은 영향을 미치게 된다. 그리하여 개화기 이후 일제 강점기에 이르기까지의 기간 동안 근대 교육을 규정하려고 하였던 주요 담론을 살펴보고, 새롭게 등장한 근대적 아동관과 여성교육론에 대해 고찰해 보고자 한다.

1 가정의 근대적 변화

1) 자유연애의 등장

오늘날 두 사람 사이의 자유로운 '연애'는 친밀한 사랑을 주고받는 지극히 '자연스러운 감정'의 표현으로 이해된다. 하지만 '연애'라는 단어에 부여된 '자연스러움'은 근대적 사회관계로의 변화를 전제하고 있었다는 점을 지적하는 연구[3]가 등장하고 있다. 사랑은 시간적 · 공간적 범주를 초월하는 감정이라고 할 수 있지만, '연애'는 역사적으로 출현한 독특한 사회적 관계를 지칭하는 말이다. '연애'라는 사회적 관계방식이 서구적 근대를 대표하는 현상인 동시에 일제 강

3) 권보드래, 『연애의 시대』(서울: 현실문화연구, 2003); 김동식, 「연애와 근대성」, 『민족문학사연구』 18, 2001 참고. 김동식은 『맹자(孟子)』 「등문공편(滕文公編)」의 "부모의 명과 매파의 소개를 거치지 않고 벽 사이로 서로 훔쳐보고 담을 넘어 사랑을 좇는 것은 부모와 국가와 세상 사람들 모두가 천하게 여기는 것이다[不得父母之命 媒妁之言 鑽血隙相窺 踰牆相從 則父母國人皆賤之]."라는 구절이 남녀관계에 대한 전통적 규범을 잘 보여 주고 있다고 지적한다. 김동식, 위의 글, 299쪽.

점기의 근대성을 표출하는 대표적 현상이었다는 사실은 다음의 인용문에서도 잘 드러난다.

> 지금 우리 사회는 점점 연애화戀愛化가 되랴 한다. 연애 중에도 속연애俗戀愛이다. 이 속연애화하랴는 우리 사회의 상태는 참 가구可懼한 현상이다 … 이 연애는 서양으로 붓허 일본에 입入하얏고 일본으로 붓허 아토我土에 입하얏다.[4)]

권보드래는 전통적으로 '사랑하다'는 단어가 '생각하다'는 의미를 지녀 오다가 기독교가 전래된 후 신의 사랑이라는 의미가 결합되었고 1900년대에 이르러서는 국가에 대한 사랑이 합법성을 확보하기 시작했음을 지적하였다. 특히 '연애'라는 말은 1910년대의 신소설이나 번안소설에서 간헐적으로 사용되기 시작하다가 1920년대에 이르러 본격적인 의미를 생산해 내기 시작하였다.[5)]

'연애'의 의미 획득이 서구적 근대와의 만남 속에서 이루어진 과정이라는 점은 일본이나 중국도 마찬가지였다. 즉, 19세기 말 이전의 일본에는 '연애=love'라는 현실적인 의미가 존재하지 않았다. 중국 역시 1910년대 중반부터 1920년대에, 주로 5 · 4운동기(1917~1927)의 지식인들 사이에서 남녀 관계와 결혼에 관한 유교 도덕과 전통적 속박에 대한 반발로 근대적 '자유연애(ziyou lian ai)'가 옹호되었다.[6)]

우리에게 처음으로 서양 문물을 소개한 유길준은 『서유견문(西遊見聞)』 제15편에 '결혼하는 절차'와 '여자를 대접하는 예절'을 언급하

---

4) 임치정, 「속연애는 반대」, 『서울』, 1920. 4; 김진송, 『서울에 딴스홀을 許하라』(서울: 현실문화연구, 1999), 290쪽에서 재인용.

5) 권보드래, 앞의 책, 12-18쪽 참고.

6) 김경일, 『여성의 근대, 근대의 여성』(서울: 푸른역사, 2004), 121쪽.

고 있다. '결혼하는 절차'에서 소개한 다섯 가지의 청혼 방법을 설명하면서 '연애'라는 단어를 사용하고 있지만, 이것은 남성과 여성 사이의 감정적 교류라는 의미라기보다는 한쪽, 특히 남성 편에서의 일방향적인 연모의 상태를 지칭하고 있다.[7] 더군다나 유길준은 서양의 청혼 방법을 소개하면서 "우리나라의 예절과 아주 달라서 비판할 거리가 많다. 그러나 다른 나라의 풍속이니 그런 대로 덮어 둔다."라면서 부정적 시각마저 드러내고 있다. 한편 '여자를 대접하는 예절'에서도 남녀 사이의 교감이라는 연애의 측면보다는 공공장소에서의 교제에 초점을 두고 있다. 이는 당시까지 우리 사회에 엄존하던 내외법에 대한 우회적 비판을 목적으로 하였기 때문이다.

한편으로 각종 연회나 운동회 등 공식적인 행사에 남성들이 동부인(同夫人)하는 사교예절이 도입되기 시작하고, 다른 한편으로 맹아적 단계이나마 여성교육기관이 출현하면서 남성과 여성의 접촉 기회가 많아지기 시작하였다. 그리고 이에 따라 '남성을 유혹하는 여성'에 대한 우려의 목소리도 설득력을 얻어 갔다.

> 우리大韓 全國ᄂᆡ에 女子界ᄅᆞᆯ 도라보니 … 셔門外로 도라드니 엇던 賣淫 女人네들 밉살스리 洋쏙지고 羊洋服에 眼鏡쓰고 演劇場은 제집ᄉᆞᆷ아 져녁먹고 썩나셔서 업ᄂᆞᆫ貌樣 ᄋᆡ써ᄂᆡ며 궁둥츔에 바람니러 誰該蕩子 ᄂᆡᄉᆞ랑가 … 남門外로 도라드니 엇던 頑慢 女人네ᄂᆞᆫ 本國精神 半點업씨 服色부터 改着ᄒᆞ고 生面江山 外人맛나 언제 보던 님이라고 欣然握手 對ᄒᆞ면서 本國同胞 보고셔ᄂᆞᆫ 內外之別 分明하야 掩面回避 도라셔니 그心思도 可痛터라. … [8]

7) 유길준, 허경진 역, 『서유견문』(서울: 한양출판, 1995), 335－336쪽.

8) '女界悖風', 「대한매일신보」, 1909년 8월 17일.

여기에서 '매음'이라는 단서를 붙이기는 하였지만, 연애를 유발하는 여성에 대한 곱지 않은 시선이 비판되고 있다. 또한 "양(洋)쪽" "양양복(羊洋服)" "안경(眼鏡)" "연극장(演劇場)" "궁둥츔" 등이 연애를 위한 수단으로 동원되고 있음을 알 수 있고, 이는 연애 자체가 서구적 근대의 산물로 자리 잡고 있었음을 의미한다. 특히 "본국정신(本國精神)"을 상실한 채 "복색(服色)"을 바꿔 입고 외국인과 반갑게 악수하는 장면에 대한 비판은 형성과정에 있던 민족/국가주의(nationalism)의 시선이 개입되고 있음을 보여 주는 대목으로 볼 수 있다.

개화기 이후 서구적 근대 문물이 하나의 지향점으로 분명하게 제시되고 있기는 하였지만, 자유연애의 경우에는 기존의 관습에 현격히 배치되고, 민족주의적 관점에서도 그다지 환영할 수 없는 결과들을 양산할 수 있다는 점 등 때문에 비판의 목소리가 끊이지 않았다. 남성과 여성 사이에서 자유연애를 이끌어 낼 수 있는 각종 근대적 수단이 도입되기는 하였지만, 자유연애가 폭발적으로 확산될 수 있었던 데는 서로 관련된 두 가지 배경요인이 작용하였다.

첫째로 교육제도의 정착이 자유연애를 가능하게 하는 중요한 조건이 되었다. 일제 강점기로 접어들면서 본격적으로 정착하기 시작한 교육제도는 다른 세대나 계층과는 분명하게 구분되는 자의식을 소유한 '학생'을 생산해 냈다. 그리고 '학생'은 자유연애에 수반되는 근대적 수단을 적극적으로 향유할 수 있는 계층이 되었다. "남녀 간의 새로운 연애도 3 · 1운동의 덕택"[9]에 유행하기 시작했다는 지적은 바로 3 · 1운동을 기점으로 본격적인 의미에서 학생계층이 형성되었

9) 김을한, 『사건과 기자』(서울: 신태양사, 1960), 127쪽; 권보드래, 앞의 책, 93쪽에서 재인용.

다는 것을 의미한다. 즉, 1920년대에 이르러 같은 등급의 학생 사이에 세대적 동질성이 마련되기 시작하였고,[10] 교육받은 여성들, 즉 신여성이 본격적으로 등장하기 시작하였다. 또한 이제 더 이상 '독립'이나 '부국강병'과 같은 국가 만들기(혹은 지키기) 기획의 주체가 될 수 없었던[11] 식민지 조선의 학생층은 '국민'이 아닌 또 다른 자의식을 기획할 수밖에 없었다.

둘째로 1910년대부터 적극적으로 표출되기 시작하였던 개인의 '자아'에 대한 탐색은 이러한 자의식의 기획에 동력을 제공하였다. 문명으로의 진보를 당연시하는 사회진화론이 받아들여지면서도 1910년대 이전에는 개인과 집단, 즉 공(公)과 사(私)에 대한 명확한 분리가 이루어지지 못하였다. 오히려 제국주의의 침탈 속에서 나와 가족, 국가를 하나의 연장선상에서 바라보는 시선이 특징적이었다.[12] 이

10) 홍석률, 「일제하 청년학생운동」, 강만길 외 공편, 『한국사 15－민족해방운동의 전개(1)』(서울: 한길사, 1994), 310쪽.

11) 김현주, 「식민지 시대와 '문명'·'문화'의 이념－1910년대 이광수의 '정신적 문명'론을 중심으로」, 『민족문학사연구』 20, 2002, 93쪽.

12) 사회진화론의 대표적인 논자인 스펜서(H. Spencer)는 생존경쟁의 일차적 참여자를 '개인'으로 보았고, 이 개인은 사회적 유기체로 수렴되는 존재가 아니었다. 그러나 가토 히로유키(加藤弘之)에게서 나타나듯이, 일본에 수입된 사회진화론은 블룬칠리(J. K. Bluntschli)의 국가유기체설과 결합되면서, 국가를 최고의 유기체로 부각시키고 국제적으로는 패권경쟁을 장려하고, 국내적으로는 국민의 통합을 강조하여 개인을 국가의 하위적 존재로 격하시키면서 국가에 대한 복종심을 강요하였다. 서구 제국주의 세력에 대한 대항논리로 사회진화론을 받아들인 중국의 엔후(嚴復)와 량치차오(梁啓超), 그리고 그를 통해 사회진화론을 수입한 애국계몽운동계열의 지식인 모두 대외적인 생존경쟁과 그를 위한 대내적 단결을 강조하였다. 이에 대해서는 전복희, 『사회진화론과 국가사상』(서울: 한울아카데미, 1996); 박성진, 『韓末～日帝下 사회진화론과 식민지사회사상』(서울: 선인, 2003) 참고.

러한 분위기 속에서 일본 유학생들을 중심으로 '개인'과 '자아'에 대한 의미 있는 탐색이 모색되고,[13] 전통적으로 '사(私)'가 지녀왔던 개인의 이익이나 편견이라는 부정적 의미가 자립적이고 불특정한 타인들로부터 보호되어야 하는 영역의 의미로 전이된다.[14] '개인'이나 '자아'가 독립적인 의미를 획득해 간 과정에는 인간을 '지정의(知情意)'로 구분 지어 바라보기 시작한 심리학적 시각이 개입되어 있었다. 즉, 인간 심리는 각각 독자성을 가지고 있는 '지정의'로 구분되고, 인간은 그 각각의 조화를 도모함으로써 인간다움을 확보할 수 있다는 것이다. 자유연애는 정(情)이 인간에게 보편적인 동시에 다른 사람과 분명하게 구분되는 영역임을 인정함으로써 성립될 수 있는 것이었다. 결국 김우창이 지적하듯이, 자유연애는 새로운 인간론의 출현을 알려 주는 것이다.[15] 자유연애가 근대적 개인의식의 특징이라는 사실은 이미 당시 지적되고 있었다.

> 個人主義가머리를든때부터 個人의自由의思想으로부터 저절로自由戀愛主義는 到處에서횃불을들은것이다 … 自由戀愛의 理論的基礎는 個人의自由에잇다. 個人의自由에의하야 人間의必要한性慾을 相互의 自由意志밋헤서행하는것이다.[16]

---

13) 최승구, 「너를 혁명하라!」, 『학지광』 제5호, 1915. 5 참고.

14) 권보드래, 『한국 근대소설의 기원』(서울: 소명출판, 2000), 221-222쪽.

15) 김우창은 자유연애가 인간 이해의 전환이라는 보다 넓은 이념의 문제로 제기되었음을 지적하고, "새로운 인간론의 핵심은 사회적 의무에 의하여 규정되는 인간에 대하여, 감각적·감정적 존재, 욕망의 존재로서의 인간을 내세우는 것"이라고 규정하였다. 김우창, 「감각, 이성, 정신」, 이문열·권영민·이남호 공편, 『한국문학이란 무엇인가』(서울: 민음사, 1995), 18-19쪽.

16) 장국현, 「新戀愛論」, 『신여성』 제5권 제3호, 1931. 3, 11-13쪽.

인용문에서 드러나듯이, '자유연애'라는 현상에서 가장 특징적으로 지적된 것은 '개인의 자유'였다. 일반적으로 '정(情)'에 기반을 둔 욕망이나 감정의 의식은 근대적 인간의 심성구조에서 나타나는 독특한 특징으로 지적되어 왔다.[17] 유교적 세계관에서 긍정적으로 받아들여지지 않았던 '정(情)'의 부분이 적극적으로 표출하고 지향해야 하는 인간 내부적 가치로 재평가된 것은 근대적 인간에게서 나타나는 특징이라고 할 수 있을 것이다. 즉, 앤서니 기든스(Anthony Giddens)의 지적대로, 다른 사람과의 관계 그 자체에 내재적인 어떤 성격에 근거해서 감정적 관계를 지속시킨다는 '낭만적 사랑'[18]이 영향력을 발휘하기 시작한 것이다.

그런데 '연애'라는 사건을 중심으로 접근해 본다면, 근대적 인간의 심성구조는 '욕망의 긍정'을 넘어서는 전환을 보여 주고 있음을 알 수 있다. 자유연애는 근대적 교육의 혜택 속에서 '자아'를 의식한 계층 속에서 등장할 수 있었지만, 이렇게 자유연애의 주체가 될 수 있었던 사람들은 오히려 자유연애에서 가장 많은 제약을 받을 수밖에 없는 현실적 조건 속에 위치한 경우가 적지 않았다. 일단 근대적 교육을 받은 남성들은 대체로 이미 혼례를 올린 경우가 많았다. 이들 남성들은 자신들의 연애 상대로 자신들과 비슷한 근대식 교육을 받은 여성, 즉 '신여성'을 선호하였다. 근대적 교육을 통한 개성의 자각

17) 김우창, 앞의 글; 김현주, 『이광수와 문화의 기획』(서울: 태학사, 2005); 권희영, 「1920~1930년대 '신여성'과 모더니티의 문제-『新女性』을 중심으로」, 『사회와 역사』 통권 제54집, 1998, 49쪽. "근대적인 심성이란 우선 무엇보다도 개인의 욕망이 논의의 초점이 되는 개인주의적 심성이다."

18) Anthony Giddens, 배은경 · 황정미 공역, 『현대 사회의 성 · 사랑 · 에로티시즘: 친밀성의 구조변동』(서울: 새물결, 2003), 26쪽.

이 자유연애에 필요한 의사소통의 조건이 되고, 이것이 하나의 사회적 차이로 작용하면서 다른 계층과는 구분되는 자의식을 가진 소위 '교육 귀족'을 계층화하게 되었다.[19] 이 때문에 '신여성'은 기혼의 (교육받은) 남성 중에서 자유연애의 대상을 찾을 수밖에 없었고, 첩 내지 소위 '제2부인'으로 타락하게 된다는 비판의 목소리는 끊이지 않았다.[20] 당시 신여성들이 자유연애의 과정에서 마주친 딜레마를 김원주는 다음과 같이 지적한다.

> 그러나우리들가운데서往々社會에만흔非難을밧아墮落에갓가운 쎄카단 氣分에서 悲慘한生活을하게됨은 우리의將來를爲하야 크게憂慮할바입니다. 나는우리가人格과個性을 本位로한性的新道德을建設하겟다는 第一步로 먼저舊道德에對하야 破壞的思想을가지게됨은 當然한順序인줄암니다. 萬一이러한點으로보아서 社會에非難을밧는이가잇다면 우리는그를爲하야 씃까지辯護치안을수가업습니다. 더구나우리들의性的相對者는大槪旣婚男子임으로쏫차서 道德이란桎梏에 발쑤리를만히채울줄암니다. … 그러나엇지할수업습니다. 우리들의모든虛榮을다버리고眞實한性的相對者를求하랴면『그래도旣婚男子外에는듬을줄』노암니다. 人格으로나 思想으로나年齡으로나 우리의相對者가될만한이는 不幸히旣婚男 子(勿論民籍上으로妻된다는이와는 感性上

---

19) '교육 귀족' 내지는 '학교 귀족'이라는 용어, 지식인의 계층정체성 확립과 자유연애의 관계에 대해서는 최혜실, 『신여성들은 무엇을 꿈꾸었는가』(서울: 생각의 나무, 2000), 46쪽, 293쪽 참고; 김동식도 "자유연애와 낭만적 연애는 학교가 배출해 낸 근대적 지식계층이 기존의 사회적 관계들로부터 스스로를 구별 짓고 정당화하는 과정에서 만들어 낸 문화적 구성물"이라고 지적한다. 김동식, 앞의 글, 316쪽 참고.

20) 전희복, 「제2부인 문제 검토」, 『신여성』 제7권 제2호, 1933. 2, 5쪽.

或은性的으로離婚同樣이야만될것) 샏이라고할만하게되엿습니다.[21]

김원주의 글에는 신여성이 기혼 남성과의 자유연애에 대한 사회적 비난을 충분히 의식하고 있었고 그에 따라서 도덕적 갈등상황에 놓여 있음이 드러난다. 그러나 이러한 사회적 비난 그리고 자신의 자유연애 때문에 "감성상 혹은 성적으로 이혼" 상태에 처하게 될 "민적상 처", 즉 구여성에 대한 내부적 갈등에도 불구하고, 신여성의 자유연애는 "인격과 개성"을 의식한 신여성으로서는 포기할 수 없는 도덕적 당위가 되고 있음을 주장하고 있다. 이들이 사회적 비난과 도덕적 갈등 때문에 자유연애를 포기하는 것은 곧바로 이들이 건설해야 할 근대적 "신도덕"을 포기함을 의미했기 때문이다. 또한 개성의 자각을 전제로 한 자유연애는 결혼과도 분리되어 논의되고 있다는 점 역시 주목할 만한 변화라고 할 수 있다. 이렇게 연애와 결혼이 분리될 수 있다는 생각은 정조에 대한 새로운 주장과 연결된다.

> 사랑을써나서는貞操가업습니다. 그리고貞操는愛人의對한他律的道德觀念이안이고 愛人에對한感情과想像力의最高調和한情熱인故로 사랑을써나서는貞操의存在를他一方애서 求할수업는 本能的의感情입니다. … 싸라서貞操觀念은戀愛意識과갓치固定한것이안이오 流動하는觀念으로恒常새로울겁입니다. … 貞操는決코道德도안이오 단지사랑을白熱化식히는戀愛意識의最高絶頂입니다.[22]

위의 인용문에서 "정조"는 사랑과 직결되는 "본능적 감정"이 된

---

21) 일엽, 「우리의理想」, 『부녀지광』 창간호, 1924. 7, 9쪽.

22) 위의 글, 10쪽.

다. “정조관념”과 “연애의식” 모두 “유동하는 관념”이라는 생각은 소위 ‘제1세대 신여성’으로 이야기되는 나혜석, 김원주, 김명순 등에게 공통적으로 나타나는 주장이었고, 이들의 삶을 얽매는 심각한 장애가 된다. 이들의 자유연애관은 앞서 지적한 대로 근대적 개성의 중요 요소로 ‘정’이 강조되었다는 인간론적 전환을 바탕으로 한다.

‘정’의 자유로운 표현을 통한 개성의 각성은 단순히 ‘지정의’라는 인간의 심리구조 중 ‘정’의 역할이 중심적 위치를 차지하게 되었음을 의미하는 것으로 그치는 것은 아니었다. 근대 이전, 인간의 심리구조에서 바람직하지 못한 것으로 평가되었던 ‘정’의 작용에 대한 새로운 관심이 등장한 것은 사실이지만,[23] 이는 인간의 심리를 구성하는 또 다른 요소인 ‘지’와 ‘의’의 역할에도 변화를 가져왔다. 신여성들이 사회적 비난을 무릅쓰고 적극적인 방식으로 주장하고 또 실천에 옮겼던 새로운 정조론은 ‘정’에 대한 근대적 이해방식이 ‘의’를 새롭게 규정한 결과로 이해할 수 있는 것이었다. 위에 인용한 김원주가 주장하듯이, 이제 더 이상 정조가 “도덕”이 될 필요가 없었던 것이다. 여성에게 배타적으로 강요되었던 정조는 오히려 개인적 자아의 자연스러운 발현에 부수하는 것이 된다. 나혜석은 이러한 정조관념을 다음과 같이 명쾌하게 진술한다.

> 정조는 도덕도 법률도 아무 것도 아니요, 오직 취미다. 밥 먹고 싶

23) Richard van Dülmen, 최윤영 역, 『개인의 발견: 어떻게 개인을 찾아가는가 1500～1800』(서울: 현실문화연구, 2005), 148쪽. 뒬멘(Dülmen)은 18세기 후반에 심리학의 방법론상의 기초와 이론상의 기초가 결정적으로 다져졌다고 지적하면서 불멸성이나 의지의 자유 혹은 육체와 영혼의 관계뿐 아니라 주관적인 감정, 정열, 충동도 점점 중요한 주제가 되어 갔다고 이야기한다.

을 때 밥 먹고, 떡 먹고 싶을 때 떡 먹는 거와 같이 임의용지(任意用志)로 할 것이요, 결코 마음의 구속을 받을 것이 아니다. 취미는 일종의 신비성이니 악을 선으로 해석할 수도 있고 … 즉 객관이 아니요 주관이요, 무의식적이 아니요, 의식적이어서 마음에 예술적 정취를 깨닫고 행동이 예술화되는 것이다. … 다만 정조는 그 인격을 통일하고 생활을 통일하는 데 필요하니 … [24]

정과 그 주체로서의 '자기'가 강조되면서 그때까지의 세계상은 근본적으로 흔들리기 시작한다. 그리하여 생겨난 틈새로 떠오르는 것이 세계의 중심은 자기이니 자기의 순수 감정이야말로 중요하다는 생각, 그러나 보편의 안정성을 잃은 자아는 불안과 고독에 시달릴 수밖에 없다는 초조, 이를 치유할 수 있는 길은 공감과 사랑밖에 없다는 다짐들이다.[25] '정'의 근대적 발견을 통해 다른 사람들과는 분명하게 구분되는 자아개념을 획득하였지만 '정'의 지배를 받는 자아는 불안을 피할 수 없게 된다. '정'의 자연스러운 표현인 자유연애와 그와 연계된 '의'에 대한 사회적 평가인 정조문제, 그리고 이러한 근대적 개인이 마주치게 되는 불안을 가장 이상적으로 해결할 수 있는 방안은 자유연애를 결혼으로 연결시키는 방법이었다.

純粹히 個人的인 慾望으로서情感의 自由가 非個人的인것 다시 말하면 社會의 秩序와 부디칠 때의 일입니다.

社會라는 것은 原來 個人과 對立하는 것이며 秩序라는 것은 個人의

24) 나혜석, 「신생활에 들면서」(『삼천리』, 1935. 2), 이상경 편, 『나혜석 전집』(서울: 태학사, 2000), 432쪽.

25) 권보드래, 앞의 책, 35쪽.

> 自由를 얼마間식 制御하야 一般的인 平均水準에다 中和시킨 것입니다. … 理性이란것은 純粹한 個人의 欲求를 社會的으로 制御하는 方便일뿐만 아니라 그것을 合理的으로 社會에 連結시키는 말하자면 社會人으로서 自己를 對象化해보는 知的作用입니다. … 情感이 知的인 높이에 올라가지 아니하면 形態를 가추지 못합니다. … 結婚이란것은 사랑에 知的形態, 或은 그것의 形態的完成, 乃至는 素材의 現實化, 사랑의 完成이라 할수 있읍니다. 結婚을 通하야 各個人은 結婚을 社會化하고 自己를 對象化하며, 主觀的인 生活에서 客觀的인 生活世界로 드러스는 것입니다.[26)]

신여성과 기혼 남성 사이의 연애문제를 다루면서 남성 저자인 임화는 개인과 사회, "이성(理性)"과 "정감(情感)"의 대립이라는 측면에서 접근한다. 여기에서 근대적 개인의 특성인 감정은 사회적 제어가 필요한 것이고, 나아가 "지적(知的)인 높이"에 올라가야 하는 것으로 파악된다. 그리고 결혼은 "사랑에 지적 형태"를 부여해 주는 것이다. 앞서 인용한 김원주가 동일한 문제에 대해서 그것이 과도기적 현상이며 근대적인 '신도덕'이 정착되는 과정에서 피할 수 없는 것으로 인식하고 새로운 '정조관념'을 설파하였던 것과는 대조적이다. 임화의 글에서 나타나듯 연애와 결혼의 연결은 낭만적 연애의 등장과 더불어 사회문제로 대두되었던 정조문제, 특히 신여성들의 정조문제에 대한 가장 바람직한 해결책이었다. 즉, 낭만적 연애와 결혼이라는 완결된 형식 속으로 섹슈얼리티가 통합되는 것으로 상정되는 것이다.[27)]

---

26) 임화, 「안해있는사람과의사랑」, 『여성』 제4권 제4호, 1939. 4, 22-23쪽.
27) 김동식, 앞의 글, 324쪽.

여기에서 근대적 개성의 중요한 특징인 감정의 자연스러운 표출은 '여성적 사랑'으로 배정되고 결혼이라는 형태로 '남성적 이성'과 연결될 경우에 가장 이상적인 모습을 갖추게 된다. 물론 연애와 결혼이 자연스럽게 이어지는 것인지에 대해서는 당시에도 의견이 엇갈리는 것이었다.[28] 하지만 이는 지식인 남성이 여성의 분출하는 섹슈얼리티를 위험하지 않게 순화시킬 수 있다는 장점뿐만 아니라 자유연애를 통한 자기표현에 과감했던 소위 '제1세대 신여성'에게 쏟아졌던 사회적 비난을 목도한 여성들에게도 바람직한 것으로 수용될 수 있었다.

이와 같이 연애와 결혼, 즉 '감성'과 '이성'의 연계를 주장하게 된 데서 드러나듯이, 자유연애를 가능하게 했던 감성의 자연스런 표출은 근대적 개인 주체를 파괴할 수도 있는 위험하고 불안한 것이라는 인식도 등장하였다. 이제 근대적 인간은 자유연애와 결혼을 연결시키는 과정에서 '자아'라는 이상을 손상시키지 않고 불안을 최소화하기 위하여 '지'를 통한 선택을 요구받게 되었다. 이러한 현상을 반영하면서 1920년대 이후 각종 잡지에는 남성과 여성이 요구하는 이상적 상대가 어떤 모습인지를 보여 주는 기사가 지속적으로 등장한다.[29] 대체로 사회적 유명 인사들을 대상으로 한 앙케트 형식이었던 이런 기사는 단순히 한 개인이 이상적 연애 · 결혼 대상에게 어떤 조

28) 류치진 외, 「戀愛와結婚은別것인가」, 『여성』 제3권 제5호, 1938. 5, 30－35쪽.

29) 「現代의男子ᄂᆞᆫ엇더ᄒᆞᆫ女子를要求ᄒᆞᄂᆞᆫ가?」, 『신여자』 제2호, 1920. 4, 22－27쪽; 이소아, 「나는이러한이셩(異性)을요구합니다－알지도못하는언니에게」, 『부인』 제1권 제5호, 1920. 10, 14－18쪽; 김약수 외, 「朝鮮女性에 對한 諸氏의 意見」, 『여인』 제5호, 1932. 10, 26－29쪽; 김복진 외, 「賤視할타잎의男性」, 『신가정』 1935. 7, 48쪽, 143쪽; 「오늘의젊은이는異性에게무엇을要求하나」, 『여성』 제3권 제1호, 1938. 1, 65－70쪽; 조풍연 외, 「오늘의인텔리 結婚適齡期處女의 理想男」, 『여성』 제3권 제3호, 1938. 3, 30－35쪽 등 참고.

건을 요구하는지 알려 주는 것에 그치는 것이 아니었다. 오히려 이런 기사는 연애와 결혼을 새로운 인간관계의 방식으로 인정하면서 어떻게 그러한 인간관계에 참여해야 하는지, 그러한 참여를 위해서 갖추어야 할 조건은 어떤 것인지 그리고 그러한 관계 속에서 얻을 수 있는 만족과 불만족은 어떤 것인지를 지시해 주는 계몽적 기획이었다. 일례로 남성들이 "안심하고 사괼 수 잇는 여자"를 항목으로 제시해 주는 기사는[30] 여성, 특히 교육받은 여성들을 대상으로 하는 여성 잡지에 실리면서 남성으로부터 선택받기 위해 요구되는 조건이 어떠한 것인지를 깨우쳐 주는 계몽적 목소리가 된다. 기든스의 지적대로 이제 "개인의 삶은 새로운 욕구와 새로운 불안들을 만들어 내는 하나의 개방된 기획(a open project)이 되었다."[31]

사회적 지식인 계층이 자신들이 선취한 근대적 인간상을 기준으로 일반 대중을 계몽하려는 근대적 기획은 교육학적 성격을 갖는다. 그러한 교육학적 성격은 학생들의 풍기문제에 대한 감시와 통제 그리고 성교육의 필요성 등을 통해 분명하게 드러난다. 연령을 준거로 한 학교체제의 확장이 근대적인 자유연애가 출현하는 계기가 되었음은 이미 지적하였다. 중등학교 이상의 학생 계층은 이미 생물학적으로 '성인'이었지만, 근대적 학교체제의 확장은 '어른이면서 결혼하지 않은 상태'[32]를 가능하게 만들었다. 생애주기의 측면에서 학생 계

---

30) 「안심하고 사괼 수 잇는 여자」, 『신여성』 제3권 제4호, 1925. 4; 연구공간 수유+너머 근대매체연구팀, 『매체로 본 근대 여성 풍속사 新女性』(서울: 한겨레신문사, 2005), 148-149쪽에서 재인용.

31) Anthony Giddens, 앞의 책, 37쪽.

32) 김동식, 앞의 글, 323쪽. 또한 김동식은 학교가 지식습득을 위해 성적 경험을 금지시키는 탈성화(de-sexualixed) 기제로 작동하는 동시에 새로운 섹

층이 놓여 있는 자리는 사회참여를 위한 준비 기간으로 설정되기 때문에, 사회로부터 유예된 시간의 상태는 '미성숙'으로 설명된다.

학교제도가 사회적으로 광범위하게 인식된 1920년대 이후에는 '학생'들은 애국계몽기 시대의 사회적 표상, 즉 미숙하지만 그러한 미숙함이 오히려 '가능성의 주체'로, 즉 근대화의 주체로 이해되었던 것과는 달리 미숙하고 동시에 허약하다는 사회적 표상만을 부여받게 된다.[33] 연애나 결혼은 인간에게 가장 기본적인 관계맺음의 방식 중 하나이기 때문에, 미숙한 학생에게는 유보되어야 하는 것이 된다. 그리고 유보된 기간 동안 진행되는 연애와 결혼은 '일탈'이고 '병리적'인 것으로 인식된다. 사회적으로 미성숙한 학생들 사이에서 형성되는 연애는 아직 '인간적인 것'이 되지 못한다.

> 그러면 엇던거늘 眞正한戀愛라고할가요. 한만대로 節單히말하면 異性間에發生하는 友情friendship이끗 戀愛라하나이다. … 兩人間에 友的關係가生함은 衝動的盲目的이아니라 彼此間充分한觀察과熟考가 有하고 圓滿한 人格的理解가잇는後 비로소 友情이생기고 이友情이 비로소 二人을묵거 親友를짓는것이웨다. 그럼으로 이友情은 永久的이요 熱烈的입니다. … 웬만한人格의所有者가 아니면 男女交際에 淸白한友情으로 始作하기 힘듬니다.[34]

여기에서 남성과 여성 사이의 "진정한 연애"는 인격적 이해를 바

슈얼리티와 새로운 스타일이 발견되는, 그리고 성교육에 대한 지식이 소통되는 이중적인 공간임을 지적한다.

33) 연구공간 수유+너머 근대매체연구팀, 앞의 책, 28쪽.

34) 옥로, 「結婚과戀愛」, 『여자계』 제6호, 1921. 1, 36-37쪽.

탕으로 한 "우정"의 형식이라고 주장한다. 그리고 그러한 인격적 이해는 "충동적"이고 "맹목적"인 것이 아니라 "충분한 관찰과 숙고"가 필요한 지적 작용인 것이다. 학생층에게 연애가 유보되어야 하는 이유는 그들이 아직 진정한 남녀교제에 필요한 인격적 이해를 소유하지 못하고 있기 때문이었다.

> 무엇을가지고 남녀학생게의풍긔문란이라하느냐. 가로되 남학생과 여학생의 과도히친밀한교제를일음이요, 남학생이 녀학생을유인함을 일음이요, 녀학생이 음분, 방종하야그본븐을직히지 못함을일음이다. 그리고이와갓흔일은 됴선에 현대의교육제도가시설된째로부터 비일비재하게잇든사실이다. … 남녀학생의풍긔문란이라는이문뎨를가지고말하고자할진대 물론 녀성과남성을 아울너함씌 말하지안으면 안되겟스나그러나 나는 이곳에서 녀성을중심으로하고서 이문뎨를말하는 동시에 싸라서오늘날의 녀성들에게 대한가뎡 또는 학교교육의불텰뎌, 또는 완고함을 론란하고자 하는 바이다.[35]

인용문에서와 같이, 1920년대 이후 사회적 문제로 인식되었던 남녀학생 풍기문제의 원인은 남학생의 "유인"과 여학생의 "음분, 방종" 때문으로 지적되는 경우가 대부분이었다. 이러한 원인 규명의 이면에서 유혹할 수 있는 능력, 즉 지적 능력이 남학생에게 할당되는 반면, 방종하게 되는 여성은 지적 능력보다는 감성의 영향력이 더 크기 때문이라는 '이성/감성=남성/여성'의 이분법이 다시 확인되고 있

---

35) 팔봉산인, 「今日의女性과現代의敎育」, 『신여성』 제3권 제6호, 1926. 6·7, 61－62쪽. 이와 같이 남학생에게 풍기문제의 원인이 있음을 인정하는 논의는 민태완, 「監視를 계을리하지마라」, 『현대평론』, 1927. 7 등 참고.

음을 알 수 있다. 그렇다면 남학생에 대한 선도가 풍기문제 해결의 출발이 되어야 함에도 불구하고 실제로 여성 및 여성교육에 책임이 전가되고 있다는 사실도 주목해야 한다. 더구나 "녀성과남성을 아울너함씌 말하지안으며 안되겟스나그러나 나는 이곳에서 녀성을중심으로하고서"라는 필자의 조건은 이 글이 객관적인 시선을 견지하고 있음을 강조하기 위한 수사에 불과하다. 당시 학생의 풍기문제를 다루는 대부분의 기사는 여학생에 초점을 맞추고 있었다.

자유연애가 사회적으로 용인될 수 있는 결혼으로 이어지고, 그러한 연결 고리 속에서 개인 역시 만족을 구할 수 있으려면 무엇보다 상대방에 대한 정확한 판단과 분석이 필요하였다. 그리고 학교에서 학생들의 풍기문제를 선도하는 데 중요하게 부각되었던 것이 바로 이러한 판단과 분석을 교육시키는 것이었다. 학생이 '정'의 측면에서는 성인과 크게 다르지 않지만 '정'에 따른 불안을 최소화할 수 있는 '지'의 측면에서 미성숙하다는 것이 그 근거였다. 이렇게 볼 때 여학생이라는 존재는 이중적으로 미성숙한 위치에 놓이게 된다. 자신의 감성을 충분히 제어할 수 없는 '여성'이면서 생애주기상 미성숙한 교육의 대상이라는 '학생'의 위치가 중첩되는 것이다. 즉, 여학생들은 "중심에아모것도가진것이업는"36) 존재로 규정된다.

> 나젊은학생들에게 男女문뎨와 련애에대한 정당한지식을너어주어서 그럿케방종한태도를갓지안코 또 유혹만흔中에서도 능히 유혹되지안흘만한힘을너어주고37)

36) 조동식, '젊은 男女를 善導하는 根本策', 「男女學生風紀問題와그善導策」, 『신여성』 제3권 제6호, 1927. 6 · 7, 50쪽.

근대적 인간관으로의 변환은 교육과 연애 모두에서 이전과는 분명하게 구분되는 지평을 형성하였다. 그러나 자기감정을 가장 잘 파악하고 그것을 최대한 표현할 수 있다는 인간관에 기초한 근대적 자유연애와 사회로의 참여를 준비하기 위한 유예기간을 요구하던 근대적 교육은 논리적으로 충돌할 수밖에 없었다. 이만규는 이에 대한 절충안을 다음과 같이 제시하였다.

> 전문학교에만 한한 것이 엇습니다마는 … 첫재는 각전문학교에서 특별연구와 순서로 성(性)에대한 교육을 적의하게 가르칠일, 둘재는 남녀전문학교에서는 학교에서 남녀학생의 사교적회합을 만들어 적의하게 지도할 일이란것이엇습니다.[38)]

자유연애에서 피할 수 없는 성욕문제를 성교육이라는 기제를 통하여 제어하고,[39)] 지적으로 미성숙한 학생들의 교제는 '지도'의 대상이 되어야 한다는 의견은 당시 대부분의 지식인들에게 당연하게 여겨졌고, 이는 강력한 이상형으로 등장하였던 자본주의적 핵가족을 보호하기 위한 것이었다. 또한 "성교육의 리상은 우생학이 가르치는

---

37) 김윤경(배화여자고등보통학교), '이렇케대담한편지질－성에관한지식을주자는데찬성합니다', 「男女學生風紀問題와그善導策」, 『신여성』 제3권 제6호, 1927. 6·7, 57쪽.

38) 허영숙 외, 「男女學生 社交問題 大座談會」, 『신가정』, 1933. 2, 52쪽.

39) 백남규 외, 「性教問題座談會」, 『여성지우』 제1권 제2호, 1929. 2, 38－53쪽; 허영숙 외, 위의 글, 52－60쪽; 아편설라 외, 「性教育에關한各女學校當局者의具體案」, 1933. 11, 28－31쪽; 이정섭 외, 「性教育實施方針如何」, 『신가정』, 1933. 11, 32－43쪽; 장문경, 「性心理及性教育小考」, 『여성』 제3권 제2호, 1938. 2, 78－79쪽 등 참고.

데쫓아서 인류의개선을 꾀하려는데 잇는것"이고 "성교육의목적은 이성(異性)을 리해하는 능력을 기르는데에 그안목이 잇는것"[40]이라는 주장에서 드러나듯이, 학생들에게 강조되었던 성교육은 이성중심의 계몽주의와 진보적 세계관 속으로 새롭게 발견된 인간의 감성적 능력을 포섭하려는 시도였다.

결론적으로 자유연애의 등장은 인간의 자연스러운 능력으로 새롭게 발견된 정(情)의 교감을 바탕으로 하는 관계맺음의 방식이라고 할 수 있다. 그리고 이는 전통적 인간관계로부터의 해방을 의미하였고, 정조관념에서도 새로운 도덕관념을 요구하였다. 새롭게 발견된 '정'의 능력과 이에 따른 도덕관념의 변화에서 비롯되는 불안은 또다른 인간 심리로 인정되고 있던 '지'의 능력을 토대로 한 관찰과 분석 그리고 선택을 통해 극복하고자 하였다. 근대적 인간 심성구조의 형식으로 인정되었던 '지정의'는 이전과는 전혀 다른 인간 이해 방식이 되었다. 무엇보다 주체이자 객체로서 이러한 변화를 주도한 것은 근대교육의 혜택을 누렸던 지식인층이었다. 남성과 여성이 만나는 방식에서 진행된 근대적 변화는 가정을 구성하기 위한 결혼이라는 형식에도 투사되었다.

2) 결혼관의 변화와 가정의 사사화

결혼은 한 가정을 형성하는 공식적 계기가 되기 때문에 전통적인 유교 사회에서도 그 중요성이 강조되었다. 개항 이후 조선 사회가

40) 이훈, '性敎育은 刻下의 急務', 「性敎育實施方針如何」, 『신가정』, 1933. 11, 41쪽.

세계적인 시간 배열에서 선진 열강에 뒤쳐져 있다는 의식이 지배하게 되면서 전 사회적으로 '근대' 따라잡기가 강요되었다. 특히 국가사회를 구성하는 단위로 인식되었던 가족과 그 구성계기인 결혼의 근대화는 개화 지식인들이 핵심 과제로 제시한 것이었다.

당시 결혼 풍습에 대한 비판 중 가장 관심을 모았던 것은 조혼제(早婚制)와 과부개가, 축첩금지 그리고 매매혼 금지 등이었다. 여기에서는 본 연구와 연관된다고 판단되는 조혼금지와 축첩금지에 대해서 살펴보고자 한다.

> 나라나 ᄒᆞ는 것은 여러 가뎡을 합ᄒᆞᆫ 것이라 조흔 가뎡이 합ᄒᆞ면 그 나라도 조코 조치 못ᄒᆞᆫ 가뎡이 합ᄒᆞ면 그 나라도 조치 못ᄒᆞᄂᆞ니 … 우리 나라 혼인에 맛당이 곳칠 일이 만커니와 그 즁 폐단이 즁ᄒᆞᆫ 것은 일즉이 혼인ᄒᆞᆷ이라 혼인을 일즉이 ᄒᆞ면 첫재로 해 됨이 나라 인민의 원긔가 주는 것이니 … 일즉이 혼인ᄒᆞᆷ이 ᄯᅩ 학문에 해가 되ᄂᆞ니 원긔가 줄어 공부ᄒᆞ기게 총명치 못ᄒᆞᆯ ᄲᅮᆫ 안이라 혼인을 ᄒᆞ면 공부ᄒᆞᆯ ᄣᅢ에 그 마음이 젼일치 못ᄒᆞᆯ 것이요 … 일즉이만 혼인ᄒᆞ는 것은 락이 되기 가냥 고ᄉᆡᆼ과 걱졍투셩이를 만ᄃᆞ는것이라 ᄉᆡᆼ명의 잔약ᄒᆞᆷ과 인죵의 주는것과 무식ᄒᆞᆷ과 곤궁ᄒᆞᆷ과 게으름과 각ᄉᆡᆨ질병과 ᄉᆞ망과 집안에 불화ᄒᆞᆷ과 ᄌᆞ질의 패가망신ᄒᆞᆷ과 싀모와 며ᄂᆞ리의 다톰과 인척간에 싸홈과 ᄂᆡ외간에 소박과 녀ᄌᆞ의 간통과 도망과 남ᄌᆞ의 외입과 복쳡과 노름과 잡류 됨과 도적 됨과 류의류식ᄒᆞᆷ과 친척에게 폐를 ᄭᅵ치는 제반 악증이 다 일즉이 혼인ᄒᆞ는 폐에서 근원되어 퍼져 나오는 고로 … [41]

이 인용문에는 조혼폐지를 둘러싼 당대 시선의 특징이 잘 나타나

---

41) 쥬시경, 「일즉이혼인ᄒᆞ는폐」, 『가뎡잡지』 제4호, 1906. 9, 1-6쪽.

고 있다. 첫째, 가정이 국가와의 연속선상에서 파악되고 있다. 즉, 개인-가정-국가라는 유기적 연결을 전제하는 것이다. 이러한 연결 속에서 개개인의 병리 현상은 가정의 병리로 이어지고, 곧바로 국가의 쇠퇴로 직결된다. 이는 개인적인 것에 대해 공적인 국가가 직접 개입할 수 있는 이유가 된다.

둘째, 조혼이 가져오는 폐해로 지적되는 것은 "인민의 원긔가 주는 것" "학문에 해가 됨" 등 국가적 차원에서 손실로부터 "곤궁홈과 계으름과 각식질병과 수망과 집안에 불화홈과 주질의 패가망신홈과 싀모와 며누리의 다톰과 인척간에 싸홈과 닉외간에 소박과 녀주의 간통과 도망과 남주의 외입과 복쳡과 노름과 잡류 됨과 도적 됨과 류의류식홈과 친척에게 폐를 찌치는" 등 한 개인에게서 나타날 수 있는 거의 모든 병리적 현상을 포괄하고 있다. "인종의 감소"와 "인재의 결핍" "교육의 타락"[42] 등은 당시 조혼, 즉 결혼의 병리적 현상을 전체 국가의 시선에서 포착하려는 논의에서 공통적으로 지적되는 병폐였다.

이와 같은 논의에는 개인의 결혼행위 자체가 국가의 흥망성쇠에 직결된다는 국가유기체설의 단면을 보여 주고 있다. 한 개인이 실천하는 행위는 이제 곧바로 국가라는 공적 영역에서의 결과로 이어지는 행위가 되고, 이는 적극적인 계몽의 대상으로 포착되는 것이다. 즉, "그딕네 몸은 즉 국가의 몸이오 그딕네 집은 즉 국가의 집"[43]이라는 의식 속에서 각 개인의 행위는 단순하게 사적인 측면에서 논의될 수 있는 것이 아니었다. 국가의 시선에서 바라보는 조혼은 "자긔

42) '早婚의 弊害를 痛論홈', 「황성신문」, 1909년 9월 3·4일.

43) '조국을 지킬 일', 「대한매일신보」, 1908년 12월 14일.

ᄉᆡᆼ젼에자미보기만우너ᄒᆞ고장래자손의ᄒᆡ됨은ᄉᆡᆼ각지안이"[44]하는 행위로 비판을 받게 된다. 즉, 가족의 이해관계는 국가의 그것과 배치될 때 긍정될 수 없는 것으로 부각된다. 이는 조선시대와는 달리 이 시기 지식인들은 사회가 가족으로부터 확장되어 나가는 것이 아니라 사회를 구성하기 위해 '가족'은 '사회' 안에서 기능적인 단위로 자리매김되어야 하는 것으로 인식했음[45]을 보여 주는 것이다. 이와 같이 한편에서 국가 전체의 병리현상을 척결하고 '문명'이라는 목표를 달성해야 한다는 집단적 시각에서 결혼을 바라보는 시선이 있었다면, 다른 한편에서는 조혼이 개인의 가장 은밀한 사적 결정권을 침해한다는 목소리가 존재하였다.

> … 사ᄅᆞᆷ은 무엇이 쥬쟝이냐 ᄒᆞ면 혼인을 남녀ᄌᆞ유에 맛겨 늦게 ᄒᆞᆯ 일이라. … 이졔 그 혼인을 일즉ᄒᆞ고 늦게ᄒᆞᄂᆞᆫ 근인이 어ᄃᆡ 잇나냐 궁구ᄒᆞ건ᄃᆡ 압졔혼인ᄒᆞᄂᆞᆫᄃᆡ 잇나니 소위 압졔 혼인이란 것은 누가 억지로 혼인ᄒᆞᆫ다ᄂᆞᆫ 말이 안이라 그 부모되ᄂᆞᆫ 사ᄅᆞᆷ들이 그 ᄌᆞ녀를 ᄉᆞ랑ᄒᆞᆫ다고 십 셰 ᄂᆡ외부터 결혼ᄒᆞ야 아ᄒᆡ들의 연약ᄒᆞᆫ 골격으로 ᄒᆞ야곰 쇠삭케 ᄒᆞᆯ ᄲᅮᆫ만 안이라 … 사ᄅᆞᆷ의 근본되고 집안에 흥망이 달닌 부부ᄉᆡ이에 그럿케 불화ᄒᆞ고야 엇지 그 집안이 잘되기를 바라며 나라사ᄅᆞᆷ의 집일이 그러ᄒᆞᆫ즉 그 나라 일이 잘되기를 바라리오. … [46]

위에 인용한 「제국신문(帝國新聞)」의 논조는 조혼과 같은 병리적

44) 호산거ᄉᆞ, 「혼인의리ᄒᆡ론」, 『녀ᄌᆞ지남』 제1권 제1호, 1908. 4, 14쪽.

45) 전미경, 『근대계몽기 가족론과 국민 생산 프로젝트』(서울: 소명출판, 2005), 31쪽.

46) '압제혼인의 폐풍을 곳칠 일', 「제국신문」, 1907년 10월 12일.

결혼이 "아희들의 연약ᄒᆞᆫ 골격으로 ᄒᆞ야곰 쇠삭케" 함으로써 "나라 일"을 그릇되게 한다고 지적하고 있지만, 그 폐단을 바라보는 시선에는 미묘한 차이가 드러난다. 즉, 여기에서 조혼의 가장 중요한 문제점으로 지적되는 것이 결혼의 주체가 되는 남성과 여성이 자신의 의지에 따라 결혼할 수 있는 기회를 빼앗아 버린다는 점이다. 이러한 "압제 혼인"의 결과는 부부사이의 불화로 귀결된다. 개인의 자율적 판단과 선택에 의거하지 않은 결혼은 가정의 불안을 낳고, 궁극적으로 국가의 통합을 저해하는 병리로 규정된다. 그렇다면 이상적인 결혼은 어떤 방식으로 진행되어야 하는 것인가?

> … 그 뎡혼ᄒᆞᄂᆞᆫ 규모ᄂᆞᆫ 신랑신부될 쟈들이 다 학식이 잇ᄂᆞᆫ지라 피ᄎᆞ간에 학문으로 시험ᄒᆞ던지 ᄒᆡᆼ동쳐ᄉᆞ로 시험ᄒᆞ던지 피ᄎᆞ간에 지긔가 상합ᄒᆞ고 ᄒᆡᆼ실이 아ᄅᆞᆷ다와 일호라도 미흡ᄒᆞᆫ 곳이 업ᄉᆞᆫ 후에야 결혼ᄒᆞᄂᆞᆫᄃᆡ 남ᄌᆞ가 신부의 위인을 시험ᄒᆞ기ᄂᆞᆫ 이무가론이어니와 녀ᄌᆞ가 더옥 쥬의ᄒᆞᄂᆞᆫ 것은 한 번 남의 집에 들어갓다가 그 가장의 셩미가 불합ᄒᆞ던지 ᄒᆡᆼ동쳐ᄉᆞ가 광ᄑᆡᆨᄒᆞ거나 나ᄐᆡᆨᄒᆞ거나 긔질이 미약ᄒᆞ야 무ᄉᆞᆷ 병이 잇셔 가ᄉᆞ를 잘 다ᄉᆞ리지 못ᄒᆞ면 리혼(離婚)ᄒᆞ야 갈니기 쉬운즉 녀ᄌᆞ의 평ᄉᆡᆼ 신세ᄂᆞᆫ 남ᄌᆞ와 달은지라 엇지 조심ᄒᆞ야 ᄉᆞᆷ가지 안을 바리오. … 47)

물론 대안으로 제시된 이상적인 결혼방식은 남성과 여성 개인의 자유에 따라서 결정되는 것이다. 이때 자유로운 결정의 근거가 되는 것은 "학식"과 "학문"이다. 이제 결혼은 한 개인이 가지고 있는 이성

47) '압제혼인의 폐풍을 곳칠 일(續)', 「제국신문」, 1907년 10월 13일.

적 능력을 근거로 하여 끊임없이 탐색하고 "시험"해야 하는 기획이 된다. 이러한 이상형(ideal type)은 앞서 지적하였듯이, 근대가 새롭게 발견한 인간의 '지정의'라는 심리구조가 동원된 결과와 논리적으로 연결된다. 조혼폐지를 둘러싸고 개인의 자유를 강조하는 목소리와 국가적 차원에서의 병리를 지적한 목소리가 서로 접합할 수 있었던 계기는 앞서 지적하였던 것처럼 사회진화론과 국가유기체설을 연결시켰던 개화기 당시의 사상적 특성이라고 할 수 있다.[48]

또 하나 지적할 수 있는 것은 개인의 자유의지에 따른 결혼방식이 자유연애보다 시기적으로 앞서 등장하고 있었다는 것이다. 즉, 결혼 당사자들이 서로를 탐색하고 시험한 후에 자신의 의지에 따라 결혼을 해야 한다고 주장하고 있지만, 그러한 탐색이나 시험이 곧 자유연애를 의미한다고 보기는 어려운 면이 있었다. 당사자들 사이의 사랑은 아직 결혼이라는 기획에서 탐색해 보아야 하는 조건으로 명확히 제시되고 있지 않고, 부모의 의견도 완전히 배제되지는 않고 있다.

> 혼인은 엇더케 ᄒᆞ는것이 ᄉᆞ리에 맛당ᄒᆞ다ᄒᆞ겟는가 가장 쥬의ᄒᆞᆯ것은 남녀가 쟝셩ᄒᆞ여 신랑 신부의 지각이 넉넉ᄒᆞᆫ 후에 그 ᄌᆡ덕을 서로 비교ᄒᆞ여 그 부모와 신랑 신부 마ᄋᆞᆷ에 일호라도 결뎜이 업ᄉᆞᆫ후에 셩혼ᄒᆞ는것이 가위 근본을 알아 힝ᄒᆞᆫ다 ᄒᆞᆯ것이요[49]

인용문에서 드러나듯이 이상적 결혼을 위해서는 남성과 여성 각각이 "지각이 넉넉"하기를 기다려야 하고 "ᄌᆡ덕(才德)"을 기준으로

48) 제3장 각주 12 참고.

49) 리죵일, 「가뎡지남」, 『가뎡잡지』 제7호, 1907. 1, 1-2쪽.

비교해 보아야 한다. 또한 그 부모의 시각에도 "결뎜이 업슨후에" 결혼하는 것이 이상적이다. 결혼을 위한 기획에서 남성과 여성이 직접 대면해야 한다는 주장은 다음의 인용문에서 잘 나타난다.

> 으-응 婦人의 資格이오. 그건 닉가 지닉보니식 第一 몸이 强健히야 ᄒᆞ깃십듸다. 第二는 마암자리가 조와야 ᄒᆞ깃십듸다. 第三은 諺文字릭도 좀 아라야 ᄒᆞ깃십듸다. 第四는 얼골도 좀 … 〈已婚者〉. 그럿치만 그것을 웃터케 아오 〈未婚者〉. 別數 업시 보고 定ᄒᆞ는 것이 第一임넨다 〈已婚者〉[50]

미혼자가 기혼자에게 부인의 자격에 대해 질문하는 방식으로 구성된 인용문에서 기혼자는 몇 가지 선택의 기준을 제시해 준다. 그런데 여기에서 제시된 결론은 그러한 기준을 확인해 보기 위해서는 "보고 정ᄒᆞ는 것이 제일"이라는 것이다. 일본의 식민통치가 시작되면서 사실상 국가의 존재가 사라진 이후에는 개인의 자아를 일층 강조하는 모습을 보여 준다. 결혼에서도 배우자를 선택하는 기준이 한층 정교하게 제시된다. 자아에 기초를 둔 선택이라는 결혼관을 가장 잘 보여 준 사람이 이광수다.

> 婚姻의 條件 … 첫재, 婚姻하려는 兩人은 健康해야지요. … 다음에는 精神力이지요. 이것은 先祖의 遺傳이 極히 有力한 듯하니 不可不 父母以上 四, 五代의 系譜와 來歷을 調査해야지요. … 다음에는 兩人의 充分한 發育이지요. … 다음에는 經濟的 能力이지요. … 婚姻하려는 男女의 資格의 하나는 各各 確實한 職業을 가짐이외다. 이것은 現

50) '婚姻問答', 「황성신문」, 1907년 8월 22일.

> 代朝鮮에서 가장 力說할 것이외다. 다음에는 當者 相互間의 戀愛지요. … 戀愛의 根據는 男女 相互의 個性의 理解와 尊敬과, 따라서 相互間에 일어나는 熱烈한 引力的 愛情에 있다 하오. … 더 깊은 個性의 美 -卽, 그의 精神의 美에 恍惚하고사 비로소 滿足하는 것이지요.[51)]

이광수가 배우자 선택을 위해 제시한 조건은 "건강, 정신력, 충분한 발육, 경제적 능력, 상호 간의 연애" 등이다. 이 중에서 건강이나 충분한 발육과 같은 조건은 개화기 이후 조혼폐지를 주장하는 근거로 많이 동원되었던 논리다. 경제적 능력과 상호 간의 연애라는 조건은 근대적 교육을 전제로 하는 것이라고 할 수 있다. 이광수는 이러한 조건을 포괄하는 가장 중요한 조건으로 "합리"를 주장한다. 그리고 이 '합리'라는 것은 "합법 · 합(合)윤리 · 합(合)사정 등의 뜻을 포함"하는 의리로써 "개인의 완전한 교육에 따라서" 형성될 수 있는 것이다.[52)] 직업과 가족은 오늘날 모든 개인이 자신의 '미래를 식민화(colonizing the future)'하는 데 중요한 자아 서사의 과제가 되고[53)] 있었고, 이를 위해 요구되는 가장 중요한 조건은 다름 아닌 근대적 교육이었다. 다시 말하면, 근대적 교육은 자아를 각성한 개인을 형성하는 조건이었고, 바로 이러한 개인의 결합이야말로 이상적인 결

---

51) 이광수, 「婚姻에 對한 管見」(『학지광』 제12호, 1917. 4), 『이광수전집』 10 중판, (서울: 삼중당, 1973), 42-43쪽.

52) 위의 글, 44쪽.

53) 문소정, 「현모양처/양처현모 정체성을 통해 본 한일 여성의 일상적 삶의 질 비교 연구」, 『사회와 역사』 제61권, 2002, 253쪽. 여기에서 '미래의 식민화'는 미래를 예측하고 설계하고 실행해 나감으로써 다가올 미래를 자신의 의지가 작용하는 영역으로 만드는 것을 의미한다. 이에 대해서는 Anthony Giddens, 앞의 책, 102쪽 참고.

혼형태로 제시된 것이었다.

다음으로 축첩제에 대한 비판을 살펴보자. 우선 축첩제는 문명의 시선에서 바라볼 때 야만적 행위이기 때문에 폐지되어야 하는 것이었다.

> 아직도 야만의풍쇽이 만타ᄒᆞ거놀 … 대한풍쇽에 괴이ᄒᆞᆫ거시 만흐되 그즁에심ᄒᆞᆫ거ᄉᆞᆫ 음풍이라 졍부관인으로 브터 여항의 ᄇᆡᆨ셩ᄭᆞ지라도 쳐쳡두기를 됴화ᄒᆞ야 심ᄒᆞᆫ쟈ᄂᆞᆫ 졍실ᄒᆞ나에 별반이 삼ᄉᆞ쳐이오 그 다음은 일쳐이쳡이 대쟝부의 당연ᄒᆞᆫ일이라 ᄒᆞ며 아젹밥과 전녁쥭을 먹을만ᄒᆞᆫ 사ᄅᆞᆷ이면 의례이 쳡을두어 무죄ᄒᆞᆫ안ᄒᆡ를 공연이 박츅ᄒᆞᄂᆞᆫ 쟈도잇고 쳡으로 인연ᄒᆞ야 패가망신 ᄒᆞᄂᆞᆫ쟈도잇시며 그쳡이 ᄯᅩᄒᆞᆫ ᄌᆞ긔ᄆᆞᄋᆞᆷ에 합당치못ᄒᆞ면 곳보내고 다른쳡을 두기도ᄒᆞ며 그쳡이 늙고 보면 ᄯᅩ다시 이팔청츈의 쇼쳡을구ᄒᆞᄂᆞᆫ쟈도 잇ᄂᆞ니 이거ᄉᆞᆫ 남ᄌᆞ들이 음ᄒᆡᆼ을 임의로ᄒᆞ며 녀ᄌᆞ로ᄒᆞ여곰 절긔를 닐케ᄒᆞᆷ이라 태초시에 하ᄂᆞ님이 사ᄅᆞᆷ을내실적에 일남 일녀로 작뎡ᄒᆞ신것슨 음양의 공효가 셔로 ᄀᆞᆺᄒᆞᆷ이오 남녀의 권리가 동등됨이라[54]

축첩은 우리 풍속 중에서도 "음풍"이면서 야만의 풍속으로 규정된다. 이는 "하ᄂᆞ님이 사ᄅᆞᆷ을내실적에 일남 일녀로 작뎡"하였다는 기독교적 세계관에서 어긋나는 것이고 남녀의 동등권을 침해하는 것이다. 남성과 여성이 천부적으로 동등한 권리를 가지고 있다는 사실은 축첩제를 반대하고 일부일처제를 주장하는 논리로 이어진다.

> 우리 동양의 풍쇽은 ᄌᆞ고로 녀인을 사나희 보담 낫게 알아 텬리가

54) 「제국신문」, 1901년 1월 31일.

> 사나희는 놉고 녀인은 나즌줄로 아니 하ᄂᆞ님이 엇지 당초에 남녀로 고하의 분등이 잇게 내셧으리오 … 남ᄌᆞ는 놉고 녀ᄌᆞ는 나즌줄 아는 풍쇽으로 인ᄒᆞ여 ᄉᆡᆼ긴 폐단을 말ᄉᆞᆷᄒᆞ랴면 이로 다 셀수 업스나 그 즁에 뎨일 큰 폐단을 말ᄒᆞ면 … 쳣재는 쳡 두는 폐단이니 당초에 하늘과 쌍이 마련되고 만물이 ᄉᆡᆼ긴 즁에 사람은 뎨일 신령ᄒᆞᆫ 령혼을 타서 한 사나희와 한 녀인이 ᄉᆡᆼ겨서 ᄇᆡ필이 되엇으니 세상 사람이 다 한 남편과 한 녀인이 부부 됨이 텬리에 합당ᄒᆞ니 … 우리 나라는 녀인을 낫게 아는 까다락으로 녀인이 남편을 두 셋을 두면 큰 변으로 알고 남편이 죽어 과부가 되어도 ᄀᆡ가도 못 가게 ᄒᆞ되 사나희는 장가든 후에 의례히 쳡 두기를 시쟉ᄒᆞ여 칠팔명식 쳡을 두는 사람이 흔이 잇고[55)]

남성과 여성은 천부적 권리를 부여받고 동등한 권리를 가진 개체이기 때문에 일부일처제라는 동등한 성윤리의 규범이 필요하다는 것이다. 이는 축첩제가 가계 계승이라는 측면에서 정당화되어 오다가, 다른 사람과 분명하게 구별되고 그 누구의 침해도 받을 수 없는 개별성을 소유한 개인이라는 서구적 근대 개인 관념이 도입되면서 가족을 개인 대 개인의 결합으로 인식하기 시작하였음을 보여 주는 것이다. 결혼을 통해 가족을 구성하게 되는 남성과 여성은 각기 동등한 권리와 자유를 가진 존재이고, 동일한 심성구조로 이해되어야 하는 인간이라는 생각은 1888년 일본에 망명 중이던 박영효의 상소문에서도 드러나 있다.[56)]

---

55) 안텬강, 「부인을낫게봄이불가ᄒᆞᆫ일」, 『가뎡잡지』 제7호, 1907. 1, 272－273쪽.

56) "八日, 使民得當分之自由, 以養元氣, … 一曰「男女, 夫婦, 均其權也」, 凡男女嫉妬之心一也, 而男能有妻娶妾, 或疎其妻, 或黜其妻, 而婦不能改嫁, 亦不能離緣, 此於法律, 但禁女子之姦淫, 而不禁男子之亂故也, 且男喪其妻, 可以再娶, 女喪其夫雖未經合巹, 不得再嫁, 此爲家族親類所制也 …"

그렇다면 모든 인간은 자유와 권리의 측면에서 동등한 존재라고 인식하였을까? 축첩제가 남성과 동등해야 하는 여성의 권리를 침해하고 이중적인 성윤리를 적용하는 것이라고 비판받으면서 일부일처제가 가장 '자연스러운' 제도로 주장되는 와중에, 이미 첩인 여성은 어떤 시선 아래 놓이게 되었을까?

> 녀인으로 말ᄒᆞᆯ지라도 량반이라 즁인이라 상놈이라 ᄒᆞᄂᆞᆫ 거슨 사ᄅᆞᆷ이 지목ᄒᆞ야 부르ᄂᆞᆫ 말이어니와 ᄀᆞᆺᄒᆞᆫ 사ᄅᆞᆷ이 되어 남의게 쳡 노릇ᄒᆞᄂᆞᆫ 녀인은 하ᄂᆞᆯ이 ᄀᆞᆺ치 품부ᄒᆞᆫ권리를 직히지 못ᄒᆞᄂᆞᆫ 인ᄉᆡᆼ이라 불가불 ᄒᆞᆫ등 쳔ᄒᆞᆫ 사람으로 ᄃᆡ졉ᄒᆞ여야 셰상에 명분이 발나셔 사ᄅᆞᆷ이 비로소 텬뎡ᄒᆞᆫ 명분을 흐리기를 붓그러히 넉일지라 … 지금은 반샹 등분을 업시 ᄒᆞ고 본즉 졍실과 쳔쳡의 등분이 업스면 명분이 자연 혼합ᄒᆞᄆᆡ 괴악한 풍습은 곳칠 날이 업ᄂᆞᆫ지라 … 만일 ᄂᆞᆷ의 쳡이나 혹 쳔기 명ᄉᆡᆨ을 가리지 안코 ᄒᆞᆷᄭᅴ 참예 ᄒᆞᆯ디경이면 ᄉᆞ부가 부인 네가 참 쳔ᄒᆞᆫ 사ᄅᆞᆷ들과 동등을 아니 ᄒᆞ미 ᄒᆞᆯ터이오 … 그럼으로 우리 나라에셔는 녀인회를 셜시ᄒᆞ던지 녀학교를 셜립ᄒᆞ던지 맛당히 규칙을 달니 마련ᄒᆞ야 ᄂᆞᆷ의 쳡노릇 ᄒᆞᄂᆞᆫ 계집들은 일졀 동등권을 주지 말어 등분을 ᄇᆞᆰ히 ᄒᆞ여야 쳣ᄌᆡ ᄉᆞ부가 부녀들이 회셕에 참예ᄒᆞ며 학교에 다닐 터이오 둘ᄌᆡ 쳔쳡 노릇ᄒᆞᄂᆞᆫ 녀인들이 져의 몸이 셰상에 쳔ᄒᆞᆫ인ᄉᆡᆼ 되ᄂᆞᆫ 거슬 붓그러히 알어 괴악ᄒᆞᆫ 풍속이 차차 덜닐 터이니[57]

위 인용문에서 주장하고 있듯이, 첩 노릇을 하는 여성은 "하ᄂᆞᆯ이 ᄀᆞᆺ치 품부ᄒᆞᆫ권리를 직히지 못ᄒᆞᄂᆞᆫ 인ᄉᆡᆼ"이기 때문에 근대적 개인으

박영효, 「開化에 대한 上疏」(1888), 『신동아』, 1966. 1, 22-23쪽.

57) 「제국신문」, 1898년 11월 7일.

로 대우해서는 안 되는 존재였다. 모든 인간은 타인으로부터 침해될 수 없는 천부적 권리가 있고, 이는 모든 인간의 동등함을 보증하는 근거가 된다. 개인의 자유와 권리를 최대한 보장해야 한다는 서구적 인간관은 그 이면에 개인의 선택에 대한 책임을 요구한다. 이에 따라 '첩'은 자신에게 주어진 자유와 권리를 포기한 존재로 규정된다. 결국 근대 이전의 신분제도에 따른 위계질서가 제도적으로 사라지고 새롭게 서구적 윤리의식이 도입된 상황에서도 '첩'은 철저하게 배제되어야 하는 존재였다.

처첩제는 중국의 서주(西周) 시대 남성중심적 제도로 자리 잡은 종법제가 인간 재생산과 생물학적 생존이라는 인간의 두 가지 욕구를 남성에게만 허용하기 시작한 것이다.[58] 그리고 처와 첩은 여성 내부의 차이를 남성과의 혼인방식에 따라 구분하는 용어다. 전통적 윤리관에서도 첩은 비판의 대상이었다. 1899년 3월 여우회(女友會)가 "일부이실(一夫二室) 패륜지도(悖倫之道) 덕의지실(德義之失)"이라는 깃발을 들고 축첩을 폐지하자는 상소를 올린 사건[59]은 축첩제에 비판적인 전통적 윤리관의 일단을 보여 준다. 그러나 여성이 직접 축첩제를 문제 삼을 수 있었던 것은 천부인권적 존재로서의 개인을 중심으로 하는 서구적 윤리관의 영향력 속에서 이해될 수 있는 것이다.[60] 전통과 서구/근대가 마주치면서 갈등과 타협이 이루어지면서

---

58) 중국 주나라의 종법제와 처첩제에 대한 여성학적 비판에 대해서는 이숙인, 『동아시아 고대의 여성사상』(서울: 여이연, 2005), 2장 참고.

59) 이옥수 편저, 『한국근세여성사화 上』(서울: 규문각, 1985), 221－222쪽.

60) 이광수는 서구적 윤리관을 대표하는 기독교가 조선에게 베푼 "은혜"를 설명하면서, "도덕의 진흥"과 "여자의 지위를 높임"을 그 실례로 제시하였다. 이광수, 「耶蘇教의 朝鮮에 준 恩惠」(『청춘』 제11호, 1917. 11), 『이광수전집』 10 중판, (서울: 삼중당, 1973), 18－19쪽.

나름의 시대경향을 형성해 나갔던 개화기에도 '첩'은 자신의 자리를 찾을 수 없었던 것이다. 물론 당시 첩에 대한 비판이 또 하나의 남성중심적 여성분류라는 비판이 없었던 것은 아니었다.

> 부인도 층층이요 ᄉᆞ부도 층층이오 남의쳡도 층층이지 ᄉᆞ부의 ᄯᆞᆯ이라고 힘셰가 탕잡ᄒᆞ면 그ᄅᆡ도 부인잇가 샹놈의 ᄯᆞᆯ이라도 죵작업ᄂᆞᆫ 남쟈들이 후취 삼취 ᄉᆞ취ᄭᆞ지 ᄒᆞᆷ부로 ᄒᆡ온것도 부인츅에 가오릿가 쳡이라도 ᄉᆞᆼ쳐ᄒᆞᆫ후 드러와셔 고락을 갓치격고 봉제ᄉᆞ졉빈ᄀᆡᆨ에 자식낫코 일부죵ᄉᆞᄒᆞᄂᆞᆫ 쳡이 부인만 못ᄒᆞ릿가 … 당초에 쳡이라고 ᄉᆡᆼ겨나서 쳔ᄃᆡᄒᆞᄂᆞᆫ거시쳡은업스라고 ᄒᆞᆫ거신ᄃᆡ 우ᄆᆡᄒᆞᆫ 우리대한 녀인들이 광풍갓탄 남쟈말을 신탁ᄒᆞ고 ᄎᆞᄎᆞ풍습이 도여 지금에 니르러셔 쳡 텬디가 도엿스니[61]

"어느 유지각한 시골 부인의 편지"라면서 신문지상에 소개된 위의 인용문을 보면, 축첩제 자체가 남성의 욕망으로 발생한 제도이고, 한 개인에 대한 평가는 그 개인의 지위나 신분이 아닌 "힘셰"를 준거로 해야 한다는 근대적 시각의 일면을 보여 주고 있다. 또한 당시 여성 사이에서 제기되는 첩에 대한 비판이 "광풍갓탄 남쟈말을 신탁"한 결과라고 지적하는 부분은 축첩폐지를 둘러싼 논의가 남성중심적으로 현실을 재평가하려는 혐의를 가지고 있음을 지적하고 있는 것이다. 그러나 여기에서도 첩이 정당화될 수 있는 상황은 "ᄉᆞᆼ쳐ᄒᆞᆫ후 드러와셔 고락을 갓치격고 봉세ᄉᆞ졉빈ᄀᆡᆨ에 자식낫코 일부죵ᄉᆞ"하는 경우로 한정되고 있다. 즉, 비록 첩의 지위이지만(사실상 이 경우는 첩이

61) 「제국신문」, 1898년 11월 10일.

라기보다는 후처가 더 옳을 수 있는데), 사실상 일부일처의 조건 속에서 처에게 요구되었던 전통적 과제를 충실히 수행했다면 그 역시 도덕적이라는 주장인 것이다. 여기에서 "서구문명과의 충돌과 함께 진행된 동양의 근대 시기에는 산업구조에 따른 가족관의 변화가 대두되기보다는 오히려 유교윤리의 지지를 받는 전통적인 가족관이 강화되었다."[62]는 주장이 설득력 있게 들린다.

그러나 서구적 개인의식이 강력하게 지지되는 가운데에서도 유교적 가족윤리가 강화될 수 있었던 것은 당시 담론주체가 필요로 했던 여성과 가족이 무엇이었는지가 중요했을 것이다. 즉, 개화기(남성) 담론주체들에게는 여성에게 돌아갈 자유와 평등은 혼인과 가정을 전제로 한 것이었고, 의식적 개체로서의 여성 자체가 관심의 대상이 아니었던 것이다.[63]

개화기에 진행된 조혼과 축첩을 둘러싼 비판은 개인과 가족, 국가 사이의 새로운 관계를 모색하는 가운데 비롯된 것이라고 할 수 있다. 누구에게도 침해받을 수 없는 천부인권을 소유한 개인은 서구의 근대적 윤리관에서 중심을 차지한다. 또한 근대적 국민국가(nation-state)는 국민으로서의 개인이 다른 매개체의 도움 없이 국가와 직접적 관계를 설정한다는 특징을 보여 준다. 이때 개인과 국가 사이에서 가족의 위치를 재편성해야 할 필요성이 발생한다.

조선시대는 원칙의 차원에서 공사(公私) 영역 구분이 엄격하였으나, 실질적으로 사적인 영역이 공적인 통치영역을 상당히 압도한 혈

---

62) 김미영, 『유교문화와 여성』(서울: 살림, 2004), 9쪽.

63) 김경일, 「한국 근대 사회의 형성에서 전통과 근대」, 『사회와 역사』 제54집, 1998, 17쪽.

연적 가족주의 사회로 평가되곤 한다.[64] 가족은 국가를 구성하는 한 단위에 불과한 것이 아니라, 국가가 가족의 확장된 형태로 이해되었다고 볼 수 있다. 부계혈통을 중심으로 가족의 범위를 규정하는 종법제가 단순한 가족제도로 그친 것이 아니라 국가의 조직원리이기도 했던 것이다.[65] 그러나 개화기 담론주체가 구성한 가족의 원칙은 개인의 자유와 평등을 바탕으로 한 선택의 결과물이었다. 문명이라는 척도를 내세운 생존경쟁의 주체로 인식된 국가는 개인과 가족을 계몽해야 하는 구성단위로 바라보게 되었다. 근대 국가는 국민에게 도덕적 목표를 제시해 주는[66] 교육학적 기획의 주체다. 결국 개화기 이후 새롭게 모색된 결혼의 방식은 독립된 자아를 전제로 한 개인적인 것이었다. 그리고 이렇게 사사화(私事化)된 기획은 언제나 국가의 계몽대상으로 호명될 수 있는 것이었다.

3) 가정개량론

개화기 이후 자유연애나 조혼 및 축첩제의 폐지 등을 둘러싼 담론이 지향했던 가족의 구성은 일부일처제의 모습이었다. 그리고 이는

64) 조혜정, 『한국의 여성과 남성』(서울: 문학과 지성사, 1988), 69쪽.

65) 이숙인, 앞의 책, 43-52쪽. 조선의 종법제 정착에 대한 부분은 이이효재, 『조선조 사회와 가족-신분상승과 가부장제문화』(서울: 한울아카데미, 2003), 33-40쪽 참고. 조선 후기 정형화된 첩 제도에 대해서는 정지영, 「조선 후기의 첩(妾)과 가족질서: 가부장제와 여성의 위계」, 『사회와 역사』 제65집, 2004, 6-40쪽 참고. 정지영은 정실부인과 첩이 위계화가 이루어지지만 모두 '복속된 자'라는 공통점이 있음을 지적한다.

66) George. L. Mosse, 서강여성문학연구회 역, 『내셔널리즘과 섹슈얼리티』(서울: 소명출판, 2004), 133쪽.

개개인의 개성을 바탕으로 한 기획의 결과이어야 했다. 앞 절에서 살펴보았듯이, 서구의 근대적 세계관의 영향력 속에서 무엇보다 시급하게 요청되었던 것은 '가족'의 위치였다. 즉, 개인과 가족, 국가 사이의 관계를 어떤 방식으로 설정할 것인가가 중요한 담론의 주제였다. 대체로 개화사상가들은 가족을 국가라는 위계질서 안에 포섭하면서 국가를 구성하는 하나의 개별적 단위로 설정하였다.[67] 개인과 가족, 국가가 하나의 유기적 연결관계를 설정한다기보다는 기능적으로 연결되는 것으로 파악하려는 움직임이 강하였다. 특히 가족과 국가는 야만/미개에서 문명/진보로 나아가는 시간적 진보의 연속선상에 위치하게 되면서 가족을 넘어선 국가라는 집단으로의 수렴이 '문명'의 이름으로 정당화되었다.[68]

국가가 분명한 공적 영역으로 제시되면서, 가족은 이에 대한 대립항으로서 '사적 영역'으로 설정된다. 이는 국가 자체의 조직원리였던 전통적인 가족으로부터 후퇴한 모습이었다. 하지만 가족의 역할을 축소해야 한다는 논의는 아니었다. 오히려 가족은 국가의 국민 형성을 위한 주된 기제로서 그 중요성이 그 어느 때보다 강조되었다. 가족은 한 개인을 '국민'으로서 교육시키는 가장 핵심적인 기관으로 설정된다. 그리고 이러한 가족의 교육적 기능과 더불어 전통적인 '가족주의'는 절대적인 국민통합을 위해 새롭게 부각된다. 결국 국가를 위한 계몽의 기획은 '가족'의 부인에서 시작하였지만, 국가의 당위성을 유지하기 위해 가족, 정확히 말하면 가족주의를 적극적으로 수용

---

67) 전미경, 앞의 책, 21쪽.

68) '몸과 집과 나라 세 가지 정황의 변천', 「대한매일신보」, 1909년 7월 15~17일 참고.

하는 것으로 귀결되었던 것이다.[69)]

서구의 사회진화론적 세계관과 근대적 국가관의 도입 등으로 개화기에 진행된 가족 관련 논의는 주로 국가와 가족의 관계를 어떻게 설정해야 하는가에 집중되어 있었다. 그리고 새롭게 배정된 가족의 기능은 '교육'을 통한 국민의 형성이었다. 이때 형성되어야 하는 국민은 사적인 가족을 넘어서 국가에 절대적인 충성을 보이는 존재이어야 했다. 이는 가족을 논의하는 과정에서 언제나 '자식'에 대한 새로운 인식을 강조하는 대목에서 잘 드러난다.

> 우리 나라 아ᄃᆞᆯ 둔 동포여 여러분이 아ᄃᆞᆯ을 사랑ᄒᆞ여 기를 ᄯᅢ에 아ᄃᆞᆯ에 덕을 보고자 바라지 마시오 삭을 밧고자 바라지 마시오 아ᄃᆞᆯ 보기를 내 것으로 보지 마시고 이 셰샹에 일 ᄒᆞ러온 일군으로 아시고 진실ᄒᆞ고 용ᄆᆡᆼ 스러운 일군을 만들기를 힘 쓰시오 참 여러분의 아ᄃᆞᆯ

69) 앤 맥클린톡(Anne McClintock)은 가족과 민족/국가주의(nationalism) 사이의 양면적 관계를 다음과 같이 설명한다. "가족이라는 수사(trope)는 민족/국가주의(nationalism)에서 적어도 두 가지 방식으로 중요하다. 첫째, 그것은 이해관계를 둘러싼 하나의 추정된(putative) 유기적 단일체(unity) 내의 민족/국가적 위계(hierarchy)를 인가해 주는 "자연적" 상징을 제공해 준다. 둘째, 그것은 민족/국가적 시간을 구성하기 위한 "자연적" 수사를 제공해 준다. … 하나의 제도(institution)로서 가족은 역사의 공백(void)이 되고 민족/국가적 권력으로부터 배제되면서도 동시에 하나의 은유(metaphor)로서 가족은 민족/국가사를 위한 단일한 기원 서사(genesis narrative)를 제공해 주었다." Anne McClintock, '"No Longer in a Future Heaven": Women and Nationalism in South Africa', *Transition, 51*(1991.), p.106. 또한 개화기 가족에 대한 국가의 배제와 수용의 역학에 대해서는 전미경, 「개화기 계몽담론에 나타난 '가족'에 대한 단상-대한매일신보를 중심으로」, 『한국가정관리학회지』 제20권 제3호, 2002, 11-12쪽 참고.

이 이 셰샹을 위ᄒᆞ여 피를 흘리며 큰 ᄉᆞ업을 ᄒᆞ면 이 셰샹에서 여러분에게 싹도 드리고 공도 표ᄒᆞ리다[70)]

이와 같이 "셰샹"으로 연결된 다음 세대를 양육해야 한다는 가족의 교육적 기능은 일제 강점기에도 지속적으로 이어지면서 적극적인 가정개량론으로 발전하게 된다. 식민지는 공식적으로 국가가 소멸된 상태이기 때문에, 사회 내지는 민족이 그를 대신하게 되지만 '가족주의'의 확대로서 국가에 대하여 가족이 교육적 기능을 수행해야 한다는 논리는 가정개량론을 밑받침하는 중요한 근거가 된다.

그럼으로 내한사람의 자식갓지만는 그자식을 잘 길너노흐면 죠상의게는 효도요 자숀의게는 젹션이요 국가사회에 대하야는 큰사업이올시다.

감졍(感情)방면에도 가뎡의 감화가 적지 안습니다. 이것은 도덕이라는 제목으로 생각하여 봅시다. 가뎡은 도덕을 슈양하는곳이요 또실행하는곳이올시다. 부부 부자 형뎨가 잇셔 도덕의 근본되는 삼강오륜을 행할자리니 이도덕이 완젼히 양셩되면 옴겨 사회도덕이되여 훌융한 도덕사회를 만들게 되난것입니다[71)]

한 개인을 가족 · 친족적 질서의 연속선상에서 자리매김한다는 논리는 전통적인 '문중' 개념에 기대고 있는 것이라고 할 수 있다. 1920년대에 제시된 것으로서, 여기에서는 가족과 국가사회가 유기적인 관계로, 정확히 말하면 국가사회를 가족의 확대로 파악하는 전통적 논

70) 류일션, 「ᄌᆞ식은부모만위ᄒᆞ려난줄아는병」, 『가뎡잡지』 제3호, 1907. 8, 2쪽.
71) 박관수, 「家庭의힘과그改良의必要」, 『가뎡잡지』, 1922. 5, 33쪽, 37쪽.

리가 반복되고 있다. 전통으로의 회귀가 반복되는 것처럼 보이는 이러한 논의를 정당화할 수 있는 것은 다름 아니라 국민의 형성을 위해 가족에게 부과되었던 '교육적' 기능 때문이었다. 즉, 국가사회의 구성원을 양성하는 가족의 '교육적' 기능은 "죠상의게는 효도"라는 전통적인 논리로 다시 한 번 정당화되는 것이다. 근대적 국가관과 사회관이 당연시되는 와중에서 "가뎡은 도덕을 슈양하는곳"으로 규정된다. 따라서 가정에서의 도덕수양은 그대로 사회도덕으로 전이되고, 이는 사회의 도덕적 건강함을 보증하게 된다. 물론 이와 같은 가정 담론이 진행될 수 있었던 것은 그 이면에서 개화기에 제기되었던 공사 영역의 분리가 당연하게 받아들여지고 있었기 때문이었다.

> 가졍은 또우리들의게 활동하는 욕심과 긔운을 쥬는곳이올시다. 우리가 무슨일을하는것이 반다시 가졍의 리익으로만 하는것은 아니지마는우리가 사회에 나가셔 무슨일을 하고십고 또 무슨일을 하여야하겟다는 생각이나도록하는것은 이가뎡의힘이올시다. 우리 부모 형졔 쳐자가 즉졉으로 내가보는 사무를 도와쥬고 내가하는사업을 밧들어쥬는바는 아니지마는 졍다운 부모형졔와 사랑시러운 쳐자가 뒤에 잇스면 슈백만의 후원을 가진맹장과갓치 마음이 든든하고 용긔가 스사로 나셔 그하난 사업의셩취에 무엇보다 큰힘이 되난것이요. … 이어지러운 사회를 써나 한번 싸뜻한 가뎡에 드르오면 이락망 이비방 이괴로음이 다업서지고 가슴에 울적한 우뢰는 여럼 소낙비뒤갓치 상쾌하야 압길에 광명이 빗남을 질길것이올시다. … 참 가뎡은 위험한 세상의 피란곳이요 이세샹을 지나가는 려행자의 휴게소올시다.[72]

72) 박관수, 위의 글, 39－40쪽.

서구 열강의 침탈과 이에 대한 대응으로 근대적 국민국가를 설립해야 한다는 것이 지상명제였던 개화기에 부정되어야 했던 "가졍의 리익"이 이제 사회를 지향하는 적극적인 원동력으로서 그 가치를 인정받기 시작한다. 또한 경쟁적이기에 긴장을 유발하는 공적 영역과 대비되어 '가정'은 세상에 대한 "피란곳"이고 "휴게소"로 규정된다. 이 글에서 청자로 설정된 사람은 자본주의적 공사 영역 분리를 인정하는 '남성'이다. 즉, "졍다운 부모형제와 사랑시러운 처자"를 뒤에 둔 채 어지러운 사회에 참여하는 남성에게 가정개량의 필요성을 호소하고 있는 것이다. 앞의 인용문에서 제시되는 "우리"는 남성 청자로서 근대적인 공사 영역의 분리를 내면화한 지식인 계층이다. 동시에 이러한 주장은 '남성-공적 영역'의 반대항으로서 '여성-사적 영역'을 정당화시키고자 한다. 1880년대부터 1910년대에 이르는 시기에 여성을 둘러싼 거의 대부분의 담론들이 여성 일반이 아닌 가정을 가진 여성, 즉 부녀자를 대상으로 하였다는 특징을 보여 준다는[73] 것은 사적 영역을 대표하게 된 여성이 새롭게 재편성되는 공사 영역의 분리에 걸맞게 가정을 개량하는 주체가 되어야 한다는 계몽적 기획의 일단을 보여 주는 것이다.

절대적인 애국심과 국가가 요구하는 인재를 양성한다는 가족의 '교육적' 기능에 대한 국가의 요구가 일정 정도 후퇴하였던 일제 강점기, 전통적 가족제도의 변화를 요구하는 논의의 출발점에는 '개인'이 서 있었다.

> 第二. 家族制의打破와個人自立이니 … 元來, 家族制는部落社會의

---

73) 김경일, 『여성의 근대, 근대의 여성』(서울: 푸른역사, 2004), 38쪽.

> 産物이며專制時代의餘波니 … 是以로個人權利가尊重되고國家威力이澎漲ᄒᆞᆫ現代에對ᄒᆞ야ᄂᆞᆫ家族制의存在를容認키難ᄒᆞ도다 茲에槪論ᄒᆞ면家族制ᄂᆞᆫ社會發展에障碍物이될지니, … 家族制ᄂᆞᆫ懶惰性의源流가될지니, 一人이 耕之ᄒᆞ고十人이食之라ᄒᆞᆷ은家族制의眞相을說明ᄒᆞᄂᆞᆫ句語라. … 家族制ᄂᆞᆫ人材擢用에擠陷穽이될지니, … 勿論, 皮相의觀과近視의眼으로批評ᄒᆞ면家族制度ᄂᆞᆫ骨肉連鎖의機關이며愛情發露의結果라ᄒᆞᆯ지나吾人으로ᄒᆞ여곰眞正ᄒᆞᆫ骨肉連鎖의必要를感覺ᄒᆞᆯ진ᄃᆡ二千萬族의精力을團合ᄒᆞᆯ지요純潔ᄒᆞᆫ愛情發露의精誠을披瀝코져ᄒᆞᆯ진ᄃᆡ四千年來의歷史를光輝케ᄒᆞᆯ지로다 … 是以로茲에個人의自立을切叫ᄒᆞ노니, … 換言ᄒᆞ면個人은家族線를經由ᄒᆞ야社會에到着ᄒᆞᆯ것이아니라直線으로社會를貫通ᄒᆞ게ᄒᆞᆯ것이니[74]

우승열패의 사회진화론을 내면화하였던 1910년대 일본 유학생을 대표하는 논자였고, 이후 1920년대 문화운동을 주도하였던 송진우는 가족을 매개로 하지 않고 사회와 직접 관계를 설정하는 개인이 필요함을 역설하였다. 여기에서 가족은 개인을 최대한 발양시키는 데 장애물로 인식될 뿐이다. 즉, 기존의 가족제도는 "나타성(懶惰性)"만을 심어 줄 뿐이다. 유교적 가족주의는 1920년대 문화운동가들이 목표로 하였던 근대화된 자본주의적 인간의 형성을 방해하는 원인으로 지목되었다. '개인'의 형성이라는 측면에서 지적되던 전통적 가족제도의 부정적 영향력은 1920년대 이광수에 와서는 개조되어야 하는 '민족성'과 중첩되어 나타난다.

> 나의 史論이 만일 正確하다 하면 朝鮮民族 衰頹의 根本的原因이 道

---

74) 송진우, 「思想改革論」, 『학지광』 제5호, 1915. 5, 4-5쪽.

德的인 것이 더욱 分明하지 아니합니까. 곧 虛僞, 非社會的利己心, 懶惰, 無信, 怯懦, 社會性의 缺乏 - 이것이 朝鮮民族으로 하여금 今日의 衰頹에 빠지게 한 原因이 아닙니까.[75]

이광수는 "허위, 비사회적 이기심, 나타(懶惰), 무신(無信), 겁나(怯懦), 사회성의 결핍" 등을 개조해야 하는 부정적인 민족성으로 지목하였다. 이는 다름 아니라 전통적인 가족제도에서 양성된 개인의 특성이었다. 이러한 부정적 특성이 나타날 수밖에 없었던 원인은 전통적 가족이 절대적 친권과 '효'의 일방향적 논리로 구성되어 있었기 때문이었다. 이광수는 다른 글에서 조선의 가족제도를 구성하는 '효'의 논리와 절대적 친권의 악영향을 다음과 같이 분석한다.

첫째는, 依賴心이외다. … 恒常 被保護者, 禁治產者의 경우에 處한 子女들은 自由競爭, 獨立生活의 奮鬪로야만 얻을 人生의 鬪士의 資格을 얻어 보지 못하고 平生에 事大生活, 依賴生活만 하게 되옵니다. … 둘째는, 革新의 氣運이 乏함이외다. … 文明諸國에서는 親權의 範圍가 극히 縮小되고 子女의 權利가 擴張되며, 或은 前에 親權에 屬하던 者를 國家가 代行하나니, 例하면 義務教育이라든지, 婚姻年齡 같은 것이외다. … 그런데 自來 朝鮮의 孝는 子女가 父母에게 對하여 偏務的이었읍니다.[76]

---

75) 이광수, 「民族改造論」(『개벽』, 1922. 5), 『이광수전집』 17, (서울: 삼중당, 1963), 186쪽.

76) 이광수, 「新生活論」(「매일신보」, 1918. 9. 6-10. 19), 『이광수전집』 10 중판, (서울: 삼중당, 1973), 334쪽.

여기에서 조선의 가족제도에서 나타나는 강력한 친권의 부정적인 측면은 두 가지로 요약된다. 하나는 젊은 세대가 독립적인 개인으로 자유경쟁에 참여할 수 없도록 만든다는 점이고, 또 하나는 그 개인이 국가와 직접 관계할 수 없도록 만든다는 점이다. 그리고 이는 문명의 척도에서 뒤처지는 것이다. 국가와 대립항으로 설정되었던 가족은 이제 개인과의 관계에서 대립적인 모습으로 조명되기 시작한다. 근대적 개인을 지향했던 당시 지식인 계층에게 전통적인 가족제도는 자신들을 옭아매고 근대적 사회로의 진입을 방해하는 가장 중요한 장애물이었다. 새롭게 근대적 인간으로 거듭나려 했던 그들은 앞선 세대와의 철저한 단절을 주장하였다. "우리는 선조도 없는 사람, 부모도 없는 사람(어떤 의미로는)으로 금일금시(今日今時)에 천상(天上)으로서 오토(吾土)에 강림한 신종족(新種族)으로 자처하여야 한다."[77]는 이광수의 주장은 이러한 단절의식을 가장 잘 표현한 것이다. 그리고 이러한 단절의식은 가정개량론의 밑바탕을 형성하고 있었다. 즉, 1920년대 가정개량론의 핵심은 '전통적인' 가족제도로 지목되었던 대가족제도를 대치할 수 있는, 그리고 근대의식을 자신의 가정에서부터 실천에 옮길 수 있는 '교육받은 젊은 세대'가 기성세대와 분리될 수 있는 '소가족제도'의 실현이었다.

소가족제도가 등장하고 "친애(親愛)"의 집단으로 규정되면서 전통적 가정에서 발생하는 가정불화가 사회적 토론의 대상으로 부상하기 시작하였다.[78] 부부간의 화목을 강조하는 가족관념 이면에는 앞

---

77) 이광수, 「子女中心論」(『청춘』 제15호, 1918. 5), 위의 책, 37쪽.

78) 김혜경 · 정진성, 「"핵가족"논의와 "식민지적 근대성": 식민지 시기 새로운

서 지적하였던 연애관념의 등장이 자리하고 있다. 유교적 가족관에서도 가정의 화목은 중요하게 강조되었던 덕목이었다. 그러나 근대적 개인 관념을 밑바탕으로 하는 연애관의 입장에서 근대 이전의 가족형성은 행복할 수 없는 결합으로 시작된 것에 불과하였다. 이광수는 "조선의 가정이 행복합니까"[79]라는 도발적 질문을 던지고서 다음과 같이 대답한다.

> 愛가 없는 夫婦間에서 生한 子女는 마치 母乳를 못 먹고 자라남과 같이 精神上으로 缺陷이 있다 합니다. 民族의 繁榮은 健全한 兒童을 多産하고, 또 잘 敎育함에 있다 합니다. … 家庭의 和氣는 夫婦의 和合에서 生할 것이요, 社會의 和氣는 그 속에 있는 家庭의 和氣에서 生할 것이외다. 그런데 朝鮮의 家庭에는 和氣가 없습니다. 그러므로 朝鮮의 社會에는 和氣가 없습니다. 個人의 活氣는 和氣 있는 家庭에서 生할 것이요, 社會의 活氣는 活氣 있는 個人의 集合에서 生할 것이리다. 그런데 우리 家庭에 和氣가 없으매 우리 個人에 活氣가 없고, 그러므로 우리 社會에 活氣가 없습니다.[80]

남성과 여성 사이의 사랑(물론 여기에는 부모세대와의 단절이 전제되어 있다)은 가정을 구성하는 기본 요건의 하나로 지적된다. 그리고 이러한 사랑이 중요하다는 주장은 개화기 이후 계속해서 가족의 기능으로 강조되었던 '교육적' 역할로 이어진다. 여기에서는 '개별적 존재 사이의 사랑 → 부부의 화기(和氣) → 가정의 화기 → 사회/민

가족개념의 도입과 변형」, 『한국사회학』 제35집 제4호, 2001, 222쪽 참고.

79) 이광수, 「婚姻論」, 앞의 책, 98쪽.

80) 위의 글, 99쪽.

족의 화기'라는 연속선이 형성된다. 그리고 이러한 유기적 연결은 연속선에 대한 역추적, 즉 사회/민족의 활기 없음에 대한 원인 규명을 통하여 얻어 낼 수 있는 결론이었다.

가족의 교육적 기능을 전제로 한 가정개량론은 일제 강점기 민족주의 우파 세력을 대표하는 지식인이라고 볼 수 있는 이광수에게서 명확하게 나타난다. 그는 "문명은 어떤 의미로 보면 해방이라."[81]고 규정하면서 가정을 자녀 중심으로 편성할 것을 주장하였다. 그리고 자녀 중심의 가정에게 요구되었던 교육적 역할은 "자녀에게 독립한 자유로운 개성을 주어"[82]야 한다는 것이었다.

> 子女가 生하면 父母의 最大한 義務는 그 子女로 하여금 激烈한 生存競爭場裏에서 獨立하여 自己의 生活을 經營하는 能力을 가지며 前代에게 傳承하는 文化를 받아 이를 維持하고 거기다가 多少의 補益發展을 添하여, 또 自己의 後代에 傳할 만한 能力을 가지게 함이니[83]

여기에서 나타나듯이 이제 가정에게 부여된 교육적 기능은 "격렬한 생존경쟁 장리(場裏)에서 독립하여 자기의 생활을 경영하는 능력"을 갖추게 해 주는 것이다. 그리고 이러한 능력은 다음 세대에게로 이어지며 근대적 가정의 토대를 갖추게 된다. 이는 「혼인론(婚姻論)」에서는 "부모의 자녀에게 대한 진정한 의무는 자녀를 교육하여 자녀로 하여금 스스로 완전한 부(夫)가 되고 처(妻)가 될 능력이 있게 함"[84]이라고 한층 구체적으로 표현된다. 이광수를 비롯한 민족주의

81) 이광수, 「子女中心論」(『청춘』 제15호, 1918. 5), 앞의 책, 34쪽.
82) 위의 글, 34쪽.
83) 위의 글, 35쪽.

우파 계열의 지식인들은 자본주의적 사회에서 요구하는 직업적 능력을 갖춘 남편과 아내, 그리고 이러한 직업관과 그에 요구되는 능력을 자녀에게 재생산하는 가정으로의 개량을 요구하고 있었던 것이다.

1910년대 도일유학생과 이후 '실력양성'을 부르짖었던 민족주의 우파 계열의 지식인층이 강조하였던 가정개량론은 1920~1930년대에 한층 분화된 형태로 논의되었다. 이제 식민지 조선의 지식인이 지향해야 하는 새로운 가정의 모습은 "신식남녀로서 성립한 모던형식의 가정을 의미"[85]하게 되었다. 본격적으로 '스위트 홈'의 이상이 제시되기 시작한 것이다. 물론 이러한 이상적 가정의 전제 조건은 개인이 가족을 매개로 하지 않고 직접 사회나 민족으로 연결될 수 있는 "소가족제도"[86]였으며 근대적 직업을 가진 남편과 그를 내조할 수 있는 전업주부의 구성을 기본적으로 상정하고 있었다.

'스위트 홈'의 이상은 가족의 구성뿐만 아니라 그에 대한 물리적 조건으로 기능하게 되는 주택개량, 소위 '문화주택'의 도입, 근대적 가정을 유지하는 데 요구되는 금전적 조건, 가정에서 즐기는 오락, 심지어 취사를 위하여 사용되는 원료의 종류에 이르기까지 세세하게 구성되었다. 또한 '스위트 홈'의 이상의 이면에는 당시 본격적으로 도입되기 시작하였던 소비자본주의의 기획도 무시할 수 없었다. 문명과 소비자본주의는 가정개량을 추동하는 계몽적 기획의 원동력

---

84) 이광수, 「婚姻論」, 앞의 책, 102쪽.

85) 김봉희(이화고보), 「나의 바라는 朝鮮의新家庭風景」, 『신동아』 제1권 제2호, 1931. 12, 95쪽.

86) 「家族制度와家庭制度－小家族制度를樹立하자」, 『신동아』 제2권 제5호, 1932. 5, 2－3쪽.

이 되었다.[87]

사회 저명인사들의 '화목한' 가정을 대상으로 하는 각종 탐방기사나 여성들을 대상으로 하는 설문조사는 스위트 홈의 이상을 강화하는 역할을 하였다. 또한 이러한 기사가 대체로 여성을 취재상대로 설정하고 있다는 점도 눈여겨보아야 한다. 1930년대에 들어서 근대 자본주의적 공사 영역 분리가 정착되면서 가정개량의 주인공은 여성으로 규정되고 있었던 것이다.

'신가정'이 어떠한 내용으로 구성되고 있는지를 알아보기 위해 작성된 1930년대의 한 기사는 당대 신가정의 지향점으로 요구되는 질문의 단면을 보여 주고 있다. 『신동아(新東亞)』 1932년 6월호에 실린 「신가정내용공개 팔방으로 해부한 그네의 생활양식」[88]에는 모두 22개의 질문이 제시되고 있다. 응답자의 성명이나 나이, 배우자의 직업과 나이 등 기초적인 자료에 해당하는 내용 외에도 결혼식 방식(신식/구식), 동거 가족 수, 자녀의 수, 자녀의 의복(조선복/양복), 자녀에게 제공하는 간식, 월간 생활비 및 예금액, 가사노동 보조자 고용 여부, 시부모 봉양 여부, 과세(過歲)의 종류, 애완동물 및 화초, 부엌에서 사용하는 불, 가정오락, 현실에서 가장 유용한 학과목 등이 세세하게 질문되고 대답되어 있다. 기사의 필진이 정리한 대답에 따르면,

---

87) 1915년 「매일신보」가 주관한 '가정박람회'는 오늘날의 모델하우스와 같이 새로운 가정생활을 위한 주거환경을 제시해 주는 역할을 하였다. 이러한 가정박람회는 단순히 주거환경의 소개에 그치는 것이 아니라 그러한 주거환경에 적합한 근대적 가정생활도 동시에 전달해 주는 역할을 하였다. 가정박람회에 대해서는 백지혜, 『스위트 홈의 기원』(서울: 살림, 2005) 참고.

88) 「新家庭內容公開 八方으로解剖한 그네의生活樣式」, 『신동아』 제2권 제6호, 1932. 6, 90－111쪽.

당시 신가정의 유지를 위하여 소요되었던 월간 평균 생활비는 90원 가량이고, 대부분의 가정이 예금을 하고 있었다. 또한 시부모와는 분가의 형태로 소가족제도를 선택하고 있었고, 많은 응답자가 가정생활에서 가장 즐거운 일로 자녀들의 성장과 재롱을 꼽았다.[89]

한편 부부애가 가정의 근대적 이상을 결정짓는 중요한 요인으로 지적되기 시작하였다. 가정은 "누구에게도 따뜻한 위안처며 사회의 거치러운 물결을 막어내는 한 파지장(波止場)인가 생각"[90]되었기 때문에, 부부애를 유지해야 하는 사람은 사적 영역에 할당된 여성, 곧 주부였다. 가정주부는 부부 사이의 애정을 지속시킴으로써 가정의 평화를 보장해야 하는 중요한 책무를 맡은 존재가 되었다. 이에 따라 여성은 가정경제를 관리하는 역할까지도 점차 담당하게 되었다. 이러한 변화는 또다시 근대적 가정주부의 조건으로 학교교육을 통한 근대적 지식의 획득을 요구하게 된다.

> 現代的主婦들은 지금의朝鮮家庭을 改革하여 一新할必要가잇다 케々묵은 家庭의 道德을 破壞하고 가장完全하고 가장 現代的인 道德을 樹立하고 家庭의 悲劇을 가저오는 大家族制度를 깨트리고 幸福과 滿足만을 가저올 完全한 家庭을建設할것이다 … 時間組織을 確然히 定해서 秩序잇는家庭生活을 하게하고 科學的頭腦로 모든살님을 科學的으로 해나갈것과 特히 飮食에잇서 營養價値를 차저서 갓흔돈을 디리면서라도 家族의 保健狀態를 돌보아준다거나 衣服에잇서서 거치장스러운 虛禮를 避하고 簡單하고도 衛生的인 點을 생각하며 住宅에 잇

89) 위의 글, 91－92쪽.

90) '音樂家 朴景嬉, 나의즐거운家庭記', 「즐거운나의家庭」, 『삼천리』, 1940. 10, 158쪽.

> 서서 採光 換氣 保溫 等을 注意하는外에 家庭的趣味를 돗가주는 藝術的裝飾이라든가 清潔法等도 깁이 硏究할 必要가잇다 … 카페-나 娛樂場에서 밤을 愉快와 精神的享樂의 十分之一만 自己家庭이 준대도 모든 男便들은 自己家庭으로 도라올것이다 … 經濟組織이 比較的 均衡을 일우든때에는 男便들이 社會일을하는 겨를에 집안살님 그보다도 家庭經濟나 家庭處理에 손을 대여왓지만 現在에잇서서 複雜多端한 박갓일을하는 反面에 家庭事에까지 頭腦와 손을쓰게한다는것은 女子의 羞恥이다 … 爲先 家庭經濟붓터 그家庭主婦가 맛터할것이다[91]

근대적 학교교육을 통해 양성된 신여성은 "과학적 두뇌"를 바탕으로 과학적, 위생적, 예술적인 가정을 구성하는 주체가 될 수 있다. 이 인용문에서 제시되는 것처럼 근대적 가정이 주장되는 와중에서도 아직 가정경제의 관리권이 대체로 '남성'에게 소속되어 있었음이 드러나고 있다.[92] 조선시대 역시 가정의 주관자가 주부였음을 부정할 수는 없지만, 실제로 남성이 근대적인 직업을 요구받게 되면서 사회라는 공적 영역으로 빠르게 편입되었고, 그와 동일한 속도로 가정은 여성의 영역으로 재편성되었다는 사실이 여기에서도 드러난다. 또한 이제 여성은 단순한 가사노동자의 역할에 그치는 것이 아니라 가정경제를 담당하는 소비주체로 자리매김하게 된다.

그러나 소비주체로서의 가정주부라는 지위는 가족임금제에 의거

91) 우탄생, 「現代的主婦가되라」, 『신동아』 제2권 제10호, 1932. 10, 128-129쪽.

92) 근대에 들어서도 가정관리권이 남성에게 속해 있었다는 사실은 「女性問題에對한 女性座談會」, 『신동아』 제2권 제4호, 1932. 4, 77쪽에서 명확하게 제기된다. "蘇義植 그런데 家庭管理는? / 田有德(가정부인) 아직 男子가 하지오. 이것은 男子에게 물을 問題입니다. 「月給을 婦人에게 줍니까?」하고."

하여 생산을 담당하는 남편에게 철저하게 의존적인 것이었다. 남편은 공적 영역에서의 치열한 경쟁에서 지친 심신을 가정이라는 안식처에서 달랠 수 있는 권한을 소유하게 되었다. '스위트 홈'은 남편을 향한 전문적 보조자이자 안식제공자로서의 근대 주부를 요구하고 있었다. 가정의 평화를 유지하기 위해 주부가 명심해야 하는 항목은 반복적인 것인 동시에 끊임없이 재생산되는 것이었다. "남편의 식성"을 파악하고 남성의 정복성을 충족시키기 위해 "성(性)에는 수동적"이어야 하며 "애처럽게 보일 것" "의심하지 말 것" 남편을 "소유물로 생각지 말 것" 너무 "아첨하지 말 것" "더러운 손수건"은 금물이고, "꾸중을 달게 받아야" 하며 "남편의 흉을 보지" 말아야 하고, "집뷔고나단니지말것"[93] 등 가정의 중심으로 규정되던 주부는 가정을 남편을 중심으로 편성해야 하였다. 나아가 일부일처제의 소가족제도를 평화롭게 유지하기 위하여 근대 주부는 "남편의 압헤서는 점잔케 정실노릇도 할 것은 물론(勿論) 첩(妾)노릇도 하고 기생노릇도 하여야"[94] 했다. 뿐만 아니라 연희전문학교의 백낙준 교수 가정 방문기에서 드러나듯이 공적 영역에 해당되는 남편의 사무보조도 '전문적 내조'라는 이름으로 권장되고 있었다.

---

93) 「主婦智識 家庭平和의 秘訣」, 『신동아』 제2권 제2호, 1932. 2, 72−73쪽. 여기에는 가정평화를 위해 주부가 갖추어야 하는 남편에 대한 태도가 모두 20항목으로 세세히 설명되고 있다.

94) 송원 여사, 「저녁에돌아오는 남편을어써케마즐」, 『부인』 창간호, 1922, 47쪽.

이상합니까? 그이(白博士)는 늘 時間이奔走해서 그이의 專門한 方面의 것이라든지 獨特한 意見이 들어야 할것이외에는 全部 原稿는 내가 씀니다 그이가 한번 쭉 — 講義를하면 速記해서 대강 표햇다가 내가다시 原稿紙에 써서 보내지요 그리고 내意見으로만 할수잇는것이면 내가 代身쓰고 그이쓴것도 내가 校正합니다[95]

개화기 가족은 국가를 구성하는 하나의 단위로 규정되면서 전통적인 '가족주의'는 국민 개인과 국가의 직접적인 연결을 방해하는 중요한 장애물로 취급된다. 동시에 근대적 국가는 국민의 애국심 동원을 위하여 '가족주의'를 새로운 방식으로 포섭한다.

그러나 실질적으로 국가 기능이 소멸된 1910년대 이후에는 도일 유학생과 이들이 중심세력을 구성하게 되는 민족주의 우파 지식인들은 개인과 개인의 결합으로서 가정의 구성을 주장하면서 '소가족제도'를 적극적으로 요구하였다. 이때 소가족제도에게 요구되었던 중요한 기능은 제2국민의 양성을 위한 교육이었다. 이는 개화기 사상가들이 애국심 있는 국민을 양성해야 한다고 주장하였던 가족관과 연속성을 확보하는 것이었다. 근대적 모성이 강조될 수 있었던 첫 번째 배경은 바로 이러한 근대적 가족에 부여된 교육적 기능이었다.

1920년대 이후 가정개량론은 소비자본주의와의 만남, 실질적으로 가정개량을 주도할 수 있는 신식 교육을 이수한 신여성의 등장 등 물적 토대를 확보하면서 한층 정교한 형태를 보이면서 확대된

95) 「名士家庭訪問記(4) 延專教授 白樂濬氏家庭－周到한內助가特色」, 『신동아』 제2권 제8호, 1932. 8, 122쪽.

다.[96] 근대 자본주의적 공사 영역 분리가 본격화되면서 가정개량의 일차적 담지자(擔持者)는 여성으로 규정된다. 그러나 실질적인 가정 관리권이 생산노동에 종사하는 남성에게 속한 상태에서 부부애를 강조하는 '스위트 홈'의 이상은 가정평화를 이유로 철저하게 남편에게 종속된 주부의 모습을 창출하였다. 과학적 관리능력을 갖춘 가사노동자이자 양육자, 남편의 공적 사무를 위한 보조노동자, 그리고 남성에게 인간적인 휴식을 제공할 수 있는 '첩'과 '기생' 노릇까지 마다하지 않는 정실부인. 이것이 일제 강점기 가정개량론이 요구하였던 근대적 가정주부의 모습이었다.

96) 김혜경은 일제 강점기 가정개량론이 시기와 입장에 따라 일정한 편차를 보인다고 지적한다. 가정개량론을 주장하는 입장은 크게 "일제의 생활개선론, 문화운동적 계열의 가정개량론, 그리고 이들의 틈새에서 한편으로는 사회적 분위기에 편승하면서도 다른 한편으로는 자신의 이론적 전문성을 배경으로 일정한 담론의 공간을 차지했던 전문가 집단의 가정개량론"으로 구분한다. 시기적으로는 일제의 지배담론이 일제 강점기 내내 지속적인 영향력을 행사한 반면, 1920년대 전반기에는 실력양성주의적 문화운동이, 1920년대 후반부터는 전문가 집단에 의한 가정개량론이 세력을 얻었다. 그러나 1930년대 후반 불경기가 계속되면서 전문가 집단의 가정개량론은 일제의 생활개선론과 유사한 모습을 보이기도 하였다. 각 입장에 따른 가정개량론에 대해서는 김혜경, 「일제하 "어린이기"의 형성과 가족변화에 관한 연구」, 이화여자대학교 사회학과 박사학위 논문, 1998, 50-61쪽 참고.

2 근대적 교육으로의 재편

1) 사회진화론과 계몽적 교육론

1876년 소위 '강화도조약'은 조선이 세계 자본주의 질서에 편입되는 계기가 되었다. 이는 내재적 발전을 토대로 한 주체적 선택이었든, 아니면 강압적인 방식의 외압에 따른 것이었든, 조선 사회가 질적으로 전혀 다른 방식의 구성을 모색할 수밖에 없었다는 의미다. 그리고 이러한 전환의 모습을 서양에서 유래한 가장 보편적인 역사 이해방식인 삼분법에 의거하여 '근대'라는 시대 범주로 이해할 수 있다.

교육사 영역에서 '근대'를 어떻게 이해할 것인지는 아직도 진행 중인 논의라고 할 수 있다. 일반적으로 근대교육의 준거로는 교육기회의 보편화, 교육의 세속화 그리고 민족주의적(nationalist) 교육 등이 제시되고 있다.[97] 한편 근대교육의 기점 문제에 대해서는 1883년 설립된 원산학사를 최초의 근대학교로 보는 것이 일반적인 견해라고 할 수 있다.[98]

---

97) 정재걸, 「우리나라 최초의 근대학교」, http://igifted2.dnue.ac.kr/~jgjung.

98) 신용하, 「우리나라 最初의 近代學校 設立에 대하여」, 『한국사연구』 10, 1974 참고. 신용하는 이 글에서 최초의 근대학교로서 원산학사가 갖는 의의를 논하면서, 원산학사가 외국의 학교를 모방하지 않고 기존의 서당이 개량서당으로, 그리고 근대학교로 발전되면서 전통을 계승하였다는 점을 지적하고 있다. 신용하, 위의 글, 438쪽. 또한 '서구화=근대화'라는 논리에 의문을 제기하면서 소농민과 도시 상공업자의 교육 주체로의 성장 · 계층의 개별적 교육 구조의 형성 · 교육을 매개로 한 인식적 예속 관계의 약화 등을 준거로

최근에 들어서는 근대, 특히 식민지라는 사회역사적 조건을 외부의 억압에 의해 내재적인 발전의 토대가 왜곡된 '수탈'로 볼 것인지, 아니면 (서구적) 근대로의 편입과 적응의 과정으로 이해해야 할지에 대한 논의가 진행되고 있다. 이른바 식민지수탈론과 식민지근대화론의 논쟁인데, 교육사 영역에서도 중요한 의미를 갖는다. 다시 말해, 개화기 이후 식민지 지배에 이르는 기간 동안의 교육을 일본 제국주의에 의한 교육의 침체기 내지는 파멸기[99]로 규정하고 이에 대한 민족주의적 저항의 역사로 구성할 수 있는 것인지, 아니면 일제 강점기에 진행된 근대교육의 성과가 해방 이후 경제성장의 원동력이 될 수 있었던 것인지에 대한 논의는 현재 우리의 교육을 이해하는 데 간과할 수 없는 문제라고 할 수 있다.[100] 또한 이 두 논의가 모두 서

교육내적 발전논리에 근거하여 자생적 근대교육을 설명하려는 시도도 있다. 대표적으로 정순우, 「18세기 서당 연구」, 서울대학교 박사학위 논문, 1985; 한국교육연구소 편, 『한국교육사 근 · 현대편』(서울: 풀빛, 1993) 중 제2장 '한국교육사의 시대구분론' 참고. 그러나 근대교육이 확산되는 결정적 계기는 서구적 근대와의 만남이었고, 이후 대중화되는 근대교육 역시 서구적 근대를 준거로 하고 있었다는 점, 식민지라는 역사적 조건 역시 서구적 근대의 확장인 제국주의의 산물이었다는 점 등을 고려하여, 이 책에서 지칭하는 '근대'는 일차적으로 서구적 근대를 의미한다.

99) 이만규는 식민지 시기 교육을 실용주의 표방기(1910~1919), 준거주의 표방기(1919~1931), 교육 즉 생활주의 표방기(1931~1936), 그리고 교육파멸기로 구분하여 설명하였다. 또한 준거주의 표방기를 전기와 후기로 나누고 1926년 이후를 '교육침체기'로 명명하였다. 이만규, 『조선교육사 上』(서울: 을유문화사, 1949) 참고.

100) 식민지수탈론과 식민지근대화론을 둘러싼 논의와 교육사적 측면에서의 의의에 대해서는 이윤미, 「식민지근대화론 논의의 성격과 그에 대한 교육적 이해와 비판」, 『한국교육사학』 제25권 제1호, 2003. 8, 129-153쪽; 이윤미, 「전지구화 시대 민족국가 담론과 식민지 연속성 문제」, 한국교육사학회 제

구적 근대를 긍정적으로 가정하고 있다[101]는 비판과 함께, 식민지라는 조건 자체를 특정한 주체 형성의 토대로 이해하고자 하는 소위 '식민지적 근대성'이 논의되기도 한다.[102]

근대교육에 접근하는 방식을 둘러싼 이러한 입장 차이는 곧 근대교육을 '누구의' 시각에서 바라보아야 하는가라는 문제로 이어진다. 즉, 일본 제국주의의 공식적인 통제뿐만 아니라, 개화기 이후 활발한 계몽운동을 전개하였던 식민지 지식층, 현실적인 조건 속에서 선택해야 했던 식민지 민중 그리고 선교사업의 일환으로 교육사업에 투신했던 외국인 등 다양한 주체들이 근대교육의 구성 과정에 참여하고 있었다.[103]

여기에서는 '모성'과의 관련성을 중심으로 식민지 지식층이 구성하고 있던 근대교육의 모습을 사회진화론과 계몽적 교육론에 한정

7회 식민주의 연구 국제심포지엄 발표문, 2004. 8, 83-99쪽 등 참고.

101) 이윤미, 위의 글, 87쪽.

102) 대표적으로 김진균 · 정근식 편저, 『근대주체와 식민지 규율권력』(서울: 문화과학사, 1997) 참고. 교육사와 관련해서는 오성철, 『식민지 초등 교육의 형성』(서울: 교육과학사, 2000)과 박철희, 「식민지기 한국 중등교육 연구: 1920~30년대 고등보통학교를 중심으로」, 서울대학교 교육학과 박사학위 논문, 2002 등이 이러한 식민지적 근대성 논의의 궤적을 보여 주고 있다.

103) 각각의 주체를 중심으로 근대교육에 접근하는 시도로는 다음을 참고할 만하다. 개화기 교육에 대해서는 정순목, 「한국개화교육의 이상과 전개」, 한국정신문화연구원 교육연구실 편, 『한국교육연구』 제1집, (성남: 한국정신문화연구원, 1980), 1-138쪽; 손인수, 「한국근대교육의 이념과 실태」, 한국정신문화연구원 교육연구실 편, 위의 책, 139-272쪽 참고. 일본 제국주의의 입장은 정재철, 『日帝의 對韓國植民地教育政策史』(서울: 일지사, 1985). 식민지 민중의 입장은 오성철, 위의 책 참고. 비록 여성교육에 한정되어 있기는 하지만, 외국인 선교사의 입장에 대해서는 강선미, 『한국의 근대 초기 페미니즘 연구』(서울: 푸른사상, 2005) 등 참고.

하여 개략적으로 살펴보고자 한다. 식민지 (남성) 지식인들이 구성했던 근대교육 담론이 가장 직접적인 방식으로 '모성'에 개입하였고, 해방 이후까지 그러한 영향력이 연속성을 확보해 왔다고 볼 수 있기 때문이다.

서구적인 근대교육을 통해 개화사상가들이 달성하고자 했던 것은 (부국강병한) 근대 국가의 건설과 개인의 자각이었다.

> 西儒之言에 曰生存競爭은 天演之理오 優勝劣敗는 公例之事라ᄒᆞ니 … 現今時代는 劣等人種이 優等人種의게 被逐ᄒᆞᆷ과 如ᄒᆞ니 故로 曰生存競爭은 天演이오 優勝劣敗는 公例라ᄒᆞᆷ이라 噫라 同是人類로 或居優等地位ᄒᆞ야 生活福祉를 享有ᄒᆞ고 或居劣等地位ᄒᆞ야 身世의 悲慘을 不堪ᄒᆞ니 此何故焉고 但其學問의 有無로써 等級이 若是懸絶ᄒᆞ야 安危와 盛衰와 榮辱과 苦樂이 判若天淵ᄒᆞ니 可不念哉아[104]

1870년대 중엽부터 중국과 일본을 거쳐서 조선에 유입된 사회진화론적 사고는 당시 조선의 진보적 세력들의 세계관에 많은 변화를 야기하였다.[105] 박은식 역시 "생존경쟁은 천연지리(天演之理)오 우승열패는 공례지사(公例之事)"라는 사회진화론적 논리를 받아들이면서,

---

104) 박은식, 「敎育이不興이면生存을不得」, 『서우』 제1호, 1906. 12, 8-10쪽.

105) 전복희, 『사회진화론과 국가사상』 (서울: 한울, 1996), 104쪽. 일본과 중국에서의 사회진화론에 대해서는 같은 책, 제3장 '일본과 중국에서의 사회진화론의 수용' 참고. 한편 전복희는 사회진화론적 사고가 1910년 식민지가 되면서 사회진화론이 더 이상 지식인들의 의식과 실천에 큰 역할을 담당하지 못하였다고 주장하는 반면, 박성진은 1930년대 전시체제로 돌입하게 되면서 사회진화론의 기능이 상실된다고 주장한다. 박성진, 『韓末~日帝下 사회진화론과 식민지사회사상』 (서울: 선인, 2003), 8쪽.

"학문의 유무(有無)"를 이러한 생존경쟁의 장 속에서 "우등(優等)"한 지위에 있는 인종의 지배가 가능한 원인으로 지목하였다. 그리고 그러한 학문은 교육을 통해서 달성할 수 있다는 인식이 보편적인 관념으로 자리 잡기 시작하였다.

> 학문이란것은 학교를셜시ᄒᆞ야 인민을 교육ᄒᆞᄂᆞᆫᄃᆡ셔 ᄉᆡᆼ기ᄂᆞᆫ 것이라 ᄒᆞ나니 그런즉 나라의 부강ᄒᆞᄂᆞᆫ근본이 학교에셔 더 ᄒᆞᆫ것이업고 학교를 셜시ᄒᆞ야 인민을 ᄀᆞᆯᄋᆞ치기ᄂᆞᆫ 그직ᄎᆡᆨ을 맛ᄒᆞᆫ 관원이며 교ᄉᆞ가 남을 ᄀᆞᆯᄋᆞ쳐셔 인민의학문을 늘녀주고 지식을 발달케ᄒᆞᆯ만ᄒᆞᆫ ᄌᆞ격이 잇ᄉᆞᆫ 후에야 가위교육이라 ᄒᆞᆯ터이어늘[106]

위의 인용문에서처럼 학교를 통한 교육은 부국강병의 기초가 되는 학문을 이끌어 내고 보급할 수 있기에 중요한 것이다. 여기에서 부국강병을 위한 학문, 즉 교육을 통해 인민에게 전달해야 하는 내용은 전통적인 그것과는 분명하게 다른 것이어야 했다.

> 대뎌 학문이란 거슬 어려셔 붓허 ᄇᆡ호기ᄂᆞᆫ 장ᄎᆞᆺ 쓰ᄌᆞᄂᆞᆫ 거신ᄃᆡ 쓴다ᄂᆞᆫ 거슨 그 학문ᄃᆡ로 일을 ᄒᆡᆼᄒᆞ라ᄂᆞᆫ 거시오 문구로만 글 잘ᄒᆞᆫ다ᄂᆞᆫ 말이나 듯ᄂᆞᆫ다 던지 소장붓치나ᄒᆞ라ᄂᆞᆫ 거시 아닌줄은 알듯 ᄒᆞᆫ것만은 글노 만ᄃᆞᆯ나 ᄒᆞ면 잘ᄒᆞᄂᆞᆫ 사ᄅᆞᆷ이 잇셔 그러ᄒᆞ되 일에 당ᄒᆞ고ᄂᆞᆫ 되ᄂᆞᆫ 일이 업거늘 되어 가ᄂᆞᆫᄃᆡ로 다다치ᄂᆞᆫᄃᆡ로 ᄒᆞᄂᆞᆫ 사ᄅᆞᆷ들은 말ᄒᆞᆯ것도 업지만은 뎌편의 일도 몰을거시 아니여늘 근일 완고 ᄒᆞᆫ 친구들은 외국셔ᄎᆡᆨᄒᆞᆫ권 보아 그나라 ᄉᆞ적이 엇더ᄒᆞᆫ지 풍속이 엇더ᄒᆞᆫ지 엇지ᄒᆞ야 강ᄒᆞ고 약ᄒᆞᆫ 연유ᄂᆞᆫ 모로고도 밤낫으로 ᄒᆡᆫ소ᄅᆡ로 유도가 죠타고 ᄒᆞ다가

106) 「제국신문」, 1900년 10월 22일.

> 도 그 사름들을 디면ᄒᆞ여 유도를 뭇게드면 다섯가지 형벌이 무엇시며 다섯가지 례가 무엇시며 다섯가지 풍악이 무엇시며 다섯가지 쏘는 거시 무엇시며 다섯가지 어가 무엇신지 륙셔 팔톄 글시가 잇던거신지 아홉가지 수가 무엇신지 디답ᄒᆞᆫ 사름이 어디 잇스리오[107]

우선 학문은 실용적인 것, 실생활의 필요에 호응할 수 있는 것이어야 했다. 여기에서 전통적인 성리학적 교육을 받은 인간은 "문구로만 글 잘ᄒᆞᆫ다는 말이나 듯는" 사람, 즉 완고한 사람으로 치부된다. 이에 반해 교육을 통해 전달해야 하는 내용은 외국의 "ᄉᆞ적이 엇더ᄒᆞᆫ지 풍속이 엇더ᄒᆞᆫ지 엇지ᄒᆞ야 강ᄒᆞ고 약ᄒᆞᆫ 연유"를 정확하게 파악하는 것이다. 이는 교육을 통해 육성하고자 하는 인재상이 이전과는 질적인 차이를 보이기 시작했음을 의미한다. 즉, 새로운 교육이 지향해야 하는 인재는 "시무를 아는 사람"으로서, 여기에서 시무는 "녯일과 지금일을 참작ᄒᆞ여 가지고 녯적죠흔 일이라도 지금 못쓸거시 잇고 녯적 글은 일이라도 지금 쓸거신줄을 알어가지고 시힝ᄒᆞ는"[108] 사람을 말한다.

국민 통합의 능력이 부족하였던 사회진화론은 인종주의와의 결합을 통하여 그 결점을 보완하면서 제국주의의 식민지 경영을 밑받침하는 강력한 이론적 무기가 되었다.[109] 즉, 식민지 주민에 대하여 제국주의가 '문명화'를 내세울 수 있는 강력한 토대가 되는 동시에, 식민지 지식인들에게는 식민지라는 현실 상황을 스스로의 책임으로 돌리게 만드는, 일종의 "희생자 비난하기 논리(blaming the victim)"[110]

---

107) 「제국신문」, 1898년 11월 30일.

108) 「제국신문」, 1898년 11월 9일.

109) 전복희, 앞의 책, 32－33쪽.

를 받아들이게 함으로써 제국주의의 식민지 경영을 정당화하였다. 그러나 다른 한편으로는 서구적 근대를 하나의 이상적 문명상태로 설정하면서 '시간적'으로 도달해야 할 목표를 제공해 주기도 하였다.[111]

유길준의 『노동야학독본(勞動夜學讀本)』의 첫 페이지에 등장하는 삽화는 이러한 시간적 차이에 대한 인식을 분명하게 보여 준다. 즉, 서양식 양장 차림의 유길준이 한복에 머리띠를 두르고 무릎까지 바지가 올라간 전형적인 조선 농민에게 악수를 건네며, "나라 위ᄒᆞ야 일ᄒᆞ오 또 사람은 배호아야 ᄒᆞᆸ니다"는 "말삼"에 노동자는 고맙다고 대답하는 장면[112]은 당시 조선과 서구/일본의 시간적 차이에 대한 인식이 내부적으로는 개화사상가와 그들의 계몽 대상인 민중 사이에도 투영되고 있었음을 시각적으로 보여 준다.[113] 이와 같이 서구

---

110) 이윤미, 「한국 개화기 교육에 나타난 동양관과 민족 개념－개화론자들의 논의를 중심으로」, 『한국교육사학』 제20집, 1998, 269쪽.

111) 이윤미, 「전지구화 시대 민족국가 담론과 식민지 연속성 문제」, 한국교육사학회 제7회 식민주의 연구 국제심포지엄 발표문, 2004. 8, 88쪽. 이윤미는 서구적 근대가 세계사적 보편 적용을 특징으로 한다고 지적하면서, "기존의 다른 문화가 '공간적 차이'에 의하여 구분되었다면 서양적 근대 문화와 '기타' 문화에 대한 구분은 '시간적' 구분이라는 특징을 지닌다."고 이야기한다.

112) 유길준, 「勞動夜學讀本」(1907. 11), 유길준전서편찬위원회 편, 『유길준전서 2, 문법 · 교육편』(서울: 일조각, 1996), 264쪽.

113) 윤건차는 이러한 개화사상가의 교육론을 "봉건적 교육을 부정하고 문명개화를 추진하는 근대적 교육을 주장했다는 점에서 일정한 진보성을 갖는다고 할지라도, 교육을 인권의 실현과정으로서 파악하는 근대교육사상으로서는 불충분한 것이었다."고 지적하면서, 가치의 다양성을 인정하지 않고 일방향적으로 위정자의 지향을 강요하는 "교화"로 해석한다. 윤건차, 심성보 역, 『한국근대교육의 사상과 운동』(서울: 청사, 1987), 62－64쪽.

적 문명을 목표로 한 시간적 연속선에서 '문명'을 따라가기 위한 수단으로 교육이 강조되기 시작하였다.

> 『엇지하면 할고』하는말에는 論者의議論이 한두가지가안이나, 나는 敢히大膽스럽게 이에對하야 絶叫코져하노니 오직强力主義가 有할섇이라고. … 力其者에는 野蠻性이包在하얏다하는說도 有치아님은안이나 그러나나는 적어도今日의朝鮮人에在하야는 力만有하면 野蠻이亦可라하노니,(그런데 如此히說去하면 力을腕力섇으로만 解釋하는듯하나, 그러나 내의所謂强力이라하는것은 一層廣義的解釋에屬한者니, 이에는 物質的과精神的意味를 兼有한것이라謂할수잇도다) 何者오하면 强한힘은 벌셔힘其者가 不可犯性을 意味한것이니, … 그러면 强力이란如何한것이며 굿센사람이됨에는 如何한階段과路程이잇나뇨? 此를簡單히말하면 强力이란것은 人間天賦의生活을가장獨立的으로 가장幸福的으로 十分完全하게享有하는 權能의總量이니, 此를要求하야此를保持함에는 精神上或은物質上으로 各方面의時代文明에向하야 最善의努力과最善의奮鬪를 다함에잇다할수잇도다. … 나는이에 可强之法이 三件이잇다하노니, 一에武勇的精神 二에科學普及三에産業革命이 이것이로다. … 科學普及은 特別히自然科學의教育을意味함이니, … 今日의朝鮮局面에在하야는, 精神上學問보다도 特히緊하고 急한것은 오직自然科學의發達이라할수잇도다. 何者오하면 現代文明의特質이 얼픗보면 哲學에잇고 倫理學에잇는듯하나, 其實相은 水蒸氣에잇으며電氣에잇음을 보앗슴으로쎄니,…[114]

현상윤은 서구적 문명에 도달하기 위하여 '강력주의'가 필요함을

---

114) 현상윤, 「강력주의와 조선청년」, 『학지광』 제6호, 1915. 7, 43-47쪽.

역설하고 있다. 그리고 이러한 강력주의가 '야만성'을 포함하고 있을지라도, 그것은 당시 조선에서는 문제될 것이 없었다. 그 이유는 강력주의가 표방하는 "강한 힘은 벌셔 힘 자체가 불가범성(不可犯性)을 의미한 것"이기 때문이다. 이는 무한한 생존경쟁에서의 우승열패를 정당한 법칙으로 받아들이는 서구 제국주의의 사회진화론적 논리가 그대로 투영되고 있음을 보여 준다. 현상윤은 여기에서 강력을 "인간 천부의 생활을 가장 독립적으로 가장 행복적으로 십분 완전하게 향유하는 권능의 총량"이라고 정의하면서, 그 방법으로 "무용적 정신(武勇的精神), 과학보급(科學普及), 산업혁명(産業革命)" 등의 세 가지를 제시한다. 여기에서 교육과 관련하여 주목할 것은 과학적 정신이다. 즉, 부국강병을 위한 교육의 내용은 바로 자연과학이 되어야 한다. 전통적인 학문체계에 비교될 만한 서구의 철학과 윤리학은 현대문명의 본질이 아니었다. 현상윤은 당시 조선 사회가 지향해야 할 문명이 '수증기'와 '전기'임을 정확히 지적하고 있다. 이와 같이 서구 문명에 대한 지향은 다른 한편으로 전통적인 성리학적 체계에 대한 거부를 그 이면으로 하고 있었다.

> 문학가는 몬지안즌 ᄎᆡᆨ상에 좀먹은 ᄎᆡᆨ권의 텬주오 ᄃᆡㅅ귀를 좌우로 버려 놋코 칠언시와 륙ᄌᆞ부로 알셩과와 식년과에 과거보던 넷시ᄃᆡ만 ᄌᆞ랑ᄒᆞ며 종교가들은 뎐장도 모른다 보리가 비에 ᄯᅥ나가도 나는 모른다ᄒᆞ며 갓 ᄒᆞ나흘 십년식 쓰고 무릅흘 쑬고 안져 허무ᄒᆞᆫ 셩리지셔만 외으고 … 교육가에셔ᄂᆞᆫ 문무겸젼인지 도덕과 ᄌᆡ예가 병진인지무엇인지 누가 알며 산슐이나 톄조이나 시간이 얼마던지 하학 죵치ᄂᆞᆫ거시 한뎡이라ᄒᆞ야 쳔금세월을 헛도이보내니[115]

115) '만흘ᄒᆞᆫ쟈를경셩ᄒᆞᆷ', 「대한매일신보」, 1908년 2월 9일.

"몬지안즌 칙샹에 좀먹은 칙권" 속에서 "칠언시와 륙즈부"로 과거 제도를 그리워하는 선비, "허무훈 셩리지셔만" 외우고 있는 유학자, 무엇을 가르쳐야 하는지 모르고 있는 교육가 등은 당시 조선을 병들게 하는 원인으로 지목되었다. 여기에서도 교육되어야 하는 내용은 '문무겸전'이고 '산술'과 '체조'로 구체화되고 있다. 전통적인 성리학 체계의 무용함에 대한 비판은 다음과 같이 한층 과격한 언사로 표현되기도 하였다.

청룡도드는칼을 / 힘ㅅ지갈아들고
…
셔리날만지면셔 / 시혐훌곳싱각ᄒᆞ니
베힐것적지안코 / ᄉᆞᆯ흘것ᄒᆞ도만타
…
완고훈학구들이 / ᄋᆞ동을모와놋코
계몽편동몽션습 / ᄆᆡᆼᄉᆞᆼ셩ᄉᆞᆫ코지고
공부훌녀ᄌᆞ들을 / 깁흔곳갓워두고
발달치못ᄒᆞ는집 / 문걸쇠ᄉᆞᆫ코지고
무도훈어나뉘가 / 전진치못ᄒᆞ도록
교육에방해ᄒᆞ여 / 못ᄒᆞ게ᄒᆞ는날은
우리는노례되여 / 멸망을달훌지니
교육을더잘ᄒᆞ여 / 샹등국되온후에
태극긔놉히들고 / 만々세불너보세[116)]

한 신동(申童)이 부르는 동요 형태를 빗댄 위의 인용문은 잘 드는

116) '검가(申童의童謠)', 「대한매일신보」, 1907년 8월 31일.

청룡도를 힘껏 갈아서 시험할 곳을 생각해 보는 것으로 시작되고 있다. 여기에서 당시 조선이 끊어 버려야 하는 것으로 지목되는 것은 "계몽편동몽션습"의 전통적인 유학교재이고, 공자나 맹자와 같은 성인은 그저 "ᄆᆡᆼᄶᅩᆼ셩"으로 들릴 뿐이다. 교육이 방해를 받으면 곧 노예가 된다는 위기의식, 그리고 교육을 잘하면 "샹등국"이 될 수 있다는 믿음은 사회진화론적 문명론을 의식적으로 받아들이고 있음을 보여주고 있다.

또한 근대적인 교육은 단순히 성리학적 교육내용을 서구적/근대적 교육내용으로 대체시키는 것에 머무는 것이 아니었다. 교육에 참여하는 자세 자체도 질적으로 변화되어야 했다.

> 나라은 일반인대 엇지ᄒᆞ야 부강ᄒᆞ고 엇지ᄒᆞ야 빈약ᄒᆞ고 셰샹 쳔만ᄉᆞ의 흥망셩쇠를 조종ᄒᆞᄂᆞᆫ 자루가 잇스니 조종을 잘 ᄒᆞ게드면 나라도 부강ᄒᆞ고 사ᄅᆞᆷ마다 산업도 부셩ᄒᆞ거니와 만일 조종을 잘못ᄒᆞ고 등한이 넉이게드면 국ᄉᆞ이나ᄉᆞᄉᆞ이나되ᄂᆞᆫ일이 업ᄂᆞ니 그자루가 무엇시냐고 뭇게드면 됴흘호 익일승 두글ㅅᄌᆞ라 … 션비가 호승ᄒᆞ게드면 학문이 고명ᄒᆞ야 억됴ᄉᆡᆼ민의 스승이 되어 유명ᄒᆞᆫ 학ᄉᆞ가 될거시오 … 션ᄇᆡ가 호승ᄒᆞ지 아니ᄒᆞ면 지식이 늘기ᄂᆞᆫ 고사ᄒᆞ고 이왕 ᄇᆡ왓던 것도 니져바려셔 어두어 갈거시오 … 우리나라 사ᄅᆞᆷ들은 아모됴록 남을 익일 ᄉᆡᆼ각은 업고 다만 쓸ᄃᆡ업고 경위업시 남을 속히랴ᄂᆞᆫ 욕심만 잇고 의리샹과 도리샹으로 남을 익의랴ᄂᆞᆫ 마ᄋᆞᆷ은 업셔셔 남의 됴흔거슬 보게드면 남보다 더 낫게 ᄒᆞ기ᄂᆞᆫ 고샤ᄒᆞ고 그져 속혀가질 욕심은 가득ᄒᆞ나 남과갓치나마 모본ᄒᆞ야 숭ᄂᆡᆯ ᄉᆡᆼ각도 업고 언필칭 ᄒᆞᄂᆞᆫ말이 그것업셔슬째도 잘살엇스니 ᄋᆡ써셔 ᄇᆡ홀것도 업고[117)]

117) 「제국신문」, 1899년 11월 2일.

한 나라의 흥망성쇠를 좌우하는 "자루"가 있는데, 이것은 곧 "호승(好勝)"이다. 전통적인 선비는 이 호승지심이 없기 때문에 지식이 늘지 않고 이미 배운 것마저 잊어버리고 말았던 것이다. 호승지심이 없는 우리는 서구적 문명을 "모본"하여 따라갈 생각을 하지 않을 뿐 아니라, "그것없셔슬때도 잘살엇스니"라고 포기하고 마는 모습을 보인다는 비판이다.

다른 사람과의 경쟁과 그 경쟁에서 반드시 승리하겠다는 마음자세는 전통적인 성리학적 세계관에서 선비에게 권장되었던 덕목은 아니었다. 국가를 하나의 단위로 하는 생존경쟁의 장에서 가장 요구되는 덕목이 바로 호승심이라고 할 수 있을 것이다. 그리고 이러한 호승심이 원래 우리에게 없었던 것이 아니고 인간 본연의 욕망임을 강조하는데, 소위 정월 대보름에 마을 단위로 벌어졌던 "편싸홈"이 그 대표적인 사례로 제시된다. "돌이 비오듯 ᄒᆞ고 방망이가 눈 날이듯 ᄒᆞᄂᆞᆫ 곳"에서 "젼신에 유혈이 랑자ᄒᆞ고 의관이 파렬 ᄒᆞ엿스되 일반분 후회가" 없는 호승지심의 용기에 찬사를 보내면서, "그런 의기와 용긔를 권도ᄒᆞ며 교육ᄒᆞ야 그 마음이 나라를 ᄉᆞ랑ᄒᆞᄂᆞᆫᄃᆡ로 옮겨가게드면 남의나라 긔이ᄒᆞᆫ 학문과 ᄌᆡ조도 긔여히 투리ᄒᆞ야 그 사람들보다 낫게"118) 할 수 있다는 것이다. 물론 여기에서 강조되는 호승지심이나 경쟁심은 한 국가 구성원 내부에서 발현될 경우에는 위험한 것이다. 경쟁은 국가를 구성하는 개인들 사이에서 권장되는 것이

118) 「제국신문」, 1900년 2월 19일. 물론 투석전 형태로 진행되는 편싸움이 과도한 부상자를 낳는 문제가 지적되기도 하였다. 그러나 이때에도 부상자의 발생보다 더 중요했던 것은 그 편싸움이 정부의 경찰력으로 통제되지 않는 수준에 이르는 것이었다. 「제국신문」, 1901년 3월 1일.

아니다. 경쟁의 주체인 개개인은 언제나 국가로 수렴되어야 한다.[119] 따라서 개인의 부귀를 목적으로 관립학교에 지원자가 집중되는 현상은 한 국가 내에서 개인들 사이에서 일어나는 경쟁으로 비판된다.

> ᄌᆞ긔던지 ᄌᆞ여 뎨질들이던지 당초에 학교에 가ᄂᆞᆫ 마음이 글ᄌᆞ을 ᄇᆡ화가지고 편지장이나 풍월귀나 상소부치나 알아가지고 아모됴록 벼슬을 ᄒᆞ여가지고 ᄌᆡ물도 모으고 호강도 ᄒᆞ자ᄂᆞᆫ 경영이오 일호라도 각ᄉᆡᆨ 학문을 ᄇᆡ화가지고 ᄌᆡ물부터 모은후에 벼슬이 절노돌아올것은 ᄭᅮᆷ에도 ᄉᆡᆼ각지 안ᄂᆞᆫ고로 어ᄃᆡ던지 관립 학교로 들어가ᄂᆞᆫ니ᄂᆞᆫ 만코 ᄉᆞ립학교로 들어가ᄂᆞᆫ쟈ᄂᆞᆫ 희귀ᄒᆞ여 그러ᄒᆞ니 엇지 ᄀᆡ탄ᄒᆞᆫ일이 아니리오[120]

---

119) 이는 일본과 중국에서 수용된 사회진화론의 특징이다. 일본의 경우에는 가토 히로유키(加藤弘之)를 거치면서 사회진화론이 국가유기체설과 결합되는 형태를 보여 준다. 중국에 사회진화론을 소개한 엔푸(嚴復) 역시 생존투쟁의 단위를 개인으로 보지 않고 군(群)으로 보았다. 이에 대해서는 전복희, 앞의 책, 51－79쪽.

120) 「제국신문」, 1900년 2월 27일. 이러한 비판은 학교가 "식표(飾表)"만을 숭상하고 명예만을 쫓으며, 학회는 단순히 경쟁만을 일삼고, 학생은 관직만을 탐하는 것이 "교육계의 불초병(不梢病)"이라는 비판에서도 반복된다. "以學校論之면 旣知教育之爲急ᄒᆞ야 捐我財費我勞어든 以是自終而已어ᄂᆞᆯ 徒以飾表尙僞로 求艶於報紙耳目ᄒᆞ고 圖撰於社會言論ᄒᆞ니 此ᄂᆞᆫ 不過名譽的也오 以學會論之면 務求團體ᄒᆞ야 必求教育之普及而已어ᄂᆞᆯ 但用道別主義ᄒᆞ야 此短彼長을 互辨ᄒᆞ며 我賢爾愚를 相嘲ᄒᆞ니 此ᄂᆞᆫ 不過競爭的也오 以學生論之면 我修此工ᄒᆞ야 以保我國ᄒᆞ고 我成此業ᄒᆞ야 以益我民而已어ᄂᆞᆯ 不入學而先問卒業年限ᄒᆞ며 不量才而徒貪措用方法ᄒᆞ니 此ᄂᆞᆫ 不過仕宦的也라". 이철주, 「教育界의不梢病」, 『기호흥학회월보』 제3호, 1908. 10, 15－17쪽.

근대적인 인간관 내지는 개인관에 근거하여 욕망이나 호승지심, 경쟁심 등이 적극 권장되면서도, "아모됴록 벼슬을" 해 보겠다는 생각에서 관립학교로 모여드는 모습은 국가나 사회라는 전체적인 이익에 투영될 수 없을 경우에는 이기적인 것으로 비판된다. 그리고 이러한 비판 중에는 근대적 윤리를 표방한 개화 행태에 대한 전통윤리의 비판도 포함되어 있었다.[121] 근대의 개화사상가들이 주장하였던 계몽적 교육론의 이면에는 동양에서 결합된 사회진화론과 국가유기체설 사이의 내재적 고민, 즉 구성원 간의 경쟁을 최소화하면서 국가나 인종 사이의 경쟁을 '자연스러운' 것으로 받아들여야 했던 고민이 자리 잡고 있었다. 부국강병을 통한 근대적 국가 만들기 작업을 성공적으로 이끌어 '상등국'이 되어야 한다는 욕망과 개인이 교육을 통해 한 사회 내에서 '우승(優勝)'한 지위를 차지하고자 하는 욕망을 근대교육 안에서 조화시키기 위해서 끊임없이 강조되었던 것은 다름 아닌 애국심이었다.

한편으로는 생존경쟁과 그 안에서의 경쟁심 및 호승지심을 강조하면서도, 다른 한편으로 그것을 끊임없이 국가와 사회라는 틀 속으로 수렴시키려는 노력은 일제 강점기 민족주의 우파 지식인들에게서도 반복된다.

---

121) "敎育者와 被敎育者 間의 自初宗旨가 純然 不美ᄒᆞ야 所謂 學課ᄂᆞᆫ 仕宦을 媒介ᄒᆞᄂᆞᆫ 一階梯가 되얏고 所謂 學校ᄂᆞᆫ 悖德非道의 行爲ᄅᆞᆯ 助長ᄒᆞᄂᆞᆫ 一要件에 不過ᄒᆞᆫ지라. 況 自由의 說이 一起에 翩翩年少ᄒᆞᆫ 一般學徒의 尋常ᄒᆞᆫ 口頭禪이 되야 此 事에도 曰 自由 云ᄒᆞ며 彼 事에도 曰 自由 云ᄒᆞ야 件件事事에 悉無非自由云 自由云ᄒᆞ야 斷髮窄服과 曲杖洋鞋로 眼着細足鏡ᄒᆞ고 口橫紙捲烟ᄒᆞ야 尋常 出入에 旁若無人ᄒᆞ야 倫理上에 不恭不敬ᄒᆞᆫ 端緖가 比比有之ᄒᆞ니 是豈學校의 定有ᄒᆞᆫ 本義也이리오." 계봉우(영흥지회원), 「學校의 弊害」, 『태극학보』 제26호, 1908. 11, 17－18쪽.

> 古來로 朝鮮人의 敎育은 個人完成만을 目標로 한 것이요, 組織의 知識과 訓練을 度外視하였다. 聖賢主義敎育으로는 不得已한 일일 것이니, 이러한 敎育의 流幣는 마침내 民衆과는 아무쪼록 完全이 絶緣하고 獨善其身으로 目標를 삼는 所謂 「山林」이라는 一階級까지 生하게 되었다. … 現在의 朝鮮人은 모래 알알이 흩어진 個人들이지 무슨 한 原理로 組織되고 統一된 民族은 아니다. 「朝鮮아!」하고 부를 때에 대답하고 나설 者가 지금은 없다. 朝鮮의 核心이 되고, 代表 되고, 頭와 目이 되는 組織體가 確立하기까지 朝鮮은 中樞神經 없는 肢體의 集合에 不過하다.[122)]

이광수는 "개인완성"을 목표로 하였던 전통적인 교육이 '조선'이라는 통일된 상태를 방해하였다고 비판한다. 이는 개인과 사회 사이에서 교육목적을 조화하려는 노력으로 볼 수 있을 것이다. 또한 자유와 규율에 관한 이중적 사고를 전제로 하는 서구 근대성[123)]이 교육에 투영되었을 때 나타나는 현상으로도 볼 수 있을 것이다. 여기에서 문제는 이광수가 위 인용 부분에 뒤이어 "다른 조직체들도 일을 해 가는 데는 군대식 복종이 필요하다. … 그러면 자유는 언제 쓰나? … 자기는 자기를 지도할 지도원리와 지도를 택하는 데 쓴다."[124)]고 이야기하면서 보여 주듯이, 이런 논리가 언제든지 전체주의적 교육론으로 연결될 수 있는 위험성을 가지고 있다는 것이다. 그리고 이

---

122) 이광수, 「젊은 朝鮮人의 所願」(『삼천리』, 1929. 12), 『이광수전집』 10 중판, (서울: 삼중당, 1973), 200쪽.

123) 김진균 · 정근식 편저, 『근대주체와 식민지 규율권력』(서울: 문화과학사, 1997), 20쪽.

124) 이광수, 앞의 글, 202쪽.

광수는 이러한 위험성을 실제로 보여 준 대표적인 사례라고 할 수 있다.

> 實로 敎育의 目的은 生活하는 方法을 敎함에 在하다 하리로다. … 吾人의 敎育의 目的은 被敎育者로 하여금 圓滿히 個體를 保存發展하고 種族을 保存發展할 만한 能力을 養成함에 在할 것이 分明하도다. … 精神敎育의 根本敎育은, 卽 意志의 敎育이요, 換言하면 慾望의 敎育이라. 在來의 敎育은 實로 此根本問題를 閑却하였나니, 吾人의 無爲, 無氣力, 沈滯하고 活動力과 進取의 氣象이 無함이 實로 此意志又는 慾望의 敎育을 缺如함에 由하도다. … 生하려는 慾望이 强하게 할지어다. 幸福하게 生하려는 慾望이 强하게 할지어다. … 人과 競爭하기를 避하는 者도 吾人이 取하는 바이 아니라. … 吾人이 造하려는 者는 人의 力을(父母 兄弟의 力도) 依賴하지 아니하고 自力으로 不息히 活動하여 社會에 最高한 地位를 占하고 大理石屋에 起居하고 船車에 一等을 乘하고 獨力으로 學校나 圖書館이나 會社·銀行 等을 設하려 하는 者요[125]

일본의 식민지배가 현실화되고 개화기 이후 추진되던 근대적 국가 만들기 작업이 사실상 불가능해진 상태에서, 이광수는 교육의 목적이 "생활하는 방법을 교(敎)함"이라고 단언한다. 그리고 이는 피교육자로 하여금 원만하게 개체를 보존하고 발전할 수 있도록 하는 것을 의미한다. 또한 여기에서 이야기하는 "인(人)과 경쟁(競爭)"은 국가나 사회로 수렴되지 않는 개인 간의 경쟁을 의미하고 있다. 부모

125) 이광수, 「敎育家 諸氏에게」(「매일신보」, 1916년 11월 26일~12월 13일), 앞의 책, 49-59쪽.

와 형제까지를 포함한 다른 사람으로부터의 독립을 목표로 하였던 이광수의 교육론은 몇 년 뒤 "신뢰할 만하고 능력 있는 범인(凡人)"[126]으로 미묘한 변화를 보여 준다. 이는 일본 제국주의이든, 아니면 이광수 스스로가 마지막까지 주장하였던 민족이든, 국가를 대체할 수 있는 강력한 주체가 등장하면 개인의 교육은 그 주체를 향해 수렴되어야 한다는 의식의 산물이라고 할 수 있다.

서구적 근대는 당시 조선 사회로 하여금 부국강병한 근대적 국가의 건설을 시급한 과제로 인식하게 만들었고, 이에 걸맞는 교육을 요구하였다. 서구 제국주의의 정당화 논리였던 사회진화론은 일본과 중국 그리고 조선의 지식인들에게 상당한 영향력을 미쳤고, 이는 당시 이들이 주장하였던 계몽적 교육론에 투영되어 나타났다. 개화사상가들은 서구적 근대 문명을 모방하기 위하여, 교육내용의 측면에서는 자연과학의 중요성을 강조하였다. 또한 생존경쟁의 장에서 '우승'할 수 있는 마음가짐, 즉 호승지심을 요구하는 한편, 국가 구성원 내부에서의 경쟁은 억제하려는 모습을 보여 주었다. 그리고 이는 전통적인 성리학 교육과의 단절을 요구하는 것이기도 하였다. 이미 많은 연구결과에서 밝혀졌고, 앞서 인용한 이광수의 논의에서도 드러나듯이, 사회진화론의 인식적 토대에서 서구의 근대적 학문을 접한 지식인층은 일반 민중을 계몽의 대상으로 설정함으로써, 서구와 조선 사이에 가로놓인 시간의 간격을 조선 내부에도 옮겨 놓았던 것이다. 개화사상가 이후 일제 강점기 부르주아 우파 지식인으로 이어지는 일련의 남성 지식인층이 그토록 교육의 중요성을 강조하였던 현상 자체가 이미 우매한 민중을 대상으로 하는 거대한 교육학적 기획

126) 이광수, 「少年에게」(『개벽』, 1921. 11~1922. 3), 위의 책, 167쪽.

이었던 것이다.

2) 근대적 아동관의 등장

서구의 경우는 필립 아리에스(Philippe Ariés)가 가족의 초상화를 비롯하여 교회장식품, 아동의 의복, 의사의 진료기록, 일기 등 다양한 사료를 통해서, 중세에는 어린이의 생활이 어른과 혼재되어 있었으며 어른과 구분되는 어린이라는 개념이 자리 잡지 못했음을 입증한 이후, 아동기라는 개념이 근대의 산물이라는 논의가 광범위하게 받아들여지고 있다.[127] 서양 사회에서 근대 이전의 아동 개념에는 인간의 생활주기에서 독특한 하나의 발달단계를 형성한다는 의식이 충분하게 형성되어 있지 못하였다. 아동을 지칭하는 서양 단어들이 대체로 부모와의 생물학적 관계를 표상하거나 '미숙하고 불완전한 존재'에 대한 총칭으로 사용되었다는 사실이 이를 입증한다.[128]

---

127) Philippe Ariés, 문지영 역, 『아동의 탄생』(서울: 새물결, 2003); Philippe Ariés · Georges Duby · Roger Chartier 공편, 이영림 역, 『사생활의 역사 3, 르네상스부터 계몽주의까지』(서울: 새물결, 2002) 등 참고. 한편 근대적 아동기(childhood)에 대한 페미니즘의 견해에 대해서는 Suransky, 윤종희 · 이재연 공역, 『아동기의 실종』(서울: 교보문고, 1994) 중 「현대 여성해방론자가 조명하는 아동기의 이미지」 참고.

128) 아동을 지칭하는 단어인 'pais'는 '아들' 또는 '젊은 소년'을 지칭하는 'puer'에서 파생하였는데, 부모와의 관계 속에서 친자관계를 나타내는 의미로 성인기 이전의 아동기뿐 아니라 소년소녀 모두를 포괄하는 의미로 사용되었다. 또한 'technon'은 '어린이를 낳다'란 의미에서 파생된 것으로 어린 자식이나 동물의 새끼를 지칭할 때 사용하였다. '어린이'를 지칭하는 'infans'는 'in(not)+fans(말하는)'가 결합되어 만들어진 것으로서 '말을 못하는 사람(incapable of speech)'이란 뜻을 지니고 있는데, 이는 아동을 '미숙하고 불

우리의 경우에도 근대 이전부터 아동에 대한 느슨한 분류가 존재하였다. 류점숙은 전통사회의 아동교육에 대해 고찰하면서, 근대 이전에도 성리학적 가치관을 기반으로 인간의 발달단계를 구분하는 이해 방식이 존재하고 있었음을 지적하였다.[129] 그에 따르면 사주당 이씨(師朱堂 李氏)의 『태교신기(胎教新記)』나 허준의 『동의보감(東醫寶鑑)』에는 이미 태중의 아기에 대해서도 비교적 구체적인 발달단계의 구분이 이루어지고 있었다.[130] 또한 유희(劉熙)의 『석명(釋名)』에는 처음 걸음을 걷게 되는 아이를 유약하다는 의미의 '유(孺)'로, 이를 갈 나이의 아이는 '츤(齔)'이라고 부르고, 7세 아이는 염치를 안다는 의미의 '도(悼)'로, 15세는 관례를 올리지 않았다는 의미의 '동(童)'으로 칭하였다.[131]

일제 강점기의 청소년 문제를 연구한 김현철 역시 전통사회에서 성장기 연령개념으로 '유(幼)' '동(童)' '아(兒)' '동몽(童蒙)' '아해(兒孩)' '소년(少年)' '소(少)' 등의 개념이 사용되고 있었음을 지적하면서, 조선시대 형법상의 미성년자 개념을 소개하고 있다.[132] 개화기 이후

완전한 존재'로 파악하고 있었음을 보여 주는 것이다. 'child'는 고대 영어의 'cild' 'kilpam'에서 유래하였다. 이것의 고트어인 'kilpei'는 '자궁'을 뜻하고, 'imkilpo'는 '임신' 또는 '자궁의 열매'를 뜻한다. 이것이 중세 영어에서는 'childre' 'childer'가 되었고, 오늘날 'children'이 되었다. 중세사회의 장인(master)에 반대하는 모든 '의존'을 필요로 하는 사람들, 즉 종복, 직공, 군인 등을 모두 '어린이'로 불렀다. 심성보, 「아동기에 대한 철학과 열린교육의 과제」, 고려대학교 교육사철학연구회 편, 『새로운 교육의 탐색』(서울: 내일을 여는 책, 1997), 535쪽.

129) 류점숙, 『전통사회의 아동교육』(대구: 중문, 1994), 17-46쪽.

130) 위의 책, 17-19쪽.

131) 위의 책, 20-21쪽.

132) 김현철, 「일제기 청소년 문제에 대한 연구」, 연세대학교 교육학과 박사학위

근대적 국가 만들기 기획이 추진되면서, '소년'[133]이나 '학생' '청년'[134] '청춘' 등의 개념이 새로운 의미를 모색하며 사용되고, 일제 강점기 방정환을 중심으로 한 천도교단의 소년운동은 '어린이'라는 개념을 정착시키기에 이르렀다.

무엇보다 개화사상가들이 강조했던 아동의 의미는 그들이 다음 세대의 '국민'이라는 것이었다.

> 大抵 國中幼年者ᄂᆞᆫ 卽 所謂 少年國民이라. 將來에 此 少年國民 中으로부터 … 畢竟은 上下機關의 治隆善否와 文物興替의 原動力이 少年國民 養成與否 一點에 在ᄒᆞᆫ 듯ᄒᆞ도다. 其 少年國民이 年幼ᄒᆞᆫ 時에 陶冶의 薰化를 未被ᄒᆞ야 相當ᄒᆞᆫ 學問을 修得치 못ᄒᆞᄂᆞᆫ 境遇이면 天稟

논문, 2000, 8－17쪽.

133) '소년'이라는 개념에 근대적 의미를 투영시킨 대표적 인물은 최남선이다. 일반적으로 아동과 성인을 분명하게 구분하고 있지 않던 현실 속에서, 성리학적 '소년'의 개념에 남아 있던 신체적 · 정신적 미성숙의 속성은 감추고, 미래지향적인 인간형이라는 관념만을 차용하여 '소년' 개념을 사용하기 시작하였다. 그 이면에는 교육에 대한 성리학적 인식과 근대적 교육관의 충돌 내지는 갈등이라는 사회 상황이 자리하고 있었고, 최남선의 '소년' 개념은 두 가지 교육관을 담아낼 수 있는 주체로 고안된 것이라고 할 수 있다. 소래섭, 「『少年』誌에 나타난 '소년'의 의미와 '아동'의 발견」, 『한국학보』 제109집, 2002년 겨울호, 113－115쪽.

134) 일본의 경우, 근대 이전에는 젊은이를 '와카모노'(若者)라고 불렀다. '청년'이라는 말은 일본에서 1880년 최초로 등장하였다. 코자키 히로미치(小崎弘道)라는 기독교인이 YMCA(Young Men's Christian Association)를 기독교청년회로 번역하면서 '세에넨'(靑年)이란 말이 사용되기 시작하였던 것이다. 그리고 '세에넨'은 자신의 반대편에 '소오시'(壯士)를 대척적인 개념으로 상정하며 확립되었다. 이기훈, 「청년, 근대의 표상－1920년대 '청년' 담론의 형성과 변화」, 『문화과학』 제37호, 2004. 3, 208－211쪽.

> 의 才質을 琢지 못ᄒᆞ야 常識이 完치 못ᄒᆞᄂᆞᆫ 故로 後日 社會에 當立ᄒᆞᆯ 時에 前途가 貌然ᄒᆞ고 事理가 闇焉ᄒᆞ야 愚蠢에 近ᄒᆞᆯ지니 由是로 自信을 不修며 自家를 難齊라. 修身齊家도 能히 못ᄒᆞᄂᆞᆫ 國民이 엇지 國體의 觀念과 國政의 參與ᄒᆞᆯ 道理가 잇스리오. 其 國權을 能히 擴張치 못ᄒᆞ며 國威를 可히 輝爀치 못ᄒᆞᆷ은 當然ᄒᆞ도다.135)

아동은 "소년국민"이라는 사회적 의미를 담지한 존재다. 국가의 "상하기관의 치릉선부(治隆善否)와 문물흥체(文物興替)의 원동력"이 아동에게 달려 있고, 따라서 아동은 중요한 교육의 대상으로 인식된다. 그리고 이러한 의미에서 아동은 현재적 존재라기보다는 미래적 존재가 된다. '소년'이나 '청년'은 미래가 선취된 민족적 주체의 이상으로 구성되고 있었던 것이다.136) 이보다 한 걸음 더 나아가 아동은 국가나 민족 그 자체였다.137)

국가 내지는 민족의 다음 세대임이 강조되는 아동에게 가정이나 부모는 부차적인 관계로 설정된다.

> 우리 나라 아들 둔 동포여 여러분이 아들을 사랑ᄒᆞ여 기를 때에 아들에 덕을 보고자 바라지 마시오 삭을 밧고자 바라지 마시오 아들 보기를 내 것 으로 보지 마시고 이 세샹에 일 ᄒᆞ러온 일군으로 아시고

135) 석소 이동초, 「少年國民의 養成」, 『태극학보』 제16호, 1907. 12, 7-8쪽.

136) 박숙자, 「아동의 발견과 모성 담론-1920년대 아동문학 작품을 중심으로」, 『어문학』 제84집, 2004, 254쪽.

137) "가희 ᄉᆞ랑ᄒᆞᆯ만ᄒᆞᆫ쟈도 쇼년이며 가희 두려울쟈도 쇼년이라 쇼년의 손과 팔은 이나라 디경을 방비ᄒᆞᄂᆞᆫ 쟝창대검이며 쇼년이 거름은 이 험ᄒᆞ고 막힌거슬 통ᄒᆞ게ᄒᆞᄂᆞᆫ 긔션과 화챠이며" '쇼년동지회에고ᄒᆞᄂᆞᆫ말', 「대한매일신보」, 1908년 8월 7일.

> 진실ᄒᆞ고 용ᄆᆡᆼ 스러운 일군을 만들기를 힘 쓰시오 참 여러분의 아들이 이 셰샹을 위ᄒᆞ여 피를 흘리며 큰 ᄉᆞ업을 ᄒᆞ면 이 셰샹에서 여러분에게 싹도 드리고 공도 표ᄒᆞ리다.[138)]

위에 인용문의 저자는 자식이 부모만을 위해 태어난 것으로 인식하는 것, 나아가 부모와 자녀가 가장 가깝고 친밀한 관계라는 인식을 하나의 "병"으로 지적한다. 아동은 "셰샹에 일 ᄒᆞ러온 일군"이다. 전미경은 이러한 인식의 변화가 기존의 유교적 질서의 가장 중추적 핵심이라 할 수 있는 '효'의 재구성을 요구하였고, 이것은 나아가 새로운 '부모-되기'의 실천을 요구하였다고 지적한다.[139)]

또한 인용문에서 자식=아동이 '아들'로 규정되고 있다는 점도 눈여겨 보아야 할 것이다. 여기에서 부모가 사랑하는 자식도, 나중에 장성한 이후 덕을 보고자 하는 자식도 모두 '아들'이고, "셰샹에 일 ᄒᆞ러온 일군"이자 "진실ᄒᆞ고 용ᄆᆡᆼ 스러운 일군"으로 바라보아야 한다고 강조되는 자식 역시 '아들'이다. 특히 이러한 인식은 사회적으로 요구되는 인재를 길러 내야 한다는 교육론이 근대적 학교교육에 대한 요구의 밑바탕이 되고 있었던 상황 속에서, 소년과 소녀에 대한 교육내용에서의 차이뿐만 아니라 근대적 학교교육에 대한 접근

---

138) 류일션, 「ᄌᆞ식은부모만위ᄒᆞ려난줄아는병」, 『가뎡잡지』 제3호, 1906. 8, 2-3쪽.

139) 전미경, 『근대계몽기 가족론과 국민 생산 프로젝트』(서울: 소명출판, 2005), 221쪽. 전미경은 여기에서 아동이 아닌 '청년'에 대해 논의하고 있다. 그러나 아동과 청년, 소년, 학생 등의 개념이 연령이나 발달단계 등으로 구분될 수 있는 범주이기는 하지만, 국가나 민족의 다음 세대라는 의미에서는 동일한 의미를 가지고 있었다고 볼 수 있다.

가능성에서도 차이를 가져올 수 있는 것이었다.[140)]

민족 국가의 미래를 선취한 주체인 아동이 성별상 '소년'으로 규정되는 상황은 일제 강점기 아동문학 작품에서도 드러난다. 박숙자는 아동이 근대적 삶의 양식으로 등장하는 과정에서 아동문학이 '어머니'에 대해 지나치게 많이 이야기한다는 점을 지적한다.[141)] 그런데 1920년대 아동문학 작품에서 언급되는 어머니는 대체로 분리나 이별, 그리고 이에 따른 그리움의 대상으로 설정되었다. 이는 당시 동시나 동요에서 전경화되었던 것은 어머니가 아니라 시적 화자의 정서라는 것, 즉 어머니에 대한 작품들에서 가시화된 것은 아동(소년)의 정서와 비전이라는 것이다. 따라서 어머니 이야기에서 어머니의 형상은 현실성이 탈각된 채 그려져 극히 추상적인 수준에서 이야기되었다.[142)] 이제 정서의 중심을 차지한 '소년'은 현실의 어머니를 호명할 수 없다. 그것은 곧 어머니 자신이 중심에서 주변으로 이동한다는 것이고, 자신이 중심에 위치할 수 있는 (세대별) 단절감을 확보할 수 없게 된다. 그래서 어머니는 '부재됨'이고 '비어 있는' 존재가

---

140) 거다 러너(Gerda Lerner)는 계급, 젠더, 인종, 민족 등의 범주가 상호의존적이고 복합적이라는 사실을 주장하면서, "젠더화된 계급적 지위의 복합성"을 가장 두드러지게 보여 주는 사례 중 하나로 같은 계급에 속한 형제와 자매 사이의 차이를 제시한다. 특히 자본주의가 정착되기 시작하는 19세기와 20세기 초에, "계급의 안정성은 점차 산업화의 성공을 결정하는 또 다른 자원, 곧 교육을 얼마나 성차별적으로 이용하는지에 달려 있었다."고 지적한다. Gerda Lerner, 강정하 역, 『왜 여성사인가』(서울: 푸른역사, 2006), 336－356쪽. 학교교육 자체가 계급적 지위를 결정하는 중요한 요인이 될 수 있었고, 그것이 성차별적으로 배분되고 있었다는 점에서, 러너의 지적은 우리에게도 유효하다고 할 수 있다.

141) 박숙자, 앞의 글, 254－255쪽.

142) 위의 글, 266쪽.

된다. 그리고 '비어 있는' 어머니에 시적 화자인 '소년'은 자신의 정서를 투사함으로써 '이상적' 어머니를 구축한다.

한편 1910년대 말 이광수는 "우리는 선조도 없는 사람, 부모도 없는 사람(어떤 의미로는)으로 금일금시(今日今時)에 천상(天上)으로서 오토(吾土)에 강림한 신종족(新種族)으로 자처하여야 한다."[143]고 주장하면서, 아동이 민족의 미래라는 인식에 덧붙여 이전 세대와의 분명한 단절의식을 표명하였다. 이광수의 이러한 단절의식의 이면에는 아동을 하나의 독특한 발달단계로 바라보는 근대적 아동관의 수용과 성리학적 아동관에 대한 거부가 자리하고 있었다.

> 二, 三歲 되는 乳兒에게는 母乳를 給하고 匍匐을 勸하고 啼泣하게 할지며, 밥을 먹이고 걷기를 바라고 理論에 合하는 言語를 發하기를 바라지 말지어다. 이리하면 다만 그 目的을 不達할뿐더러 도리어 그 體質을 戕害할지오. 六, 七歲 兒童에게는 뛰고 장난하고 소리치기를 許할지어다. 만일 그네에게 讀書와 端坐와 禮節을 强要하면 다만 그 目的을 不達할뿐더러 도리어 그 體質과 精神을 戕害할지니라.[144]

즉, 2~3세 아이의 기는 연습인 "포복(匍匐: 배밀이)"와 "제읍(啼泣: 울기)", 그리고 6~7세 아동의 "뛰고 장난하고 소리치기" 등은 자연스러운 발달행동[145]으로 권장하는 반면, "독서와 단좌(端坐)와 예절" 등

---

143) 이광수, 「子女中心論」(『청춘』 제15호, 1918. 5), 앞의 책, 37쪽.

144) 이광수, 「爲先 獸가 되고 然後에 人이 되라」(『학지광』, 1917. 6), 위의 책, 242쪽.

145) 심성보는 아동기를 개념화하는 특징적인 범주로 ① 어른과는 구분되는 '독립성(separateness)', ② 발달의 '한 단계(a stage)', ③ '어린이다움(childhood)'

은 도리어 "체질과 정신을 장해(戕害)"하는 것으로 지목되고 있다.

이광수는 이러한 단절의식을 토대로 "앞만 내다보는 생활"[146)]을 강조하면서, 아동이 "독립한 자유로운 개성"[147)]을 가진 존재가 되어야 한다고 역설하였다. 또한 이광수에게 아동(소년)은 "모든 것을 일임할 어른들"을 가지지 못한 존재, "우리네의 어른들은 우리 아이들을 교도(教導)하여 주기는커녕 장차 우리네가 그네들을 교도해야 할 형편"[148)]에 처한 존재였다.

이광수가 근대적 가정의 중심으로 설정한 아동[149)]은 "제 키에 맞는 책상 한 개와 하루 몇 시간 조용한 방구석 하나와 재미있는 이야기책·그림책 하나씩만이라도 가져"[150)]야 하는 존재가 되었다.

어른과는 구분되는 발달단계이자 국가 내지는 민족의 미래라는 사회적 합의로 구성된 근대적 아동관은 일제 강점기 말기 전체주의 체제에서도 그대로 투영되어 나타났다. 즉, 소위 '황국신민화' 작업이 아동과 아동 이외의 조선인을 구분하여 진행되었던 것이다.[151)]

을 갖는 것, ④ '순결성(innocence)' 등을 제시한다. 심성보, 앞의 글, 539－541쪽.

146) 이광수, 「子女中心論」, 앞의 책, 37쪽.

147) 이광수, 위의 글, 34쪽.

148) 이광수, 「少年에게」(『개벽』, 1921. 11～1922. 3), 앞의 책, 149쪽.

149) "父母의 生活은 모름지기 子女를 爲한 奉仕일 것이다. 家庭의 豫算·風紀·注意의 中心은 子女를 爲함에 있을 것이다." 이광수, 「家庭의 三中心」, 『이광수전집』 17, (서울: 삼중당, 1963), 390쪽.

150) 이광수, 「兒童의 朝鮮」, 위의 책, 555쪽.

151) 김화선, 「일제 말 전시기의 아동문학 및 아동담론 연구」, 김재용·김화선·노혜경·이선옥·이재명·한도연, 『친일문학의 내적 논리』(서울: 도서출판 역락, 2003), 174쪽.

김화선은 그 증거로 황국신민서사가 초등 정도의 학교 및 각종 유소년단체용인 '아동용'과 중등학교 및 동(同) 정도 이상의 학교 및 청년단체와 동등 이상의 유사단체용인 '일반용'으로 구분되었음에 주목한다. 그에 따르면 아동용과 어른용이 구분되는 것은 '황국신민서사'의 세 번째 항목, 즉 "3. 우리들은 인고단련하여 훌륭하고 강한 국민이 되겠습니다; 私共ハ忍苦鍛錬シテ立派ナ强イ國民トナリマス"라는 항목으로 아동을 국민으로 호명하고 있음을 지적한다.[152]

> 兒童을가라처 小國民 또는 第二世國民이라 부른다. 그理由는 將來國家의 中堅이되며 主人이 되기까닭이다. 때는 바야흐로 大東亞戰爭이 지터젔다. … 現下의 小國民을 單只 第二世國民敎育이란 在來觀念에서 한거름 떠나서 적어도 大東亞共榮圈의 盟主로써 또는 指導者로써의 敎育이 요구된다. 여기에는 兒童을 좀더 明朗하고 潔白하게 또는 協同的이요 獨創的이요 建設的이요 決斷的이요 進取的인 兒童으로 길러야하는 一大覺醒이 必要하다.[153]

위 인용문에서 나타나듯이, "소국민(小國民)" "제2세 국민" 등은 장래 국민이라는 근대 국가의 아동에 대한 요구가 투영되어 있고, "명랑(明朗)" "결백(潔白)" "협동(協同)" "진취(進取)" 등은 아동만이 갖추어야 하는 특징으로 제시되고 있다.

개화기 이후 부각된 제국주의 세력의 위협과 근대적 교육체제의 도입은 기존의 아동관에 대한 변화를 불러왔다. 다음 세대의 국민

---

152) 김화선, 위의 글, 175쪽.

153) 『아이생활』, 1943. 1, 宋昌一 著, 小國民訓話集 광고; 김화선, 위의 글, 182쪽에서 재인용.

내지는 민족이라는 사회적 · 집단적 관점에서의 아동관과 성인과는 구분되는 특성을 지닌 발달단계라는 아동관은 그러한 변화에서 가장 두드러진 측면이었다. 이러한 아동관의 근대적 변화는 근대적 학교의 보급과 더불어 가족, 특히 어머니의 교육적 기능에 영향을 미치지 않을 수 없었다. 특히 근대적 아동관의 이면에는 '아들'을 중심으로 하는 성차별적 인식이 투영되어 있었다. 이는 근대적 모성의 교육적 기능 역시 '어머니－아들' 관계와 '어머니－딸'의 관계가 일치하지 않을 수 있었음을 의미하는 것이다.

3) 여성교육의 필요성 대두

여성이 공식적인 학교교육을 받을 수 있게 된 것은 근대교육이 가져온 변화 중에 가장 급격한 모습이었다. 이미 강화도조약 이후 수신사로 파견된 김기수가 동경여자사범학교를 방문한 내용을 별단으로 보고하였고,[154] 1881년 신사유람단의 일원으로 일본에 건너갔던 이헌영 역시 여성교육을 시찰했던 내용을 기록하였다.[155] 이후 1886년

154) '여자까지도 또한 학교가 있어 큰 것으로는 천문(天文), 지리(地理), 병학(兵學), 농학(農學)과 작은 것으로는 시문서화(詩文書畵)까지도 모두 한 가지 기예(技藝)를 전공하였습니다.' 김기수, 이재호 역,「日東記遊」,『국역 해행총재』 X, (서울: 민족문화추진회, 1977), 513쪽.

155) '여학교에 가서 자훈(字訓)과 여홍장(女紅場)을 구경했다. 여학은 열녀전(烈女傳), 국사, 물리, 전지(全志), 산학(算學), 지구(地球) 등을 배워 익히고, 여홍(女紅)은 화공(畵工), 전채(剪綵), 철직(綴織), 기직(機織), 침봉(針峰)을 각각 익히는데, 교사는 남자 또는 여자이고 학도는 다 미혼 여자들로, 그중엔 사족(士族)의 딸들도 끼어 있다. 합해서 3백 여명이라 했다.' 이헌영, 권영대 외 공역, 「日槎集略」, 『국역 해행총재』 XI, (서울: 민족문화추진회, 1977), 77쪽. 이헌영은 다른 곳에서 '사족의 딸들이 서화를 배우는 것은 우

박영효의 「개화(開化)에 대한 상소(上疏)」[156]나 유길준의 『서유견문』 등에서 여성교육에 대한 주장이 간헐적으로 제기되었다.

1890년대 「독립신문(獨立新聞)」은 본격적으로 여성교육론을 주장하였다.

> 셰샹에 불샹ᄒᆞᆫ 인ᄉᆡᆼ은 죠션 녀편네니 우리가 오ᄂᆞᆯ날 이 불샹ᄒᆞᆫ 녀편네들을 위ᄒᆞ야 죠션 인민의게 말ᄒᆞ노라. 녀편네가 사나희보다 조곰도 나진 인ᄉᆡᆼ이 아닌ᄃᆡ 사나희들이 쳔ᄃᆡᄒᆞᄂᆞᆫ거ᄉᆞᆫ 다름이 아니라 사나희들이 문명 ᄀᆡ화가 못되야 리치와 인졍은 ᄉᆡᆼ각지 안코 다만 ᄌᆞ긔의 팔심만 밋고 압제ᄒᆞ랴ᄂᆞᆫ거시니 … 죠션 부인네들도 ᄎᆞᄎᆞ 학문이 놉하지고 지식이 널너지면 부인의 권리가 사나희 권리와 ᄀᆞᆺᄒᆞᆫ줄을 알고 무리ᄒᆞᆫ 사나희들을 제어ᄒᆞᄂᆞᆫ 방법을 알니라. 아모쪼록 학문을 놉히 ᄇᆡ화 사나희들 보다 ᄒᆡᆼ실도 더 놉고 지식도 더 널펴 부인의 권리를 찻고 어리셕고 무리ᄒᆞᆫ 사나희들을 교휵하기를 ᄇᆞ라노라.[157]

위에 인용한 「독립신문」의 논설은 여성교육론을 주장하는 근거를 전형적으로 보여 준다. 우선 여성은 남성과 동등한 권리를 가진 존재로서 교육을 받아야 한다는 "남녀동권적 여성교육론"[158]을 주장하

리 풍속엔 없는데, 이러한 연회에 참석하고도 보통의 일인 양 인정하니, 더욱 해괴한 일이다.'라면서 비판적 시각을 보여 준다. 같은 책, 86쪽.

156) "소학교와 중학교를 세워 남녀 6세 이상자는 모두 학교에 나가 배울 수 있도록 하여야 한다[設小中學校 使男女六歲以上 皆就校受學事]." 박영효, 「開化에 대한 上疏」, 『신동아』 1966년 1월호 별책부록, 21쪽.

157) 「독립신문」, 1896년 4월 21일.

158) 이 용어는 김재인 · 양애경 · 허현란 · 유현옥, 『한국 여성교육의 변천과정 연구』(서울: 한국여성개발원, 2001), 68–69쪽.

고 있음을 알 수 있다. 그러나 여성은 아직 "부인의 권리가 사나희 권리와 ᄀᆞᆺᄒᆞᆫ줄을" 모르는 계몽의 대상으로 설정되고 있다. 또한 교육을 통한 학문의 습득은 여성으로 하여금 남성보다 더 높은 지위에 나아갈 수 있도록 해 줄 수 있다는, 근대적 지식 및 교육에 대한 신뢰가 반영되어 있다. 이와 같이 남성과 동등한 권리를 가진 인간 존재로서 여성의 교육이 필요하다는 논리 안에는 몇 가지 유의해야 할 점이 있다.

첫째, "문명 ᄀᆡ화"되기 이전의 남성과 여성은 문명의 반대 축인 '야만'으로 범주화된다. 이는 간접적으로 서구적 윤리관[159]을 문명으로, 전통적인 윤리관을 야만으로 범주화하면서 전통에 대한 거부를 표현하는 것이다. 둘째, 이 논설이 대상으로 하는 남성과 여성은 모두 논설을 쓴 사람에게는 계몽의 대상이 된다. 즉, 논설을 쓰는 측과 읽는 측이 문명과 야만의 범주로 구분된다. 논설을 쓰는 이는 이미 "무리ᄒᆞᆫ 사나희들"뿐 아니라, 아직까지는 문명의 혜택을 받지 못하고 있는 여성까지도 "제어ᄒᆞᄂᆞᆫ 방법"을 알고 있는 이, 즉 이들보다 우월한 지위에서 이들을 "교휵"하는 지위를 확보할 수 있는 사람이다. 셋째, "문명 ᄀᆡ화"에 이를 수 있도록 하는 학문과 지식, 즉 근대적 학문과 지식은 한 사람의 사회적 지위를 결정하는 가장 중요한 준거가 된다는 의식이 반영되어 있다. 여기에는 한 개인의 학문적 성취 내지는 업적이 그 개인에 대한 평가 기준이 되어야 한다는 근대교육의 업적주의적 사고방식이 투영되어 있다. 이렇게 남성과 여성이 동등

159) 이광수는 여성의 지위 상승을 서구 기독교의 '은혜'였다고 지적한다. 이광수, 「耶蘇敎의 朝鮮에 준 恩惠」(『청춘』 제11호, 1917. 11), 『이광수전집』 10 중판, (서울: 삼중당, 1973), 18쪽.

한 권리를 가지고 있기 때문에, 동등하게 교육받아야 한다는 주장 외에도 당시 시급하게 요청되었던 근대적 국가 만들기 기획, 나아가 부국강병의 측면에서 여성교육의 중요성이 강조되기도 하였다.

> 죠션 뎡부에셔 뎨일 급ᄒᆞ게 ᄒᆞᆯ 일이 사내 ᄋᆞ희들도 ᄀᆞᄅᆞ치련니와 계집 ᄋᆞ희들을 교휵ᄒᆞᆯ ᄉᆡᆼ각을 ᄒᆞ여야 ᄒᆞᆯ 터인데 죠션셔ᄂᆞᆫ 계집 ᄋᆞ희들은 당쵸에 ᄉᆞᄅᆞᆷ으로 치지를 아니ᄒᆞ야 교휵들을 아니 식히니 젼국 인구 즁에 반은 그만 내 ᄇᆞ렷ᄂᆞᆫ지라 엇지 앗갑지 안ᄒᆞ리요 학부에셔 사내 ᄋᆞ희들도 ᄀᆞᄅᆞ치련니와 불샹ᄒᆞᆫ 죠션 계집 ᄋᆞ희들을 위ᄒᆞ야 녀학교를 몃츨 셰워 계집 ᄋᆞ희들을 교휵을 식히거드면 몃히가 아니되야 젼국 인구 반이나 내ᄇᆞ렷던 거시 쓸 ᄉᆞᄅᆞᆷ들이 될 터인이니 국가 경제학에 이런 리ᄂᆞᆫ 업고 ᄯᅩ 쳔히ᄒᆞ고 박ᄃᆡᄒᆞ던 녀인들을 사나희들이 ᄌᆞ쳥ᄒᆞ야 동등권을 주ᄂᆞᆫ 거시니 … [160]

여기에서 지적하고 있듯이, 지금까지 여성에게 교육을 시키지 않았던 국가는 "젼국 인구 즁에 반"을 내버리고 있었던 것이다. 즉, 내버려졌던 여성-국민을 "쓸 ᄉᆞᄅᆞᆷ"으로 만들고, 이것이 "국가 경제학"에 유익하다는 것이 여성교육론을 주장하는 근거가 되고 있다. 국가의 이익이 강조되는 여성교육론은 그것을 최대화할 수 있는 공사 영역 분리에 따른 여성교육의 효과를 강조하는 것으로 이어졌다.[161]

---

160) 「독립신문」, 1896년 9월 5일.

161) 김재인 등은 이러한 여성교육론을 "남녀분업적 여성교육론"과 "부국강병적 여성교육론"으로 세분하여 다루고 있다. 그러나 당시 전개된 대부분의 "부국강병적 여성교육론"이 근대적인 공사 영역의 분리를 전제하고 있었기 때문에, 이 두 가지 범주를 명확히 구분하기는 어렵다고 생각된다. 김재인·양애경·허현란·유현옥, 앞의 책, 69-70쪽.

일본의 식민지배가 시작되면서, 일본의 소위 '양처현모주의'는 우리의 여성교육에도 많은 영향을 미치게 되었다.

> 女子敎育은 여러 가지 目的이잇겟지만 爲先第一主眼點이라하면 「完全한主婦」敎養일 것이다. 그前主婦는 一般으로말하면家長의게順從하야 奉祀, 針線, 料理에全生命을다밧치고 其他의 別일은업섯다 좀 機械的이오單純하엿다 그러나그時代는 지금과달너 그래도別노큰問題업시살엇다 그러나 지금은우리의生活이大端複雜하여진까닭에 到底히 런主婦로는할수업개된 것은 누구나是認할것이다 쏘主婦의賢否와智識有無가 一家의興衰에關係함은勿論이오 一國의興亡에도가큰關係가잇는것도 누구나다首肯할 것이다 이것이女學校가생긴까닭이고 쏘年々이學生이느러가는 原因의한가지로안다[162]

여성교육의 가장 중요한 목적은 "완전한 주부"를 만드는 것이라는 명제는 곧 현모양처주의의 교육을 요구하는 것이다. 그리고 위의 인용문의 필자는 문명의 발전에 따른 사회의 복잡화가 '주부'인 여성에게 교육을 요구하고 있음을 지적하고 있다. 나아가 국가의 한 구성단위인 가정이 이렇게 교육을 받은, 근대적인 가정관리 지식을 갖춘 여성들 때문에 흥망이 결정될 수 있다는 논리를 펴고 있다. 이렇게 근대적 가정에서의 역할을 강조하는 현모양처주의 여성교육론은 근대적 가정으로의 개량운동과 연결되면서도, 다른 한편으로는 실생활에서의 필요성을 강조하는 논리로 이어지기도 하였다.

> 그러나 只今女學校에서 가르친다는 것이 將來살님사리하는데 必要

162) 엄준원, 「朝鮮女子敎育에 對한 所感」, 『현대평론』 제2호, 1927. 3, 114쪽.

한智識이라고는하나도 아니가르처주니 결국아모소용이 업는것갓습니다 … 女學校를卒業햇건 아니햇건 싀집가게된나희의女子들만을모아서 살님사리一般에對한實習所가튼것을만드러서 한一年동안만 김치 깍두이 간장 고초장담그는法과 育兒와裁縫을 敎授하고 … 或女學校에 家事科가 잇는데도잇스나 그것은모다하이카라式으로만하는것이닛가 조선사람살님에는아모소용이업는것입니다. 그러고 女子高等科라는 것은 결국 아모소용도업슬샏아니라 空然히 浮虛하게만하는것이아닌가합니다[163)]

여기에서 현모양처주의는 실제 조선의 현실에서 필요로 하는 아내와 어머니를 요구하고 있다. 학교에서의 여성교육은 “장래 살님사리하는데 필요한 지식이라고는 하나도” 가르치지 않고 있다고 비판하면서, 특히 “하이카라식”이 아닌 “김치 깍두이 간장 고초장 담그는 법” 등 조선의 현실에 맞는 교육을 요구하는 것이다. 철저하게 남성중심적 시각에서 여성교육을 바라보는 현모양처주의에 대한 비판도 있었다.

녯날의 여자들은 시대와 환경이 그래서 엇절 수업시 자긔네들의 존재도 인식(認識)치 못하고 살어왓다하지만 소위 근일의 새교육을 밧고 쏘는 바덧다는 여자들은 엇더한가 … 녀학교교육을 밧는다는 것이 겨우 졸업후의 결혼준비가 되고 만다. 근근히 녀학교를 졸업하야 량가의 남자와 결혼을 하야가지고 안락한 살님에 단꿈을 꾸게되면 그네들의 목적, 그네들의 리상은 거긔에 대만족, 대성공으로 아는 모양이요 … 남편 엇기를 위하여서만 공부하지말고 사회일을 해보려 자긔일

163) 오화영, 「絕對의 制裁」, 『별건곤』 제4권 제1호, 1929. 1, 164쪽.

을 해보려하는 준비로 공부를 좀해달나는 말이다. 결혼의 준비로 남편을 엇기까지만 눈속임의 공부를 하지 말고 남편을 어든 뒤에도 자녀를 잘 길느기 위하야 사회에 일하는 한목 사람이 되기 위하야 공부를 게속해주고 노력을 게속해달나는 말이다[164]

여기에서는 시집을 잘 가기 위해서, 신식 교육을 받은 남편을 얻기 위해서 교육을 받는 여성들을 비판하고 있다. 여성교육이 가정으로의 안주로 귀결되는 것을 비판하면서, 여성들에게 "사회일을 해보려 자긔일을 해보려" 교육을 받으라는 충고다. 이와 같이 여성 자신의 직업 내지는 사회활동을 위한 교육을 강조하면서도, 다른 한편으로는 결혼 후에도 "자녀를 잘 길느기 위하야 사회에 일하는 한목 사람이 되기 위하야 공부를 게속해" 달라는 부탁이 이어지고 있는 것은 여성교육 내지는 교육받은 여성과 모성의 관계가 얼마나 중첩적인 문제였는지를 보여 주는 사례라고 할 수 있을 것이다. 여성들이 근대적 교육을 바탕으로 사회활동이나 직업활동을 전개함으로써 남성과의 평등을 성취해야 한다는 논의도 적지 않게 찾아볼 수 있다.

나는 무엇보다도 女子거나 男子거나 한가지로 完全한 職을 가저야 겟다는 것을 主張합니다. 職業을 찻는 것이 人格을 찻는 것이라고 생각합니다 … 男女가 同一線上에서는 以上에는 職業에서 爲先平等이여야 한다합니다[165]

이와 같이 여성의 자아 내지는 인격을 모색하는 과정으로 교육을

164) 신식, 「烈女를 論하야」, 『신여성』 제4권 제7호, 1926. 7, 14-16쪽.
165) 김명겸, 「朝鮮女性과 職業」, 『신여성』 제4권 제2호, 1928. 2, 9-11쪽.

받아들이려는 시각은 현모양처주의 교육에 대한 비판으로 이어졌다.

> 眞實한意味의新女性은 무엇보다도몬저所謂『新式』의탈을쓴『現代教育』으로부터 解放되지안흐면 아니될줄로생각한다. 웨그러냐하면現代女子教育의 根本精神은 教育의本義와隔離되야잇슬샌아니라 그와正反對의方向으로 背立하고前進하는까닭이다. … 洋風이東漸하기때문에 新式教育이라는名稱下에서 女子도多少間教育밧게되엿스나 이번에는良妻賢母를 養成한다는 所謂良妻賢母主義下에서 亦是男子와對等하게 自由人으로서의教育을 밧지못하게되엿다. 卽『新式』의탈을쓰고난 現代女子教育은 女子를完全한自由人으로 訓導養成하자는것이아니라 이와正反對로 그들로부터『보담더』恭順한奴隷맨드러내는것을 가장重要한使命으로 認知하는모양이다. … 所謂女子教育이라는것도 亦是그根本的精神에잇서서는 이支配階級－特히이境遇에는 男子－의 理想과利益의프로파간다中하나에 지내지못한다. 그런대 이理想과利益을 가장表現하는 標語는 所謂『良妻賢母主義』이다[166)]

위 인용문에서 진정한 신여성은 "현대교육으로부터 해방"되어야 한다고 주장하고 있다. 그 이유는 현모양처주의에 입각한 여성교육이 피교육자를 억압의 체제 속으로 몰아가면서 "교육의 본의와 격리"되고 있기 때문이다. 즉, 남성과 대등한 "자유인으로서의 교육"이 아니라 여성을 좀 더 "공순(恭順)한 노예"로 만들고 있다는 비판이다. 따라서 현모양처주의는 남성중심적 시각의 "프로파간다(propaganda)"에 지나지 않는다. 이렇게 현모양처주의 교육에 대한 비판은 여성,

166) 백파, 「所謂『新女性』과良妻賢母主義?」, 『현대평론』 창간호, 1927. 1, 161－163쪽.

나아가 교육을 받고 있는 여학생들에게서도 자주 표출되고 있었다.[167)]

개화기 이후 여성이 공식적인 학교교육의 대상으로 설정될 수 있었던 것은 서양적 윤리관의 영향을 받은 남녀동권론과 부국강병적 입장에서의 교육론 등의 두 가지에 근거하였다. 남녀동권론적 여성교육론은 천부인권적 권리를 가진 개인이라는 서구의 근대적 윤리관을 바탕으로 하면서도, 서구와 조선을 문명과 야만에 등치시키고, 나아가 여성의 현재를 야만적 상태로 규정하는 모습을 보여 주기도 하였다. 또한 근대적 학문의 습득 여부가 개인의 인격이나 사회적 지위를 결정하는 준거가 된다는 근대교육의 업적주의적 사고방식도 내포하고 있다. 이와 동시에 부국강병적 여성교육론은 근대적 국가 만들기의 과정에서 요구되는 국민 만들기 기획의 일환이면서도 국가의 인적 자원 관리라는 입장이 강하게 투영되어 있다.

한편 일제 강점기에는 공사 영역의 뚜렷한 구분을 전제로 하는 현모양처주의 교육이 강조되면서도, 여성의 사회활동과 직업활동을 위한 교육에 대한 요구 역시 지속적으로 표출되고 있었다. 또한 개인의 자아와 개성을 발현시킨다는 근대교육의 해방적 측면을 강조하면서 현모양처주의 교육에 대한 전면적인 비판도 찾아볼 수 있다.

---

167) 여학생의 현모양처주의 교육에 대한 비판은 화중선, 「기생생활도 신성하다면 신성합니다」, 『시사평론』, 1923. 3; 김진송, 『서울에 딴스홀을 許하라』 (서울: 현실문화연구, 1999), 231쪽 참고.

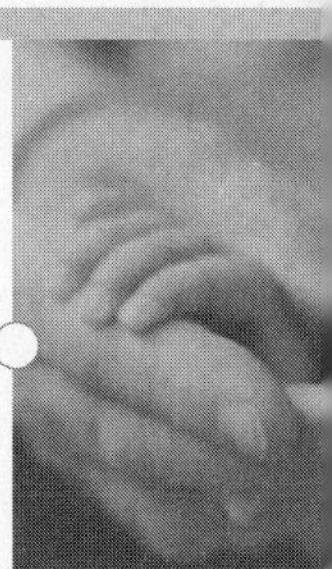

제 4 장

근대적 모성에 대한 가부장적 시선

'어머니'는 생물학적으로 여성에게 할당된 역할이다. 이 사실은 변함없는 것이지만, 모성의 사회적 구성은 언제나 '누군가'의 필요에 따라 제기되어 왔다. 어머니 노릇은 특정한 역사적 국면들 속에서 이루어지는 남성 및 여성의 행위들을 통해 구성된다. 따라서 하나의 사회적 구성물로서 모성을 이해하는 데 주체(agency)는 핵심적 위치를 차지한다.[1)] 다른 주제에서도 마찬가지이지만, 모성 담론에는 그것을 활용하고자 하는 발화자의 권력이 투영되어 있는 것이다. 여기에서 젠더 체계[2)]는 모성 담론에 접근하는 데 유용하다. 역사적 범주

1) Evelyn Nakano Glenn, 'Social Constructions of Mothering: A Thematic Overview', Evelyn Nakano Glenn, Grace Chang, & Linda Rennie Forcey (Eds.), *Mothering: Ideology, Experience, and Agency* (New York & London: Routledge, 1994.), p. 3.

로서 '젠더'는 남성과 여성에게 할당된 사회적 역할들과 생물학적 성에 따른 실천을 구분하는 방법을 제공해 주기 때문이다.[3] 모성 담론을 구성하는 젠더로서 '남성적'/'여성적' 주체는 생물학적 남성/여성과 반드시 일치할 필요는 없다. 모성 담론의 권력 효과가 궁극적으

---

2) 젠더(gender)는 남녀 구별을 하기 위한 말로서, 사회적으로 강요당한 것. '섹스'가 남녀의 생물학적 · 해부학적인 성을 가리킴에 반해, '젠더'는 기존의 문화에서 육체적인 것으로 남성 또는 여성에게 일치시키려는 감정적 · 심리적 속성을 가리킨다. Lisa Tuttle, 유혜련 · 호승희 공역, 『페미니즘 사전』(서울: 동문선, 1999). 즉, 젠더는 인간을 성적으로 구분하고 의미화하는 것이며 여기에 본질적인 근원 같은 것은 없다. 동시에 사회적으로 습득되는 것으로서의 젠더 개념이 성차에 대한 생물학적인 설명으로 빠져 버릴 위험과 성본질주의의 위험을 방어하긴 하지만 젠더 구분이 성을 배제하지는 않는다. 젠더는 항상 성과 관련되어 정의된다. 박미선, 「젠더」, 『여/성이론』 제1호, 1999. 4, 317-319쪽. 젠더의 의미는 사회적 가치, 믿음, 그리고 조직되는 집단적 삶의 선호방식에 따라 다르며, 학습의 결과다. Julia T. Wood, 한희정 역, 『젠더에 갇힌 삶: 젠더, 문화, 그리고 커뮤니케이션』(서울: 커뮤니케이션북스, 2006), 33-40쪽. 젠더 개념을 중요한 역사 이해 범주로 강조한 스코트(J. W. Scott)는 "젠더는 성적 차이를 사회적으로 조직한 것"이고, "신체적 차이에 대해 의미를 수립하는 지식"이라고 규정한다. Joan Wallach Scott, *Gender and The Politics of History* (New York: Columbia University Press, 1988.), p. 2.

3) Joan Wallach Scott, 위의 책, p. 32. 스코트는 젠더 범주를 두 가지 명제의 내적 통합으로 규정한다. 하나는 젠더가 양성 사이에서 인지된 차이들에 기반한 사회적 관계성의 구성적 요소라는 것이고, 다른 하나는 젠더가 권력 관계를 의미하는 주요 수단이라는 것이다. 같은 책, p. 42. 같은 책의 개정판에 실린 'Some More Reflection on Gender and Politics'는 젠더 체계가 또다시 생물학적 결정론을 반복하는 것이 아닌가하는 반론에 대한 스코트의 응답이다. 이는 Joan W. Scott, 배은경 역, 「젠더와 정치에 대한 몇가지 성찰」, 『여성과 사회』 제13호, 2001, 210-249쪽 참고. 젠더를 둘러싼 페미니즘 내부의 본질주의 논쟁에 대해서는 Alison M. Jagger · Iris Marion Young 공편, 한국여성철학회 역, 『여성주의 철학 1』(서울: 서광사, 2005), 403-413쪽 참고.

로 누구에게 돌아가는지를 젠더라는 범주를 통해 살펴보고자 하기 때문이다. 이 장에서는 먼저 '가부장적' 시선이 바라보고 규정하였던 모성을 추적해 보고자 한다.

1 도구적 모성론

여기에서 '도구적 모성론'은 어머니 노릇의 실천을 담지하고 있는 여성의 입장을 소외시키는 모성 담론을 의미한다. 여성이 소외되는 어머니 노릇은 크게 두 가지 경우를 생각해 볼 수 있다. 하나는 여성의 반대 축에 놓여 있는 남성이 모성을 통해 여성을 자신의 권력 관계로 편성하고자 하는 경우다. 이 경우는 어머니가 된다는 것이 여성에게 소외된 노동이 된다는 사실이 비교적 명백하게 드러난다. 다른 하나는 남성과 여성을 포괄하는 제3의 목적을 위해 모성이 활용되는 경우다. 이 경우는 어머니 노릇이 좀 더 보편적이고 궁극적인 목적을 달성하기 위한 수단이 된다는 점에서 상대적으로 복잡한 측면을 보여 준다.

대체로 두 가지 도구적 모성은 현실에서 중첩된 양상을 보인다. 왜냐하면 어머니가 지향해야 한다고 주장되는 '보편적이고 궁극적인 목적'은 결국 남성중심적 세계관에 토대하고 있기 때문이다. 개화기부터 일제 강점기에 이르는 동안에 우리에게 가장 보편적이고 궁극적인 목적으로 제시된 범주는 '민족'과 '국가'였다. 식민지라는 역사적 단계는 민족과 국가 사이의 균열을 분명하게 드러내는 계기이기도 하였다. 따라서 식민본국의 남성과 피식민지 남성 사이에는 갈등과 타협이 반복될 수밖에 없었다. 이 절에서는 식민주의로 양분되는 가부장적[4] 시선이 요구하였던 근대적 모성에 대해 살펴보고자 한다.

1) 민족의 어머니

서구 제국주의 세력과 조우하게 된 조선이 가장 궁극적으로 달성하고자 했던 목표 중 하나는 근대적 국가 형성이었다. 그것은 당시 조선에게 위협으로 다가왔던 열강들은 모두 국민국가를 기반으로 하고 있었고, 군대와 통상조약은 그것을 대표하는 것이었다. 1900년대 근대를 지향했던 지식인들은 정치 공동체로서의 'nation'인 국민과, 자연 발생적인 종족 공동체로서의 'nation'인 민족을 분명하게 구

4) 가부장제란 가족 구성원에 대한 가장의 지배를 지지하는 체제를 뜻한다. 넓은 의미로는 재구조화하는 제도로서 여성에 대한 남성의 억압 체계 전반을 일컫는다. 가부장제에 대한 이해는 페미니스트마다 차이를 보이는데, 일례로 케이트 밀레트(Kate Millett)는 생물학적 관계에 따른 남성지배를 보편적이고 초역사적인 틀에서 파악함으로써 여성들 간의 계급적 차이를 부정하고 가부장제를 자본주의라는 다른 생산양식과도 분리된 하나의 근본적인 지배체계로 이해한다. 그리고 가족은 가부장제의 가장 중요한 제도이면서 사회화와 출산을 중심기능으로 한다. Kate Millett, 정의숙 · 조정호 공역, 『성의 정치학(上)』(서울: 현대사상사, 1976), 67-72쪽. 또한 델피(Christine Delphy)는 그것을 가부장제의 물질적 기반으로 고유한 생산양식이며, 이 생산관계 하에서 여성은 자신의 노동을 남성에게 전유당하는 피억압자 집단으로서 성계급을 형성하고 있다고 주장한다. 한편 하트만(Heidi Hartman)은 가부장제를 여성 노동력에 대한 남성들의 역사적인 지배에 물적인 근거를 갖는 사회 내의 관계구조로 파악하면서, "물질적 기반을 가지고 있고, 위계적이긴 해도 남자가 여자를 지배할 수 있게 만드는 남자들 간의 상호의존과 결속감을 확립 내지 창조하는 남자들 간의 일련의 사회관계"로 정의내렸다. 이에 대해서는 문은미, 「가부장제」, 『여/성이론』 제2호, 2000. 1, 343-346쪽 참고.

분 짓고 있었다.

> 국민이라는 명사는 민족 두 글자와 구별이 크게 있거늘 그것을 모르는 자들이 왕왕 이 두 용어를 혼칭(混稱)하니 이는 불가한 일이라. 민족이란 것은 단지 동일한 혈통에 속하며 동일한 토지에 거주하며 동일한 역사를 가지며 동일한 종교를 받들며 동일한 언어를 사용하면 동일한 민족이라 가히 칭하는 바이거니와 국민 두 글자는 이처럼 해석하면 불가할지라. … 국민이란 것은 그 혈통 · 역사 · 거주 · 종교 · 언어의 동일한 것밖에 또한 필연적으로 동일한 정신을 가지며 동일한 이해(利害)를 느끼며 동일한 행동을 하여 그 내부의 조직이 한 몸의 골격(骨格)과 흡사하며 그 대외(對外)의 정신이 한 병영의 군대와 흡사해야 이를 국민이라 말하나니.[5)]

여기에서 '국민'은 '민족'이라는 범주에서는 요구되지 않는 "동일한 정신"과 "동일한 이해", 그리고 이를 기반으로 하는 "동일한 행동" 등의 조건을 요구하고 있다. 오늘날 '민족정신'이라는 용어가 친숙하게 여겨지는 것과는 달리, 당시 민족이라는 용어는 특정한 정신으로 개념화되지 못하고 있었다. 오히려 민족은 동일한 혈통과 역사, 거주지, 종교, 언어 등을 특징으로 하는 종족의 의미에 가깝게 사용되고 있었다. 이와 같은 국가 및 민족에 대한 개념은 국가가 민족보다 문명화된 산물이라는 의식으로 이어지고 있었다. 따라서 서구 문명화를 지향해야 한다는 과제 앞에서 일차적으로 요구되었던 것은 그

---

5) 「대한매일신보」, 1908년 7월 30일; 박노자, 「개화기의 국민 담론과 그 속의 타자들」, 이화여대 한국문화연구원, 『근대계몽기 지식 개념의 수용과 그 변용』 (서울: 소명출판, 2004), 246쪽에서 재인용.

러한 문명화의 결정체인 국가를 구성해 내는 것이었다.[6] 이러한 국가 만들기는 그 구성원인 국민 만들기 과정을 필연적으로 요구할 수밖에 없었다.

> 나라이란 거슨 ᄒᆞᆫ 복원 큰짜을 웅거ᄒᆞ야 언어와 법률과 정치와 습속과 력ᄉᆞ가 갓허셔 님군을 셤기고 정부를 도아셔 리롭고 ᄒᆡ로운것과 다ᄉᆞ리고 어즈러 오은거슬 ᄒᆞᆷ씌 당ᄒᆞᄂᆞᆫ 거시니 … 나라이 나라되ᄂᆞᆫ 도ᄂᆞᆫ 다른 나라와 ᄂᆡ나라에 분변이 잇슨즉 가령 우리 대한 사ᄅᆞᆷ으로 말ᄒᆞ더ᄅᆡ도 대한인 세 글ᄌᆞ가 뎨일 즁대ᄒᆞ게 공본된 일홈이라 … 대뎌 타국 사ᄅᆞᆷ의 ᄋᆡ국ᄒᆞᄂᆞᆫ 마ᄋᆞᆷ은 ᄇᆡᆨ셩이 교화을 입을사록 ᄋᆡ국ᄒᆞᄂᆞᆫ 지셩이 감발ᄒᆞᄂᆞᆫ고로 나라에 정부된쟈ᄂᆞᆫ 인민교육ᄒᆞ기로 힘을 다ᄒᆞ고 ᄌᆡ물을 다ᄒᆞ며 인민된쟈ᄂᆞᆫ 무삼일이며 무삼 물건이던지 나라을 위ᄒᆞᄂᆞᆫᄃᆡᄂᆞᆫ ᄉᆞ싱을 도라보지 아니ᄒᆞ고[7]

「나라 ᄉᆞ랑ᄒᆞᄂᆞᆫ 츙셩」이라는 제목의 논설은 개화사상가들이 중요한 의사소통 수단으로 선택하였던 신문이나 학회지 등에서 반복적으로 등장하는 내용을 보여 준다. 이 인용문에서 지적하는 '나라'의 개념은 앞서 제시한 「대한매일신보(大韓每日申報)」의 그것과 유사하다. 나라는 민족 구성의 자연적 요건이라고 할 수 있는 언어나 습속 등에 보편적인 문명의 산물인 법률, 정치, 역사 등이 결합된 상태다. 이러한 국민 만들기 과정에서 가장 핵심적인 과제는 "인민교육"이었

6) 김현주는 "문명의 이념은 국민-국가 만들기 기획을 뒷받침함으로써 이 시기 근대성 형성에 핵심적인 역할을 하였다."고 지적하였다. 김현주, 『이광수와 문화의 기획』(서울: 태학사, 2005), 41쪽.

7) 「나라 ᄉᆞ랑ᄒᆞᄂᆞᆫ 츙셩」, 「제국신문」, 1899년 1월 13일.

다. “교화”와 “교육”이 개념상의 구분 없이 혼동되어 사용되고 있는 것은 ‘국가–애국’이 ‘왕–충군’과 혼재되었던 상황과 무관하지 않다. 근대적 국가를 만들어야 한다는 지상 과제에서는 동의가 이루어지고 있었지만, 그 국가가 어떠한 형태여야 하는지에 대한 논의는 날카로운 대립각을 세우며 진행 중이었기 때문이다.

국민 만들기의 가장 중요한 수단으로 인식된 교육에 부여된 핵심 과제는 “대한인 셰 글ᄌᆞ가 뎨일 즁대ᄒᆞ게 공본된 일홈”이라는 사실을 피교육자로 하여금 분명하게 인식하도록 해 주는 것이었다. 여기에는 서양의 근대 국가 수립과정에서 장기간에 걸쳐 논의되었던 국가의 개념에 대한 논의는 생략되어 있다. 당시 개화사상가들이 요구한 국민은 “무삼일이며 무삼 물건이던지 나라을 위ᄒᆞᄂᆞᆫ듸ᄂᆞᆫ ᄉᆞ싱을 도라보지 아니ᄒᆞ”는 애국심이 함양된 존재였을 뿐이다. 이는 단순히 개화사상가들이 일반 민중을 계몽의 대상으로만 바라보고 있었음을 의미한다고 해석할 수 있는 문제는 아니다. 앞서 인용문의 제목에서 나타나는 것과 같이, 일반 민중은 “나라 ᄉᆞ랑ᄒᆞᄂᆞᆫ 츙셩”조차 깨닫지 못하는 우매한 계몽의 대상으로 설정된 것이 분명하다.

그런데 여기에서 다시 한 번 생각해 보아야 할 문제는 무엇이 개화사상가들의 시선을 그런 방식으로 결정지었는가 하는 점이다. 개화사상가들의 신분적 구성을 고려한다면,[8] 이들이 근대 이전의 신분체제에서 기인하는 우월감만으로 일반 민중을 바라보았다고 보기는

8) 박찬승은 사회진화론의 수용과 개화자강론의 확산, 일본 제국주의의 한국 ‘보호국’화 등을 정치사상적 배경으로 하는 이들 개화사상가들을 민족주의 우파로 명명하고, 대한협회 계열, 황성신문 계열, 대한매일신보 계열, 청년학우회 계열 등으로 각각의 구성원과 신분, 지향점 등을 분석하였다. 이에 대해서는 박찬승, 『한국근대정치사상사연구』(서울: 역사비평사, 1992) 참고.

어렵다. 개화사상가들의 계몽적 시각에 영향을 미친 중요한 요인으로는 이들이 적극적으로 내면화하였던 사회진화론의 영향을 생각해 볼 수 있다. '(서구적) 문명'을 궁극적 목적으로 상정하는 사회진화론의 문명 논리는 국제 관계와 인간관계에서 개개의 국가와 개개의 인간을 시간적 차원으로 투사하고 공간적 차원으로 배치함으로써 국가와 인민을 일목요연하게 등급화하고 분류하는 것이다.[9] 근대적 문명의 시간 계열 속에서 뒤처진 인민은 국민 만들기의 대상이 됨으로써, 즉 국민이 됨으로써 문명과의 시간적 간극을 보완해 나갈 수 있는 존재다. 반면 일반 민중을 계몽의 대상으로 설정할 수 있는 개화사상가 자신들은 시간적 계열에서 앞선 존재다.

서구의 사회진화론은 잘 알려진 대로 제국주의라는 정치경제적 상황에서 인종주의와 쉽게 만났다. 백인 제국주의 세력은 자신들의 이상적 기준을 '문명'으로 설정한 다음, 이에 근거하여 각 인종을 시간적 계열의 연속선에 배치하였다. 그리고 '볼 수 있는 기호'→'보이지 않는 성격'→'관찰될 수 있는 것'으로 나아가는 다원의 논리[10]는 자연과학적 방법론을 차용하여 제국주의의 논리를 '자연화'한다. 제국주의를 정당화하기 위한 강력한 이론적 기제인 사회진화론을 국가유기체설과 혼합하여 내면화한 개화사상가들이 추진하였던 문명을 향한 국민 만들기 작업은 필연적으로 수용과 배제의 논리를 앞세울 수밖에 없었다. 이러한 수용과 배제의 논리를 확인할 수 있는 준거

9) 김현주, 앞의 책, 82쪽.

10) 위의 책, 82쪽. 김현주는 여기에서 유길준의 『서유견문』에 등장하는 미국 인디언에 대한 설명을 통해 유길준의 기획이 서구 문명을 기준으로 하는 '국가-만들기' 과정으로 파악하고 있다.

중 하나가 교육이었다. 교육 영역에서 이를 잘 보여 주는 사례가 1900년대까지 활발하게 진행되었던 각종 학생 운동회였다.

> 女學校聯合大運動會는 … 昨日에 奬忠壇에셔 設行ᄒᆞ얏ᄂᆞᆫᄃᆡ 參會ᄒᆞᆫ 學徒는 養閨義塾이 五十二人이오 尙洞女學校가 五十八人이오 進明女學校가 三十三人이오 新學院이 三十五人이오 承洞女學校가 四十二人이오 看護院 豫備學徒가 十人이오 水原 華城女學校가 十七人인ᄃᆡ 其行動의 端肅ᄒᆞᆷ과 規模의 整齊ᄒᆞᆷ은 實로 我韓의 初有ᄒᆞᆫ 盛事이며 其運動節次와 運動歌와 注意書와 各般 技藝를 定規의 依ᄒᆞ야 進行ᄒᆞᆯ 時에는 軍樂으로 奏導ᄒᆞ며 … 節次. 光武 十一年 五月 二十五日 土曜 上午 八時 會集. 九時 開會 學生相見禮 唱歌合奏 勅語奉讀. … 十時 三十分 團體의 效力 崔炳憲. … 十一時 學徒父兄의 義務 盧炳善. … 下午 一時 計筭競走 一小隊. 二時 穿針 二小隊. 三時 旗取 三小隊. 四時 投球 四小隊. … 同胞中에 女子들도 國家分子 되어나셔 忠君愛國 ᄒᆞ랴이면 學問업시 엇지ᄒᆞ리 依賴心을 다버리고 自衣自食 힘써보세 11)

1907년 장충단에서 거행된 여학교 연합 대운동회는 양규의숙, 상동여학교, 진명여학교, 신학원, 승동여학교, 간호원 예비학도, 수원 화성여학교 등 모두 7개 학교의 학생 247명이 참석한 대규모의 것이었다. 기자는 "그(其) 행동의 단숙(端肅)ᄒᆞᆷ과 규모의 정제(整齊)ᄒᆞᆷ은 실로 아한(我韓)의 초유ᄒᆞᆫ 성사(盛事)"라고 관찰하고 있다. 앞서 언급한 논리에 대입시켜 보면, 행동의 단숙과 규모의 정제는 '볼 수 있는 기호'로 작동한다. 이는 국민 만들기 작업이 교육을 통해 성공하고 있음을 의미한다. '보이지 않는' 애국심이 교육의 장에서 확인되는 것이

11) '女學校聯合運動盛況', 「만세보」, 1907년 5월 26일.

다. 그리고 이를 몸으로 확인시켜 주고 있는 여학생들은 “국가분자(國家分子)”로 수용된다.

또 하나 눈길을 끄는 것은 운동회의 전체적 구성이 군사적 · 집단적 성격을 강하게 드러낸다는 점이다. 산가지[筭] 경주나 깃발 빼앗기[旗取], 공 던지기[投球] 등의 운동종목도 그러하거니와, 학생들을 “소대(小隊)”라는 군대식 범주로 편재하는 것도 그러하다. 정해진 절차와 주의 사항, 규정 등에 의거하여 진행되고 “군악(軍樂)”이 배경을 이룬다. 교육을 통해 국민이 될 수 있는 개개인은 국가의 하위 범주를 상징하는 “소대”에 소속됨으로써 국민됨을 스스로 확인하는 동시에 타인에게 확인시켜 주는 것이다. 즉, 국민 만들기의 방식은 크게 두 가지 측면에서 진행된다. 하나는 자유의지 및 천부적 권리를 가진 개인이 근대적 국가와 직접 관계하는 방식이고, 다른 하나는 국가의 하위 범주에 적극적으로 소속됨으로써 국민됨을 확인하는 것이다. 또한 두 가지 방식에 포함될 수 없거나 거부하는 경우는 철저하게 배제해야 한다. 나아가 국민됨은 한 인간이 인간이 될 수 있는 가장 중요한 요건으로 부각된다.

> 동호ᄀᆡᆨ이 쥬인ᄃᆞ려 무러 ᄀᆞᆯᄋᆞᄃᆡ 하ᄂᆞᆯ이 사ᄅᆞᆷ을 세샹에 내시매 만물 즁에 ᄀᆞ쟝 신령케 ᄒᆞ심이 엇지 범연ᄒᆞᆫ ᄯᅳᆺ이리오 사ᄅᆞᆷ이 되고야 사ᄅᆞᆷ의 의무를 맛당히 ᄒᆡᆼᄒᆞᆯ지니 그 의무ᄂᆞᆫ 어ᄃᆡ 잇ᄂᆞ뇨 쥬인왈 뎨일은 교육이라 교육은 사ᄅᆞᆷ 되ᄂᆞᆫ 긔관이니 … ᄀᆡᆨ왈 그러ᄒᆞᆫ즉 교육이 업ᄂᆞᆫ 사ᄅᆞᆷ은 이러ᄒᆞᆫ 효력을 능히 내지 못ᄒᆞ리니 사ᄅᆞᆷ이 되고 새와 즘ᄉᆡᆼ과 ᄯᅩᆼ과 흙만도 못ᄒᆞ면 ᄎᆞᆯᄒᆞ리 스ᄉᆞ로 죽ᄂᆞᆫ 거시 나흘지로다 쥬인왈 그러ᄒᆞ다 이 몸이 잇고야 교육을 엇지 힘쓰지 아니ᄒᆞ리오 ᄀᆡᆨ왈 사ᄅᆞᆷ의 당연히 ᄒᆡᆼᄒᆞᆯ 의무가 ᄯᅩ 잇ᄂᆞ뇨 쥬인왈 잇ᄂᆞ니 곳 나라를 ᄉᆞ랑ᄒᆞᄂᆞᆫ ᄆᆞᄋᆞᆷ

> 이라 ᄋᆡ국심은 사ᄅᆞᆷ의 귀즁ᄒᆞᆫ 물픔이 되나니 텬하의 갑업ᄂᆞᆫ 보ᄇᆡ라 사ᄅᆞᆷ이오 이 귀즁픔이 업스면 사ᄅᆞᆷ의 갑시 업다 ᄒᆞᆯ지니라 … ᄀᆡᆨ왈 ᄋᆡ국심이 잇ᄂᆞᆫ 쟈의 효험이 무어신지 듯고져 ᄒᆞ노라 쥬인왈 졔ㅅ나라ᄂᆞᆫ 륙국 시졀에 젼국을 거의 다 일코 즉믁 짜만 ᄂᆞᆷ엇더니 필경에 팔십여 셩을 회복ᄒᆞ엿고 셔ᄉᆞ국은 구라파의 뎨일 적은 나라로 타국의 압졔를 밧다가 일죠에 국권을 차졋스니 이거시 ᄋᆡ국ᄒᆞᄂᆞᆫ ᄆᆞᄋᆞᆷ의 효험이니라 ᄀᆡᆨ왈 그런즉 이러ᄒᆞᆫ 귀즁픔을 엇더게 엇ᄂᆞ뇨 쥬인왈 곳 교육ᄒᆞ기에 잇고 다른 도리ᄂᆞᆫ 업스니 교육이 업스면 ᄋᆡ국심이 업고 ᄋᆡ국심이 업스면 그 나라가 업슬지라 사ᄅᆞᆷ이 되고 ᄋᆡ국심이 업스면 스ᄉᆞ로 그 나라를 멸망ᄒᆞᄂᆞᆫ 거시니 엇지 두렵지 아니ᄒᆞ리오[12)]

대체로 신채호의 저술로 평가받고 있는 '셔호문답(西湖問答)'은 당대 개화 지식인의 지향을 잘 드러낸 원전이다. 여기에서 주인은 인간이 되기 위한 첫 번째 의무로 교육을 제시한다. 그리고 이 교육은 애국심을 심어 줌으로써 인간을 인간답게 만들게 된다. 주인은 애국심의 효용을 중국의 제나라와 유럽의 스위스의 예로 입증해 준다. 이는 당시 개화 지식인의 현실 인식과도 밀접하게 연관되어 있다. 중국의 제나라와 유럽의 스위스는 물질적 기반의 취약함을 애국심이라는 정신적 연대 내지는 우월성을 통해 극복했다는 것이다. 당시 서구 열강의 침탈 속에서 국가 만들기를 위한 물질적 기반이 급속하게 침식당하고 있던 상황에서 한편으로는 적극적인 서구 문물의 도입을 추진하면서도, 다른 한편으로는 정신적 우월성을 통해 서구와의 간극을 극복하고자 했던 것이다. 이러한 맥락에서 개인과 국가는

---

12) '셔호문답', 「대한매일신보」, 1908년 3월 5일.

하나의 운명공동체로 인식된다.[13]

애국심 함양을 통한 국민 만들기가 교육의 핵심 과제로 대두되었지만, 이는 교육 그 자체의 목적으로 성취될 수 있는 것이 아니었다. 애국심이라는 교육목표는 특정한 교과로 설정될 수 있는 성질이 아니었고, 따라서 반복적으로 교육자와 피교육자에게 계몽시켜야 하는 과제가 되었다. 근대적 학문을 습득하여야 한다는 것과 국민으로서의 애국심을 함양해야 한다는 것은 근대적 국민국가 만들기에 동원된 교육이 담당해야 하는 과업이었다. 이 두 가지 과업이 항상 조화를 이룰 수 있는 것은 아니었다.

> 나라에셔 학도를 교육식이는 거슨 츙의를 빅양홈이 첫지 일이어늘 공부만 ᄒᆞ고 츙의지 심은 업스면 공부ᄒᆞ여 무엇하리오 ᄒᆞ고[14]

위 인용문은 1898년 10월 「제국신문(帝國新聞)」의 '잡보'에 게재된 내용이다. 같은 달 11일 법어학교 학도들이 작성한 편지의 일부인데, 여기에는 국민국가 만들기의 일환이었던 교육에서 일어나는 갈등상황이 나타나있다. 즉, 국가가 교육을 주도하는 이유는 국민 만들기 작업인데, 근대적 학문의 학습과 애국심 함양이 상치될 경우 국가의 국민으로서 애국심을 발휘하는 것이 옳지 않느냐는 반론이다. 이 편지의 배경에는 당시 근대적 지식을 습득한 학생들이 '독립협회' 등의 활동에 적극적으로 참여하고, 이에 위기감을 느낀 대한제국이 학생

---

13) "時代의 變易. … 國家가 滅亡되ᄂᆞᆫ 日은 卽 自己生命이 斷絕되ᄂᆞᆫ 日인즉 國事를 他人의게 依賴ᄒᆞ면 是ᄂᆞᆫ 自己生命을 他人에게 依賴홈이니" '女子及 勞働社會의 知識普及홀 道', 「대한매일신보」, 1908년 12월 29일.

14) 「제국신문」, 1898년 10월 13일.

들의 정치활동을 금지시켰던 사건이 자리하고 있었다.[15] 근대적 국민 만들기라는 교육의 과업은 항상 내적인 갈등을 내포하였던 것이다. '학생'은 국민 만들기 기획의 핵심적 대상이면서도, 언제나 미래를 위한 기획이어야 했다. 다시 말해, 교육은 개인을 근대적 국가가 요구하는 국민으로 양성해야 하는 중요한 기획으로 인식되었지만, 근대적 국가 만들기 기획에 직접 참여하는 것은 배제되었던 것이다. 따라서 교육을 하위 영역으로만 위치시키려는 근대적 국가 만들기 기획과 교육을 통해 강조되는 "충의"의 정신은 내부적 갈등요소를 가지고 있었던 것이다.

그렇다면 근대적 국민 만들기의 과정에서 '모성'은 어떠한 위치를 요구받았는가? 우선 가장 먼저 등장하는 것은 인구학적 관리의 대상으로 어머니를 바라보는 시각이다. 1888년 일본에 망명 중이던 박영효는 고종에게 올린 「개화에 대한 상소」에서 "아이를 버리는 관습을 금하고 법으로써 아이를 양육할 것"과 "부녀자가 독극물을 섭취하여 낙태하는 일을 금할 것"[16]을 제안하였다. 이와 같은 국민에 대한 인

---

15) 이후 정치 참여 금지에 대해 학생들이 퇴학으로 저항하는 모습도 보도된다. "학부에셔 각학교에 후령 ᄒᆞ기를 학도들을 져져히 단속ᄒᆞ야 ᄇᆡᆨ셩들 모힌즁에 가지못ᄒᆞ게 ᄒᆞ라 ᄒᆞ엿더니 각학교 학도들이 말ᄒᆞ기를 차라리 학교에 퇴학ᄒᆞᆯ 지언정 회즁에 아니 갈슈ᄂᆞᆫ 업다ᄒᆞᄂᆞᆫᄃᆡ 그즁에 아어학도 법어학도 영어학도 들이 학부에 쳥원 ᄒᆞ기를 츙군ᄋᆡ국 목뎍 가진 사ᄅᆞᆷ 몃사ᄅᆞᆷ을 잡아 가두엇스니 우리도 ᄯᅩᄒᆞᆫ 나라 ᄇᆡᆨ셩이오 츙ᄋᆡ에 목뎍이라 그 사ᄅᆞᆷ들을 가두엇ᄂᆞᆫᄃᆡ 엇지 안연히 공부만 ᄒᆞ오릿가 퇴학ᄒᆞ고 회에 참예 ᄒᆞ겟다 ᄒᆞ고 다 회즁으로 와셔 참예 ᄒᆞᆫ다더라" 「제국신문」, 1898년 11월 8일.

16) "一. 禁棄兒, 而設法養育事, … 一. 禁婦女飮毒墮胎事" 박영효, 「開化에 대한 上疏」(1888), 『신동아』 1966. 1, 19쪽. 1905년 4월에 공포된 형법에는 제21절 타태율(墮胎律) 제533조에 낙태에 대한 처벌 규정을 다음과 같이 규정하고 있다. 1. 임부를 구타하여 낙태케 한 자는 징역 2년이며 90일 미만에는

구학적 관리의 논조는 앞서 살펴보았던 근대적 결혼 담론의 한 축을 이루었다.

> … 사ᄅᆞᆷ은 무엇이 쥬장이냐 ᄒᆞ면 혼인을 남녀ᄌᆞ유에 맛겨 늣게 ᄒᆞᆯ 일이라. … 이졔 그 혼인을 일즉ᄒᆞ고 늣계ᄒᆞᄂᆞᆫ 근인이 어ᄃᆡ 잇나냐 궁구ᄒᆞ건ᄃᆡ 압졔혼인ᄒᆞᄂᆞᆫᄃᆡ 잇나니 소위 압졔 혼인이란 것은 누가 억지로 혼인ᄒᆞᆫ다ᄂᆞᆫ 말이 안이라 그 부모되ᄂᆞᆫ 사ᄅᆞᆷ들이 그 ᄌᆞ녀를 ᄉᆞ랑ᄒᆞᆫ다고 십 셰 ᄂᆡ외부터 결혼ᄒᆞ야 아ᄒᆡ들의 연약ᄒᆞᆫ 골격으로 ᄒᆞ야곰 쇠삭케 ᄒᆞᆯ ᄲᅮᆫ만 안이라 … 사ᄅᆞᆷ의 근본되고 집안에 흥망이 달닌 부부ᄉᆡ이에 그럿케 불화ᄒᆞ고야 엇지 그 집안이 잘되기를 바라며 나라사ᄅᆞᆷ의 집일이 그러ᄒᆞᆫ즉 그 나라 일이 잘되기를 바라리오[17)]

이미 앞 장에서 살펴보았듯이, 개화기 이후 국가 만들기 작업에서 중요한 과제로 제시된 것은 개인-가족-국가의 관계 설정 문제였다. 위 인용문은 개인의 자유의지에 반하는 "압제 혼인"을 비판하는 논설이다. 여기에서 "압제 혼인"의 폐단은 크게 두 가지로 제시된다. 우선 개인의 의지를 고려하지 않은 혼인은 부부간의 불화를 낳고 이것은 곧 나라의 불화로 이어진다는 것이다. 개인의 변화, 즉 서구 근대로의 긍정적 변화는 부부와 집안, 국가로 이어지는 변화의 연쇄작

태 100, 2. 임부를 협박하여 낙태케 한 자는 징역 1년이며 90일 미만에는 태 80, 3. 임부 혹은 남편이나 그 조부모·부모의 청탁을 받아 약물이나 기타 방법을 써서 낙태케 한 자는 금옥(禁獄) 10개월이며 90일 미만에는 태 70, 4. 임부가 약물이나 기타 방법을 써서 임부의 태아를 뗀 자는 징역 3년, 5. 1항, 2항, 3항의 행한 바로 친속이 범한 경우에는 제64조 친속 등급에 의하여 차례로 더하거나 감한다. 경기도, 『전통시대 법과 여성』(2005), 368-369쪽.

17) '압제혼인의 폐풍을 곳칠 일', 「제국신문」, 1907년 10월 12일.

용이 출발하는 지점이 되는 것이다. 또 하나는 부모의 의지에 따른 조혼이 "아히들의 연약훈 골격으로 ᄒᆞ야곰 쇠삭케" 하여 국력의 손상을 야기한다는 것이다. 국가의 인구관리론적 시선이 어머니를 포착하면서 근대적 방식의 출산도 본격적으로 논의되기 시작하였다.

> … 년년이 인구가 늘어 가드릭도 셔양 각국은 측치ᄒᆞ고 일본을 싸르기 어렵거든 함을며 히마다 팔만 륙쳔 팔빅 칠십 ᄉᆞ 명의 인구를 일부러 쥭이ᄂᆞᆫ 모양인즉 나라를 위ᄒᆞ야 통곡훌 일이로다[18)]

인구의 증가가 근대적 국민국가의 관심사로 자리 잡으면서 여성의 출산행위 역시 관리되어야 할 대상이 되었다. 이를 위해서 여성의 출산행위는 근대적 의료체계를 통해 세심하게 관리되어야 한다. 당시 근대적 의료체계를 앞세운 조산원 양성 교육에 대한 목소리가 지속적으로 제기되는 것은 이러한 맥락에서였다.[19)] 「제국신문」이라는 원전이 주로 여성들을 독자로 상정하고 있었다는 점을 고려한다면, 이러한 기사들은 그 자체가 여성들을 향한 계몽의 성격을 가지고 있었음을 알 수 있다. 건강한 신체와 건전한 정신(여기에서는 애국심)을 갖춘 국민이 건강한 국민국가를 형성할 수 있는 토대가 된다는 것이다. 이러한 국가의 인구학적 시선은 국민의 '질'을 새롭게 조명한다.

두 번째로 어머니는 국민의 '질'을 담보로 교육의 주체이자 객체로

---

18) '히산구원을 싱슈에 맛기지 못훌 일', 「제국신문」, 1907년 6월 26일.

19) 1908년에는 근대적인 산파양성 기관이 설립되었다. "南村居 李鍾汶氏가 生産救護院를 茶洞 等地에 設置ᄒᆞ고 … 其目的인즉 韓國ᄂᆡ에 産婆敎育이 無하야 生産之際에 易致傷命홈을 深憂ᄒᆞ야 히院ᄂᆡ에 産婆학校를 셜立ᄒᆞ고" '産婆新校', 「대한매일신보」, 1908년 7월 17일.

규정된다.

나라에급션무ᄂᆞᆫ 인ᄌᆡ를교육ᄒᆞᆯ인ᄃᆡ 다만남ᄌᆞ만 교육ᄒᆞᆯ거시 아니라 녀인을더욱어려셔브터 잘ᄀᆞᄅᆞ쳐야ᄒᆞᆯ터이니 … 학문잇ᄂᆞᆫ녀인은 ᄋᆞᄒᆡ를나아셔양육ᄒᆞᆯᄯᅢ에 ᄋᆞᄒᆡ의게 해로올음식을 도모지먹이지 안니ᄒᆞᆫ즉 그ᄋᆞᄒᆡ가병이업시 츙실ᄒᆞᆯᄲᅮᆫ더러 ᄎᆞᄎᆞ자라셔 능히말ᄒᆞᆯ만ᄒᆞᆫᄯᅢ에 니르러셔ᄂᆞᆫ 어미된이가잘인도ᄒᆞ야 샤쇼ᄒᆞᆫ 일이라도 속이지말며 평거에 시럽신 동졍을 뵈이재 아니ᄒᆞ거니와 만약 그럿치못ᄒᆞ야 철모르ᄂᆞᆫ 어린ᄋᆞᄒᆡ라고 다만 ᄉᆞ랑ᄒᆞᄂᆞᆫ ᄆᆞ음으로 아ᄒᆡ가 보칠젹의 무ᄉᆞᆷ거즛말을 ᄒᆞ여 그우ᄂᆞᆫ거ᄉᆞᆯ 긋치게 ᄒᆞ거나 셔로희롱ᄒᆞ야 ᄋᆞᄒᆡ로 ᄒᆞ여금 어룬을 긔탄이업게ᄒᆞ면 그ᄋᆞᄒᆡ가 보고 듯ᄂᆞᆫ거시 다그러ᄒᆞᆫ일이라 ᄒᆞ야 그버릇이 졈졈굿어지매 년긔가 쟝셩ᄒᆞ여도 구습을 능히 곳치지못ᄒᆞ야 부졍ᄒᆞᆫ 힝위가만ᄒᆞᆫ즉 엇지 탄식ᄒᆞᆯ일이 아니리오 … 아모ᄋᆞᄒᆡ던지 칠팔셰 되기젼에ᄂᆞᆫ 어미가 ᄒᆞᆼ샹 다리고잇서셔 잠시라도 슬하에 ᄯᅥ나지 아니ᄒᆞᄂᆞᆫ고로 어렷슬ᄯᅢ에 교육ᄒᆞᄂᆞᆫ ᄎᆡᆨ망은 다어미게 잇ᄂᆞᆫ지라 그런즉 녀인즁에 무론누구던지 당초에 ᄌᆞ긔가 교육을 밧지못ᄒᆞ엿거던 엇지 능히ᄌᆞ식을 잘 ᄀᆞᄅᆞ칠슈 잇ᄉᆞ리오 … 계집 ᄋᆞ희들을 녀학교에 보ᄂᆡ여 각ᄉᆡᆨ학문을 잘 ᄀᆞᄅᆞ치면 ᄌᆞ식을 양육ᄒᆞᄂᆞᆫ리치도 ᄯᅩᄒᆞᆫ 그속에 잇거ᄂᆞᆯ … 셔양에 문명ᄒᆞᆫ 나라들은 곳곳마다 녀학교를 셜립ᄒᆞ야 국즁에잇ᄂᆞᆫ 녀아들을 힘ᄡᅥ 교육ᄒᆞ매 그녀인드이 싀집간후에 다만 ᄌᆞ식 기라기에만 진션진미ᄒᆞᆯᄲᅮᆫ아니라 능히 집안일을 챵셩케ᄒᆞᄂᆞ니 셔양각국의 문명진보되ᄂᆞᆫ거시 ᄯᅩᄒᆞᆫ 녀인을 잘교육ᄒᆞᄂᆞᆫᄃᆡ잇다고 아니치 못ᄒᆞ리로다 … 우리나라부인들은 학문이업셔 능히ᄌᆞ식을 교훈ᄒᆞ지못ᄒᆞ고 다만 아비의게 맛기ᄂᆞᆫ고로 아비업ᄂᆞᆫ ᄌᆞ식들은 ᄒᆞᆫ이 허랑ᄒᆞ고 방탕ᄒᆞ야 ᄑᆡ가망신 ᄒᆞᄂᆞᆫ이가 만히잇ᄉᆞ니 일노ᄡᅥ 녀인을 잘교육ᄒᆞᄂᆞᆫ거시 뎨일 급션무라ᄒᆞ노라[20)]

20) 「제국신문」, 1901년 1월 22일.

여성교육의 필요성을 역설하는 앞의 인용문은 여성교육의 가장 중요한 효과로 어머니 노릇을 제시하고 있다. 근대적 교육을 받은 여성은 우선 아이의 건강을 보장할 수 있기 때문에, 국가의 건강한 국민을 길러 내는 역할을 담당할 수 있다. 또한 근대적 국민에게 요구되는 자질이라고 할 수 있는 "정직"이나 "자립" 등의 습관을 길러 줄 수 있다. 인용문 후반부에서 "우리나라부인들은 학문이업셔 능히ᄌᆞ식을 교훈ᄒᆞ지못ᄒᆞ고 다만 아비의게 맛기ᄂᆞᆫ고로"라고 언급하는 데서 나타나고 있듯이, 근대가 발견한 어머니상은 무엇보다도 '교육하는 어머니'였다. 여성은 장래 '모성'으로서 국민 만들기의 핵심 과제인 교육을 담당해야 하기 때문에 교육을 받아야 하는 존재로 규정된다.

> 從來로 韓國에 女子教育이 完全치 못ᄒᆞ야 女ᄌᆞ의 知識이 幼稚홈으로 人의 母된 婦人들이 其子女를 養育홈에 義方으로 教導치 못ᄒᆞ며 淑德으로 陶鑄치 못ᄒᆞ야 子女를 駈ᄒᆞ야 蕩男悖女를 成케 ᄒᆞᄂᆞᆫ 者ㅣ 多ᄒᆞ니 此ᄂᆞᆫ 吾儕의 恒常慨嘆ᄒᆞ야 其改良을 圖ᄒᆞ던 바ㅣ라. … 現今天下에 列强이 文明富强으로 爭衡의 權을 角逐ᄒᆞᄂᆞᆫᄃᆡ … 體操소ᄅᆡᄂᆞᆫ 山이 動ᄒᆞ고 唱歌소ᄅᆡᄂᆞᆫ 海가 沸ᄒᆞᄂᆞᆫ 듯ᄒᆞ니 … 何故로 壹朝壹夕에 今月 開학ᄒᆞᆫ 學校가 來月에 廢學ᄒᆞᆯ 境에 至ᄒᆞ니 此가 壹憂慮ᄒᆞᆯ ᄇᆡ요. … 壹時壹分에 무ᄉᆞᆷ 心思가 變遷되여 今日에 入學請願이오 來日에 退學請願ᄒᆞᄂᆞᆫ 行動이 秋風落葉ᄀᆞᆺ도다. … 學校가 維持ᄒᆞ고 못홈은 다만 壹個 學徒에게 잇다 ᄒᆞᄋᆞᆸᄂᆞ이다. 幼時부터 無識ᄒᆞ고 未練ᄒᆞᆫ 母에게 홈부로 ᄌᆞ라ᄂᆞᆫ 習慣이 腦髓에 痼着ᄒᆞᆫ 兒童들을 갑자기 학校니 新학問이니 ᄒᆞ고 모라 노흐ᄆᆡ 外樣으로 몃날 동안에ᄂᆞᆫ 興味가 나ᄂᆞᆫ듯 호ᄃᆡ 頑固ᄒᆞᆫ 習이 卒然히 플니기 難ᄒᆞ니[21]

21) '女子의 教育이 卽 師範教育이라', 「대한매일신보」, 1909년 2월 20일.

앞의 인용문은 "여자의 교육이 즉 사범교육이라"는 제목으로 안악군에 사는 정나헬이라는 여성이 보낸 기서(寄書)다. 이 글에서도 여성은 '어머니로서' 교육을 받아야 하는 존재로 국가가 호명한다. 국가 간의 치열한 생존경쟁이 진행되는 과정에서 교육은 "체조(體操)소릭는 산이 동(動)ᄒᆞ고 창가소릭는 해(海)가 비(沸)ᄒᆞᄂᆞᆫ 듯"하다는 이미지로 형상화된다. 이는 앞서 지적하였던 운동회의 모습과 흡사하다.

이에 반해 어머니의 자녀교육은 "의방(義方)으로 교도(敎導)"하고 "숙덕(淑德)으로 도주(陶鑄)"한다는 근대 이전의 덕목과 중첩된다. 조선시대 지속적으로 여성에게 강조되어 온 덕목이 되풀이되고 있는 것이다. 하지만 여기에는 중요한 차이가 존재한다. 어머니가 인격적·도덕적으로 자녀에게 감화를 줄 수 있는 존재가 되어야 한다는 점은 같지만, 근대 이후 요구되는 감화는 학교를 전제로 하고 있다는 것이다. 즉, 근대적 국민 만들기를 위하여 새로운 교육제도를 도입하였는데, "금일에 입학청원이오 내일에 퇴학청원ᄒᆞᄂᆞᆫ 행동이 추풍낙엽" 같은 문제가 발생한 것이다. 그리고 그 원인은 "유시(幼時)부터 무식ᄒᆞ고 미련ᄒᆞᆫ 모에게 흠부로 ᄌᆞ라ᄂᆞᆫ 습관이 뇌수(腦髓)에 고착(痼着)"하였기 때문으로 지적된다. 다시 말해, 어머니는 자녀로 하여금 근대적 학교교육에 적응할 수 있는 정신 상태를 만들어 주는 역할을 요구받게 된 것이다. 그것은 한편으로는 전통적으로 어머니에게 요구되었던 덕목과 유사한 측면을 지니고 있지만, 다른 한편으로는 근대적 인간에게 요구되는 덕목을 갖춰야 한다는 측면도 있었다. 그렇다면 어머니가 국민 만들기를 위하여 자녀에게 교육시켜야 하는 덕목은 어떠한 것인가?

대뎌 사름이란거슨 동물인고로 동ᄒᆞ지 아니ᄒᆞ면 못쓰ᄂᆞᆫ고로 작란

ᄒᆞ며 활동ᄒᆞᄂᆞᆫ ᄌᆞ연ᄒᆞᆫ 리치를 금ᄒᆞ지 말되 과히ᄒᆞ거든 미리 금ᄒᆞ고 슈가지 갓흔거슬 모앗다 헛첫다ᄒᆞᄂᆞᆫ법과 그림 조각을 버혀 주어셔 도로 맛추ᄂᆞᆫ법과 나뭇가지로 셩싸고 집짓ᄂᆞᆫ 법갓흔거슬 가라치ᄂᆞ니 그거슨 정신을 길으며 합ᄒᆞ엿다 난으ᄂᆞᆫ 규모를 가라쳐 슬긔 구멍이 열니게ᄒᆞ고 ᄯᅩ 목마와 조의년과 어름지츠ᄂᆞᆫ것 갓흔 작란을 ᄒᆞ야 신톄를 운동케 ᄒᆞᄂᆞ니 그렇케 놀게ᄒᆞ되 잠ᄌᆞ고 밥먹ᄂᆞᆫ 시간을 억의지 말게ᄒᆞ고 말ᄒᆞᄂᆞᆫ것과 힝등이며 어룬공경ᄒᆞᄂᆞᆫ 례절과 친구 츄륙ᄒᆞᄂᆞᆫ거슬 어룬에 교훈을 밧게ᄒᆞ되 만일 일호라도 억의거드면 용셔업시 시벌ᄒᆞ되 초달이나 셩닌말노 ᄭᅮ짓거나 ᄒᆞᄂᆞᆫ거시 아니라 죵용이 불너다가 간독ᄒᆞᆫ말노 기유ᄒᆞ되 죄가 크게드면 몃시간이던지 죵일이던지 누어ᄌᆞᄂᆞᆫ 상우에 누이고 기유ᄒᆞ기를 네가 지은죄가 약시ᄒᆞ니 도리에 대단이 억읜지라 뎌렇케 ᄒᆞ엿더면 그러치 아니ᄒᆞ엿슬거슬 임의 이렇케 ᄒᆞ엿스니 거긔 누어셔 ᄉᆡᆼ각ᄒᆞ여 보라ᄒᆞ고 다시ᄂᆞᆫ 말업시 문을 닷고 나간즉 … 학교에 다닐ᄯᅢ에ᄂᆞᆫ ᄆᆡᆨ스를 더욱 ᄒᆞᆫ결갓흔 시한이 잇서셔 … 대뎌 ᄋᆞᄒᆡ를 교육ᄒᆞᄂᆞᆫ 도가 무삼일이던지 일뎡ᄒᆞᆫ 시ᄒᆞᆫ으로 시힝ᄒᆞ야 어려서붓터 규모즁에 ᄌᆞ라나셔 긔약을 억의지 안ᄂᆞᆫ 힝실이 무져져셔 일후에 유신ᄒᆞᆫ 사ᄅᆞᆷ이 되ᄂᆞ니라 … 이십세 이샹이 되면 셩인이라ᄒᆞ야 무삼일이던지 ᄌᆞ쥬장ᄒᆞ야 … 셔양 사ᄅᆞᆷ들은 ᄋᆞᄒᆡ교육ᄒᆞ며 양ᄉᆡᆼᄒᆞ며 녀인 졉ᄃᆡᄒᆞ기를 긔졍ᄒᆞᆫ후로붓터 인죵이 졈졈 커셔 슈ᄇᆡᆨ년 젼사ᄅᆞᆷ에 갑쥬를 적어셔 입을슈가 업다ᄒᆞᆫ다ᄒᆞ니 교육ᄒᆞᄂᆞᆫ 효험의 쟝대ᄒᆞᆷ을 니로 말ᄒᆞᆯ슈 업겟더라[22]

1899년 2월 24일부터 27일까지 3회에 걸쳐 「제국신문」에 연재된 '어린ᄋᆞᄒᆡ 기르ᄂᆞᆫ 규모'라는 논설이다. 여기에서 제시되는 양육 방법

22) 'ᄋᆞᄒᆡ길으ᄂᆞᆫ 규모 젼젼호련속', 「제국신문」, 1899년 2월 27일.

은 조선시대의 그것과 차별적이다. 우선 "사름이란거슨 동물인고로 동ᄒᆞ지 아니ᄒᆞ면 못쓰ᄂᆞᆫ고로 작란ᄒᆞ며 활동ᄒᆞᄂᆞᆫ ᄌᆞ연ᄒᆞᆫ 리치를 금ᄒᆞ지 말되"라고 말하면서 예법을 강조하던 이전의 양육 방식에 비해 아이의 자연스러운 발달을 강조하고 있다. "슈가지 갓흔거슬 모앗다 헛첫다ᄒᆞᄂᆞᆫ법"이나 "나뭇가지로 셩싸고 집짓ᄂᆞᆫ 법" "목마" "어름지츠ᄂᆞᆫ것" 등은 실제로 조선시대부터 이미 시행해 오던 것이었다. 또한 어머니가 염두에 두어야 하는 가장 핵심적인 사항은 "학교에 다닐쌔에ᄂᆞᆫ ᄆᆡᄉᆞ를 더욱 ᄒᆞᆫ결갓흔 시한"이었다. 정해진 시간을 준수하고 이를 내면화해야 한다는 것은 근대 이전의 시간관과는 분명하게 구분되는 덕목이다. 어머니는 전통과 근대의 덕목을 체현하여 다음 세대에게 전달해 주어야 하는 존재가 된다.

잘 알려진 대로, '어머니로서의 여성'은 교육받아야 하는 존재로 부각되었다. 그리고 어머니에게 강조되는 정신적 측면은 '어머니로서의 여성'에 대한 교육에도 그대로 투영되었다.

> 女子를 教育홈은 卽 男子를 教育ᄒᆞᄂᆞᆫ 模範이니 何者오 女子ᄂᆞᆫ 男子의 母라. … 其子ㅣ 生홈이 言語動作이 必其母를 效倣ᄒᆞ야 雖 學校에 入ᄒᆞ야 教師의 訓導를 受홀지라도 家庭의 教育을 旣習ᄒᆞᆫ 故로 事半功倍의 顯效를 致ᄒᆞᄂᆞ니 … 今에 此文明의 制度을 效則ᄒᆞ야 國民의 精神을 發揮코져 홀진ᄃᆡ 不可不 女子의 教育을 務進ᄒᆞ야 知識 及 道德을 充分히 修成ᄒᆞᆫ 後에야 家庭의 教育이 漸次 進就ᄒᆞ야 兒童으로 ᄒᆞ야곰 不美의 習慣과 粗惡의 品行을 除去ᄒᆞ고 精一ᄒᆞᆫ 姿質과 良善ᄒᆞᆫ 性行을 養性홀지로다.[23]

23) '女子의 教育', 「황성신문」, 1908년 2월 6일.

여성은 남성의 '어머니'로서 자신이 교육받을 수 있는 존재임을 확인할 수 있다. 그리고 어머니가 남성에게 교육시켜야 하는 덕목은 "언어동작"이나 "교사의 훈도(訓導)"에 순응할 수 있는 상태 등이다.

근대 이전 공식교육 영역에서 제외되어 왔던 여성이 국민 만들기 기획에 의거해서 교육의 장으로 진입할 수 있었던 것은 획기적인 변화였음에 틀림없다. 그러나 이러한 변화는 남성에게서와는 달리 여성을 내부적 갈등상황으로 이끌어 간다. 여성이 교육받을 수 있는 근거는 가정에서 자녀를 교육시키는 주체라는 점이었다. 특히 앞의 인용문에서 분명하게 언급하고 있듯이, 여기에서 문제가 되는 자녀의 성별은 '남성'이다. 근대교육이 국민 만들기의 기획이었다면, 교육의 장에 참여한 남성은 국가와 직접 관계를 설정하는 것이고 여성은 그러한 남성/아들을 통해 간접적으로만 국민이 될 수 있었던 것이다. 물론 남성과 동등한 권리를 가진 존재로서 교육을 받아야 한다는 논리[24]나 여성 역시 국가와 직접 관계를 설정하는 주체로 인정해야 한다는 논리[25]도 병존하고 있었다.

> 녀ᄌᆞ를 교육ᄒᆞ여 노케 되면 나라에 대단히 유죠ᄒᆞᆫ 일이 여러 가지 잇스니 첫ᄌᆡᄂᆞᆫ 지혜잇ᄂᆞᆫ 부인들도 국ᄉᆞ를 의론ᄒᆞ야 정치가 진보케 ᄒᆞᆯ 것이오 둘ᄌᆡᄂᆞᆫ 남ᄌᆞ가 혼인 후에 집안 일을 셔로 의론ᄒᆞ야 가도를 흥

24) 「독립신문」, 1896년 4월 7 · 21일 참고.

25) 「독립신문」, 1896년 9월 5일 참고. 여기에서는 남성만 교육을 시킴으로써 전체 인구의 절반인 여성을 "내ᄇᆞ렷던" 것으로 이야기하면서 "국가 경제학"의 측면에서 여성을 교육시켜야 한다고 주장하고 있다. 이러한 주장에 대해서 현실적으로 직업 기회가 한정된 상황에서 여성까지 교육시킬 경우의 문제점을 지적한 반론에 대해서는 「독립신문」, 1898년 1월 4일 참고.

왕케 ᄒᆞ되 릉히 그 남편을 도와 … 셋ᄌᆡ는 어린 ᄋᆞᄒᆡ들이 十세 이젼에는 항샹 그 모친의 휘하에 자라며 언ᄒᆡᆼ과 동졍을 ᄇᆡ호ᄂᆞ니 … 녀학교의 공과를 보건ᄃᆡ 남ᄌᆞ ᄇᆡ호는 학문 외에도 여러 가지 공부가 더 잇나니 ᄋᆞᄒᆡ 기르는 법과 침션ᄒᆞ는 법과 음식 문드는 법이라[26)]

여기에서 여성교육의 효용으로는 "국ᄉᆞ를 의론ᄒᆞ야 졍치가 진보" 한다는 것과 남편을 도와 "가도를 흥왕케" 한다는 것, 그리고 자녀교육이 제시되고 있다. 두 번째와 세 번째 효용에서 드러나듯이, 여성이 "남편"과 "ᄋᆞᄒᆡ"를 통해서 국가와 연결되는 존재이기 때문에 사실상 첫 번째의 효용은 실질적이라고 보기는 어렵다. '모성'이 여성교육의 중요한 근거가 되었기 때문에, 인용문에서처럼 "ᄋᆞᄒᆡ 기르는 법"이 하나의 교육과정으로 포함되어야 한다는 논리가 성립되었다. 여기에서 제기될 수 있는 문제는 국가와 직접 연결되는 첫 번째 방식과 남편과 자녀를 통한 간접적 방식이 여성교육 내부에서 충돌을 일으킬 수 있다는 점이다.

今又難之者ㅣ曰 彼西人의 富强이 雖由學校나 其最長의 道는 船艦의 雄과 槍礮의 利와 鐵道의 速과 鑛業의 盛이니 此等事는 女子가 不能ᄒᆞ는 ᄇᆡ라 엇지 女學이 急務리오 ᄒᆞ나 富强의 原因이 豈但上此리오 農業 工作과 醫學 商理와 格致 敎授 等 學은 女子亦能之事라 學焉ᄒᆞ야 有用의 人을 能成ᄒᆞᄂᆞ니[27)]

---

26) '녀학교론', 「독립신문」, 1899년 5월 26일.

27) 김하염, 「女子敎育의 急先務」, 『서북』 제15호, 17쪽. 김하염은 같은 글에서 여성교육의 내용으로 '수신(修身) 교육, 국어, 한문, 역사, 지리(地理), 수학, 이과(理科), 가사(家事), 습자(習字), 도화(圖畵), 재봉(裁縫), 음악, 체조'를 제시하고 '병학(兵學), 정치'는 남성에게만 교수해야 하는 것으로 제시하고 있다.

여성교육의 시급함을 주장하는 김하염의 글에는 근대 국가 만들기 기획이 내부적으로 가지고 있는 여성에 대한 갈등상황이 드러나 있다. 즉, 치열한 생존경쟁이라는 상황 속에서 근대 국가의 핵심 과제는 "선함(船艦)의 웅(雄)과 창포(槍礮)의 리(利)와 철도(鐵道)의 속(速)과 광업(鑛業)의 성(盛)"을 확보하는 것인데, 이는 여성교육의 내용으로 적합하지 않다는 것이다. 이러한 내용은 국가와 직접적인 관계를 확보하는 남성의 영역인 것이다. 김하염은 이러한 논리를 반박하고 있지만, 그 역시 교육내용에서의 성별 분리를 인정하면서 여성이 근대 국가 만들기 작업에 직접적인 주체가 될 수 있는 영역이 있음을 내세우고 있다. 이러한 문제는 궁극적으로 인간의 보편성을 전제로 하는 근대교육과 문명을 향한 진보를 목적으로 하는 근대 국가가 중첩되면서 발생하는 것으로 생각할 수 있다. 남성의 경우는 근대교육에의 참여가 근대 국가 만들기 기획에 직접 참여하는 계기가 되지만, 여성은 이 과정에서 간극이 발생한다.

남녀동권론적 여성교육론이 근대적 개인에 대한 보편적 교육이라는 이상에서 도출되는 것이기는 하였지만 실질적인 영향력을 행사하기는 어려웠다. 그 배경에는 국가와 가정에 대한 공사(公私) 영역의 분리가 진행되고 있었고, 다른 한편으로는 교육이 철저하게 '미래'를 지향하는 기획이 되었다는 점도 있었다. 근대교육은 피교육자를 위한 기획이지만, 근대적 국가 만들기라는 측면에서 교육은 '미래의' 국민을 양성하는 작업이기도 하였다. 한 개인은 스스로의 미래를 기획하는 주체인 동시에 국가와 운명을 함께할 수밖에 없는 존재로 인식되었다. 따라서 '개인'보다는 '국민'이 더 우월한 지위를 차지하는 것이다. '모성'은 자녀의 존재를 통해 구성되는 개념이기 때문에 어머니−여성은 곧 미래의 기획이 되는 것이다.[28] 다시 말해 어머니－여성은 국가와 교육의 개념상 이중으로 미래로 유보되는 존재가 되고, 이러한 유보는 일제 강점기까지 '어머니로서의 여성을 위한 교육'에 반복적으로 투사된다. 어머니－여성이 이중으로 미래를 위한 기획으로 호명되면서 딸－여성 역시 동일한 인생 궤적이 요청되었다. 대부분의 자료에서 '자녀'는 동일한 교육 대상으로 언급되지만, 여기에도 미세한 차이가 존재하였다.

> 대져 하늘이 사람의 ᄌᆞ녀를 만다실 ᄶᅢ 텬륜만 소즁ᄒᆞᆫ분 안이라 허다ᄒᆞᆫ 의무와 허다ᄒᆞᆫ ᄉᆞ업으로 그부모에게 부탁ᄒᆞ여 가ᄅᆞ처서 셰샹에 쓰이게 ᄒᆞᆷ이요 결단코 한 사람에게 매임이 안이니 우리 나라 아ᄃᆞᆯ 둔 동포여 여러분이 아ᄃᆞᆯ을 사랑ᄒᆞ여 기를 ᄶᅢ에 아ᄃᆞᆯ에 덕을 보고자 바라지 마시요. 삭을 밧고자 바라지 마시요. 아ᄃᆞᆯ 보기를 내 것으로 보지 마시고 이 셰샹에 일 ᄒᆞ러온 일군으로 아시고 진실ᄒᆞ고 용ᄆᆡᆼ 스러운 일군을 만들기를 힘 쓰시요. 참 여러분의 아ᄃᆞᆯ이 이 셰샹을 위ᄒᆞ여 피를 흘리며 큰 ᄉᆞ업을 ᄒᆞ면 이 셰샹에서 여러분에게 싹도 드리고 공도 표ᄒᆞ리다[29)]

이 인용문의 첫 문장에서 아들과 딸은 동일한 천부적 권리를 소유한 존재로 논의된다. 그러나 어머니가 "내 것으로 보지" 말아야 하고 그 "덕을 보고자 바라지" 말아야 하며 궁극적으로 "이 셰샹에 일 ᄒᆞ

---

28) '자기'와 가족, 국가 사이에서의 내면적 갈등을 해소하는 어머니－여성에 대해서는 류준필, 「19세기 말 '독립'의 개념과 정치적 동원의 용법」, 이화여대 한국문화연구원, 『근대계몽기 지식 개념의 수용과 그 변용』(서울: 소명출판, 2004), 44쪽, 각주 31 참고.

29) 류일션, 「ᄌᆞ식은부모만위ᄒᆞ려난줄아는병」, 『가뎡잡지』 제3호, 1906. 8, 22쪽.

러온 일군"은 구체적으로 아들이라고 호명된다. 딸의 존재는 슬그머니 은폐되고 있다. 딸은 또다시 미래를 위한 아들로 투영되는 존재이기 때문이다. 교육의 장에서 어머니와 딸이 모두 (앞으로의) 아들에게서 자신의 존재 근거를 의존하게 된 것이었다. 또 하나 이 인용문이 시사해 주는 것은 개화기 빈번하게 논의되었던 국가나 나라가 사회라는 개념으로 대체되는 모습을 보여 준다는 것이다.[30] 이는 국가 개념에 포섭되지 않은 사회가 독자적인 영역을 확보해 오다가 1905년 을사늑약이 체결되면서 실질적인 국가 기능이 마비된 상태에 이르러 새로운 지향점으로 제시되기 시작했음을 의미한다.[31]

1910년 한일합방에 따른 식민지 체제의 수립은 개화기 강력하게 추진되었던 근대 국가 만들기 기획이 사실상 중단되었음을 의미한다. 국가는 더 이상 어머니를 호명할 수 있는 주체가 될 수 없었던 것이다. 이제 국가를 대체한 '민족'과 '사회'가 본격적으로 어머니를 호명하게 된다. 이와 같은 변화를 가장 적나라하게 보여 주는 인물이 이광수였다.[32] 이광수로 하여금 "원시적 종족생활"로 불결한 모

---

30) 박주원에 따르면, 「독립신문」에는 국가를 의미하는 단어로 '나라 집' '나라' '국가' 등이 사용되었다. 1896년부터 1899년까지 「독립신문」에는 '나라 집'이 모두 13회, '나라'가 4,000회, '국가'가 210회 사용된 데 비해, '사회'는 19회만 사용되었다. 박주원, 「『독립신문』과 근대적 '개인' '사회' 개념의 탄생」, 이화여대 한국문화연구원, 앞의 책, 154쪽. 특히 '사회'는 1898년을 즈음하여 이전의 '회(會)'와는 분명히 구분되는 장소로 개념화된다는 특징을 보인다고 한다.

31) 박명규는 1896년 이후 소개되기 시작한 '사회' 개념이 1900년대 이후 독자적인 영역을 확보하고 특히 1905년 이후 반식민지 상황에서 중요한 담론적 지위를 확보한다고 지적한다. 박명규, 「한말 '사회'개념의 수용과 그 의미체계」, 『사회와 역사』 제59집, 2001, 79－80쪽.

32) 김현주, 『이광수와 문화의 기획』(서울: 태학사, 2005), 13－14쪽.

습에 "구역(嘔逆)이"[33] 나도록 한 것은 다름 아닌 '민족'이었다. 이광수가 반드시 "개조"를 통해 근대화해야 한다고 생각했던 민족의 모습은 다음과 같았다.

> 科學을 남겼나, 富를 남겼나, 哲學, 文學, 藝術을 남겼나, 무슨 자랑될 만한 建築을 남겼나, 또 領土를 남겼나, 그네의 生活의 結果에는 남은 것이 하나도 없고, 오직 松蟲이 모양으로 山의 森林을 말짱 벗겨 먹고, 河川의 물을 말끔 들이마시고, 蕩子 모양으로 先代의 精神的, 物質的遺産을 다 팔아 먹었을 뿐이외다. 義州에서 釜山, 會寧에서 木浦에 이르는 동안의 벌거벗은 山, 마른 河川, 무너진 堤防과 道路, 쓰러져 가는 城壘와 都會, 게딱지 갈고 돼지우리 갈은 家屋 … [34]

'민족'이란 개념은 앞에서 인용하였듯이,[35] 국가와는 달리 본래 생물학적 종족 개념으로 사용되었다. 그러한 민족이 소멸된 국가를 대신하면서 "문화"를 본질적 요소로 하는 "엄연한 실재(實在)"이자 "운명"[36]으로 규정된다. 서구 문명의 모방으로서 추진되었던 국가 만들기 기획이 사실상 종결되면서, 민족과 사회가 새로운 근대화 프로젝트의 장(場)으로 등장하였고 여기에서는 '문화'가 강조되었다.[37] 그

33) 이광수, 「五道踏破旅行」, (「매일신보」, 1917년 6월 29일~9월 8일) 『이광수전집』 9, (서울: 삼중당, 1971), 109쪽.

34) 이광수, 「民族改造論」(『개벽』, 1922. 5), 『이광수전집』 17, (서울: 삼중당, 1963), 206쪽.

35) '여자의 교육이 즉 사범교육이라', 「대한매일신보」, 1909년 2월 20일.

36) 이광수, 「朝鮮民族論」(『東光叢書』 1~2권, 1933), 『이광수전집』 10 중판, (서울: 삼중당, 1973), 215쪽.

37) '문명'과 '문화'의 개념에 대해서는 Norbert Elias, 박미애 역, 『문명화과정 1』

리고 근대적 사회 및 민족의 구성은 근대적 개인의 구성과 연계된 것이었다.[38)]

> 朝鮮民族을 改造하는데 가장 큰 所任을 가진 이는 妻와 母로서의 朝鮮女子입니다. … 勤勞는 朝鮮 農村 女子의 美風이어니와, 獻身奉仕도 그러합니다. 이 勤勞와 奉仕의 德은 男女에게 다 必要할 것이지마는 特히 子女를 養育, 訓練하는 母性으로서는 德性의 基調가 될 것입니다. … 家庭에 이러한 聖者가 없이 좋은 民族을 養成해 낼 수가 없으니, 女子敎育이라는 것이 어떻게 民族的 生命攸關의 重大事가 아닙니까? 그러므로 民族改造는 반드시 女子敎育에서 始할 것이요, 女子敎育의 基礎는 母性訓練에 있다고 할 것입니다.[39)]

민족의 정신적 측면, 즉 문화의 개조를 통하여 근대적 민족으로의 실력을 양성한다는 것은 1922년 5월 『개벽(開闢)』에 실린 「민족개조론(民族改造論)」 이후 일관된 이광수의 신념이었다. 이러한 이광수에게 "처(妻)와 모(母)로서의 조선여자(朝鮮女子)"는 민족개조의 핵심으로 부각된다. 이제 '민족의 어머니'는 시대적 사명이 된다. 따라서 모

(서울: 한길사, 1996) 참고.

38) 이에 대해서는 김현주, 앞의 책, 107－108쪽. 한편 김현주는 다른 글에서 「민족개조론」에서 등장하는 '민족' 개념은 이전의 민족과는 다른 의미를 담지하고 있음을 지적한다. 즉, 식민지 지식인으로 이광수가 의미하는 '민족'은 "다른 민족과 구별되는 특정한 심리(혹은 성격)를 가진 집단적 실체"로서 "민족성은 문화보다 더 깊은 곳에 있으면서 그것의 내용을 결정하는 최종심급으로서의 심리(혹은 성격)"라는 것이다. 즉, '민족' 개념이 "사회심리학적으로 재해석, 재정의"되었다는 것이다. 이에 대해서는, 김현주, 「논쟁의 정치와 「민족개조론」의 글쓰기」, 『역사와 현실』 제57권, 2005. 9, 129－130쪽.

39) 이광수, 「民族에 關한 몇 가지 생각」(『삼천리』, 1935. 10), 앞의 책, 221쪽.

든 여성교육은 모성을 중심으로 실시되어야 하는 것이다.

> 女性은母性인以上個性으로봇터民族에 - 現代로붓허未來에 莫大한任務와權利를把握하엿다는意味에서女性을侮蔑하고下視하는民族은衰亡하고야말것이요, 根本義에잇서서女性을尊重히하는國民에게는勝利와發達이잇스리라고斷言한다. … 女性의敎育을母性中心으로하라. 女性의敎養을母性中心으로하라. 는말은 - 卽人類나或民族을爲하야女性은母性中心의發達을가지고그人格도母性을中心으로한整頓으로하여야한다는말이嚴密하고進擊한意味에서容納으로하지안이치못할것이다. … 女性들아그대들은男性이안이다. 個性을쎈것만이안이다. 生産이可能한以上卽母性인째문에全民族의將來 - 全民族의運命이 그대들의손에달녓다.[40]

조선의 여성은 조선의 '모성'으로 등치된다. 조선의 모성인 여성은 "개성"과 "현대"를 각각 "민족"과 "미래"에 맡겨 놓아야 하는 존재다. 그래야만 "모멸(侮蔑)"과 "하시(下視)"를 벗어날 수 있다. 여기에는 모성을 거부할 수 없는 '자연'으로 만들어 놓고, 그러한 '모성'을 기준으로 여성들을 '구별'하고자 하는 욕망이 도사리고 있다. 여성은 남성이 아니라는 선언은 생물학적인 모성 기능, 즉 임신 · 출산 · 수유라는 기능으로 정당화된다. 그리고 개성은 남성적 영역으로 배정되기 때문에, 개성 발달이라는 교육의 근본목적은 여성에게 거부된다.

민족의 어머니되기를 거부한 여성은 민족에 대한 범죄를 저지르는 것이 된다. 나아가 '여성은 곧 모성'이라는 명제는 '모성이 아니라

---

40) 이은상, 「朝鮮의女性은朝鮮의母性」, 『신여성』 제3권 제6호, 1925. 7, 5－6쪽.

면 여성이 아니다.'라는 명제로 이어진다.

> 慘慽과 疾病과 貧家의 젖을 아니 먹이는 것은 逆天無慈悲의 罪惡이라고 한다. 만일 女子가 제 자식 안아 주고, 업어 주고, 오즘똥 거두어 주기를 싫어하는 時代가 온다고 하면 그것은 큰 變이다. 이런 것을 귀찮게 여겨서 남더러 代行케 하려는 女子가 있다고 하면 그는 病客이거나, 淫蕩한 사람일 것이다. 或은 母性愛라는 人類의 感情中에 가장 아름답고, 가장 强한 感情을 缺한 病身일 것이다. … 男子인 나는 어머니의 기쁨을 經驗할 수는 없다. 그러나 모든 기쁨 中에 가장 큰 기쁨이 주는 데서, 저를 잊어 버리는 데서 나오는 줄을 믿는 나는 이 일을 가장 端的으로, 가장 繼續的으로, 가장 徹底하게 하는 어머니의 기쁨이야말로 人類가 맛보는 모든 기쁨일 것을 믿는다. … 母性은 다만 女子로서만 最高의 天職이 아니라 진실로 人類로서의 最高의 聖職이다.[41]

모성애는 인류의 감정 중 가장 숭고한 것으로 격상되지만, 모성을 거부한 여성은 "병객(病客)이거나, 음탕한 사람"이 된다. 그리고 이러한 모성애의 밑바탕에 요구되는 것은 철저한 자기희생이다. 모성에게는 "여자로서만 최고의 천직(天職)이 아니라 진실로 인류로서의 최고의 성직(聖職)"이라는 극찬이 쏟아진다. 인류의 최고 성직을 거부하는 어머니는 "역천무자비(逆天無慈悲)의 죄악"을 범하게 된다. 모성의 가치를 격상시킬수록, 그를 벗어나는 어머니에게 쏟아지는 질책은 가혹해진다. 이광수는 "남자인 나는 어머니의 기쁨을 경험할" 수 없다고 안타깝게 고백한다. 모성의 기쁨을 경험할 수 없는 남성이

41) 이광수, 「女性敎室」(『여성』, 1936. 4), 앞의 책, 283-284쪽.

어떻게 "저를 잊어버리는 데서 나오는" 기쁨을 알 수 있는지, 그리고 그것을 적극적으로 권장할 수 있는지는 은폐된다. 이 글의 제목에서처럼 그것은 계몽된 남성 주체가 자신의 판단과 요구에 따라 "교실"에서 일방향적으로 전달되는 내용이기 때문이다.

민족에게 여성은 어머니일 뿐이다. 일제 강점기의 소수의 교육받은 신여성에게 끊임없이 사회와 민족에의 참여를 요구하였음에도 불구하고, 민족의 어머니라는 기준은 모든 여성을 '좋은' 어머니와 '나쁜' 어머니로 쉽사리 구별한다.

> 자식을 사랑한다는 것은 모든 동물에 공통된 본능이어니와 더욱이 인류의 모성애라는 것은 가장 강렬하며 신성한 미덕의 하나이다. 노서아모양으로 국민육아소라는 제도가 잇서 어차피 세 살만 되면 픔안에서 떨어져나가는 것은 별문제라 하려니와 그러치아니한 이상 비록 자긔몸은 다소 희생이 될지라도 자녀를 위하야 극진한 보호를 하고자 하는 것이 보통사람의 정리라고 할것이다. 그런대 이제 朴女史가 자기일신의 자유를 위하야 어린 두딸을 울게 한다는 것은 인정에 버서나는 일이다.[42]

이화여자고등보통학교 재학 시절부터 "노래 잘하는" "연설 잘하는" "인물 잘난" 사람으로 장안을 떠들썩하게 했던 박인덕에 대한 남성 지식인의 공개장이다. 미국으로 건너가 "와에스루안" 대학과 컬럼비아 대학에서 신학을 전공한 박인덕은 미국과 유럽을 넘나들었던 신여성이었다. 백만장자였던 김운호와 결혼하여 혜란, 혜진 두

42) 성북학인, 「朴仁德公開狀」, 『신여성』 제5권 제1호, 1931. 12, 34쪽.

자매를 두었던 박인덕은 남편에게 두 딸을 맡기고 이혼하여 많은 논란을 불러왔다.[43] 귀국 후에 농촌교육활동에 투신하여 그 어떤 신여성보다 활발한 사회활동을 전개하였던 박인덕이었지만, 두 딸을 남편에게 두고서 이혼하였다는 사실은 계속해서 인구에 회자되었다. 자기의 딸을 버린 어머니가 펼치는 어떠한 사회활동도 "자기일신의 자유"를 위한 것으로 치부되었다.

박인덕은 여느 신여성의 모범이 될 만한 존재였기 때문에, 그녀의 육아방법은 신문지상에 두 딸의 자신과 함께 게재될 정도로 사회의 시선이 집중되었다.[44] 그녀에게 쏟아졌던 찬사는 언제나 그녀가 '어머니'임을 자연스럽게 받아들이고 있었기 때문에, 어머니를 거부한 그녀에게 쏟아진 비판은 그녀의 사회활동조차도 미심쩍게 만들었다. 박인덕은 단순히 남편을 거부한 것만이 아니라 자식을 거부했던 것으로 부각되었고, 그녀가 귀국 후 두 딸을 찾아보지 않았던 것은 곧 "모성애의 부인(否認)"이며 이는 "천륜(天倫)을 어기는 일"로 비판[45]되었다. 이에 반해 의사라는 근대적 직업을 가지고 있었던 신여성 정자영은 박인덕과는 대조되는 평가의 일면을 보여 준다.

醫學博士 文穆圭씨와 결혼하시고 授思洞入口에 進誠堂의원을 開

43) 박인덕에 대해서는 「朝鮮 女流 10巨物 列傳(1), 朴仁德, 黃愛施德 兩氏」, 『삼천리』 제3권 제11호, 1931. 11, 37－39쪽.

44) '어머니 되기까지(六) 재조잇고 인물 잘나고 조흔 건강을 가진 박인덕 녀사', 「동아일보」, 1926년 1월 27일.

45) 이청전(동아일보사), 「母性愛無視가問題」, 『신동아』 제1권 제2호, 1931. 12, 99쪽. 이 외에도 같은 곳에 실린 夢通九理, 「家庭에서社會로－朝鮮이나흔 現代的노라－朴仁德女史」; 류형기(신생사), 「超人못됨이恨」 등도 모두 모성의 측면에서 강력한 비판을 전개하고 있다.

> 業하시여 두분이 함께 만흔 활동을 보이고 계시다. 더욱이 사회인으로써뿐아니라 一面家庭人으로서도 지극히 착실하게 집안일을 處理하여 나가시는 中 어린아이들의 保健과 發育에 特히 留意하시어서 『賢母』의 이름이 또한 놉흐시다한다.[46)]

정자영은 남편과 같은 직종에 종사하면서 가정 일과 사회활동을 병행하기에 좋은 조건을 가지고 있었다. 그녀에 대한 사회의 평가는 의사라는 직업보다는 "현모(賢母)"라는 어머니 노릇에 집중되어 있다.

남성 지식인들이 호명하는 민족의 어머니라는 이름은 여성에게는 자연스러운 본능이자, 가장 숭고한 임무로 받아들여진다. 동시에 모성 역할의 원활한 수행 여부는 '좋은' 어머니와 '나쁜' 어머니로 여성을 분할하는 기제가 되고 그 이면에는 '남성/민족에게'라는 수신자가 은폐되어 있다. 나아가 모성은 민족 그 자체를 의미하게 되었다.

> ① 그대들이 活動寫眞舘으로 娛樂場으로 콤팍트속에 사랑도 白粉을싸가지고 큰길 작은길노 윙크를더지면 도라단인다면 朝鮮의將來의 어머니는 여기서 絶望을 늣기지안을수업다 짜라 그런어머니손에 길니우는 어린이여.[47)]

> ② 『女學生들이 우리 朝鮮사람의 안해가되고 朝鮮아히들의 어머니

46) '進誠堂病院女醫 鄭子英氏', 「各女學校卒業生언파레－드 進明女子高普篇」, 『신여성』 제6권 제8호, 1932. 8, 43－44쪽.

47) 정구(보성전문), '朝鮮의누의여!!', 「男學生으로써 女學生에게보내는말」, 『신동아』 제3권 제4호, 1933. 4, 36쪽.

가 되어라』는 付託이나하겟읍니다 … 요새 女學生들은 大部分이 洋風을 많이배호고 또한 그第一獨特惡點만 배워서 家事를 배웟다는 女學生은 꼭西洋人의 食母나(cook)아희보개(nurse)가 格이 맞습니다[48]

③ 어린이들은 女學生들을 가르처『朝鮮의어머니 새날의딸』이라는 말로 그들의 두억개에 朝鮮을 지우고 그들의등에 새世紀를 업히려 하지만은 나로써 숨김없는 告白을 하라면 나는 그들에게 그렇게까지 큰 期待를 가질수 없사외다. … 그렇나 적어도 새날의 씩々한 어머니가 되고 朝鮮의 귀여운 딸들이 될라면은 좀더朝鮮의現實을 알어야될줄로 생각합니다.[49]

위 인용문은 모두 1930년대 전문학교에 재학 중이던 남학생이 여학생들에게 요구하는 것을 잡지에 게재한 것이다. 세 개의 인용문 모두에서 여학생은 "조선(朝鮮)의 어머니"로 규정된다. 따라서 여학생에게 가장 중요한 교육내용은 바로 "조선"을 아는 것이다. 식민지 조선의 현실에서 어긋나는 사치나 학교교육을 통해 전달되는 "양풍(洋風)"은 모두 "조선의 어머니"라는 지위에서 일탈하는 것이다. 민족의 모성은 단순히 "식모(cook)나 아희보개(nurse)"가 되어서는 안 된다. 이와 같이 민족이 요구하는 어머니는 '어머니 그 이상(以上)'이었다. 어머니는 민족의 재생산을 담보하는 출발점이자 돌아가고자 하는 노스탤지어이고, 나아가 민족 그 자체다. 여성은 '모성'을 계기로 민족 그 자체를 표상하게 된 것이다.

---

48) 현영주(연희전문), '朝鮮의안해와어머니가되라', 위의 글, 36쪽.
49) 김조규(숭실전문), '좀더現實을把握하자', 위의 글, 43쪽.

> 女子의 本能이요, 天職의 主도는 것 中에 하나는 그 母性과 保守性이다. 一社會·一民族의 習慣과 傳統을 그가 가장 소중히 여기는 函속에 封하고 싸고싸서 그의 母性의 特權을 後代의 子女에게 傳하는 것은 어머니와 할머니다. 그 函 속에는 가끔 쓸데 없는 色헝겊도 들지마는, 民族文化의 精髓가 되는 眞珠도 든다. … 이 속에 그 民族의 宇宙觀·人生觀, 善惡美醜의 判斷의 標準, 最高德, 最高美의 理想이 溶解되어서, 그 大部分은 어머니와 할머니의 젖꼭지와 입맞춤과 이야기하는 注射針을 通하여 白紙와 같은 次代子女의 腦細胞에 注入되어[50]

모성과 보수성을 '본능'으로 하는 여성은 자연스럽게 민족문화의 담지자이자 전달자의 역할을 맡게 된다. 그리고 "젖꼭지와 입맞춤과 이야기"라는 전달방식은 남성 지식인의 유아기에 대한 환상을 자극한다. 식민주의로 거세된 피식민 남성 지식인에게 어머니와 민족은 돌아가고 싶은 이상향으로 중첩된다.

피식민 남성 지식인은 서구(일본) 문명의 힘을 현실적으로 인정하지 않을 수 없다. 그리고 그들은 우월한 식민 모국의 기술을 내화해야만 한다. 하지만 모방을 통한 근대화 내지 저항은 피할 수 없는 딜레마 상황을 연출하게 된다. 즉, 삶의 모든 측면이 식민 모국을 모방했을 때, 식민 모국과 피식민지의 경계가 허물어지고 마는 것이다.[51] 피식민지 남성 지식인은 식민 모국의 근대성을 선택적으로 전

---

50) 이광수, 「女子의 힘」(1934), 『이광수전집』 13, (서울: 삼중당, 1968), 423-424쪽.

51) Partha Chatterjee, 'The Nationalist Resolution of The Women's Question', Gregory Castle (Ed.), *Postcolonial Discourses: An Anthology* (Oxford, UK; Malden, MA: Blackwell, 2001.), p. 155.

유(appropriation)해야 한다. 여기에서 민족주의 담론은 '물질적인 것/정신적인 것'의 이분법뿐만 아니라 '외적인 것(the outer)/내적인 것(the inner)'의 이분법을 동원하고, 이러한 구분을 '세계(world)'와 '가정(home)'에 각각 중첩시킨다. '정신=내적인 것=가정'으로 배정되는 여성은 본질적으로 식민 모국을 모방해서는 안 되는 존재인 것이다.[52] 제국주의가 식민지를 끊임없이 '자연화'시킴으로써 자신의 문명화 사명을 재확인해 나갔다면, 그와 대항관계에 놓여 있던 피식민지 남성 지식인은 여성을 민족 및 자연으로 등치시켜 나갔던 것이다. 식민지 남성과 식민 지배자는 식민지 여성을 억압하는 동지적 관계를 이루는 것이다.[53]

개화기 이후 서구 열강에 맞선 근대적 국가 만들기의 과정 속에서 여성은 교육의 주체이자 대상으로 부각된다. 가능태로서의 어머니인 여성은 근대 국가의 핵심 과제 중 하나였던 인구의 양적 · 질적 관리자로서 '국민'으로 수용될 수 있었다. 근대적 출산 체제의 이용과 위생 관념 등 인구의 양적 관리자로서 어머니가 일방향적으로 교육을 받아야 하는 존재였다면, 다음 세대의 질적 관리자로서 어머니는 교육을 받아야 하는 동시에 교육하는 존재로 인정된다. 그러나 모성에 근거를 둔 여성교육은 오히려 남녀동권적 여성교육론을 압도하게

---

52) Patrtha Chatterjee, 위의 글, pp. 156－159. 서구 제국주의에 대한 인도의 저항적 민족주의와 여성문제에 대해서는 Partha Chatterjee, *National Thought and The Colonial World: A Derivative Discourse* (London: Zed Books, 1986.), 특히 제1장 'Nationalism as a Problem in The History of Political Ideas' 참고.

53) 최정무, 「한국의 민족주의와 성(차)별 구조」, Elaine H. Kim · 최정무 편저, 박은미 역, 『위험한 여성』 (서울: 삼인, 2001), 30쪽.

되었고, 어머니-여성은 교육의 장에서 이중적인 유보 상태를 벗어날 수 없게 되었다. 즉, 다음 세대를 양성하는 것을 목적으로 하는 교육이 본래적으로 가진 미래 기획과 자녀를 통해서만이 국민이 될 수 있는 어머니로서의 미래 기획이 중첩되었던 것이다.

한편 식민지로 접어들면서 근대적 국가 만들기 프로젝트가 사실상 좌절되고 '민족'과 '사회'가 그를 대신하게 되었다. 이러한 변화 속에서도 여성은 계속해서 어머니로 호명된다. 오히려 '어머니'로서 국민이 될 수 있었던 이전 시기에 비해, 식민지 남성 지식인이 호명한 어머니는 언제나 '민족의 모성'으로 남아 있을 수밖에 없게 되었다. 따라서 본능으로서의 모성애가 끊임없이 강조되었고, 이는 다시 '좋은' 어머니와 '나쁜' 어머니를 구분 짓는 준거가 되었다. 나아가 어머니로서의 여성은 민족 그 자체를 표상하게 되었다. 제국주의로부터 남성성을 거세당한 식민지 남성 지식인은 '어머니'를 자연과 전통으로 호명함으로써, 식민 모국과의 공모를 이루고 이를 통해 정체성을 형성할 수 있었다.

2) 군국의 어머니

일본의 근대 국가 체제는 제국주의적 팽창을 거듭하면서 파시즘 체제를 형성해 나갔다. 일본 제국주의의 확대 과정은 그에 걸맞은 인간형을 내부적으로 형성해 나가야만 하였다. 이러한 작업은 인종을 중심으로 하는 식민주의와 젠더 그리고 계급 등을 가로지르며 진행되었다.

일본 내부의 여성, 특히 모성과 관련해서는 1930년 문부성에서 「가정교육진흥에 관한 문부대신훈령」을 발표하면서 어머니의 책임을 강조하기 시작했고, 모든 기혼 여성을 망라하는 '대일본연합부인회'를 조직하였다. '대일본연합부인회'는 '가정은 심신육성과 인격함양의 장소로써 가정교육의 부진에서 사상국난과 경제국난이 배태된다.'는 선언과 '가정교육의 진흥과 가정생활의 개선'을 조직 목적으로 내세운 데서 드러나듯이,[54] 여성을 일차적으로 모성으로 규정하였다. 한편 황후의 탄생일[地久節(지구절)]을 '어머니날'로 정하고 매년 성대한 행사를 개최하면서 황후를 일본 어머니의 최고의 이상으로 칭하고 예찬하였는데, 이는 단순히 모성에 대한 강조에 그치지 않고 천황제와 국체 관념에 결부시킴으로써 모성을 국가적으로 여성을 통합하는 원리로 이용하고자 하였음을 의미한다.[55]

한편 일본은 일제 강점기 초기부터 식민지 조선의 여성을 완전한 식민통치를 보장하는 매개자로써 주목하였다. 1916년 한 일본인 참사관이 밝힌 여성교육에 대한 의견은 이러한 제국주의적 욕망을 잘 드러내 주고 있다.

> 朝鮮人 女子 敎育은 男子 敎育에 比하여 지지 않는 重要한 意味가 있다. 經濟的 融合과 社會的 融合은 植民政策의 根帶가 되지마는 그 中에도 뒤의 것 곧 社會 感情의 融合이라는 것이 몇層 더 困難한 것이다. 그러나 一旦 成功을 하면 經濟的 融合보다도 더 힘 있는 社會의 根帶를 굳게 하는 쎄멘트가 된다. 이것은 어떻게 하여서든지 婦人을 感

54) 鹿野政直, 『戰前・「家」の思想』(東京: 倉文社, 1983), 187−188쪽; 안태윤, 『일제하 모성에 관한 연구−전시체제와 모성의 식민화를 중심으로』, 성신여자대학교 사회학과 박사학위 논문, 2001, 78쪽에서 재인용.

55) 永原和子, 「女性統合と母性」, 『母性を問う(下)』(京都: 人文書院, 1985), 205−207쪽; 안태윤, 위의 글, 78−79쪽에서 재인용.

> 化 시키는 데서부터 들어가는 것이 捷徑이다. 歐洲의 先進國들이 植民地 政策 또는 宗教政策에 婦人의 感化를 重要히 하는 理由가 깊다고 생각한다. 主我心 自覺心이 적은 感情的인 婦人이 男子보다 훨씬 感化시키기가 쉬운 것은 말할 것도 없는 것이다. 一團 感化된 以上에는 다시 그것을 고치기 어려운 것도 事實이다. 그런데 女子가 感化하면 男子는 저절로 感化되는 것이다. 이와 같이 하여 밑의 밑에서부터 두드려 가지 아니하면 統治의 根柢가 眞正하게 되어 가지 못할 것이다. 朝鮮人의 家庭을 風化하는 것은 곧 全社會를 들어 風化하는 것이니 이와 같이 하여야 비로소 우리와 저들과의 感情的 融合이란 것이 永久히 될 수 있는 것이다. 따라서 先生도 될 수 있는 대로 日本 婦人을 써서 生徒가 나아갈지라도 自由로 家庭에 出入하면서 永遠히 風化의 源泉이 되도록 힘쓰지 아니하면 아니 될 것이니 女子 教育의 意味도 또한 甚히 重要하고 深遠한 것이라고 믿는다.[56)]

이 글은 1910년대 일본인 참사관 하라가 경성여자고등보통학교를 시찰하고 『조선(朝鮮)의 여(旅)』라는 저서에 적은 것으로 우가키(宇垣一成) 총독 당시 학무국장이던 오노가 "명안달식(明眼達識)"이라고 칭찬하며 1936년에 다시 소개한 내용이다.

여기에는 남성중심적 사고와 그에 기반한 식민주의 사고가 중첩되어 나타나 있다. 이성/감성의 이분법적 구도 속에서 여성은 "감정적이고 자아심 · 자각심"이 부족한 존재로 쉽사리 "감화"될 수 있는 대상이 된다. 또한 가정과 등치되는 여성은 "풍화"의 대상으로 모성으로 호명되는 것이다. 그리고 가정=여성은 "밑의 밑"으로 명확히 자리를 배정받고 있다는 사실도 눈여겨보아야 한다. 여성은 남성을,

---

56) 이만규, 『조선교육사 下』(서울: 을유문화사, 1949), 327−328쪽.

그리고 나아가 다음 세대인 자녀를 '일본화'시키는 매개체로 규정되었다.

일본 제국주의는 조선 전통의 대가족제도가 '개인'을 인정하지 않는 것으로 비판하면서도[57] 가족을 국가 동원 체제의 기능적 분자로 규정하고 있었다. 그리고 가족 중심의 동화정책을 가장 두드러지게 보여 준 것이 조선인과 일본인 사이의 통혼정책[58]이었다. 앞의 인용문에서 가능하면 일본 부인을 교사로 채용해야 한다는 주장은 공적 영역인 학교가 사회 안에서 가정으로 은유되면서 '모성'의 교육적 역할이 강조되는 모습도 보여 주고 있다.

1931년 만주사변과 1937년 중일전쟁 등으로 전쟁을 확대시켜 나갔던 일본 제국주의는 독일이나 이탈리아의 파시즘과 유사하게 자국의 여성에 대해서는 분리정책의 입장을 고수하였다. 미국이나 영국과는 달리 일본 제국주의는 여성을 철저하게 가정으로 위치시키는 동시에 우생학적 입장에서 생물학적 모성을 강조하는 모습을 보였다. 일본은 1937년 보건소법을 제정하고 본격적인 보건정책을 시행해 나가는 한편, 이듬해에는 산아제한상담소를 경찰명령으로 폐쇄시키면서 급격한 출생률 저하에 대응해 나갔다. 국민우생연맹이 1941년 발표한 '결혼십훈'에는 "서로 건강증명서를 교환하라, 악질 유전이 없는 사람을 선택하라, 근친결혼은 가능한 피하라, 가능한 일찍 결혼하라, 낳아라 불려라 국가를 위하여"[59] 등 우생학적 입장이

57) 稲葉君山, 「朝鮮人と如何に生活を改善すべきか」, 『文教の朝鮮』 제9호, 1940. 5, 13쪽. 이후 エムティ에서 출간한 영인본(1996)을 참고하였다. 페이지는 영인본의 페이지임.

58) 조선인과 일본인의 통혼정책에 대해서는 최유리, 「일제하 통혼 정책과 여성의 지위」, 『국사관논총』 제83집, 1999. 6 참고.

강하게 반영된 적극적인 인구 증가 정책을 추진하였다.

한편 식민주의 교육정책은 1890년 공포한 교육칙어가 1911년 제1차 조선교육령에 적용되면서 동화주의 성격을 강하게 드러내었다. 1911년 제1차 조선교육령에서는 조선인 여성을 대상으로 하는 여자고등보통학교의 목적을 "부덕(婦德)을 기르고 국민다운 성격을 도야하며 생활에 유용한 지식 및 기능을 가르친다."라고 규정하였으며 1922년 개정된 제2차 조선교육령에서는 "여자 생도의 신체 발달 및 부덕 함양에 유의하여 덕육을 실시하고 생활에 유용한 보통의 짓기 · 기능을 가르쳐서 국민다운 성격을 양성하고 국어를 숙달시키도록 하는 것을 목적으로 한다."라고 각각 규정하고 있다.[60]

중일전쟁의 발발로 황민화 교육이 본격화되는 제3차 조선교육령 시기부터는 '국체명징(國體明徵), 내선일체(內鮮一體), 인고단련(忍苦鍛鍊)'을 강령으로 내선공학(內鮮共學)이 추진되면서 고등여학교 체제로의 단일화가 추진되었다. 제3차 조선교육령의 고등여학교 교육목적은 "국민 도덕의 양성, 부덕(婦德)의 함양에 유의하여 양처현모(良妻賢母)의 자질을 키움으로써 충량지순(忠良至醇)한 황국여성 양성"이, 1943년 제4차 조선교육령에서는 "황국(皇國)의 여자로서의 책무를 자각"이라든가 "온량 · 정숙하게 실질을 숭상하여" "황국여자연성(皇國女子鍊成)" 등의 문구가 남성에 대한 교육기관과 차이를 보여준다.

---

59) 이에 대해서는 안태윤, 앞의 글, 84쪽.

60) 조선교육령의 여자고등보통학교 교육목적은 김재인, 양애경 · 허현란 · 유현옥, 『한국 여성교육의 변천과정 연구』(서울: 한국여성개발원, 2001), 390－391쪽 참고.

일본 제국주의는 여성을 가정의 영역으로 배치시키면서도 여성에 대한 요구에서 미세한 변화를 보여 주고 있다. 즉, 명문화된 교육목적을 살펴볼 때, 일제 강점기 초기에는 "부덕(婦德)"이 강조되었던 데 비해서 1938년 제3차 조선교육령부터는 "양처현모"나 "황국여자"의 개념들이 등장한다. 이는 식민주의가 호명한 피식민지 여성은 '모성'보다는 '아내'로서의 역할을 요구받고 있었음을 의미한다. 즉, 일본식의 근대주의 및 자본주의를 각 가정으로 흡수시킨다는 측면에서 '아내로서의 여성'이 '모성'보다 더 강조되었다.

1933년 8월『문교의 조선(文教の朝鮮)』에 실린「조선의 부인생활 개선안(朝鮮の婦人生活改善一安)」에서는 구여성과 신여성의 단점이 지적되고 있다.[61] 구여성의 경우는 진취적 기상을 결여하고 조선의 누습(陋習)에 젖어 있다는 점이, 신여성은 경솔한 허영심이 많다는 점이 각각 지적되고 있다. 여기에서 근대적 학교교육을 받는 자녀들이 자신의 어머니인 구여성의 모습에 "분개(憤慨)"한다는 내용을 제외하면 모성과 관련되는 내용은 찾아보기 힘들다. 또한 각 가족 구성원별로 제시된 일일 시간 계획표의 '주부'란에도 아내로서의 가사노동 내용만 제시되어 있을 뿐이다. 같은 해 3월 대구 공립여자고등보통학교를 순시한 우가키(宇垣一成) 총독도 생도들에게 훈화하면서 "양처현모"에게 요구되는 임무로서 "장상존중(長上尊重)" "자녀양육(子女養育)" "일가화락(一家和樂)" "가정정리(家政整理)" 등을 제시하였다. 이 중 자녀양육의 부분에서는 "심히 유감스럽지만 조선의 부인은 불충분"하여 자녀의 교양도 불충분하다는 점을 지적하고 모범

61) 김영성(대전제2공립보통학교),「朝鮮の婦人生活改善一安」,『文教の朝鮮』 제96호, 1933. 8, 104−108쪽.

이 되어 달라는 짧은 부탁으로 마무리하고 있다.[62] 우가키 총독의 훈화를 네 가지 요의(要義)별로 정리하면서 자녀양육에 대해 구체적으로 설명이 제시되고 있지만, 여성이 모성임을 자각해야 한다든가, 자녀는 '가(家)'의 계승발전자이자 국민문화의 계승발전자임을 인식해야 한다든가, 맹목적 사랑을 경계하라는 등의 일반적인 내용에 뒤이어 아동의 각 발달 시기별로 나타나는 생리적 변화와 유모(乳母), 인공포유(人工哺乳), 소아병 등에 대한 과학적 설명만이 제시되고 있을 뿐이다.[63]

일본의 식민주의 국가 체제가 조선에 대해 일관되게 추진하였던 동화주의는 곧 민족(성) 말살을 통한 차별적 통합의 논리였기 때문에, 1930년대 들어 광범위하게 인구 증가를 위한 모성 동원을 추진하였던 데 비해, 조선의 모성은 오히려 강제적으로 말살하는 방향으로 유도되었다.[64] 태평양 전쟁 발발과 더불어 이른바 '총력전' 체제가 전개되면서 등장한 총후 부인 담론에서도 실질적으로 모성에 대

62) 대구공립여자고등보통학교, '朝鮮總督宇垣一成閣下訓話', 「朝鮮家庭改善要義」, 『文教の朝鮮』 제104호, 1934. 4, 39－41쪽.

63) 위의 글, 46－55쪽. 한편 다음 호에 뒤이어 아동의 완구(완구의 종류, 선택조건, 구매 시 유의사항, 사용 시 주의사항, 발육기별 표준완구)와 청년기의 내용이 설명되어 있다. 「朝鮮家庭改善要義(下)」, 『文教の朝鮮』 제104호, 1934. 5, 93－96쪽.

64) 이에 대해서는 정진성, 「억압된 여성의 주체 형성과 군위안부 동원」, 『사회와 역사』 제54호, 1998, 84－85쪽. 한편 소현숙 역시 서구나 일본에서 출산의 조절이 기본적으로 여성의 문제로 인식되면서 '낳을 권리, 낳지 않을 권리'로서 '산아 조절권'이 옹호되었던 데 비하여, 조선에서는 인구 제한의 의미에서 산아 제한의 의의가 파악되었다고 지적한다. 소현숙, 「일제 식민지 시기 조선의 출산 통제 담론의 연구」, 한양대학교 사학과 석사학위 논문, 1999. 참고.

한 내용은 상대적으로 빈약하였다. 즉, 총후 부인 담론을 둘러싼 관련 담론으로는 신체제와 생활 개선, 후방의 안전, 스파이 담론, 재생산 담론 등이 존재하였는데,[65] 일반적으로 자녀양육이 여성 노동력 동원의 차원과 맞물려 전개되는 등 '모성'의 중심적 임무로 요구되던 교육적 기능은 미미해졌다. 대신 소위 '군국의 어머니'[66]로서의 여성의 역할은 총후 부인 담론의 연장선상에서 도출되었는데, 주로 지원병 제도, 나아가 징병 제도에 대비한 선전 담론의 일환이었다.[67]

가와 가오루는 전체주의 일본에서 어머니의 역할이 ① 징병과 징용에 반대하지 않도록 하기 위한 계발 대상으로서의 어머니와 ② '아이를 낳는' 어머니가 있다고 지적하였다. 일본 제국주의가 자국의 여성에 대해서는 소위 '자보보국(子寶報國: 아이를 낳는 것을 통해 보국한다는 뜻)'이라는 표어를 동원하며 '아이를 낳는' 어머니를 강조했던 것에 반해, 조선에서는 일본의 '낳는 어머니'라는 위치보다 징병이나 징용에 반대하지 못하도록 하기 위한 계발 대상으로서의 위치가 압도적으로 우세했던 것이다.[68] 일본 제국주의가 식민지 조선의 여성

---

65) 권명아, 『역사적 파시즘－제국의 판타지와 젠더 정치』(서울: 책세상, 2005), 176쪽.

66) 이상경에 따르면, 일제 강점기 '군국의 어머니'란 용어는 전시 총동원 체제하에서 여성이 해야 할 역할을 모범적으로 구현하고 있는 여성상을 가리키고 있다. 그것은 자식을 훌륭한 군인으로 키우는 것을 비롯해서 군인 유가족으로 꿋꿋하게 살아가는 강인함, 군인 가족에 대한 원호 사업, 물자 절약 및 헌납, 때로는 여성 스스로 무기를 들고 군인이 되는 경우까지 포괄한다. 이상경, 「일제 말기의 여성 동원과 '군국(軍國)의 어머니'」, 『페미니즘 연구』 제2호, 2002, 205쪽, 각주 1 참고.

67) 권명아, 앞의 책, 179쪽.

68) 가와 가오루, 김미란 역, 「총력전 아래의 조선 여성」, 『실천문학』 제67권,

에게 요구하였던 여성 노동력과 모성 사이의 갈등은 다음의 인용문에서도 잘 나타난다.

> 시국의 진전은 점점더 많은 노동력을 가정 밖으로 끄러내기를 要하게 됩니다. … 그리고 一반 가정부인에게 있었어로 시국적 활동 때문에 가정밖으로 나와야할 기회가 많아질것이 또한 사실로 만일 이러한 일 때문에 가정에있어서 자녀의 교육양호가 등한시된다면 이 또한 경게를 아니 요케되지 못할것입니다.[69]

결국 총력전 체제로 접어들면서 일본 제국주의의 시선에 조선의 '모성'이 포착되기는 하였지만, 그것은 '군국의 어머니'로 귀착되었다. 그리고 태평양 전쟁이 본격화되면서 징병 및 징용에 적극적으로 참여하는 어머니의 모습이 여러 가지 형태로 선전되기 시작하였다.

> (申島 驍: 延專 교장) 지금 어머니 이야기가 나왔으니까 하는 말씀인데 연전에서 요전에 역시 육군항공병을 지원한 학생의 어머니가 진남포(鎭南浦)에서 일부러 나와가지고 졸업식에 참석하였습니다. 이 학생은 일찍이 아버지가 작고하고 어머니 뿐이었습니다. 그 때 재학생이 군도(軍刀)의 증정식을 마치고 그 후 그 모친과 함께 모두 사진을 찍었는데 그 어머니의 태도는 참으로 침착하여 열석하였던 보도부장을 비롯해서 연맹의 하다(波田)총장도 매우 감격하였습니다. 그 이튿날 본인을 경성역두에서 전송하였는데 그때 그 어머니의 태도는 참으로 훌륭한 것이었습니다.

2002년 가을호, 2002. 8, 305－306쪽.

69) 금의순, 「時局과家庭教育」, 『여성』 제5권 제8호, 1940. 8, 16쪽.

> 한때는 항공대원이 되는 것을 걱정도 했겠지요. 그러나 그러한 걱정을 초월하여 어머니의 존재라는 것도 큰 기대를 가질 수 있는 것이 아닌가 생각합니다. … 문제는 그 아들의 결의여하에 달려있지 않은가 생각합니다. 먼저 아들이 자기마음 속으로 진실로 말하면은 스스로 길은 열릴 것이라고 생각합니다.[70]

위의 인용문은 1938년 2월 '육군특별지원병령'이 공포되고, 1942년 5월 각의의 결정으로 1944년부터 조선인에 대한 징병제 실시가 공포된 시기에 「매일신보(每日新報)」가 주관한 좌담회다. 여기에서 어머니의 '훌륭함'은 전장으로 떠나는 아들을 의연하게 배웅하는 태도에서 비롯된다. 앞서 지적한 대로, 일본 제국주의는 총력전하에서 조선의 모성에 이러한 '훌륭함'을 요구하고 있었다. 또한 어머니의 훌륭함은 그 자신만의 것이 아니라 궁극적으로 아들의 결연한 의지에 근거한다는 지적도 주목할 만하다. 어머니는 아들의 결의에 종속적으로 호응해 주는 역할로 한 걸음 뒤로 물러나는 것이다. '군국의 어머니'가 일본 제국주의의 국민으로 인정받는 방법은 자신의 모성을 부정하는 것이었다. 최초의 조선인 지원병으로 전사한 이인석은 아들의 죽음과 아들의 '국민화'가 교차하면서 모성의 부정과 긍정의 경계가 모호해지는 좋은 사례였다.

> 내일이라도 어떤 뜻하지 않던 화난에 죽을런지 누가 압니까. 일전에 누구한텐가 들은 말인데 이인석(李仁錫)상등병이 있지 않았어요.

70) '陸軍特別志願兵 座談會, 敵 反攻에 積極對備', 「매일신보」, 1943년 10월 29일; 정운현 편, 『학도여 성전에 나서라』(서울: 없어지지 않는 이야기, 1997), 176쪽에서 재인용.

> 만약 이인석 상등병이 저처럼 죽지 않았으면 지금쯤이야 무명의 농부밖에 더 되었겠습니까. 그래 무명의 농부와 훈장을 받자옵고 일약 세상에 이름이 떨친 현재의 호국영령과 어느 것이 좋겠습니까.[71]

이 인용문은 명륜전문학교 재학생으로 지원병으로 참전한 임영조의 어머니인 임호윤이 좌담회 석상에서 이야기한 것이다. 여기에 드러나 있듯이, 이인석과 같은 경우는 피폐해진 식민지 조선에서 단번에 영광스러운 일본 제국의 신민으로 거듭날 수 있음을 보여 준 사례가 되었다. 평범한 어머니들이 이러한 사례를 내면화했다라고 단언하기는 어렵지만, 최소한 그들로 하여금 자신이 피할 수 없는 조건을 수용할 수 있도록 하는 완충제로서의 역할을 수행했다고 이야기할 수 있을 것이다.

일본 제국주의가 요구한 자식의 희생과 모성의 부정은 개화기 이후 진행되어 온 국가/민족 만들기 기획의 상대항을 이루고 있었다. "아들, 딸은 국가의 것"[72]이라는 수사는 사실 가정, 특히 어머니에게 배정되었던 '국가/민족의 모성'이라는 수사의 반복이었다. 제국주의와 식민지라는 정치적 조건과는 무관하게 양쪽의 남성은 여성을 어머니로 호명하는 데 공모하고 있었다. 호명하는 주체가 일본 제국주의인가, 아니면 그에 대한 저항적 민족주의인가가 '좋은' 어머니와 '나쁜' 어머니를 갈라놓는 준거가 될 수는 없을 것이다. 이러한 작업 자체가 어머니와 아내로 아들/아버지라는 남성에게 종속된 여성을

---

71) '百番 다시 살아나서 米英을 쳐부수고야 말자', 「매일신보」, 1943년 11월 15일; 위의 책, 196쪽에서 재인용.

72) 이기권(도시샤 대학 경제학부 1년생 이하진 엄부), '아들, 딸은 國家의 것', 「매일신보」, 1943년 11월 17일; 위의 책, 59－62쪽에서 재인용.

전제하고 진행될 수밖에 없고, 나아가 누구를 위한 '좋고 나쁨'인지가 불분명해진다. 호명하는 주체가 누구이든지 어머니로 호명된 여성은 호명하는 남성 주체의 이해관계에 따라 모성의 가장 중심적 기능인 자녀의 생명 보존을 보장할 수 없게 된다. 즉, 제국주의와 저항적 민족주의는 모두 가부장적 시각을 공유하면서 '황국'과 '민족'을 위해 자녀의 희생을 요구하기 때문에, 궁극적으로 모성을 부정할 수밖에 없는 것이다. 이런 측면에서 친일 행적으로 유명한 최정희의 문학에서 나타나는 모성성을 둘러싼 논의는 시사적이라고 할 수 있다.

이른바 총력전 체제로 접어든 식민지 조선의 여성 지식인들에게서 나타나는 공적 영역으로의 편입에 대한 욕망이 '모성'을 동원하였다.[73] 최정희의 일련의 친일문학 작품은 그러한 욕망을 보여 주는 좋은 예라고 할 수 있다. 그녀의 작품 속에 등장하는 여성들이 '등록 없는 아내'를 표상하고 따라서 제도적으로 인정받는 안정된 가족과 가부장에 대한 욕망을 낳지만 그것은 이미 충족될 수 없는 욕망이기에, 최정희가 이야기하는 모성은 사랑과 포용과 생명의 가치를 실천하는 모성이 아니라 결핍된 가부장을 보상하기 위한 대체물로서의 모성이라는 것이다.[74] 즉, 일본 제국주의라는 강력한 국가 기제가 결핍된 가부장을 대체하면서 '군국의 어머니'라는 논리가 자연스럽게 성립된다는 것이다.

특히 최정희가 친일문인단체인 조선문인협회의 월간 기관지 『국

---

73) 이선옥, 「평등에 대한 유혹－여성 지식인과 친일의 내적 논리」, 『실천문학』 제67권, 2002년 가을호, 254－269쪽 참고.

74) 이에 대해서는 서영인, 「순응적 여성성과 국가주의: 최정희 친일문학의 내적 동인 연구」, 민족문학연구소, 『탈식민주의를 넘어서』 (서울: 소명출판, 2006), 33－52쪽 참고.

민문학(國民文學)』에 1942년 11월 발표한 「야국초」(원제는 '野菊抄(のぎしょう)')는 이러한 '군국의 어머니상'을 표상하는 대표적인 작품이다. 아들 '쇼이치(勝一)'와 함께 육군 훈련소에 방문한 '나'에게 일본인 장교 하라다 교관이 건네는 이야기는 군국의 어머니에게 요구되었던 것을 정확하게 표현하고 있다.

> 저희들이 오 년간 이 지원병 훈련에 힘쓰고 있는 동안에 가장 강하게 느꼈던 건, 반도의 모친들이 빨리 각성하지 않으면 안 된다는 사실입니다. 매년 지원병이 입소하면, 곧 그 가정 사정이라든지 부모 형제의 찬부(賛否) 등을 조사합니다만, 언제나 모친 쪽의 반대가 많습니다. 수십 만이라는 많은 사람들 중에서 어렵게 선발된 광영자들입니다만, 이런 식으로 모친 되시는 분이 반대하거나 흐릿한 자는 성적도 좋지 않고, 간혹 탈출까지 하는 일도 생기는 겁니다. 아무래도 무지한 모친이란 눈앞의 맹목적인 애정만 알지, 크고 빛나는 미래 같은 건 조금도 의식하지 못해서 … 결국 이런 식의 모친은 자기 자식을 자기 손으로 죽이는 겁니다. … 반도의 청년이 훌륭한 군인이 되려면 무엇보다도 어머니들의 힘이 크다는 겁니다.[75)]

일본 제국주의의 시선에서 바라보면, 자랑스러운 일본의 황군으로 선발된 아들에게 어머니는 극단적인 양가성을 보이는 존재다. 즉, 아들이 일본 제국주의의 황민으로 실질적 · 이데올로기적 공적 영역으로 편입될 수 있는 기회를 박탈할 수도, 장려해 줄 수도 있는 존재다. 어머니는 어떠한 선택을 하든지 아들의 죽음을 예측 가능한 사실로 받아들여야만 한다. 여기에서 여성이 '자연적으로' 어머니라는

75) 최정희, 「野菊抄」; 이상경, 앞의 글, 207쪽에서 재인용.

논리의 근거가 되었던 감성과 사랑은 양가성을 갖는다. 어머니는 '사랑'의 존재이기는 하지만, 그 사랑은 남성중심적 제국주의의 이성으로 통제되어야 하는 것이다. 그러한 통제를 벗어날 경우 '맹목적인 사랑'이라는 비난을 피할 수 없다.

최정희의 친일문학에 대한 분석들은 전체적으로 '남편/애인'으로부터의 보호가 좌절된 후 그를 대체하는 강력한 남성 주체로 제국주의 국가를 선택하는 과정에서 '모성'이 선택된다는 점에 대부분 공통점을 보이고 있다.[76] 하지만 최정희를 비롯한 친일 여성 지식인이 공적 영역으로의 편입을 위해 선택하였던 모성은 사실상 교육적 기능을 상실한 것으로 보아야 한다. 「야국초」에서 떠나간 애인을 대신하여 흔들리는 다리의 위험을 주지시켜 주면서 '나'를 보호해 주는 것도, 전쟁터에 나가 자기가 죽더라도 결코 울어서는 안 된다고 다짐시키는 것도 다름 아닌 아들 '쇼이치'였다. 어머니로서 '나'가 다짐하는 것은 아무것도 생각하지 않고 아들이 뽑아 온 들국화를 "쇼이치를 위해서" 가꾸기로 했다는 것이다. 이 대목을 일본 제국주의를 향한 아들의 다짐을 통해 공적 주체로 거듭나는 '군국의 어머니'를 상징하는 것으로 해석할 수 있겠지만, 어머니로서의 '나'는 이미 그러한 모성의 교육적 기능을 상실한 존재다.

---

76) 최경희, 「친일 문학의 또다른 층위-젠더와 〈야국초〉」, 박지향 · 김철 · 김일영 · 이영훈 공편, 『해방 전후사의 재인식 1』(서울: 책세상, 2006), 387-433쪽; 이선옥, 앞의 글; 서영인, 앞의 글 등 참고. 최경희는 친일적 표층 서사(surface narrative)와 그 주변과 저변에 위치한 하위 서사(sub-narrative)인 여성 근대성 서사 간의 균열을 젠더 중심적 시각으로 읽어 내면서 '친일' 규정의 불명료함을 지적하고 있다. 이에 대한 논의는 본 연구의 범위를 벗어나기 때문에 여기에서는 생략한다.

'나'가 들국화를 "아름다운 꽃, 강인한 꽃"으로 가꾸겠다는 다짐은 공허하다. 아들을 아름답고 강인하게 가꾸는 것은 이미 어머니의 몫이 아니었다. 그것은 이데올로기적 억압 기구를 확보한 남성적 영역의 일이 된 것이다. 민족이 호명했던 어머니와 식민주의가 호명했던 어머니는 모두 아들을 '가르치는' 존재는 아닌 것이다. 아들의 희생을 요구하는 남성 주체인 민족—식민주의가 어머니에게 요청했던 것은 생물학적 모성, 즉 임신, 출산, 수유와 초기 유아기의 기초적인 양육 수준이었다. 왜냐하면 남성 주체가 여성을 모성으로 호명하는 과정에 이미 내부적 모순이 잠재되어 있기 때문이다.

앞서 지적하였듯이, 남성 주체는 무엇보다 모성의 생물학적 측면에서 기인하는 '사랑'을 강조하면서 여성—어머니를 만들어 간다. 즉, 여성은 생물학적 모성 역할 때문에 남성에게는 존재하기 어려운 감정을 자녀에 대해서 '자연적으로' 가지고 있다는 것이다. 이러한 논리는 나아가 '좋은' 어머니와 '나쁜' 어머니를 구분하는 준거로 발전해 나간다. 그러나 근대교육이 목표하는 인간상이 이성 중심의 인간이었기 때문에, 모성의 토대인 '사랑'과 '감성'은 어머니로 하여금 적극적인 교육 주체로 나설 수 없게 만든 것이다. 근대적 민족—식민주의 남성 주체는 이데올로기적 억압 기구로서 '학교'를 대중화하고 있었던 것이다. 따라서 '군국의 어머니'를 적극적으로 선전하였던 (그것이 내면화의 결과이든, 아니면 외적 조건의 강압 속에서 이루어진 것이든) 조선의 여성 지식인들은 모성의 부인을 강요당하는 딜레마 상황에 직면하였을 뿐만 아니라, 나아가 '가르치는' 어머니라는 남성 화자의 주장이 보여 주는 허구성을 노정하고 있었던 것이다.

한편 모성의 교육적 기능은 어머니—여성을 끊임없이 '미래'로 배정함으로써 여성 주체가 욕망하였던 근대적 공공 영역으로의 편입을 좌절시켰다는 사실은 앞서 지적하였다. 이와 동시에 가족－국가주의 체제에서는 어머니－여성이 '과거형'으로 이상화되고 회상된다.

> 일반 남자 뿐이 아니라 여자에게도 상무적인 시대 정신이 농후하다. 김유신 장군이 16세 때 미소년의 화랑으로 무예를 닦기를 게을리하고 화류(花柳)의 거리에 출입하다가 잘못을 뉘우치고 뒤에 큰 공을 이룬 것은 그 어머니의 훌륭한 상무적 교양에 의한 것이며 유신의 아들 원술(元述)이 … 아버지가 별세한 뒤에 어머니께 뵙기를 청하였으나 그 어머니는 원술로 말하면 아비에게 자식노릇을 못하였으니 나도 그 어미가 될 수 없다고 대면하기를 거절하였다고 한다. 그 얼마나 화랑의 어머니가 아들교육에 엄격했던가를 미루어 알 수 있다.[77]

역사학을 전공한 이병도는 지원병을 격려하기 위하여 신라시대의 화랑도와 그 대표적 인물인 김유신, 원술을 과거로부터 불러낸다. 여기에서 여성은 민족 집단의 이념적 재생산에 참여하면서, 동시에 전통 문화의 담지자가 된다.[78] 일본이 국민 총동원 체제를 구축하면서 적극적인 황민화정책을 추진하였음에도, 이와 같이 전통적 모성, 즉 민족의 어머니가 동원될 수 있었던 것은 일본 식민주의가 제2차

---

77) 이병도, '어머니의 굳센 격려, 전투용기를 백 배나 더하게 한다', 「매일신보」, 1943년 11월 26일; 정운현 편, 앞의 책, 65－66쪽에서 재인용.

78) 정현백, 「민족주의와 페미니즘－비교사적 고찰을 중심으로」, 『페미니즘 연구』 창간호, 2001, 21쪽. 정현백은 여성이 국민국가와 결합하는 과정을 ① 민족 집단이나 구성원의 생물학적 재생산자, ② 국가 내에서 민족적 · 인종적 경계선의 재생산자, ③ 자신이 속한 민족 집단의 이념적 재생산에 참여하면서, 동시에 전통 문화의 담지자, ④ 인종적 · 민족적 차이의 기표(signifier), ⑤ 민족해방 투쟁에서 적극적인 역할을 담당하는 주체 등으로 구분할 수 있다고 지적한다.

세계대전을 타락한 서구 문명과 도덕적으로 우월한 아시아의 대결이라는 구도로 설명했던 것과 관련된다.

윤건차는 근대 일본의 아시아 침략이 보이는 이념적 · 사상적 특징을 '아시아주의'로 파악한다. 이때 '아시아주의'란 압도적인 힘을 가진 서양 근대를 전제로 하여 성립하는 것이며, 더욱이 그것은 주관적으로는 아시아의 연대를 통해 서양 열강의 물리적인 힘에 대항하고, 또한 서양 근대를 넘어서자고 주장하는 것이었다. 또한 아시아주의는 서양의 지배 아래 놓여 있던 당시의 국제질서를 있는 그대로 받아들이지 않고 '서양'에 대한 '동양' 내지 '아시아'라는 문화적, 지역적, 인종적 개념을 대치시키고, 서양 열강의 파워 폴리틱스(power politics)에 대해서는 새삼 유교적 '덕치'의 개념을 국제관계에 적용하려고 했다는 점에서 이른바 모럴 폴리틱스(moral politics)라고도 부를 만한 경향을 품고 있었다.[79] '아시아주의' '탈아론' '일선동조론' '팔굉일우' '문화통치' '내선융화' '일만일체' '오족협화' '왕도주의' '선만일여' '내선일체' '동아신질서' '동아협동체' '동아연맹' '대동아신질서' '대동아공영권' 등 갖가지 논리와 명분, 슬로건은 모두 일본의 아시아 지배, 이민족 지배를 정당화하고 합리화하려는 것이었다.[80]

결론적으로 '군국의 어머니'에게 요청되었던 교육적 측면은 어떠한 내용을 담아야 했던 것인가?

> 어머니는 지난 새벽 고요한 時間에
> 잠못들어하는 제 켜테서

79) 윤건차, 이지원 역, 『한일 근대사상의 교착』(서울: 문화과학사, 2003), 250쪽.
80) 위의 책, 220－221쪽.

망설이는 내 煩苦를 마금지여 주섯습니다
어머니여! 어머니는 내 손목을
힘잇게 쥐섯지요
그리고 담으렷든 입을 여러
…
『오냐! 志願을 해라 엄마보다 나라가
重하지 안흐냐 가정보다 나라가 크지 안흐냐
生命보다 重한 나라 그 나라가
지금 너를 나오란다 너를 오란다
祖國을 위해 半島同胞를 위해 나가라.
폭탄인들 마다하랴 어서 가거라
엄마도 너와 함께 네 魂을 따라 싸오리라.』[81)]

위에 인용한 구절은 1943년 모윤숙이 "특별지원병(特別志願兵) 하산정의군(夏山正義君) 어머니께" 바쳤던 시 중 일부다. 여기에서 어머니가 아들에게 '가르칠 수 있는' 내용은 감정적 부추김 이상이 아니다. 모윤숙의 시 전체에는 아들의 목소리가 관통하고 있다. 어머니의 직접 발화로 처리한 인용 부분 외에는 모두 아들의 목소리가 '좋은' 어머니의 행위를 평가하고 있는 것이다. 인용 부분에 뒤이어 아들은 자신에게 용기를 불어 넣어 준 어머니를 "어머니 나라" "어머니의 동산"으로 등치시키면서 이상화한다.

전통적 과거와 결코 닿을 수 없는 이상향으로 표상된 어머니가 담

---

81) 모윤숙, '내 어머니 한 말슴에', 「매일신보」, 1943년 11월 12일; 정운현 편, 앞의 책, 131－134쪽에서 재인용.

당할 수 있는 (보다 넓은 의미에서의) 교육적 역할은 '아들'의 죽음을 감정적으로 정당화하고 격려해 주는 것뿐이다. 그렇다면 '군국의 어머니'는 자식의 생명을 보존해야 한다는 '모성'의 기본 전제를 부인하면서 성립될 수 있는 개념이 되는 것이다. 즉, 군국의 어머니가 담당해야 한다고 요청되었던 교육적 역할은 모성 그 자체를 부인하는 것으로 귀결된다. 식민주의의 시선에서 어머니는 '현재'에 자리를 마련하지 못한다. 식민주의 남성적 목소리는 어머니-여성이 발화의 주체가 될 수 있는 가능성을 박탈한다. 결국 어머니-여성은 과거와 미래로 끊임없이 유보되면서 '비어 있는'[82] 존재가 되는 것이다.

결론적으로 식민주의 세력과 이에 대립항인 피식민지 남성 지식인은 어머니를 남성중심적 시각에서 재구성하려는 의도를 보인다는 공통점이 있다. 이 두 세력은 모두 '국가'와 '민족'을 위한 모성을 주장하면서 어머니-여성을 끊임없이 자연화하고 이상화시킨다. 물론 식민주의와 저항적 민족주의가 어머니-여성을 호명하는 층위가 동일한 것은 아니다. 이러한 호명 과정에는 젠더 외에도 인종/민족, 계급 등의 복합한 범주가 교차된다. 젠더라는 범주에서 접근하더라도 식민주의는 식민지의 존재로부터 자신의 남성성을 계속 확인할 수 있는 반면, 저항적 민족주의는 식민주의 세력이 규정한 '거세된 남

---

82) 이 용어는 박희경, 「모성 담론에 부재하는 어머니」, 『페미니즘 연구』 창간호, 2001에서 차용한 것이다. 박희경은 서구 근대교육을 표상하는 『에밀』을 분석하면서 "모성은 최고의 도덕적 가치로 찬미되지만, 정작 그 찬가 속에 언어를 빼앗긴 어머니는 침묵한다."고 지적하면서 모성이 "비어 있으며 부재중"이라고 이야기한다. 루소가 『에밀』에서 주목한 어머니의 교육적 역할의 중요성은 이 소설의 마지막에서 에밀이 직접 자신의 아이를 교육시키겠다는 약속에서 무화(無化)되고 만다.

성성'을 극복해야 한다는 과제에 직면하는 것이다. 앞서 살펴본 최정희 작품들에서도 지속적으로 아버지 부재 상황이 연출되고 있다는 점이나 이상의 『날개』에서처럼 매춘을 계기로 경제권을 장악한 아내가 등장하는 점 등은 식민지 조선의 남성 지식인이 처해 있었던 현실을 보여 주고 있는 것이다.

식민주의와 저항적 민족주의가 각각 여성을 동원의 수단으로 모성을 규정하는 동시에 끊임없이 '가정화'하는 과정이 진행되는 층위는 서로 다를 수 있었지만, 어머니-여성의 발화 가능성을 봉쇄하고 있음은 분명하다.[83] 또한 "아버지에게 아이는 생긴(beget) 것, 즉 무엇보다도 난자를 수정하게 만드는 정자를 제공하는 것"인 데 반해, "어머니에게 아이는 지속적으로 '있음(현재)', 적어도 아홉 달 동안 지속하고, 흔히 몇 년 동안 지속하는 것을 의미한다."[84]는 아드리엔느 리치(Adrienne Rich)의 지적과 같이, 두 남성 주체는 어머니와 다른 시선으로 아이를 바라보는 '아버지'의 위치를 공유하고 있었고, 스스로 남성성의 이름으로 강화해 나갔던 것이다.

모성은 공식적 교육체계에서 배제되어 왔던 여성이 '학교'로 편입

83) 최정무는 "반식민적 민족주의 담론에서 식민화의 일차적 희생의 주체는 남성으로 가정된다."고 지적하고 "남성의 권위가 상실된 식민지적 상황에서 유교적 가부장제적 사고에 의하여 남성의 소유물로서의 여성이라는 사고를 가지고 강조되던 여성 정조의 주권인 부권이 침해받는다."고 이야기한다. 결국 민족주의적 상상력은 식민지하에서 여성의 성은 남성의 권위 밖으로 노출된다고 보고, 이를 막기 위해서 여성을 성이 배제된 중성적인 어머니의 모습으로, 가정이라는 울타리 안에 제한시킬 필요가 있었던 것이다. 최정무, 「민족과 여성: 혁명의 주변」, 『실천문학』 제69권, 2003년 봄호, 40쪽.

84) Adrienne Rich, 김인성 역, 『더이상 어머니는 없다: 모성의 신화에 대한 반성』(서울: 평민사, 1995), 8쪽.

될 수 있는 가능성을 열어 주었고, 특히 어머니－교사－여성의 유비 관계는 여기에서 결정적인 역할을 수행하였다. 그리고 개화기 이후 일제 강점기에 이르기까지 여성은 이 논리를 전략적으로 활용하였다. 그러나 '민족'과 '국가'(그것이 제국주의적 국가이든, 이에 대한 저항 담론으로서의 국가이든)가 요구한 어머니의 교육적 기능은 '어머니' 그 자체를 부인해야 성립될 수 있는 것이었다.[85] 또한 모성에 부여된 교육적 기능은 어머니－여성을 미래와 과거로 유보함으로써, 현재의 여성을 '비워 있는' 존재로 만들었다.

2 계몽적 모성론

서구의 근대적 과학 체계와 이를 기반으로 하는 전문가 집단의 등장은 근대적 모성 담론의 형성에 많은 영향을 미쳤다. '자녀교육을 전담하는 어머니'라는 사회적 요청은 어머니－여성에게 교육적 기능

85) 이은경은 "모성의 모성성을 제거한 비모성일 때" 민족적 모성과 군국주의적 모성은 "사실상 모성을 능욕하는 장치였다."고 지적한다. 이은경, 「광기/자살/능욕의 모성공간」, 태혜숙 외, 『한국의 식민지 근대와 여성공간』(서울: 도서출판 여이연, 2004), 124－127쪽. 한편 사라 러딕(Sara Ruddick)은 모성적 관행(활동)의 기본 구성요소를 보존(preservation), 성장(growth), 사회적 적응능력(social acceptability)으로 제시하면서, 어머니가 된다는 것은 보존애(preservative love)와 양육(nurturance) 그리고 훈육(training)이라는 활동을 통해서 이런 요구들을 충족시키도록 부과받는 것이라고 이야기한다. 민족적 모성과 군국주의적 모성은 모성적 관행의 기본 요소인 보존과 사회적 적응능력의 극단적 대립을 잠재하고 있었다고 볼 수 있다. Sara Ruddick, 이혜정 역, 『모성적 사유: 전쟁과 평화의 정치학』(서울: 철학과현실사, 2002), 59－68쪽.

수행을 위한 준비를 요구하기 시작하였다. 여기에서는 근대적 모성의 교육적 기능을 가치중립적이면서 젠더중립적인 형식으로 규정하려는 시도들을 과학적 모성론과 정서적 모성론으로 구분하여 살펴보고자 한다.

1) 과학적 모성

이미 살펴보았듯이, 20세기 서양의 모성 담론에서 가장 두드러진 특징은 '과학적 모성'이 등장하였다는 것이다. 과학적 모성의 등장은 사회 전반적인 가족제도의 변화와 아동에 대한 새로운 인식, 그리고 심리학과 의학, 교육학 등의 근대적 과학의 발달 등을 그 배경으로 한다. 서양의 경우는 근대 가족이 이전의 지역사회나 공동체를 대신하여 근대적 주체 형성을 담당하게 되었고, 이때 가족을 중심으로 한 규율적 생활방식의 습득이 강화되면서 여성이 도덕화와 규범화의 주요 담당자 역할을 맡게 되었다. 특히 이 과정에서 실증주의적인 행태주의 심리학은 자녀의 '습관 형성'을 중시하여, 규칙성 및 질서와 같은 근대적 규율의 학습에 중요한 역할을 담당하였다.[86]

> 텬하에 근본을 궁구 ᄒᆞ게드면 어린ᄋᆞᄒᆡ 기르ᄂᆞᆫ 규모에셔 더즁ᄒᆞᆫ게 업ᄂᆞᆫ거시 … 남의부모 된쟈가 지식이 녁녁ᄒᆞᆫ 후에야 ᄋᆞᄒᆡ 교육ᄒᆞᄂᆞᆫ 도를 아ᄂᆞᆫ 거시니 아ᄒᆡ 십세젼에ᄂᆞᆫ 교육ᄒᆞᄂᆞᆫ거시 그 어미에게 잇고 십셰후에ᄂᆞᆫ 그아비에게 잇스되 십셰젼이 십셰후보다 교육ᄒᆞ기가 더

86) 김혜경, 「일제하 자녀양육과 어린이기의 형성: 1920－30년대 가족담론을 중심으로」, 김진균 · 정근식 편저, 『근대주체와 식민지 규율권력』(서울: 문화과학사, 1997), 223쪽.

> 욱 극란ᄒᆞᆫ지라 그런즉 남의 어미되니도 불가불 지식이 잇셔야 ᄒᆞᆯ거시니 … 어린 ᄋᆞᄒᆡ는 나라에 근본이오 어린ᄋᆞᄒᆡ 근본은 계집이라 계집이 만일 지식이 업스면 ᄋᆞᄒᆡ를 교육ᄒᆞ기는 고샤ᄒᆞ고 도로 ᄋᆞᄒᆡ를 병들일ᄲᅮᆫ이 … 그런고로 아ᄒᆡᄆᆞᄋᆞᆷᄃᆡ로 ᄌᆞ게두되 시를뎡ᄒᆞ여 ᄶᅵ우고 ᄌᆞ지안는 것슬 억지로 졋먹여 ᄌᆡ우지 아니ᄒᆞ고 밤에 등불이 번적번적ᄒᆞ게ᄒᆞ지 말고 짓거려셔 ᄌᆞ는 아ᄒᆡ를 ᄭᅡᆷ져거리게 ᄒᆞ는거시 ᄒᆡ로온 거시오 … 조고만 수ᄅᆡ에 안치고 ᄭᅳᆯ고 다니며 운동을 식히ᄂᆞ니 … 아ᄒᆡ를 업고 다니는 거슨 ᄉᆞ지를 속박ᄒᆞ여 혈긔가 막혀셔 ᄌᆞ연이 울만ᄒᆞᆫ 마음이 ᄉᆡᆼ기ᄂᆞ니 불가불 삼갈 일이오 … 대소변 ᄉᆡ지라도 뎡ᄒᆞᆫ 시각이 잇셔셔 ᄯᅢᄯᅢ로 대소변을 누게ᄒᆞ면 말못ᄒᆞ는 아ᄒᆡ라도 졍신을 ᄎᆞ리고 ᄭᆡ닷는 텬셩이 불언즁에 ᄉᆡᆼ기고 ᄇᆡ속에창ᄌᆞ라도 ᄒᆞᆼ습이되여 대소변이 불시에 나오는 폐단이 업시 규모가 되는거시라 … 아ᄒᆡ부모된 쟈가 명심 ᄒᆞᆯ거시 뎨일 텬셩을 슌히ᄒᆞ기에 잇다ᄒᆞᄂᆞ니라[87]

위 인용문에서도 앞서 지적하였듯이 모성은 여성이 교육받아야 하는 가장 중요한 근거로 제시되고, 아이는 나라의 근본으로 제시되고 있다. 이 인용문은 전통적인 모성 역할과 근대적 모성 역할이 중첩되면서 갈등과 조화를 이루고 있는 모습을 보여 주고 있다. 10세를 기준으로 교육 주체를 어머니와 아버지로 구분하는 것은 전통적 교육관을 이어받고 있다. 그러나 어머니가 수행해야 하는 교육적 역할이 "시를 뎡ᄒᆞ여 ᄶᅵ우고" "조고만 수ᄅᆡ에 안치고 ᄭᅳᆯ고 다니며 운동을 식히"며 "대소변 ᄉᆡ지라도 뎡ᄒᆞᆫ 시각"에 맞추는 것 등 근대적인 개념이 도입되고 있다. 동시에 전통적인 육아 방식은 "억지로 졋먹여 ᄌᆡ우"고 "아ᄒᆡ를 업고 다니는 거슨 ᄉᆞ지를 속박ᄒᆞ여 혈긔가 막혀

87) '어린ᄋᆞᄒᆡ 기르는 규모', 「제국신문」, 1899년 2월 24일.

셔 ᄌᆞ연이 울만ᄒᆞᆫ 마ᄋᆞᆷ"이 생기게 하는 등 자연스러운 아이의 발달에 어긋나는 것으로 규정된다. 시간에 따른 규율과 습관을 내면화한 근대적 인간을 양성하는 것이 과학적 모성에게 부여된 가장 중요한 교육적 역할이었던 것이다. 그리고 나아가 이는 "학교에 다닐때에ᄂᆞᆫ ᄆᆡᄉᆞ를 더욱 ᄒᆞᆫ결갓ᄒᆞᆫ 시한이 잇"[88]다는 서술에서 나타나듯이, 근대적 학교 체제의 도입을 전제로 하고 있다. 시간에 따른 규율과 습관의 내면화는 이후 일제 강점기까지 지속적으로 거론되었다.

> 이렇틋이 울때마다 젓을먹이는 납븐습관은 어머니가 부치는것입니다. 그때문에 그애기의소화기(消化器)는 점점 약해저서 병이생기고 몸이괴롭기때문에 더욱더욱울게됩니다. 그리면 어머니는 애기가 괴로워서 우는줄도모르고 식그럽다고 욕하고 때리고 ᄭᅩ집고합니다. … 시간을정해서 젓을먹이라 … 적어도 세시간이상의 사이를두고 한번에 한쪽젓만 먹이도록하며 먹일때마다 양편젓을 번가러먹입니다. 그리고 먹이는 시간도 한번에 십분이나 십오분가량으로하고 만일에 젓먹일시간이 아닌때에 울면 더운물을 조곰식먹이면 좃습니다.[89]

일제 강점기로 접어들면서 의학과 교육학, 심리학 등 근대적 과학지식이 각각의 영역을 확보해 나가면서, 과학적 모성에 대한 수사는 한층 전문적인 용어로 대체된다. 또한 막연하게 시간을 정한 수유를 권장하던 태도에서 더 나아가 구체적인 수유 시간과 간격까지 제시되고 있음을 알 수 있다. 개화기에 진행된 과학적 모성 담론은 아직

88) 'ᄋᆞ히길으ᄂᆞᆫ 규모 젼젼호련속', 「제국신문」, 1899년 2월 27일.

89) 일기자, 「귀여운 애기들에게 조흔습관을 부처줍시다」, 『家庭の友』 제1권 제6호, 1937. 6, 46-49쪽.

구체적인 과학적 지식을 근거로 하지 못하고 있었다. 서구와 일본의 의료 기술이 소개되고 있었지만, 그것을 신뢰할 수 있는 어머니가 아직 등장하지 못했던 것이다. 여기에서 과학적 모성을 밑받침해 준 중요한 담론이 '위생 담론'이었다.

> 근일에 유지인ᄉᆞ의 부녀들이 의학교에 ᄃᆡᄒᆞ야 위ᄉᆡᆼ상에 잉ᄐᆡᄒᆞ고 ᄒᆡ산ᄒᆞ며 아희 길으난 법을 알고져 ᄒᆞ야 ᄆᆡ 일요일 오후 세시간식 와셔 위ᄉᆡᆼ의 요령을 ᄇᆡ오깃다 홈으로 ᄒᆡ학교에셔난 거절훌 슈 업셔 학부에 보고ᄒᆞ고 인허ᄒᆞ기를 청ᄒᆞ얏난ᄃᆡ 그 교ᄉᆞ난 의학교 교관 류병필 씨로 뎡ᄒᆞ얏다더라. [90]

근대적 의료체계에 대한 신뢰의 부족은 곧 근대적 국가/사회 구성에 대한 장애물이 된다. 대한제국과 개화사상가들은 적극적이면서도 강압적인 방식으로 근대적 위생 관념을 전파하려 하였고,[91] 이러한 위생 관념은 과학적 모성을 정당화해 주었다. 위에 인용한 기사처럼 "유지인ᄉᆞ의 부녀들"을 의학교에서 "위ᄉᆡᆼ상에 잉ᄐᆡᄒᆞ고 ᄒᆡ산ᄒᆞ며 아희 길으난 법"을 가르쳤던 것이다. 나아가 근대적인 지덕체(智德體) 삼육론(三育論)의 분류를 적용하여 어머니의 교육적 역할을 설명하는 내용도 나타났다.

> 자식을 누가 사랑치 아니ᄒᆞ리오. … 실상으로 사랑ᄒᆞᄂᆞᆫ 도리로 말ᄒᆞ건ᄃᆡ ᄐᆡ육과 톄육과 지육이하ᄒᆞ노라 ᄐᆡ육이란것은 아희어머니가

---

90) '婦女의 願學衛生', 「제국신문」, 1907년 2월 22일.

91) 개화기 위생 관념과 주체 형성에 관해서는 고미숙, 『한국의 근대성, 그 기원을 찾아서: 민족 · 섹슈얼리티 · 병리학』(서울: 책세상, 2001) 참고.

> 잉ᄐᆡ하얏슬ᄯᆡ에 눈에 악ᄒᆞᆫ일은 보지아니ᄒᆞ고 … 톄육이라 ᄒᆞᄂᆞᆫ것은 아ᄒᆡ가 나ᄆᆡ 위ᄉᆡᆼ을 지극히 보호ᄒᆞ며 운동을 잘 시키여 신체가 강건케 ᄒᆞᆷ이니 소아위ᄉᆡᆼ편을 공부ᄒᆞᆷ이 가장 사랑ᄒᆞᄂᆞᆫ 일이오 지육이라 ᄒᆞᄂᆞᆫ것은 어린아ᄒᆡ가 ᄀᆡᆺ버ᄒᆞ고 노ᄒᆞ고 슬퍼ᄒᆞ고 질기ᄂᆞᆫ 감졍을 ᄭᆡ다르며 말을비홀ᄯᆡ브터 조흔말을 들리고 올흔일을 보이며 거짓성ᄂᆡ고 싸리지말며 부러 속이고 놀ᄂᆡ지말며 각ᄉᆡᆨ물정을 가라치고 옛적 어진사ᄅᆞᆷ의 ᄒᆡᆼ적을 이야기ᄒᆞ야 들릴이오[92]

여기에서는 어머니의 교육적 역할을 태육(胎育), 체육, 지육으로 구분하고 있다. 태육은 전통적으로 어머니에게 강조되어 오던 태교(胎教)를 의미한다. 또한 지육의 범주는 오늘날 덕육에 해당하는 내용으로 설명하고 있다. 여기에서 "소아위ᄉᆡᆼ"을 강조하는 체육만이 근대적 성격을 분명히 보여 주고 있고, 태육과 지육은 전통적인 방식의 어머니 노릇을 그대로 계승하고 있다. 즉, 태육은 근대적 의료체계를 근거로 한 임신-출산의 과정이 아니라 "눈에 악ᄒᆞᆫ일은 보지아니ᄒᆞ"는 것을 의미하고, 지육 역시 "옛적 어진사ᄅᆞᆷ의 ᄒᆡᆼ적을 이야기"하는 것을 그 내용으로 한 것이다. 서구 및 일본의 제국주의 세력과 마주하였던 조선이 서구적 근대 문명을 적극적으로 수용하고자 하면서도, 여성을 끊임없이 '전통'으로 등치시키려는 노력이 여기에서도 엿보인다고 할 수 있다.

한편 대한제국은 관립 고등여학교를 설립하면서 어머니-여성을 위한 교육내용을 포함시켰다.

92) 평의장 뎡경당, 「자식을실샹으로사랑ᄒᆞᆯ일」, 『자선부인회잡지』 제1호, 1908. 8, 29-30쪽.

> 高等女學校施行規則 … 各學科目 敎授要旨 … 一. 修身. 着實穩健ᄒᆞ야 女子의게 適當ᄒᆞᆫ 淑德을 養ᄒᆞᆷ을 期圖ᄒᆞ고 實踐躬行을 宗旨로ᄒᆞᆷ을 要ᄒᆞᆷ. … 十. 家事. 家來整理上에 必要ᄒᆞᆫ 智識을 得케 ᄒᆞ고 兼ᄒᆞ야 勤勉 節儉 秩序 周密 淸潔을 尙ᄒᆞᄂᆞᆫ 思想을 養ᄒᆞᆷ을 要ᄒᆞᆷ. 家事ᄂᆞᆫ 衣食 住 看病 育兒 家計簿記 其他 一家의 整理經漢 等에 關ᄒᆞᆫ 事項을 授ᄒᆞᆷ이 可ᄒᆞᆷ. … 十四. 敎育大要. 敎育에 關ᄒᆞᆫ 普通智識을 得케 ᄒᆞ야 家庭敎育에 資케 ᄒᆞᆷ을 要ᄒᆞᆷ. 敎育은 敎育의 理論大要를 授ᄒᆞᆷ이 可ᄒᆞᆷ.[93]

여성적 영역이 강조되는 수신과 가사, 교육대요 교과목의 교수요지를 보면, 수신의 경우는 전통적으로 여성에게 요구되었던 "숙덕(淑德)"이 큰 변화 없이 강조되고 있음을 알 수 있다. 반면 가사와 교육대요는 상당히 근대적인 교육내용을 요구하고 있다. 그러나 이 시기 근대적 교육학을 교수할 수 있는 능력을 가진 교관이 없었기 때문에, 실질적으로 교육이 이루어졌다고 보기는 어려울 것이다. 반면에 가사 교과는 근대적 여성교육의 핵심으로 인식되면서 소학교에서는 재봉 교과를 통해서 교수되었으며, 중등 수준의 여학교의 경우는 1903년 정신여학교가 4년제 중학교로 인가받아 가정과로 '가사' '침공' '침선'을 두었고, 1904년 이화학당 역시 4년제 중학교로 인가받아 가정과로 '생리'와 '재봉'을 두었다.[94]

---

93) '官報', 「황성신문」, 1908년 4월 14 · 15일.

94) 정덕희, 「구한말 개화기부터 8 · 15광복까지의 가정과 교육의 변천에 관한 연구」, 한양대학교 박사학위 논문, 1993, 30쪽; 전미경, 「1900－1910년대 家政 敎科書에 관한 연구－현공렴 발행 『漢文家政學』, 『新編家政學』, 『新訂家政學』을 중심으로」, 『한국가정과교육학회지』 제17권 제1호, 2005. 3, 132쪽에서 재인용.

그러나 가정과 교수에 사용되었던 교재를 분석한 연구 결과를 보면,[95] 어머니-여성보다는 아내-여성이 근대적 가정 구성을 위해 더욱 강조되었음을 알 수 있다. 전미경의 분석 결과를 보면, 현공렴이 발행한 『한문가정학(漢文家政學)』 『신편가정학(新編家政學)』 『신정가정학(新訂家政學)』에서 직접적으로 과학적 모성과 연관되는 내용은 적은 비중을 차지하고 있음을 알 수 있다. 『한문가정학』(1907. 12)에서는 "가인지감독(家人之監督)"이라는 대단원 아래 포함된 "교육유아지대요(教育幼兒之大要)"와 "가정교육(家庭教育)" "소학교육(小學校育)"이 있는데, 그 소단원 구성이 "교육유아지대요"는 위생의 내용(태교(胎教), 포육(哺育), 소아의식숙(小兒衣食宿), 소아지생치종두급질병(小兒之生齒種痘及疾病), 소아지동정급유희(小兒之動靜及遊戲))으로 구성되어 있고, "가정교육"은 대체로 규범적인 내용(가정교육지요지(家庭教育之要旨), 가정교육지준적(家庭教育之準的), 가정교육지방법(家庭教育之方法), 가정교육지계칙(家庭教育之戒則))이며, "소학교육"은 소학교교육의 중요성을 각인시키는 내용(소학교육지요지(小學校育之要旨), 교육아동지주뇌(教育兒童之主腦))이다. 이는 『신편가정학』(1907. 12), 『신정가정학』(1913. 5)에서도 공통적으로 나타나는 현상이었다.

모성의 교육적 기능을 위한 학교교육이 원활하게 이루어지지는 않았지만, 각종 신문이나 잡지를 통해서 과학적 모성을 구성할 수 있는 근대적 과학 지식이 보급되고 있었다.

어린아희난 보이난ᄃᆡ로 슝상ᄒᆞ난 특셩이 잇난고로 만일 가라치지

---

95) 대한제국 시기 가정 교과서에 대한 분석 내용은 전미경, 위의 글, 131-151쪽 참고.

아니ᄒᆞ면 어리석고 텬치가 되야 보통인류가 되지못ᄒᆞ리니 그증거ᄂᆞᆫ 법국파리ᄃᆡ학교에셔 시험ᄒᆞ야 본 일이잇스니 어린아ᄒᆡ를 아모것도 보이지 아니ᄒᆞ며 가라치지 아니하야도 보통인류가 되깃나냐아니되깃나냐 ᄒᆞᄂᆞᆫ 문졔로 시비가 분々ᄒᆞ더니 이것은 시험ᄒᆞ야 보ᄂᆞᆫ일이 젹당ᄒᆞ다ᄒᆞ고 어린아ᄒᆡ 두명을 돈을쥬고 구ᄒᆞ야 아룻부쓰에셔 홀로거ᄒᆞᄂᆞᆫ 노파의게 부탁ᄒᆞ니 그노파가 부탁을 밧고 그 두아ᄒᆡ를 다려다가 셰상물졍을 보지도 못ᄒᆞ고 듯지도 못ᄒᆞᄂᆞᆫ 곳에 가두고 우유와 졔육과 닭의 고기를 먹여 일곱ᄒᆡ를 양휵ᄒᆞ얏ᄂᆞᆫᄃᆡ 그학교에셔 고만시험ᄒᆞᆷ이 좃타ᄒᆞ고 그 아ᄒᆡ를 다려다놋코 여러사ᄅᆞᆷ이 시험젹으로 구경ᄒᆞᄂᆞᆫᄃᆡ 그 아ᄒᆡ들은 웃지도 못ᄒᆞ며 울지도 못ᄒᆞ고 사면을 두루보더니 ᄒᆞᆫ아ᄒᆡᄂᆞᆫ「색색」라 ᄒᆞ고 ᄒᆞᆫ아ᄒᆡᄂᆞᆫ「쿠쿠」라 ᄒᆞᄂᆞᆫ 소ᄅᆡ만 ᄒᆞᆯ줄 알ᄲᅮᆫ이라[96]

위 인용문에서는 어린이를 교육시켜야 하는 이유가 국가나 민족으로 수렴되는 것이 아니라 근대적 과학이 파악한 어린이의 특성에서 찾아지고 있다. 즉, 어린이는 외부의 자극을 모방하고 흡수하는 특성을 가진 존재라는 것이 교육의 근거로 제시된다. 그리고 이 근거는 "법국파리ᄃᆡ학교"의 실험이 입증하고 있다. 이제 과학적 모성은 교육에 대한 심리학적 · 교육학적 근거에 의존하기 시작했던 것이다. 근대 과학이 입증하는 본성은 어린이의 그것만이 아니었다.

영국學者하뫼롯그여리스라하는사람이(男及女)라는冊을著述하엿는대其中婦人과兒童을身體上形態로見하던지精神上形便으로思하던지生理上組織을分析함으로結論하여도자못類似한處가多하니이는畢

96) 평의원 리정숙, 「어린아ᄒᆡ교휵론」, 『자선부인회잡지』 제1호, 1908. 8, 26－27쪽.

> 竟婦人으로하여곰覺悟케함이라今亦女子의天職이實노此에在하다하노라. 故로女子가國家의對한任務던지各自家祖先에對한責任이던저全혀兒童敎育에天職을盡할지라.[97)]

여성이 어머니로서 교육적 기능을 담당해야 하는 근거는 서구 문명을 대표하는 영국의 과학자 "하뫼롯그여리스"라는 사람이 "신체상 형태, 정신상 형편, 생리상 조직"을 분석하여 과학적으로 입증하였다. 서구적 과학 담론을 동원하여 모성의 교육적 측면을 자연화(naturalize)하는 동시에 아동양육을 담당하는 과학적 모성을 국가와 가족체제에 대한 임무이자 책임으로 공론화시키고 있는 것이다. 이 인용문의 필자는 뒤이어 "아동심리를 연구하라"고 주장하면서 '여자의 천직은 어떠한 일에 주의할 것인가?'를 묻고 육아법과 심리 연구가 필요하다는 과학적 모성론을 제기하고 아동교육에 요구되는 "아동의 벌상(罰賞) 상죄적(償罪的) 벌, 응보적(應報的) 벌, 위혁적(威嚇的) 벌 (불필요), 개선적(改善的) 벌"을 교육학적으로 분석하여 제시한다.[98)]

과학적 모성은 아동에 대한 과학적 지식과 어머니-여성 자신에 대한 과학적 담론이라는 두 개의 축으로 구성되었다. 다음에 인용하는 주요섭의 글은 이러한 구성 방식을 정확히 제시하고 있다.

> 그다음에는 자식낫는문뎨가생깁니다. … 자식을나흐려고하면 그들을첫재 제몸을살펴보아서 과연내가아버지될자격 어머니될자격이잇나업나를도라보아야하겟습니다. 인격으로라든지 도덕으로라든지 만을두내외중에한사람일지라도 아직부모노릇할자격이업다구생각되는

97) 지설선구연(池雪船口演), 「家庭敎育」, 『부녀지광』 창간호, 1924. 7, 69-70쪽.
98) 위의 글, 70-72쪽.

째에는 어대까지든지 그런자신이생길만하도록 수양할때까지자식을 낫치말아야할것입니다. … 들재로생각할것은 우리가과연자식을과학덕으로 상당하게먹이고닙히며 학교에보내서공부를식힐만한 금전력이잇는가업는가를 도라보아야합니다.[99]

주요섭은 먼저 '자식 낳는 문제'에 대해 부모가 모두 스스로 "자격"을 검토해 보아야 한다고 주장한다. 여기에서 그 자격을 검토하고 판단할 수 있는 주체가 동등한 남성과 여성이 될 수 있었는지는 의문이다. 주요섭은 부모로서의 자격이 갖추어지지 않았다면 "수양"을 통해서 부모가 되어야 한다고 주장하는데, 이 대목은 안창호, 이광수 등과 함께 '수양동우회'를 핵심적으로 주도하고 1937년 피검되었던 그의 형 주요한을 떠오르게 한다. '수양동우회'에 대한 두 사람 사이의 공감이 어느 정도였는지 구체적으로 입증할 수 있는 자료를 찾아보기 힘들지만, '수양동우회'가 부르주아적 남성 지식인이 주축이 되었고 그 이데올로그 중 하나였던 이광수가 철저하게 성별 분리의 입장을 보여 주었다는 사실로 미루어 볼 때, 주요섭이 주장하는 부모로서의 자격을 판단하는 주체는 남성일 확률이 높다고 할 수 있다.

주요섭은 또한 과학적 방식의 육아와 더불어 학교교육에 요구되는 경제적 능력을 요구하고 있다. 과학적 모성은 단순히 근대적 과학 지식의 습득만으로 달성될 수 있었던 것은 아니었다.

1920년대 미국 스탠퍼드 대학교에서 교육학 석사과정을 이수하고 돌아온 주요섭은 여성교육의 변화를 요구하면서 과학적 모성을 다시 한 번 강조하고, 나아가 과학적 모성을 '구여성'과 '신여성'을 구

99) 주요섭, 「結婚生活은이러케할것」, 『신여성』 제2권 제5호, 1924. 5, 27쪽.

분하는 준거로 사용한다.

> 育兒法을가르처주라. 新女性이나舊女性이나 어린애기르는데 別로 差異를發見치못하겟다는것이 늙은이들의新敎育辱설中하나이다. 事實그러타 도로혀舊女性만못한點이만타. 舊女性은子息을 함부로때리는일이잇서서 消極的으로라도애들에게버릇을 가르치거니와 敎育바든新女性은 애들때리면 안된다고때리지는아느면서도 그代策으로아모런 積極的訓練이업기때문에 도모지버릇업는애들을만들어놋는 경우가매우만타.[100)]

여기에서 (근대적) 육아법은 신여성과 구여성을 구분하는 기준, 정확히 말하면 신여성이 구여성과 차별성을 확보할 수 있는 근거가 된다. 근대 과학으로 무장된 모성의 교육적 기능만이 신여성에게 쏟아지는 곱지 않은 시선을 무마할 수 있는 기제라는 것이다. 이때 근대적 교육을 통해 자아를 확보하고자 하는 신여성은 '모성' 속으로 매몰되고 만다. 신여성의 자아 표현은 허영과 사치, 사회 현실을 모르는 시대착오적인 발상으로 매도되면서, 유일한 탈출구로 제시되는 것이 과학적 모성의 교육적 측면이었다. 이러한 논리는 신여성과 구여성을 비교하는 대목에서 한층 구체적으로 나타난다.

> 둘재, 新女性은 智識이잇슴으로 衛生觀念이잇는것(구저즈분하지안코 정결한것) … 다섯재, 新女性은 子女養育을 바로하는것(例컨대 無識한舊女子는 地球가도는줄도모르고 해와 달이약이를한다 그러나 新女性은 그런거짓말을 아니한다 또舊女子는 種痘넛키를실혀한다 그러

---

100) 주요섭, 「女子敎育改新案」, 『신여성』 제5권 제5호, 1931. 6, 12쪽.

나 新女性은 그와反對다 이런重要한問題가 얼마든지 잇슬것이다[101)]

신여성은 근대적 지식인 위생 관념을 갖추고 있고 자연과학적 지식을 기반으로 전통적 믿음을 극복하는 어머니다. 그리고 구여성은 이와 정확히 반대되는 존재, "충실한 노예"[102)]다. 이와 같이 과학적 모성은 여성을 신여성과 구여성으로, 나아가 '좋은' 어머니와 '나쁜' 어머니로 구분하게 된다. 어머니-여성은 남성의 시선에 따라 끊임없이 분류되고 범주화된다. 과학적 모성은 가치중립적인 과학적 지식을 바탕으로 한 '어머니 노릇'을 주장하였지만, 이미 도덕적 차원을 확보하기 시작하였던 것이다. 과학적 모성에 대한 도덕적 차원은 앞서 지적하였던 것처럼, 모성 자체가 과학적 지식으로 설명되기 시작한 것과 연관된다.

萬一 女性이 이와가티 그 天賦의權利와義務인 卽, 女性으로서의 個有의特權인 母性으로서의任務를 拋棄하고 그社會的向上에만 努力한다면 그것은 반다시生理的見地에서본다면 變則的 脫線的 行動인 것이다. … 女性은 將來社會에의 作傋이主로되여잇스며 男性은 現在社會에 貢獻할수박게업는 生理的宿命을가젓다고봄이 可할것이다. … 도리혀 이러한意味의 阻害가잇는것은 母性을放棄한 變態女性에서볼수잇는 것이다. 그러나 이러한變態女性 卽純全한 生理的見地에서 考察한脫線的女性은 現資本主義의 經濟的關係와 社會制度의缺陷으로서 不可避的으로 産出되는것이며 그것은 오즉當然한일일것이다.[103)]

101) 이성환, 「新女性은七德이具備」, 『별건곤』, 1928. 12, 91쪽.
102) 김학보, 「舊女子는오즉 忠實한奴隸」, 『별건곤』, 1928. 12, 93쪽.
103) 이장우, 「母性의 束縛-女性의社會的貢獻에對한生理的考察」, 『여인』 창

여성이 모성을 거부하는 것은 "생리적 견지"에 "변칙적 탈선적 행동"이 된다. 여기에서 과학은 그 권위의 근거가 되는 가치중립성을 넘어서 하나의 도덕적 명제가 된다. 여성을 규정짓는 의학적·생리적 근거로 모성을 제시하면서, 이러한 근거를 사회적·심리적 상황의 정당화에 활용한다. 모성에서 벗어난 여성은 현재에의 공헌은 불가능하며, 결국 현재 사회에서 자신의 자리를 마련할 수 없다. 인용문의 필자는 여성이 모성으로 가지게 되는 신체적·심리적 특성이 사회적으로 '약점'임을 반복적으로 권위 있는 목소리로 확인하고 있다. 또한 이러한 모성을 거부하는 여성을 자본주의라는 사회제도와 연결시키면서 당시 소비자본주의 문화의 전면으로 등장하고 있던 신여성을 비판하고 있다.

개화기 근대 국가 만들기 작업의 일환으로 적극적으로 추진되었던 계몽적 위생 담론은 일제 강점기에 이르러 본격적으로 등장한 전문가 집단을 통해 한층 강화되었다.

> 산모가 어린애를 날때에 의사가 임석하야 산모나 갓난애를 보아주는것은 이상적 일일뿐만 아니라 매우 필요한 일입니다. 임신한 동안에는 태모가 자기의 모든 형편이 완전한가를 알기 위하야 의사의 진찰을 밧고 어린애를 날때가 되면 그 의사의 지시를 잘 이행하여야 합니다. 이 때 의사의 도움이나 부탁을 들어두는것이 이중으로 필요합니다. … 만일 불행히 어머니의 젓이 적든가 혹 무슨일로 젓을 먹이지 못할 경우가 잇스면 의사에게 문의하야 무슨 대용물을 먹이는것이 좃습니다. 결코 이웃이나 다른 아는 사람에게 물어보지 안을것입니다.

간호, 1932. 6, 19-20쪽.

… 이외에 필요한 육아상식은 어떤 육아단체나 병원이나 의학단체에서 배울수 잇습니다. 나의 마지막 충고는 이것입니다. 정기적으로 어린애를 의사에게 뵈이고 어린애의 건강과 행복을 위하야 힘을 다하야 마음을 노을수 잇슬만한 보증을 엇도록 하라는 것입니다.[104)]

자신의 아이를 잘 키우려는 어머니는 이제 임신과 출산의 과정에서부터 과학적 지식으로 무장한 전문가인 의사에게 의존해야 한다. 과학적 모성으로 부각되었던 여성은 사실상 "자기의 모든 형편이 완전한가를 알기 위하야" 전문가에게 의존해야 하는 존재가 되었다. 어머니-여성은 남성의 "철의 손"[105)] 아래에 놓이게 된 것이다. 남성은 어머니와 '함께'가 아니라 어머니를 '대상'으로 작업하며, 이에 따라 대부분의 여성은 지식 수준에 관계없이 분만을 자신에게 부과된 하나의 개별적 사건으로 생각하게 된다.[106)] 전문가에 의존하는 임신 및 출산은 식민지 여성에게는 다층적 질곡 속에 놓일 수밖에 없었다. 〈표 4-1〉은 1930년 조선 전체와 경기도 지역의 의료 종사자 인구를 나타낸다.

〈표 4-1〉에서 드러나듯이, 과학적 모성을 선도하였다고 할 수 있는 의료 종사자 총 12,614명 중 여성은 3,746명으로 약 30%가량을 차지하고 있었다. 이 중에서 의사들이 전근대적 의료 행위라고 비판하였던 산파의 수를 제외하면, 여성 의료 종사자의 수는 3,018명으로

---

104) 길인애(경성요양원간호원장), 「嬰兒의一年間: 어린애잘기르려는어머니는꼭알어두어야할상식」, 『우리가정』 제7호, 1936. 10, 61-63쪽.

105) 이 용어는 아드리엔느 리치가 남성 의사들이 출산행위를 장악하였던 상징적 도구인 분만용 집게를 묘사한 용어다. Adrienne Rich, 김인성 역, 『더이상 어머니는 없다: 모성의 신화에 대한 반성』(서울: 평민사, 1995), 173쪽.

106) 위의 책, 183쪽, 191쪽.

표 4-1 1930년 의료 종사자 인구

(단위: 명)

소분류	조선 전체			경기도		
	남	여	전체	남	여	전체
의사	5,658	39	5,697	902	23	925
치과의사	564	38	602	192	20	212
약제사	1,034	65	1,099	293	32	325
간호인	142	2,728	2,870	41	1,029	1,070
산파	–	728	728	–	202	202
안마·침구사	727	103	830	206	29	235
기타 의료	743	45	788	63	9	72
총계	8,868	3,746	12,614	1,697	1,344	3,041

* 자료: 조선총독부, 『昭和五年 國勢調査報告』 全鮮編, 1930에서 재구성.
** 의료 종사자 분류에 포함된 수의사, 제철공(蹄鐵工)은 제외.

약 24%로 감소한다. 그리고 전체 여성 의료 종사자 중 여성 의사의 수는 불과 39명으로 전체의 1.04%에 불과하였다. 즉, 과학적 모성 담론은 모성을 계기로 여성을 남성에게 종속시켰던 것이다.

수도권과 지방의 차이 역시 현격하였다. 의료 종사자 중 경기도 지역에서 활동하는 사람은 모두 3,041명으로 전체 의료 종사자 중 약 24% 정도였다. 남성 의사의 경우는 경기도에서 활동하는 사람이 902명으로 전체의 16%가량이었던 데 비해, 여성 의사는 23명이 경기도에서 활동하여 전체의 59%를 차지하고 있다. 전통적으로 여성의 임신 및 출산 행위에 더 많이 개입하였을 것으로 생각할 수 있는 산파는 경기도 지역에서 202명이 활동하여 전체의 28%가량의 비율을 보여 주고 있다.

결론적으로 경제적 조건을 배제하고라도[107] 과학적 모성 담론은 서울을 중심으로 한 경기도 지역에서 실제 기반을 확보할 수 있었다. 또한 여성 의사의 59%가량, 산파의 28%가량이 경기도 지역에 집중되었다는 사실은 그 이외 지역의 어머니는 근대적 의료 시설을 이용할수록 남성적 의료 행위에의 종속이 심해질 수밖에 없었음을 알려 준다.

다음은 과학적 모성 담론을 생산하고 전파할 수 있는 교육 및 의료 종사자의 국적별 분류다.

표 4-2 1930년 국적별 교육 및 의료 종사자 인구

(단위: 명)

대분류	교육 종사자			의료 종사자		
	남	여	전체	남	여	전체
전체	28,132	3,178	31,310	9,271	3,746	13,017
일본인	5,549	1,284	6,833	1,938	2,762	4,700
조선인	22,488	1,818	24,306	7,293	964	8,257
대만인 · 화태(樺太)인 · 남양인	–	–	–	1	–	1
중화민국인	52	4	56	15	–	15
기타 외국인	43	72	115	24	20	44

* 자료: 조선총독부, 『昭和五年 國勢調査報告』 全鮮編, 1930에서 재구성.

과학적 모성 담론을 생산하고 적극적으로 전파할 수 있었던 사람들은 근대적 의학 지식을 갖춘 의료 종사자와 교육학, 심리학 등을 배경 지식으로 한 교육 종사자였다. 〈표 4-2〉는 이들의 국적별 분

107) 1938년 일본 적십자산원(赤十字産院)에서의 유학을 마치고 돌아온 허영숙은 효자정(孝子町) 진명여학교 근처에 "허영숙산원"을 개원하였는데, 여기에서 산모당 해산비는 30원(분만비 3원, 하루 입원비 3원씩 1주일)이었다. 「嬰兒의樂園 『許英肅産院』-四萬圓을드려近世的設備를하다」, 『삼천리』, 1938. 8, 161쪽. 이는 당시 보통학교 여자교원의 1개월 월급(35~60원)에 육박하는 비용이었다. 한편 당시 허영숙의 직책은 의원조수(醫員助手)였다.

포를 나타낸 것이다. 교육 종사자 중 남성은 28,132명으로 전체의 89.8%를, 의료 종사자 중 남성은 9,271명[108]으로 전체의 71.2%가량을 각각 차지하고 있다. 교육 종사자와 의료 종사자를 과학적 모성이라는 측면에서 합산해 볼 경우도 조선인 남성이 29,781명, 일본인 남성이 7,487명, 일본인 여성이 4,046명, 조선인 여성이 2,782명의 순서로 나타난다. 또한 일본인 여성 교육 종사자의 경우 전체 일본인 교육 종사자 중 19%, 의료 종사자의 경우는 전체의 58.7%를 차지하는 데 비하여, 조선인 여성 교육 종사자는 전체 조선인 교육 종사자 중 7.4%, 의료 종사자의 경우는 전체의 약 12% 정도밖에 되지 않는다. 이는 과학적 모성 담론의 생산과 전파가 남성중심적으로 이루어졌을 뿐만 아니라 민족적인 측면에서도 식민주의자의 영향력이 압도적이었음을 의미하는 것이다.

〈표 4-3〉은 일제 강점기가 시작되는 1910년부터 1942년까지 의사와 산파, 간호사의 국적별 통계치와 1인당 인구수를 보여 준다.

이 표에서 드러나듯이, 1920년대 중반에 들어서면서 의사의 수는 일본인과 조선인이 비슷해지기 시작하여, 1927년부터 조선인 의사가 일본인 의사보다 많아졌음을 알 수 있다. 이에 반해 어머니-여성과 좀 더 직접적인 관계를 맺을 수 있었을 것으로 생각되는 산파와 간호사의 경우는 일제 강점기 내내 일본인 종사자의 수가 조선인 종사자의 수를 압도하고 있었다.

108) 이는 〈표 4-1〉에서 생략하였던 수의사와 제철공(蹄鐵工)이 포함된 수치다.

표 4-3 1910~1942년 국적별 의료 종사자

(단위: 명)

연도	의사					산파					간호사				
	일본인	조선인	외국인	합계	의사 1인당 인구	일본인	조선인	외국인	합계	산파 1인당 인구	일본인	조선인	외국인	합계	간호사 1인당 인구
1910	345	1,342	25	1,712	1,638	172	20		192	14,605	220	17	3	240	11,684
1911	376	479	25	880	3,273	221	11		232	12,413	302	32	3	337	8,546
1912	353	72	32	457	6,477	274	4		278	10,647	402	32	8	442	6,697
1913	395	183	38	616	4,944	336	2		338	9,011	418	21	6	445	6,844
1914	464	144	33	641	4,870	395	2		397	7,863	175	9	2	186	16,784
1915	627	209	36	872	3,576	512	5		517	6,031	184	21	10	215	14,502
1916	667	233	32	932	3,398	603	8		611	5,184	416	41	8	465	6,812
1917	678	279	36	993	3,228	625	23		648	4,947	420	57	9	486	6,596
1918	648	351	35	1,034	3,131	608	14		622	5,206	416	52	9	477	6,788
1919	654	354	30	1,038	3,136	592	26	2	620	5,251	413	44	11	468	6,956
1920	604	402	29	1,035	3,182	585	21		606	5,434	462	47	10	519	6,345
1921	619	411	31	1,061	3,118	615	25	1	641	5,162	501	65	16	582	5,685
1922	659	468	32	1,159	2,899	703	27	1	731	4,596	532	73	14	619	5,427
1923	652	515	35	1,202	2,832	716	42		758	4,491	420	66	21	507	6,714
1924	666	577	32	1,275	2,693	812	65		877	3,915	543	87	16	646	5,314
1925	685	637	36	1,358	2,658	796	66		862	4,187	599	101	21	721	5,006
1926	708	703	39	1,450	2,493	905	81	1	987	3,662	668	99	19	786	4,599
1927	711	762	35	1,508	2,399	931	115	1	1,047	3,456	782	135	21	938	3,857
1928	786	806	30	1,622	2,236	983	138	1	1,122	3,233	798	150	24	972	3,731
1929	779	836	30	1,645	2,226	1,001	144	1	1,146	3,195	797	162	18	977	3,747
1930	796	921	32	1,749	2,185	1,077	173	1	1,251	3,055	919	182	19	1,120	3,412
1931	818	939	34	1,791	2,139	1,041	220	1	1,262	3,036	995	248	18	1,261	3,038
1932	885	1,001	23	1,909	2,049	1,243	273	1	1,517	2,579	939	210	22	1,171	3,341
1933	964	1,094	32	2,090	1,891	1,284	301	1	1,586	2,492	1,252	314	20	1,586	2,492
1934	1,054	1,218	30	2,302	1,742	1,396	368	2	1,766	2,271	1,293	359	20	1,672	2,399
1935	1,146	1,336	24	2,506	1,653	1,445	424		1,869	2,217	1,344	419	20	1,783	2,324
1936	1,129	1,413	23	2,565	1,629	1,446	464	1	1,911	2,187	1,293	434	15	1,742	2,399
1937	1,414	1,470	22	2,906	1,455	1,349	421	2	1,772	2,386	1,433	525	13	1,971	2,145
1938	1,245	1,668	18	2,931	1,457	1,380	555		1,935	2,207	1,261	573	9	1,843	2,318
1939	1,253	1,725	20	2,998	1,433	1,302	556	1	1,859	2,311	1,239	588	9	1,836	2,340
1940	1,269	1,918	10	3,197	1,379	1,407	649	1	2,057	2,144	1,311	780	7	2,098	2,102
1941	1,191	2,022	3	3,216	1,417	1,281	660		1,941	2,349	1,338	872	1	2,211	2,062
1942	1,187	2,487		3,674	1,302	1,263	827		2,090	2,289	1,247	1,017		2,264	2,113

* 자료: 조선총독부, 『朝鮮總督府統計年譜』 각년판에 근거하여 작성.

** 출처: 송규진 · 변은진 · 김윤희 · 김승은, 『통계로 본 한국근현대사』 (서울: 아연출판부, 2004), 332–334쪽의 〈표 2–165〉 위생기관을 재구성.

또한 1910년 당시 1,638명이었다가 1912년 6,477명까지 늘어난 의사 1인당 인구수는 1935년 이후가 되어서야 '한일 병합' 당시의 수준을 회복하였다. 산파와 간호사의 경우는 1910년 1인당 인구수가 각각 14,605명과 11,684명이었던 것이 1920년대 중반 이후 3,000명 수준으로 줄어들었고, 1942년에는 각각 2,289명과 2,113명까지 줄어들었다. 여기서 감안해야 할 점은 산파와 간호사의 경우 1942년 집계를 제외하고는 일본인의 수가 조선인의 수를 압도하는 양상을 보였다는 사실이다.

일제 강점기 어머니-여성이 의료 시설 접근 정도는 1909년 '자혜의원관제'에 의거하여 설립된 자혜의원의 의료혜택 정도로 미루어 볼 수 있다. 자혜의원은 무료진료를 통해 일본의 식민지배에 대한 반감을 없애고 우호적 감정을 심어 준다는 목적에서 전국의 주요 도시에 설립된 의료 기관이었다. 1912년 8월부터는 도 자혜의원의 의사들이 조수 한 명과 함께 관내 부·군청 소재지로 파견돼 진료하는 순회 진료가 시작되면서 종래 의료혜택을 받지 못하던 지방 주민들에게까지 그 혜택 범위가 넓어지기도 하였다. 그러나 일본인과 조선인 전체 인구 대비 진료율을 보면, 1910년 일본인의 진료율은 7.14%였으나 1920년에는 30.10%, 1942년에는 55.28%에 이르렀던 데 반해, 조선인은 1910년 당시 0.32%, 1920년 1.01%, 1942년 2.12%에 불과하였다.[109)]

결국 일제 강점기 조선의 어머니들이 과학적 모성 담론에 입각하

109) 자혜의원의 구성과 순회진료, 환자수 및 인구 대비 비율에 대해서는 송규진·변은진·김윤희·김승은, 『통계로 본 한국근현대사』(서울: 아연출판부, 2004), 334-339쪽 참고.

여 임신, 출산, 수유, 육아 등을 수행하고자 할 때, 일차적으로 남성에게, 그리고 민족적으로는 일본인에게 종속될 수밖에 없었던 것이다.[110] 서양의 경우 근대적 의학 지식으로 무장한 남성 의사들이 과학적 모성론을 내세우며 경험적이고 감성적이며 전통적인 여성의 세계와 혁신적이고 합리적이며 과학적인 남성의 세계 간의 차이를 상징하는 '모성 본능'을 깎아 내리고, 모성의 가장 육체적인 측면조차도 과학에 기반한 훈련을 요구했다는 사실[111]을 고려한다면, 일제 강점기 조선에 확산되었던 과학적 모성 담론은 젠더, 인종, 지역, 계급 등의 여러 범주에서 주변적인 존재가 되었던 '구여성'을 문제적인 모성을 가진 존재로 격하시키게 된다. 아이에게 이상이 발생하였을 경우 "결코 이웃이나 다른 아는 사람에게 물어보지 말라"는 의사의 목소리는 여성 내부를 구별하는 모습을 보여 준다. 다층적으로 배제되는 구여성, 전통적인 어머니의 모습은 스스로를 이에 대비되는 존재로 부각시켜야 했던 신여성으로 하여금 더욱 과학적 모성론에 얽매이게 만들었다. '여성=암컷=어머니=모성=가정'이란 연결고리를 더욱 강력하게 묶어 주는 역할을 했던 과학[112]은 일제 강점기 조선의 구여성과 신여성 사이를 가로지르면서 한층 강력한 가정중심성을 확보할 수 있었다.

---

110) 한편 대한제국 시기의 경우인 1909년의 조사에서는 산파의 경우 조선인이 33인, 일본인이 105인이고, 간호부는 조선인이 33인, 일본인이 155명이었다. '衛生狀態調査', 「황성신문」, 1909년 7월 23일.

111) Georges Duby · Michélle Perrot 공편, 권기돈 · 정나원 공역, 『여성의 역사 4, 페미니즘의 등장: 프랑스 대혁명부터 제1차세계대전까지』(서울: 새물결, 1999), 557쪽.

112) 연구공간 수유+너머 근대매체연구팀, 『매체로 본 근대 여성 풍속사 新女性』(서울: 한겨레신문사, 2005), 240쪽.

2) 정서적 모성

제2차세계대전 이후 서구에서 새롭게 부각된 어머니상은 '공감하는 어머니'였다. 이 '공감하는 어머니'의 등장 배경에는 과학적 모성을 뒷받침한 심리학적 연구 성과들이 자리하고 있었다. 이후 전개된 페미니즘 내부에서의 찬반 논의에도 불구하고, 프로이트의 충동이론은 강력하고, 지배적이고, 매력적인 어머니를 접근할 수 있는 요구의 대상으로, 즉 온화하게 만들었다.[113] 양육은 유아의 자연스러운 기호들에 자유로운 고삐를 주는 것이 되었고, 어머니의 일은 아기의 감정적 요구에 반응하고(즉, 아기의 마음을 읽고), 아기에게 필요한 것을 충족시키고, 아기의 퇴화를 참아 내고, 인식의 발달을 촉진시키고, 다른 무엇보다도 이런 일을 하면서 개인적으로 만족스럽다고 느끼는 것이었다.[114]

여기에서는 모성의 교육적 측면을 부각시켜 보고자 하는 연구 목적에 근거하여 어머니와 아이 사이의 감정적 유대, 즉 공감을 강조하는 어머니상이 아동의 감정적 차원에 주목하는 어머니상과의 연계성을 가지고 있음을 의미하기 위하여 '정서적 모성'이라는 용어를 사용하고자 한다. 어머니와 아이 사이의 공감이라는 개념은 교육학적 인간 개념에서 '감정' 자체의 의미 변화를 담고 있는 것이기 때문이다. 이런 의미에서 '정서적 모성'은 '과학적 모성'의 대립항이 아니라 동전의 양면과 같은 관계 속에 놓여 있다고 할 수 있다.

원영의는 잡지 『소년한반도(少年韓半島)』 제1호부터 제6호까지 「신교육론(新教育論)」을 연재하였다. 원영의는 제2호에서 교육을 심

113) Shari L. Thurer, 박미경 역, 『어머니의 신화』(서울: 까치, 1995), 335쪽.
114) 위의 책, 336-337쪽.

리학적 발달단계에 따라 구분 지어 설명하였다.

> 教育의性質이醫學과如ᄒᆞ니 … 一個人의思想發達ᄒᆞᄂᆞᆫ時代를左에區分ᄒᆞ노라
>
> 一歲ᄂᆞᆫ嬰兒期니感覺直覺의時代오自二歲至八歲ᄂᆞᆫ幼兒期니知覺及槪念의時代라幼稚園에在ᄒᆞᆯ時오自九歲至十五歲ᄂᆞᆫ成童期니槪念及判定時代라小學校에在ᄒᆞᆯ時오自十六至十八歲ᄂᆞᆫ青年期니推論의時代라中學校或高等學校에在ᄒᆞᆯ時오自十九歲至二十四歲ᄂᆞᆫ成人期니新理想發達의時代라大學校의在ᄒᆞᆯ時니[115)]

여기에서 한 사람의 일생은 "사상발달"을 준거로 구분된다. 영아기(1세)는 '감각직각'으로, 유아기(2~8세)는 '지각 및 개념', 성동기(9~15세)는 '개념 및 판정', 청년기(16~18세)는 '추론', 성인기(19~24세)는 '신이상(新理想)발달' 등의 특징으로 구분되고 각기 대응하는 학교 수준이 제시되고 있다. 그렇다면 여기에서 발달하는 '사상'은 구체적으로 어떻게 구성되어 있었던 것인가? 뒤이어 원영의는 다음과 같이 '사상'을 개념화한다.

> 思想一般의性質을論ᄒᆞ건ᄃᆡ智情意三者로知識을發達ᄒᆞᄂᆞ니辨明事物을智라ᄒᆞ고感觸境遇를情이라ᄒᆞ고希望一切을意라ᄒᆞ니 … 教育의秘訣은其興味를啓發ᄒᆞᆯ샏이니教育者ㅣ此에注意ᄒᆞᆯ지며[116)]

인용문에서 알 수 있듯이, 인간의 심리가 "지정의(智情意)"로 구성

115) 원영의, 「新教育論」, 『소년한반도』 제2호, 1906. 12, 6쪽.
116) 위의 글, 6쪽.

되어 있으며, 각각은 "판명사물(判明事物)" "감촉경우(感觸境遇)" "희망일체(希望一切)" 등의 기능을 수행한다고 파악된다. 이에 따라 교육은 "흥미"를 계발하는 것으로 이해된다. 원영의는 다음 호에서 관념연합의 세 가지 법칙과 여섯 가지 종류의 흥미를 구체적으로 설명하고, "관념연합법(觀念聯合法)" "흥미계발" "심의발달(心意發達)의 차서(次序)를 종(從)홀" 것 등을 교수(教授)의 원리로 제시하고 있다.[117] 이는 다름 아니라 독일 헤르바르트 학파의 교육학 이론을 소개하고 있는 것이다. 원영의는 헤르바르트 학파의 심리학적 교육학을 근대적 학문으로 소개하면서, 그것을 포괄하는 강령이 "심의동화(心意同化)"[118]라고 지적한다. 따라서 어머니가 아동교육의 일차적 책임자가 되는 이유는 다음과 같이 설명된다.

> 母氏에情理는兒子를對ᄒᆞ야至近至密ᄒᆞ야兒子를養育홀時에溫和慈愛ᄒᆞᆷ니只切ᄒᆞ고壓苦疾惡ᄒᆞᆷ이少無ᄒᆞ야日夜同處에負抱顧撫ᄒᆞᆷ으로兒氏의性質이母氏를從ᄒᆞ야變化ᄒᆞᄂᆞ니母氏된者ㅣ何慮를不愼ᄒᆞ리오平時에衣服飮食과居處動作과言語交際의如何狀態를詳細觀察ᄒᆞ야善良ᄒᆞᆫ慣習을誘掖馴致ᄒᆞᆷ이可홀진뎌[119]

즉, "아씨(兒氏)의 성질(性質)이 모씨(母氏)를 종(從)ᄒᆞ야 변화(變化)" 한다는 것이 어머니가 일차적 교육 책임자가 되는 이유인 것이다. 여기에서 알 수 있듯이, 근대적 과학의 교육학은 인간을 '지정의'의 심리구조를 지닌 존재로 파악하고 심리적 모방을 교육의 출발점으

117) 위의 글, 4－5쪽.

118) 위의 글, 3쪽.

119) 위의 글, 4쪽.

로 제시하고 있다. '지정의'라는 심리구조로 인간을 분석하는 모습은 이광수에게서도 나타나고 있다.

> 근세에 至하여 人의 心은 知 · 情 · 意 三者로 작용되는 줄을 知하고 此 三者에 何優 何劣이 無히 평등하게 吾人의 정신을 구성함을 覺하며, 吾의 地位가 俄히 昇하였나니, 일찍 지와 의의 노예에 불과하던 자가 지와 동등한 권력을 得하여, 知가 제반 과학으로 만족을 구하려 함에 情도 文學 · 음악 · 美術 등으로 자기의 만족을 구하려 하도다. 고대에도 此等 예술이 有한 것을 觀하건대, 아주 情을 무시함이 아니었으나, 此는 순전히 정의 만족을 위함이라 하지 아니하고, 차에 지적 · 도덕적 · 종교적 意義를 添하여, 즉 此等의 보조물로, 부속물로 존재를 享하였거니와, 약 오백 년 전 문예부흥이라는 인류정신계의 대변동이 有한 이래로, 情에 독립한 지위를 與하여 지나 의와 평등한 대우를 하게 되다.[120]

이광수는 「문학이란 하(何)오」에서 '지정의'라는 인간 심리구조가 근대적 심리학의 산물이라는 점을 분명히 밝히고 있다. 이광수는 이러한 인간 이해를 바탕으로 이미 1910년에 '정육(情育)'의 중요성을 역설하였다.[121] 즉, 이광수는 「금일 아한(我韓) 청년과 정육」에서 "지육(智育), 덕육(德育), 체육(體育) 삼자는 교육의 주안(主眼)이라. 차삼자(此三者)가 구(具)히 발달ᄒᆞ면 교육의 이상(理想)을 달(達)ᄒᆞ리라."[122]

---

120) 이광수, 「문학이란 何오」(1916), 『이광수전집』 1, (서울: 삼중당, 1963), 508쪽.

121) 이광수, 「今日 我韓 青年과 情育」, 『대한흥학보』 제10호, 1910. 2, 16-19쪽; 한국역사정보시스템(http://kh2.koreanhistory.or.kr/)에서 검색.

122) 위의 글, 16쪽.

고 시작하면서 이러한 지육·덕육·체육의 체제가 우리나라뿐 아니라 전 세계 교육가의 공통된 의견이라는 점을 인정한다. 그러면서 이러한 교육론에 포함되지 못하는 '정(情)'을 교육해야 하는 중요성을 강력하게 피력한다.

> 人은 實로 情的 動物이라. 情이 發ᄒᆞᆫ 곳에ᄂᆞᆫ 權威가 無ᄒᆞ고 義理가 無ᄒᆞ고 智識이 無ᄒᆞ고 道德健康名譽羞恥死生이 無ᄒᆞᄂᆞ니 嗚呼라 情의 威여 情의 力이여 人類의 最上權力을 握ᄒᆞ얏도다.[123]

즉, '정' 역시 인간의 심리를 구성하는 중요한 요소의 하나임을 역설하는 것이다. 나아가 이러한 '정'이 "인류의 최상권력"을 장악하고 있으며 핵심적인 교육 영역의 하나임을 주장하고 있다. '정'을 기반으로 하는 교육, 나아가 '지정의'라는 인간의 심리구조를 토대로 교육을 구성하려는 시도는 중국에서도 추진되었다.

중국의 경우, 1906년 왕국유(王國維)는 「교육의 종지(宗旨)」(1906년)에서 교육의 주 영역을 체육과 심육(心育)에서 다시 지육(智育), 덕육(德育), 미육(美育)의 구분을 두었으며, 이 넷에 모두 주의를 기울임으로써 완전한 인간을 양성할 수 있다고 보았다. 또한 특별히 미육을 논하는 자리에서는 미육의 첫째 목적이 감정의 조화에 있고 지육, 덕육의 수단으로 쓰이는 것은 두 번째 의의라고 보았다.[124] 이후 중화민국 임시정부의 초대 교육총장과 베이징 대학 총장을 역임한 채

---

123) 위의 글, 18쪽.

124) 손세철, 『蔡元培魯迅的美育思想』(沈陽: 遼寧教育出版社, 1990), 3-4쪽; 권보드래, 『한국 근대소설의 기원』(서울: 소명출판, 2000), 77쪽에서 재인용.

원배(蔡元培)에 이르러서는 군국민주의 교육, 실리주의 교육, 공민도덕교육, 세계관교육, 미감(美感)교육 등의 이른바 '오종주의(五種主義)'로 표현되었다.[125] 또한 조선 역시 1895년 고종의 「교육입국조서(敎育立國詔書)」에서 '덕양(德養)' '체양(體養)' '지양(智養)'의 이른바 '삼양론(三養論)'이 공식화된 이후에 지덕체론이 당시 교육론의 핵심적 위치를 차지하고 있었다.

권보드래에 따르면, '지덕체'와 '지정의'가 근본적으로 다른 인식체계로서 초기 수용 과정에서 일정한 긴장관계를 형성하고 있었고,[126] 이는 각각 교육론과 심리학을 기반으로 삼는 두 가지 다른 체계이기 때문이다. 즉, 지덕체론이 내부 항목 사이에 위계를 세우려 하는 반면, 지정의론은 "此 三者에 何優何劣이 無히 평등하게 吾人의 정신을 구성(이 세 가지에 어떠한 우열도 없이 평등하게 우리의 정신을 구성)"한다는 이광수의 주장처럼 상호 대등한 심리구조로 인식되었다는 것이다. 그리고 이는 지덕체론이 처음부터 계몽의 담론으로 제출된 것이었다면, 지정의론은 계몽의 일반적 구도에 거리를 두고 있었던 것과 관련이 있다고 주장한다.[127]

그러나 이는 초기 교육학이 심리학과 명확하게 분리되지 않은 상태에서 출발하였다는 점과 일제 강점기까지 우리의 교육학이 일본의 영향력하에서 발전하고 있었음을 충분히 고려하지 못한 것으로 생각된다. 메이지(明治) 30년대(1897~1907) 일본에서는 헤르바르트 학

125) 강성현, 「민국교육이념의 건설자 차이위안페이(蔡元培)」, 한용진 · 강성현 · 김귀성 · 이승원 · 쓰즈키 쓰구오(都築繼雄), 『동아시아 근대교육사상가론』(서울: 문음사, 2004), 114쪽.

126) 권보드래, 앞의 책, 53쪽.

127) 위의 책, 75-77쪽.

파의 교육론이 널리 보급되었으며, 1920년대 이후 슈프랑거(B. Spranger)를 필두로 한 독일의 문화교육학과 페스탈로치(J. H. Pestalozzi)의 교육론이 활발하게 논의되고 있었다. 또한 대한제국 시기 조선에 소개된 교육학 이론 역시 대체로 도덕성 함양을 목적으로 하는 헤르바르트 학파의 교육목적관이 많이 반영되어 있었다.[128)]

그렇다면 '지덕체'와 '지정의'의 긴장관계는 학문적 체계의 차이에서 기인하는 것이라기보다는 오히려 이러한 논의를 통해 어떠한 인간상을 의도했는지, 즉 계몽 기획의 주체와 목적의 차이라고 할 수 있을 것이다. 앞서 언급하였듯이, 대한제국에서는 「교육입국조서」를 통해서 공식적으로 천명되었던 지덕체론의 위계[129)]가 국가주의적 계몽 기획 속에서 설정되고 있음을 시사해 주는 것이다. 반면 지정의론은 1905년 이후, 사실상 근대 국가로서의 기능이 정지된 상태에서 도일 유학생을 중심으로 발화되고 있었다. 결국 '지덕체'와 '지정의'는 근대교육학을 구성하는 두 가지 다른 방식이었고, 이는 교육을 통해 구성하고자 하는 인간상에서 전자는 국가주의적 측면이, 후자는 근대적 개인 주체의 측면[130)]이 강조되었던 결과라고 할 수 있다.[131)]

---

128) 이에 대해서는 김성학, 『서구교육학 도입의 기원과 전개』(서울: 문음사, 1996) 참고.

129) '지덕체' 사이의 위계성도 일본과 조선은 다른 모습을 보인다. 모리 아리노리(森有禮)는 체육의 중요성을 강조하였던 데 비해, 「교육입국조서」에는 '덕양(德養)'이 가장 앞서 제시된다.

130) 김현주는 이광수의 『무정』을 분석하면서, 이광수가 의도하였던 인간상이 '속사람'이라는 용어로 표현되고 있고, 그 중요한 특성이 바로 '공감'이라는 점을 지적하였다. 김현주, 「공감적 국민=민족 만들기」, 『작가세계』, 2003년 여름호, 71쪽.

131) 중국에서 미감교육을 주장하였던 채원배의 '오종주의' 역시 그 내부 논리가

'지덕체'와 '지정의'의 긴장관계는 정서적 모성에도 투영되었다. 교육을 둘러싼 두 담론 모두 '지'의 영역은 학교의 역할로 배정하였다. 어머니－여성에게 기대된 교육적 기능은 '덕'과 '체', 그리고 '정'과 '의'의 부분이었다. 그런데 '체'는 앞서 살펴본 것과 같이 위생 담론과 학교에서의 체육을 통해 국가가 적극적으로 개입하려는 부분이었고, 원영의가 "희망일체(希望一切)"에 관계한다고 설명하였던 '의' 역시 외부로부터의 계몽 의지가 투영되어 있었다. 결국 어머니－여성에게 기대된 또 다른 측면이 '덕'과 '정'으로 긴장관계를 유지하며 공존하였던 것이다.

> … 家庭은卽兒童이他日社會에出ᄒᆞ야萬般集事에諸種準備를給與ᄒᆞᄂᆞᆫ處니라 … 又家庭은服從을敎ᄒᆞᆷ이有ᄒᆞ니年限間은親의命令에服從케ᄒᆞᆷ이라此習慣은後來社會에立ᄒᆞ기에當ᄒᆞ야自己良心에從ᄒᆞ야活動을得ᄒᆞ기에至ᄒᆞᄂᆞᆫ者인즉 … 家庭敎育은自小及大ᄒᆞᄂᆞᆫ順序로써敎導의最良을作ᄒᆞᆯ진뎌且家庭의各般事가直接間接에皆其子女를敎ᄒᆞᆷ이니[132]

어머니－여성은 모든 교육의 출발이자 기초가 되는 가정교육의

모순된다는 비판이 있다. 채원배는 '오종주의'를 설명하면서 각각의 우선순위를 백분율로 제시하였는데, 그는 '군국민주의교육 10%, 실리주의교육 40%, 공민도덕교육 20%, 미육교육 25%, 세계관교육 5%'로 설명하였다. 여기에서도 군국민주의교육에 비해 미육교육이 훨씬 높은 비율로 설정되어 있고, 실리주의교육이 가장 많은 40%를 차지하고 있다는 점을 고려한다면, 이광수를 비롯한 도일 유학생이 지정의론을 강조하면서 설정하였던 교육적 인간상이 어떠한 모습이었는지 짐작할 수 있다. 채원배의 오종주의에 대해서는 강성현, 앞의 글, 130쪽.

132) 정운복, 「家庭敎育」, 『대한자강회월보』 제1호, 1906. 7, 144－145쪽.

주체로 인식되었다. 그리고 그 가정교육은 앞의 인용문에 나타나듯이 "他日社會에出ᄒᆞ야萬般集事에諸種準備를給與ᄒᆞᄂᆞᆫ(후일 사회에 나가 여러 가지 일에 다양한 준비를 제공하는)" 것을 그 목적으로 하는 것이었다. 그런데 사회 진출을 위한 준비로서 가정교육에서 강조되고 있는 것은 다름 아닌 "복종"이었다. 이는 국가주의적 계몽담론으로 활용되었던 지덕체론 중에서 '덕'을 강조하고 있는 것이다. 이는 우리나라 초기 교육학 서적인 『간명교육학(簡明教育學)』에서 좀 더 구체적으로 제시되고 있다.

> 其母의 鞠養에 對ᄒᆞᆫ 感謝의 意ᄂᆞᆫ 愛情이 强固ᄒᆞ야 人類社會에 崔貴重ᄒᆞᆫ 慈愛의 基本이 되며 其父에 對ᄒᆞᆫ 敬服의 心은 正理를 尊ᄒᆞ고 義務를 重히 ᄒᆞᄂᆞᆫ 氣風의 根原이 되며[133]

여기에서 어머니는 애정의 전달을 통해 인류에 대한 자애를 전달하고, 아버지는 '경복(敬服)의 마음'을 심어 줌으로써 장차 의무를 소중하게 여기는 마음을 키워 주는 존재로 구분된다. 정서적 모성으로서의 여성은 실질적으로 교육을 담당해야 한다는 요구와 함께 '아버지에 대한 존경'을 심어 줘야 한다고 기대되고 있었던 것이다. 자녀에 대한 어머니의 정서적 친밀성은 어머니가 가정교육을 담당해야 한다는 근거가 되기는 하였지만, 어머니를 교육의 주체로 자리매김하지는 않았다.

133) 유옥겸 역술, 『簡明教育學』(皇城 : 右文館, 1908), 194쪽. 연구자가 오늘날 방식으로 띄어쓰기한 것임.

> 家庭에서 注意호되 兒童에게 最히 親近ᄒᆞ야 其良習慣을 賦與ᄒᆞᄂᆞᆫ 者ᄂᆞᆫ 母라 母의 言行은 兒童의 模倣的 衝動을 成ᄒᆞᄂᆞᆫ 者가 極多ᄒᆞ며 稍히 年長ᄒᆞ야 自律的 訓育의 時期에ᄂᆞᆫ 父의 責任이 最大ᄒᆞ니 卽 品性의 强固活潑과 將來에 可取ᄒᆞᆯ 目的及業務의 方針을 定ᄒᆞᆷ은 父라 最故로 루소의 言에 曰 眞正ᄒᆞᆫ 保姆ᄂᆞᆫ 母오 眞正ᄒᆞᆫ 敎師ᄂᆞᆫ 父ᄅᆞ 云ᄒᆞ고[134]

여기에서 나타나듯이, 어머니는 친근함을 통해 좋은 습관을 길러주는 존재이고 이때 아동은 모방적 존재로 인식된다. 반면 아버지는 "자율적 훈육(訓育)"의 담당자로 인식된다. 여기에서 어머니는 진정한 "보모"이고 아버지는 진정한 "교사"라는 루소(J. Rousseau)의 이야기를 떠오르게 한다. 이는 전통적 인식으로 자리 잡고 있던 '엄부자모(嚴父慈母)'의 인식과 중첩되면서 자연스럽게 수용될 수 있었을 것이다. 결국 어머니가 가정교육의 주체라는 수사는 허구에 불과한 것이다. 가정교육의 주체는 엄연히 가부장인 아버지이고, 어머니는 직접적으로 활동하는 매개체에 불과한 것이다. 이는 일제 강점기의 한 앙케트에서도 잘 드러나고 있다.

1937년 『여성(女性)』이 사회 지도층 인사들에게 "(一) 보건을 위하야 무슨 운동을 실행(實行)하십니까, (二) 자녀교육에는 무슨 주의를 취(取)하십니까, (三) 어린애에게 어떤 종류의 간식(間食)을 주십니까, (四) 일가화평책(一家和平策)으로 어떤 비방(秘方)을 쓰십니까?"라고 질문한 것에 대한 대답은 다음과 같다.

> 李萬珏 (二) 人格을向上시키는데는 自立向上을爲하여 할수있는 範圍에는 大小事를放任해두고 大두리만監督하고 智識은 男女를다 專門

134) 위의 책, 197-198쪽.

以上의學識을가지게하려하며 擇科도 自由趣味에맡깁니다. (三) 어린이의 間食은 主婦와兒母들이 거기對한 智識이있므로 도모지 不干涉입니다. 모릅니다.

李瑄根 (二) 자라는氣運을 되도록伸長식여 주고저하올뿐 大體로 아히어머니의 方針에맥깁니다.

趙東秀 (二) 不拘束主義입니다. 그러나 잘못이잇스면 그것을 뉘우치토록嚴罰그리고 智, 德, 體의 鼎足主義

金永愛 (二) 아직經驗이 적은 「어머니」이니까 이러타할 公開主張이뭐잇겟씁니까만은 너무 잔말을하지안코 내自身의 言行으로써 애들에게가리쳐줄 主義로 늘 마음을쓰고있는것뿐입니다.[135]

여기에서 이선근을 제외한 아버지들은 자신만의 '주의'를 명확하게 표명하고 있는 데 반해, 어머니인 김영애는 "이러타할 공개주장"이 없다는 것을 전제로 하고 있다. 한편 이만갑은 간식에 대한 것은 주부와 유모의 몫이기 때문에 자신은 알지 못한다고 이야기하였다. 이만갑의 대답은 '결정은 아버지가, 실행은 어머니가'라는 분리 구조를 명확하게 보여 주고 있다. 한편 여기에서 특징적으로 나타나는 것은 대부분의 응답자가 자녀교육에 대해 '간섭'을 배제하는 교육방침을 받아들이고 있다는 것이다.

이미 이광수는 1910년대에 가정을 "자녀중심"으로 재편할 것을 주장하면서, '우선 자녀에게 독립한 자유로운 개성을 주어라.'[136]라고 역설하였다.

---

135) 「家長과子女와평화」, 『여성』 제2권 제4호, 1937. 4, 66-67쪽.

136) 이광수, 「子女中心論」(『청춘』 제15호, 1918. 5), 『이광수전집』 10 중판, (서울: 삼중당, 1973), 34쪽.

> 小兒 待接하는 禮儀는 窮究하지아니하는것이 우리通弊외다. … 웨 젓먹이를 속여요? … 웨 小兒의 人格을 無視해요? … 웨 따리고 辱합닛가. … 웨 飮食 먹을때에 아이들은 째어노하요? … 웨 아이들이 죽으면 섬거적에 싸서 무더요?[137]

자녀를 존중받아야 할 인격을 가진 존재로 규정하고 있다. 어른과 동등한 인격체로서의 자녀에게는 거짓말이나 욕설, 체벌을 해서는 안 되고, 심지어 장례 절차까지도 동등한 대우를 해 주어야 한다는 것이다. 그리고 아이의 개성에서 '욕망'은 중요한 지위를 부여받게 된다.

> 精神敎育의 根本敎育은, 卽 意志의 敎育이요, 換言하면 慾望의 敎育이라. 在來의 敎育은 實로 此根本問題를 閑却하엿나니, 吾人의 無爲, 無氣力, 沈滯하고 活動力과 進取의 氣象이 無함이 實로 此意志 又는 慾望의 敎育을 缺如함에 由하도다. … 生하려는 慾望이 强하게 할지어다. 幸福하게 生하려는 慾望이 强하게 할지어다. … 人과 競爭하기를 避하는 者도 吾人이 取하는 바이 아니라. … 吾人이 造하려는 者는 人의 力을(父母 兄弟의 力도) 依賴하지 아니하고 自力으로 不息히 活動하여 社會에 最高한 地位를 占하고 大理石屋에 起居하고 船車에 一等을 乘하고 獨力으로 學校나 圖書館이나 會社·銀行 等을 設하려 하는 者요[138]

137) 이광수, 「小兒를엇지待接할가」(『여자계』 제3호, 1918. 9), 위의 책, 288쪽.
138) 이광수, 「敎育家 諸氏에게」(「매일신보」, 1916년 12월 14~22일), 위의 책, 59쪽.

이광수는 자신의 교육에 관한 의견을 피력한 장문의 논설인 「교육가(敎育家) 제씨(諸氏)에게」에서 욕망을 중요한 교육 대상으로 설정하고, 이것을 전통적 교육과의 근본적 차이로 지적한다. 성리학적 세계관에서 조정과 억제의 대상이었던 '욕망'은 한 개인을 다른 사람과 구분해 주는 중요한 특징으로 이해하는 근대적 인간관을 보여 준다. 이광수가 같은 글 앞부분에서 교육가에게 필요한 중요한 자질로 "헌신적 정신의 유무(有無)"[139]를 지적하는 것은 이와 같은 이해의 연장선상에 있는 것이다. 또한 이러한 욕망의 긍정은 궁극적으로 기꺼이 "인(人)과 경쟁하기를" 원하는 근대 자본주의적 인간상의 구성을 목표로 한다.

> 감졍(感情)방면에도 가뎡의 감화가 적지 안습니다. 이것은 도덕이라는 제목으로 생각하여 봅시다. 가뎡은 도덕을 슈양하는곳이요 또실행하는곳이올시다. 부부 부자 형뎨가 잇셔 도덕의 근본되는 삼강오륜을 행할자리니 … 가졍은 또우리들의게 활동하는 욕심과 긔운을 쥬는곳이올시다. 우리가 무슨일을하는것이 반다시 가졍의 리익으로만 하는것은 아니지마는우리가 사회에 나가셔 무슨일을 하고십고 또 무슨일을 하여야하겟다는 생각이나도록하는것은 이가뎡의힘이올시다.[140]

여기에서 가정교육의 주된 주제는 감정 영역에 대한 "감화"와 "활동하는 욕심과 긔운"을 불어넣어 주는 것으로 규정된다. 이를 통해 자본주의 사회에의 적극적인 참여의지를 심어 주는 것이 요구되는 것이다. 사회와 가정을 '공/사=남성/여성'이라는 구도로 명확하게

---

139) 위의 글, 54쪽.

140) 박관수, 「家庭의힘과그改良의必要」, 『가뎡잡지』 1922. 5, 37-39쪽.

구분하여 등치시키려고 했던 노력을 감안한다면, 결국 가정교육, 나아가 정서적 모성의 일차적 교육대상 역시 자본주의적 공적 영역에의 참여가 전제된 '아들'이었던 것이다.

또 하나 흥미로운 점은 전통적인 "삼강오륜"과 자본주의적 인간형의 "욕망"이 커다란 갈등 없이 함께 감정 및 도덕 영역으로 공존하고 있다는 사실이다. 이는 사랑으로 결합된 부부와 자녀로 구성된 핵가족의 '스위트 홈'의 이상과 함께 남성중심적 직계가족의 원리가 공존하고 있는 가족 개념과의 관련성을 보여 주는 것이라고 할 수 있다. 즉, 근대 가족은 아동 지위의 향상, 자애롭고 집중적인 모성(mothering)의 창안, 가족을 단위로 한 사생활권(privacy)의 발견, 가정중심성(domesticity) 등을 특징으로 하는 친밀성의 공간을 이상화하면서도, 그러한 특징이 항상 남성중심성에 포섭되고 있었다는 것이다.[141)]

한편 '정'의 측면에서 다른 사람과 통약될 수 없는 독특한 개성을 가진 존재로 인정받은 아이에 대한 교육에서는 무엇보다 '자유'가 중요해진다.

---

141) 이재경은 "우리 사회에서 부부중심의 핵가족의 형성을 어렵게 하는 또다른 요인으로 가족 생활이 자녀중심적인 성향을 띤다는 점을 들 수 있다."고 지적한다. 이재경, 『가족의 이름으로－한국근대가족과 페미니즘』(서울: 또 하나의 문화, 2003), 126쪽. 그러나 자녀중심적 성향 자체의 문제라기 보다는 그러한 자녀중심성이 성중립적인 형태로 논의되고 있지만, 사실은 강력한 아버지중심성을 내포하고 있는 데서 기인하는 문제인 것이다. 일제 강점기에도 이미 어머니－자녀 관계의 중요성이 부각되는 동시에, 아버지와의 관계를 어떻게 어머니가 중재할 것인지에 대한 담론이 출현하였다는 사실은 가정에서 아버지 중심성의 상실에 대한 반응으로 볼 수 있을 것이다. 김상묵, 「家庭生活의 新解釋－아버지와자녀문제를중심하고」, 『신여성』 제8권 제1호, 1934. 1, 22－25쪽 참고.

> 국가와 사회가 참혹한것을 당치안케하랴거든 우리는 어린아기를 이러케 길너봅시다. 첫재! 자유를주어서 길너야하겟습니다. … 언어에자유를 줍시다. … 더구나 모친된 여러분네들은 그아희에 장래를맛흔사람이니 그책임이중한이만큼 한아라도삼가하지아느면아니되겟습니다.[142]

여기에서도 "아희에 장래를맛흔사람"인 어머니는 무엇보다 자녀의 자유를 보장해 주어야 한다고 요구받고 있다. 신체적 체벌이나 욕설과 같은 언어폭력은 아이의 자유를 침해하는 것, 즉 아이의 '정'을 인정하지 않는 것으로 지속적으로 비판받게 된다. 서구의 경우도 20세기에 들어서면서 아이의 인격에 대한 존중이 중요하게 부각되었다. 이와 더불어 부모는 아이의 욕구와 희망을 인지하고 이해하며 존중해야 한다는 요구가 등장한다.[143] 그리고 권위적인 교육방식에서 자유주의적인 방식으로의 교육학적인 전환은 '교육자 편'으로부터 '아이 쪽'으로 권력의 이동을 가져왔다.[144]

또한 아이를 존중받아야 할 개성과 자유를 지닌 존재로 인식한다는 것은 이제 어머니-여성이 관계를 맺는 구체적인 상대인 자녀를 정확히 파악해야 한다는 논의로 이어진다.

---

142) 우희일, 「어린이를엇써케양육할까」, 『부녀세계』 창간호, 1927. 4, 11-15쪽.

143) Elisabeth Beck-Gernsheim, 이재원 역, 『내 모든 사랑을 아이에게?(한 조각 내 인생과 아이 문제)』(서울: 새물결, 2000), 156-157쪽. 엘리자베트 벡-게른스하임(Elisabeth Beck-Gernsheim)은 이를 "요람에서부터의 민주주의"라고 표현한다.

144) 위의 책, 158쪽.

第三節「兒童心理를硏究하라」. … 女子의天職은如何한事의注意할고余는謂하되育兒法과心理를硏究함이必要타하며 … 家庭에對한兒童敎育에就하야特히注意할바나感情의敎育이라.[145)]

정서적 모성에게 무엇보다 요구되는 것은 아동 심리에 대한 연구였다. 결국 정서적 모성은 아이와의 공감을 위해서는 자유로운 개성을 가진 존재로서의 아이의 심리를 파악해야 한다는 면에서 과학적 모성과 마주하게 되는 것이다. 또한 어머니에게 육아법과 아동의 심리에 대한 철저한 연구가 필요하다는 기대는 어머니 노릇이 여성의 천직이라는 논리와 서로 모순될 수밖에 없음에도 불구하고, 이러한 모순은 여성의 천직이 그러한 연구에 알맞은 존재라는 논리로 은폐되고 있음을 알 수 있다.

아동 심리에 대한 강조는 곧 아동과 성인의 차이를 인식하라는 요구로 이어진다.

어린이의 세게는 결코 어른의 생각과갓지안습니다. 그럿타고해서 방임주의로 나가시라는것은 결코아니며 부모님들이 자녀의 개성에대하야 만분관심을 가지시고 거기에대하야 적합한 책을 골라주시는것이 대단히 조흘줄로 생각합니다.[146)]

아동과 성인의 의식은 동일한 성격의 것이 아니다. 따라서 개성의 존중이 "방임주의"로 이어져서는 안 된다는 것이다. 따라서 정서적

145) 지설선구연(池雪船口演), 「家庭敎育」, 『부녀지광』 창간호, 1924. 7, 70-71쪽.
146) 김상덕, 「어린이에게읽힐책 그선택과지도에대하야」, 『家庭の友』 제41호, 1941. 3, 22쪽.

모성은 자녀의 심리에 대한 정확한 이해를 토대로 "적합한 책"을 선택해 주어야 하는 역할까지 요구받는다. 자녀에게 적합한 책을 선택하는 기준 역시 "추리력, 지각력, 판단력, 상상력" 등의 심리학적 측면에서의 발달을 도모할 수 있는 내용으로 이루어져 있다. 이는 아동 완구 선택에 대한 논의에서도 반복되고 있다.[147)]

아동 심리에 대한 정확한 이해를 바탕으로 하는 친밀성이 강조되는 정서적 모성에서 가장 중요한 것은 두 개인의 형식적 권리를 이해할 뿐만 아니라 관계를 맺고 있는 구체적인 상대의 욕구(desire), 계획(project), 요구(need)와 자신의 권리 간의 균형을 유지하는 것이 핵심이다.[148)] 이러한 균형은 어머니와 자녀 양쪽에서 깨어질 수 있는 것이다.

> 어린이의 자유를 속박치말자 - 는말은 오날에잇서서는 가정교육상의한표어(標語)가 되다십히되고 대개의가정에서는 어린이들이 길을 펴고 자라도록힘쓰고잇는경향이 보히는것은 참으로 깃븐일이며 … 어린이들의버릇을 가리칠때에 『자연스럽게하라.』든가 『자립독행케하라.』든가 『압제말라.』든가 『지내친잔소리를하지말라.』든가하는의견이 차츰차츰 진보된가정 더욱이 지식게급이라고할 가정에서 주장되는경향이잇슴은 어린이들을일칭더 행복스러운상태에잇게해주는 것으로 참으로 반갑고조흔일이올시다. 이것은 어린이들을 리상적상태에두고 리상적조흔방법으로써 교육해나가려는 현재교육게의리상을

147) 김여제, 「兒童玩具 選擇標準; 未來의 社會를 擔當할 兒童의 精神과 身體에 큰 影響을끼치는 玩具는 어떻게 選擇하얄까」, 『여성』 제3권 제3호, 1938. 3, 56－58쪽.

148) 이재경, 앞의 책, 57－58쪽.

> 실현식히는그것입니다만은 … 그런데 항차 전문으로 교육적수업을하지안은 녀학교를졸업한 어머니에게 그올흔지도방법을 바란다는것은 한낫 공논밧게는 아모것도아닙니다. … 즉리상적인어린이를 엇고저 애를써가다 실제로는 뜻대로안되는어린이를 붓잡고 엇지할바를몰라 하는것이 현재에잇서서 각가정의실제사정입니다.[149]

앞서 지적하였듯이, 정서적 모성은 자녀양육에서 자유와 개성 존중이라는 과제를 부담하게 되었다. 그러나 인용문에서처럼 자유와 개성 존중이라는 과제는 '이상적 어린이'를 설정한 상태에서 해결할 수 있는 것이다. 교육학적 지식으로 무장된 어머니-여성, 즉 과학적 모성이 아니라면 정서적 모성 역시 달성할 수 없는 것이다. 즉, 전문적인 교육학적 지식을 습득하지 않은 어머니-여성이 정서적 모성 담론에 포섭되어 현실의 어린이와 이상적 어린이 사이에서 갈등할 수 있음이 지적되고 있다. 물론 이 인용문은 교육학이라는 과학적 지식의 습득을 강조하는 일종의 과학적 모성 담론이라고 할 수 있다. 그러나 그 이면에는 정서적 모성이라는 올가미(이상적 어린이)에 걸린 채, 끊임없이 현실 속에서 좌절하는 어머니-여성의 모습이 담겨져 있는 것이다. 이러한 논의가 아동으로부터 발생하는 불균형이라고 한다면, 어머니로부터 발생하는 불균형의 가장 대표적인 사례는 '과보호'였다.

> ① 모친의 사랑이 가정교육의 중요 아동의 성격건설의 핵심이된다 고하지만은 지나친 모성애나남용하는 모성애는 맹목적 모성애에비하

149) 낙랑자(樂浪者), 「理想의어린이와現實의어린이」, 『신여성』 제7권 제10호, 1933. 10, 92-95쪽.

야 조곰도 날것이없읍니다. … 식물들이 공통적으로 요구하는 수분이 라든지 양분이라든지 태양이라든지가 잇는것같이 자녀들에게도 공통적으로 반듯이 공급하여야 할것이있으니 이는 즉 육체를 튼튼히 기를 수잇는 식물이외의 어머님의 리지적 사랑입니다. 어머님의 사랑은 아동의 심령의 량식이며 태양빛입니다. 그렇나 식물에 너머 많은 비료를 주면 도리혀 주저앉는것같이 어머님의 눈치없는 사랑은 많이주면 줄수록 아이를 못쓰게 만드는것입니다. 그리고 태양광선을 쏘이지 못하는 꽃이 마르는것같이 사회화하지못한 가정에서 괴롬을 맛보지 못하고 평안히 자라난아이는 크는것같어도 종당은 마르는것입니다.[150)]

② 朴「그런데 내가 러시아에서 구경한 일인데요 그곳녀성들은 직장(職場)에서 도라오는 길에도 자녀를 찻지안는 일이 만습듸다 그까닭은 하로종일 로동에 피로햇는데 밤에까지 어린애기 때문에 잠못자거나 불편하도록 할필요가 업다 아버지가 아츰에 나가면 저녁에 도라와도 자녀를 돌보지안는데 여자는 자녀를 꼭돌보아야한다는 원측이 업지안은가」

崔「세게 어느나라를 처놋코 조선녀성들 처럼 맹목적으로 자녀를 사랑할데는 업겟지요!」

(5) 그들은 子女養育을 엇더케하나?

崔「앗가도 말햇지만 조선녀성은 어린애를 귀해할줄만 알섇이지 길느는 방법에 잇서서야 모순된점이 만치요」

黃「그렇치요 외국녀성들이야 참으로 합리적으로 자녀를 길느지요 절대로 어린애의 의사를 무시하지 안음으로 어린애가 의사발표하기를 조와하며 용긔를 일치안는담니다」[151)]

150) 전애록,「母性愛와 家庭教育」,『여성』 제2권 제4호, 1937. 4, 72-73쪽.
151)「外國大學出身 女流三學士座談會」,『삼천리』 1932. 4, 34-37쪽.

앞의 두 인용문에서 "맹목적 사랑"과 "어린애를 귀해할줄만 알쌘"인 어머니는 곧 "무식"이라는 이유로 비판된다. 서구의 경우도 1940년대 '공감하는 어머니'가 강조된 이면에서 '과보호하는 엄마'와 '나태한 어머니(neglectful mother)'가 비난의 대상이 되었다.[152] 정서적 모성에게 강조되었던 자녀와의 공감은 항상 이면에 과보호라는 비판의 요소를 안고 있었던 것이다.

①의 인용문에서는 '지나친 모성애=남용하는 모성애=맹목적 모성애'라는 등치관계를 설정하고, 이를 식물의 성장에 빗대어 설명하고 있다. 이 글의 필자 전애록은 이러한 부정적 어머니상을 극복하기 위해서 어머니-여성이 "어머님을 요구한다는것과 사랑한다는것과는 얼른보기에는 큰 차이가 없는것같지만은 그심리상태로 본다든지 그질(質)로 본다든지 그차는 천양으로 다른것"[153]을 파악해야 한다고 주장한다. 즉, 정서적 모성은 단순히 자녀를 사랑하는 것이 아니라 그 자녀의 요구를 정확히 파악하는 것을 의미하는 것이다.

한편 ②의 인용문은 미국과 스웨덴에 유학하고 돌아온 박인덕, 최영숙, 황애시덕이 참석한 좌담회의 일부다. 최영숙은 과보호하는 어머니를 곧바로 "조선 여성"이라는 범주로 환원시키고 있다. 즉, 공감과 사랑이라는 정서적 모성의 특징은 과학적 지식의 뒷받침이 없는 상태에서 언제나 과보호라는 함정에 빠질 수 있는 것이었고, 나아가 이는 과학적 지식을 결핍한 '조선 여성=전통적 어머니=구여성'이라는 범주 속에서 비판될 수 있는 것이다. 정서적 모성의 대립항으로 이해된 과보호는 전통적 육아방식의 특징으로 이해되었고, 이는 정서적 모성 담론을 수용한 어머니-여성의 고립으로 이어졌다.

---

152) Shari L. Thurer, 앞의 책, 366-367쪽.

153) 전애록, 앞의 글, 72쪽.

> 그러나 노인들은 덥허노코 사랑만하기 쉬워서 어린이들에게 너무 달게만하는고로 사랑에 빠지는수가 만습니다. 그래서 조부모에게 길운 어린이들은 사랑이 과하기 때문에 단련이 부족하므로 상식도 부족하고 또 극긔억제력(克己抑制力)이 부족하야 조부모에게 길린이들은 버릇없는 귀공자가 되는수가 만습니다[154]

이 인용문은 중앙보육학교장이던 차사백이 어머니, 아버지, 조부모라는 가정교육의 주체별 역할을 설명한 글 중 조부모에 대한 것이다. 여기에서 조부모는 무조건적인 과보호로 어린이의 장래를 망쳐 놓을 수 있는 존재로 묘사된다. 따라서 이들에게서 자녀양육 노동을 보조받는다는 것은 곧 '나쁜 어머니'가 된다는 의미다. 과보호하는 어머니가 전통적인 구여성으로 표상되었듯이, 앞선 세대인 조부모 역시 과보호하는 존재로 규정된 것이다. 어머니-여성에게 강조되었던 정서적 모성은 그 이면에 자리 잡은 과보호라는 함정 앞에서 전통과의 단절을 요구받았고, 이는 실질적인 보조 노동을 제공해 줄 수 있는 모든 관계로부터의 단절을 의미하게 되었다. 이제 어머니 노릇의 고통과 좌절은 어머니-여성 혼자 감당해야 하는 과제가 되었다.[155]

---

154) 차사백, 「育兒講座 9」, 『家庭の友』 제34호, 1940. 10, 15쪽.

155) 차사백은 1939년부터 1940년까지 『家庭の友』에 「육아강좌(育兒講座)」를 연재하였다. 그 연재물 중에는 서양과 동양의 아동교육 발달사가 있는데, 여기에서 고대 그리스의 아테네와 스파르타의 아동양육과 동양의 인도 및 중국의 아동양육을 확연하게 대립시켜 평가하고 있다. '서양/동양=문명/야만=좋은 어머니/나쁜 어머니'라는 이분법적 연쇄고리가 이어지고 있는 것이다. 이에 대해서는 차사백, 「育兒講座」, 『家庭の友』 제26호, 1939. 11, 26-28쪽; 차사백, 「育兒講座」, 『家庭の友』 제27호, 1939. 12, 18-20쪽; 차사백, 「育兒講座」, 『家庭の友』 제29호, 1940. 2, 14-17쪽 등 참고.

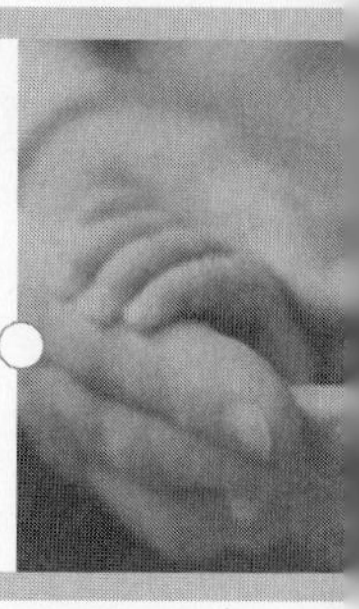

제 5 장

주체적 모성론의 전략과 함정

앞 장에서는 근대적 모성론을 크게 도구적 모성론과 계몽적 모성론으로 구분하여 살펴보았다. 식민주의와 이에 대립하는 민족/국가주의는 모두 남성중심적 필요에 따라 근대적 모성상을 편성하려고 하였다. 또한 근대적 과학이라는 명목으로 의학 및 교육학, 심리학 등은 과학적 모성론과 정서적 모성론을 광범위하게 선전해 나갔지만, 근대적 과학의 이면에 자리한 남성중심성 때문에 어머니-여성은 끊임없이 어머니 노릇의 실제 속에서 소외될 수밖에 없었다. 그렇다면 실제 여성들은 이러한 가부장적 모성 논의를 어떻게 받아들이고 있었을까? 여기에서는 당시 여성들이 어떻게 어머니 노릇을 수행하고 있었는지가 아니라, 가부장적인 측면에서 구성되고 있었던 모성 논의를 여성이 스스로 어떤 측면에서 수용하고 재구성하였는지를 살펴보고자 한다.

1 자발적 수용

1) 전문적 모성

개화기 이후 여성이 어머니로서 교육을 받아야만 한다는 논리가 광범위하게 나타나 있다. 이 점은 여성교육이나 여성사 분야의 기존 연구 성과들이 공통적으로 지적하는 것이기도 하다. 근대 이전 공식적인 교육체계에서 철저하게 배제되어 있던 여성이 학교에 다닐 수 있게 되었다는 것 자체가 근대의 특징적인 풍경을 이루었다.

> 女子를 教育홈은 卽 男子를 教育ᄒᆞᄂᆞᆫ 模範이니 何者오 女子ᄂᆞᆫ 男子의 母라. … 其子ㅣ 生홈이 言語動作이 必其母를 效倣ᄒᆞ야 雖 學校에 入ᄒᆞ야 教師의 訓導를 受ᄒᆯ지라도 家庭의 教育을 旣習ᄒᆞᆫ 故로 事半功倍의 顯效를 致ᄒᆞ나니 … 今에 此文明의 制度을 效則ᄒᆞ야 國民의 精神을 發揮코져 ᄒᆯ진ᄃᆡ 不可不 女子의 教育을 務進ᄒᆞ야 知識 及 道德을 充分히 修成ᄒᆞᆫ 後에야 家庭의 教育이 漸次 進就ᄒᆞ야 兒童으로 ᄒᆞ야곰 不美의 習慣과 粗惡의 品行을 除去ᄒᆞ고 精一ᄒᆞᆫ 姿質과 良善ᄒᆞᆫ 性行을 養性ᄒᆯ지로다.[1]

인용문에서와 같이 여자가 남자 교육의 모범이 된다는 것, 즉 어머니-여성이라는 것이 여성교육의 근거로 제시되고 있었다. 여성은 어머니라는 역할을 자신의 정체성으로 받아들여야 하고, 이를 위한 지식 및 도덕을 습득하여 가정교육의 주체가 되어야 한다. 그리고

1) '女子의 教育', 「황성신문」, 1908년 2월 6일.

그 내용은 "남자"로 하여금 '문명의 제도를 본받아 국민의 정신을 발휘'할 수 있도록 하는 것이었다. 그렇다면 여성의 역할로 규정되었던 가정교육을 당시 교육학 서적은 어떻게 구성하고 있었는가?

> 且家庭教育은 다만 兒童의 心意에 關係가 有ᄒᆞᆯᄲᅮᆫ아니오 又其身體에도 關係됨이 莫大ᄒᆞ니 要言ᄒᆞ면 被教育者가 學校教育을 能受ᄒᆞ기에 至ᄒᆞᄂᆞᆫ間은 精神的 肉體的 教育을 專司ᄒᆞᆫ 者ᄂᆞᆫ 家庭이오 又學校教育을 現受ᄒᆞ며 又畢受ᄒᆞᆫ 後에도 家庭教育은 繼續ᄒᆞᄂᆞ니 彼養護의 主要되ᄂᆞᆫ 方法은 殆皆 父母의 注意 及 家庭生活의 狀態如何에 因ᄒᆞᄂᆞ니 然ᄒᆞᆫ則 家庭教育의 最大要務ᄂᆞᆫ 養護 及 訓育의 完全을 謀ᄒᆞᆷ에 在ᄒᆞ니라 如是히 家庭이 兒童에 對ᄒᆞ야 教育上에 巨大ᄒᆞᆫ 責任이 有ᄒᆞ며 又其責任은 德育, 體育이 主要의 位置ᄅᆞᆯ 占ᄒᆞ얏신즉[2)]

1908년 출간된 『간명교육학(簡明教育學)』은 '교육을 엄정하게 해석할 경우, 교육을 하는 곳은 오로지 학교'[3)]라고 규정하면서도 넓은 의미의 교육에서 가정 역시 중요한 교육의 장소임을 역설한다. 위 인용문에서 나타나듯이, 가정교육은 "양호(養護)"와 "훈육(訓育)"[4)]을

---

2) 유옥겸 역술, 『簡明教育學』(皇城: 右文館, 1908), 195쪽. 연구자가 오늘날 방식으로 띄어쓰기한 것임.

3) 위의 책, 192쪽.

4) 가정교육의 중요한 역할이 '훈육'이라는 것은 당시 많은 논자들이 지적했던 사항이다. 훈육은 아동의 도덕적 생활에 개입한다는 측면에서 일면 정서적 모성론으로 포함시킬 수 있을 것이다. 또한 그러한 훈육 자체가 행동주의 심리학에 기반하고 있었다는 사실을 고려한다면, 과학적 모성론에서도 중요한 주제가 될 것이다. 그러나 본 연구에서는 '훈육=덕육'이 논의되는 배경이 애국심이나 민족의식, 근대적 자율성, 군국주의 등을 포함하고 있었기 때문에 도구적 모성론으로 범주화하였다. 한편 1932년에는 이화보육학교에서 패티

주된 임무로 하고 이는 지덕체론의 입장에서는 "덕육(德育)"과 "체육(體育)"에 해당되는 것이었다. 어머니-여성은 바로 이러한 과제를 수행하는 교육자로 조명되기 시작하였고, 여성교육은 곧 "사범교육"이라는 주장까지 제기되었다.[5]

여성이 어머니로서 교육을 받아야 한다는 주장은 대한제국 시기에 설립된 각 여학교가 공통적으로 내세웠던 이유였다.[6] 또한 체계적인 학교교육이 자리를 잡기 위해서는 상대적으로 장기간의 시간과 비용이 많이 소모되었기 때문에, 많은 개화사상가들은 신문이나 학회 등 일종의 사회교육적 방법을 동원한 계몽을 통한 근대화 작업을 추진하였다. 이러한 분위기 속에서 가정은 신문과 동등한 수준의 교육적 역할을 수행해야 한다는 주장도 찾아볼 수 있다.[7] 여학교의 설립만으로는 어머니-여성을 충분히 계몽할 수 없다는 문제의식에서 학회지나 잡지 등의 방법을 통한 교육도 주장되었다.

> 녀ᄌᆞ교육은 ᄒᆞᆫ가지 ᄲᅮᆫ이 안이고 곳 두 길이 잇스니 쳣ᄌᆡᄂᆞᆫ 어린 녀ᄌᆞ를 유치원에 인도ᄒᆞ야 양지양능을 온젼이 발달시겨야 ᄎᆞᄎᆞ 소학교와 고등학교와 ᄃᆡ학교에 입학ᄒᆞ야 녀ᄌᆞ의 학식과 도덕을 구비케 셩취

힐(Patty S. Hill)의 『活動에 기초한 敎育法』이 출간되었는데, 이는 행동주의 교육이론가인 손다이크(Thorndike)의 이론적 영향하에 있었다고 한다. 이에 대해서는 김혜경, 「일제하 자녀양육과 어린이기의 형성: 1920-30년대 가족담론을 중심으로」, 김진균 · 정근식 편저, 『근대주체와 식민지 규율권력』(서울: 문화과학사, 1997), 239쪽 참고.

5) '女子의 敎育이 卽 師範敎育이라', 「대한매일신보」, 1909년 2월 20일.

6) '城港女校', 「황성신문」, 1908년 6월 7일; '安岳郡女學校贊成會趣旨書', 「대한매일신보」, 1908년 8월 26일 등 참고.

7) '帝國新聞贊成會演說', 「황성신문」, 1908년 10월 1일 참고.

> 시기ᄂᆞᆫ 것이오 둘ᄌᆡᄂᆞᆫ 연치가 발셔 셩년이 되야 학교에 입학ᄒᆞᆯ 슈 업ᄂᆞᆫ 녀ᄌᆞᄂᆞᆫ 학교에 안이 가고도 족히 녀ᄌᆞ의 학식과 도덕을 발달ᄒᆞᆯ 만ᄒᆞᆫ 고금 력ᄉᆞ와 각죵 학과와 동셔양 물졍세티를 다 거두워 녀ᄌᆞ교육 잡지라 ᄒᆞᄂᆞᆫ 셔칙을 간힝하야 고명ᄒᆞᆫ 지식과 세계 물졍을 안져 깨다러 녀즁 군ᄌᆞ와 녀즁 호걸을 지어 능히 완젼ᄒᆞᆫ 남ᄌᆞ와 갓치 명예를 경쟁ᄒᆞ며 ᄉᆞ업을 경영ᄒᆞ야[8]

위 인용문은 『녀ᄌᆞ지남』을 발행하게 된 취지서의 일부다. 여기에서 여성교육의 방법은 공식적인 학교체제를 통한 것과 언론과 집회 등을 통한 사회교육적 방법이 제시되고 있다. 또한 이 취지서에는 학교교육의 대상이 "연치"에 따라 설정된다는 의식도 엿보인다. 동일한 연령 집단을 대상으로 동일한 교육내용을 가르친다는 근대적 교육관이 도입되고 있었던 것이다.

교육의 효과성에 초점을 맞춘 듯한 이러한 명제도 그것이 실제 적용되는 과정에서는 젠더에 따른 차별을 동반하였다. 연령을 기준으로 한 입학조건은 이미 연령을 초과한 대상자들에 대해 배타적인 기능을 수행한다. 또한 전통적인 혼인 연령과 학령이 중복되었고, 특히 여성의 경우는 혼인 연령이 남성에 비해 낮았다는 점을 감안한다면, 여성은 학령에 따른 학교교육 체제에 편입하는 것이 더욱 어려웠을 것이다.[9] 남성의 경우는 혼인을 했더라도 학교교육을 계속 이수할 수 있었지만, 여성에게 혼인은 곧 학교교육이 끝남을 의미하였다. 특히 여성이 어머니와 아내로서 근대적인 가정의 주무자가 되어

8) 윤치오, 「녀ᄌᆞ지남월보취지셔」, 『녀ᄌᆞ지남』 제1권 제1호, 1908.

9) 당시 조혼에 대한 비판 담론은 대부분 혼인으로 학교교육에 집중할 수 없고, 심지어 그것을 이수할 수 없다는 점을 지적하고 있었다.

야 한다는 논리는 기혼 여성의 학교교육 이수 가능성을 방해하는 논리로 작용할 수 있었다.

전문적 모성론의 등장은 무엇보다 교육받은 여성, 즉 '신여성'[10]의 등장과 함께였다. 당시 신여성은 중층적인 남성중심적 시선 아래 놓여 있었다. 1924년 『신여성(新女性)』에 게재한 주요한의 시 「신여자송(新女子頌)」에는 이러한 중층적인 시선이 잘 나타나 있다. 신여성은 "태양이 나온 쌀"이면서 "만인의 희망"을 받는 존재였다. 또한 "풀에 다듬은 너의 성애"와 "새벽가치 깨고 쌍가치 자라는 모성(母

---

10) 최숙경 등은 신여성을 ① 해외 유학까지 하고 돌아온 각계각층의 지도적 신여성, ② 고등여학교를 졸업하고 직업을 가진 중간층 여성, ③ 고등교육을 받기는 하였으나 구여성과 거의 같은 생활을 면치 못하는 전업주부로서의 중간층 신여성, ④ 문자해독 정도의 노농 신여성 등으로 세분할 수 있다고 지적한다. 최숙경 · 이배용 · 신영숙 · 안연선, 「한국여성사 정립을 위한 여성인물 유형연구 Ⅲ」, 『여성학논집』 제10집, 1993. 12, 16쪽. 조은과 윤택림은 신여성의 정의나 개념화 그 자체가 하나의 담론이라고 주장한다. 조은 · 윤택림, 「일제하 '신여성'과 가부장제－근대성과 여성성에 대한 식민담론의 재조명」, 광복 50주년 기념사업회 · 한국학술진흥재단, 『광복 50주년 기념논문집』 8, 1995, 163쪽. 한편 김경일은 신여성의 등장은 몇몇 선구적 개인의 출현을 의미하는 것이 아니라 하나의 시대적 현상이자 새로운 사회세력의 등장으로 해석되어야 한다고 지적하면서, 신여성의 우선적인 판별기준은 교육보다는 오히려 전통－근대와의 대립개념을 통해 인식되어야 한다고 말한다. 김경일, 「한국 근대 사회의 형성에서 전통과 근대」, 『사회와 역사』 제54집, 1998, 24쪽. 이러한 주장에 대해 그 타당성에는 동의하지만, 당대에 신여성을 학교교육의 여부와 연관짓는 주장이 대부분이었고, 신여성의 범주 문제는 이 책의 주제를 벗어나는 것이기 때문에, 여기에서는 '신여성＝(학교)교육을 받은 여성'이라는 범주를 사용하고자 한다. 학교교육을 신여성의 준거로 파악한 당시의 상황에 대해서는 소의식, 「될 슈 잇스면 「忙中閑人」으로」, 『신여성』 제3권 제6호, 1925. 6 · 7; 獨將山人, 「岐路에 선 新女性」, 『제1선』 제3권 제2호, 1933. 2 등 참고.

性)"이 동시에 찬양된다. 신여성은 "반항의 미덕"과 "개성의 권리" 그리고 "의무"가 교차하는 지점이었다.[11] 신여성 스스로도 이러한 자신들에게 기대되는 중층적 시선을 의식하고 있었다.

> 무릇 新女子의 社會改造에 對ᄒᆞᆫ 責任이라 ᄒᆞᆷ은 社會事業이 複雜ᄒᆞᆷ과 갓치 그 責任이 ᄯᅩᄒᆞᆫ 複雜코 重大ᄒᆞᆷ은 勿論이니 卽 社會에 對ᄒᆞᆫ 女子地位問題로부터 家庭問題 兒童養育 男女의 同等權 及 其待遇 寡婦의 處分 及 保護와 情操問題 獨身女子와 그의 待遇 結婚問題 等 其他에 至ᄒᆞ기ᄭᆞ지 何者를 不問ᄒᆞ고 改造事業의 範圍에 屬치 아니ᄒᆞᆫ 者 업스며 何者를 勿論ᄒᆞ고 責任問題가 아니도리 者ㅣ 無ᄒᆞ외다 그러나 我半島女子社會에 在ᄒᆞ야ᄂᆞᆫ 此等問題보다 先히 女子界의 品位를 向上ᄒᆞ고 敎育의 普及을 先決的 新女子의 責任으로 ᄒᆞ며 先決的 新女子의 事業으로 認ᄒᆞᆯ 者이라 ᄒᆞᆸ니다.[12]

여기에서 신여성은 '사회개조'의 핵심적 역할을 수행해야 한다고 주장하면서 그 범위를 "여자지위문제" "가정문제" "아동양육"부터 "결혼문제"에 이르기까지 거의 사회 전반에 걸친 것으로 설정하고 있다. 그런데 여기에서 가장 중요한 과제로 제시하는 것은 "여자계(女子界)의 품위 향상"과 "교육의 보급"을 들고 있다. 신여성 스스로가 어머니-여성이나 아내-여성의 역할보다 개인 주체로서의 여성을 요구하였음이 드러나는 것이다.

그러나 당대 남성 지식인에게 신여성은 무엇보다 자신의 근대적 외양에 걸맞는 근대적 가정을 구성하는 아내와 어머니로 인식되었다.

---

11) 요한, 「新女子頌」, 『신여성』 제2권 제6호, 1924. 8, 116-117쪽.

12) 「新女子이 社會에 對ᄒᆞᆫ 責任을 論ᄒᆞᆷ」, 『신여자』 창간호, 1920. 3, 7쪽.

> 女子가高等의教育을밧는다고女子의天職인愛의王國卽家庭의統治를 踈忽히하야서는안될것임니다 아무리同等의高等教育을바다人格上으로는 對等의地位에잇다할지라도生理上性質上으로彼此儼然한差異가잇슴과가치 人類의文化生活을經營하는職業上으로도男女가다各히自己能力에適合하도록分業을하는것이 그마큼便利하고有利할것은말할것도업슬것임니다 人間의兩性은車의雙輪이並行함과가치對等의知識과對等의人格으로서로敬愛하며서로의지하고彼此의長短을서로補足하야나아가는곳에愛의王國은建設이될것이고文化의價値는增進할것임니다 … 그럼으로強力한男子가外部에서激烈한勞働에從事하면軟弱한女子는內部에서家庭을治理하며子女를養育하는것이 便宜上으로分擔한對等의分業으로認定하는것이가장當然할것이고 또는이分業은가만두고라도女子를一個의母性으로보아 그네를保護하고生活의保障을주는것이男子의當然한責務가안이며 人類在續의法則에適合하지안켓슴닛가[13]

여성과 남성이 동등한 인격체라는 사실과 “생리상(生理上)” 차이가 있다는 사실을 모두 인정해야 한다는 것이다. 이는 ‘차이 속의 평등’을 강조하는 논리로 결국 ‘남성/여성=공/사=직장/가정’의 도식을 기능주의적으로 정당화하고 있는 것이다. 그리고 가정 영역에서 “고등의 교육”을 받은 여성은 무엇보다 “일개(一個)의 모성”으로 자신의 역할을 수행해야 하는 것이다. 나아가 모성은 남성과 여성 사이의 차이에 기반한 “분업” 그 자체를 초월한 범주로 논의된다. 어머니로서 여성이 교육을 받아야만 한다는 논리는 여성이 어머니 역할을 수행할 때 자신이 받은 교육의 내용을 적용해야 한다는 논리로 이어진

---

13) 춘사, 「現代教育의缺陷에對하야」, 『현대평론』 제2호, 1927. 3, 101－102쪽.

다. 그리고 이는 소위 구여성에 대비하여 신여성 자신들을 부각시킬 수 있는 중요한 전략이었다.

당시 남성 지식인은 신여성과 구여성이라는 범주로 끊임없이 여성 내부를 구분하려고 시도하였다. 그 좋은 예가 "현하조선(現下朝鮮)에서의 주부로는 여학교 출신이 나흔가 구(舊)여자가 나흔가?!"라는 『별건곤(別乾坤)』 1928년 12월호의 지상토론[14]이다. 여기에서 신여성을 지지한 이성환은 "위생관념(衛生觀念)이 잇는 것"과 "자녀교육을 바로 하는것"[15] 등을 근거로 제시하고, 김학보 역시 "제2세국민을 잘 길으고 잘 가르치는것"[16]을 신여성의 장점으로 제시하였다.

그렇다면 신여성이 일차적으로 남성, 그리고 이차적으로는 구여성으로부터 스스로를 차별화시켰던 어머니 노릇은 어떠한 모습이었는가? 1932년 10월 『신여성』에 게재된 「육아문제이동좌담회(育兒問題移動座談會)」[17]는 신여성의 어머니 노릇을 잘 드러내 주고 있다. 유각경(조선여자기독교청년회 총무), 임효정(경성여자상업학교 교유), 최선복(『동광(東光)』주간 주요한 씨 부인), 이양선(경제학사 서춘 씨 부인), 그리고 『신여성』 기자였던 송계월이 참석한 이 좌담회에서는 아이의 이유(離乳)를 비롯하여 영양, 수면시간, 체중문제, 체온, 언어문제, 심리, 장난감, 친구 교제, 의복문제 등을 광범위하게 다루고 있다.

당대 가장 주목받은 신여성들이 참석하였던 이 좌담회는 "재래의

---

14) 「現下朝鮮에서의 主婦로는 女校出身이 나흔가 舊女子가 나흔가?!」, 『별건곤』 제3권 제7호, 1928. 12 참고.

15) 이성환, 「新女性은 七德이 具備」, 위의 책, 91-92쪽.

16) 김학보, 「舊女子는오즉 忠實한奴隷」, 위의 책, 93쪽.

17) 특집기사 육아문제이동좌담회, 『신여성』 제6권 제10호, 1932. 10, 24-33쪽.

조선의어머니들은 어린이보육문제에대하야 너무도 무관심 무책임하엿습니다. … 여러 가지 말못할환경과 쏘는가난한탓으로 다른나라어린이들보다 모－든방면에잇서 부족하고 뒤저잇는것도 근본원인에하나이겟스나 우리는 생각할째 그보다도 조선어머니들의 무식과 쏘는 아무관심 무책임이 더큰원인을비저논것이라고 봅니다."[18]라는 기자 송계월의 말로 시작된다. 현재 잘못된 자녀양육의 문제는 다름 아니라 재래의 어머니, 즉 구여성의 책임으로 귀착된다. 구여성에 대한 책임전가는 곧 신여성 스스로를 차별화시킬 뿐만 아니라, 신여성 자신의 어머니 노릇을 사적인 사항이 아니라 모든 방면에서 뒤져 있는 "조선"을 구하는 전략으로 정당화하게 된다.

우선 좌담 참석자 대부분은 "시간젖"을 강조한다. 시간에 따른 수유는 곧 자녀의 규율화를 의미한다는 것이고, 이러한 규율화가 근대성의 중요한 측면이라는 점은 기존 연구에서 지적되어 왔다.[19] '시간젖'은 일정한 시간 단위의 수유일 뿐만 아니라 그 시간 간격이 아동의 발달단계에 따라 변화한다는 면에서 근대적인 모성으로의 변화를 보여 주는 대표적인 사례라고 할 수 있다. 〈표 5－1〉은 경성연합영아보건회의가 「동아일보(東亞日報)」에 소개한 유아의 생활시간표다.

---

18) 특집기사 육아문제이동좌담회, 앞의 글, 24쪽. 이하 좌담회 내용에 대한 부분은 각주 처리 생략.

19) 대표적으로 김혜경, 「일제하 "어린이기"의 형성과 가족변화에 관한 연구」, 이화여자대학교 사회학과 박사학위 논문, 1998 참고.

표 5-1 1~4개월 아동의 생활시간표

시 간	식 품	기 타
오전 6시	젖	누여 무시오
8시 15분	어간유와 귤즙	목욕시키시오
9시	젖	
9시 30분		일광욕과 잠자게 하시오
정오	젖	
오후 12시 20분		밖에서 잠자게 하시오
3시	젖	잘 준비로 옷을 갈어입히시오
3시 20분		
5시 15분		
5시 45분	어간유와 귤즙	
6시	젖	
6시 20분		조용한 방에서 자게 하시오
10시	젖	
오전 2시	젖	

* 자료: 「애기 기르는 생활표: 만 여섯 살까지」, 「동아일보」, 1936년 6월 23일.

** 출처: 김혜경, 「일제하 "어린이기"의 형성과 가족변화에 관한 연구」, 이화여자대학교 사회학과 박사학위 논문, 1998, 72쪽.

여기에서는 아동의 발달단계를 '개월' 단위로 구분하고, 시간젖 역시 '분' 단위로 세분하여 그에 요구되는 어머니의 행동(어머니에 의한 자녀의 행동까지)을 세세하게 규정하고 있다.[20] 여성은 어머니-자녀

20) '시간젖'에 대한 강조는 일제 강점기 내내 계속되었다. 「育兒知識」, 『家庭の友』 第18호, 1939. 2, 54-56쪽; 이성봉(의학박사), 「十月의育兒」, 『여성』 제5권 제10호, 1940. 10, 42-45쪽 등 참고. 특히 이성봉은 규칙적 수유가 "발육상 필요할뿐더러 어린이의 정신적 훈련의 하나라고도" 지적하면서 그 중요성을 강조한다.

관계로 시간 규율 속으로 편입된 것이다. 시간 개념과 그에 따른 규율을 내면화한 존재로 아동을 형성하려는 것은 근대 자본주의가 요구하는 교육목적이라고 할 수 있다.[21] 이와 같이 자신의 자녀에게 근대적 시간 개념을 내면화시키고자 하는 어머니는 먼저 스스로 이를 내면화해야 한다.

학교와 공장, 병원 그리고 각종 관공서 등이 '시/분/초'로 구분되는 근대적 시간 개념의 내면화를 요구하는 공식적 체계였다면, 어머니는 자신의 자녀를 통해 근대적 시간 개념의 내면화를 요구받게 된 것이다. 이는 아동의 수면 역시 '시간잠'으로 표현되는 데서도 나타난다. 그런데 좌담회에 참석한 임효정은 '시간젖'의 장점을 이야기하면서 "아주 직업을가지고잇는어머니에게는 가장 편리하든데요. 또 직업을 안가지고잇다고하드라도 혹외출이나 가정일 독서에 여간편한것이아닙니다."라고 이야기한다. 실제로 직업을 가지고 있던 어머니－여성들은 시간 규율에 따른 자녀양육을 적극적으로 수용하였다. 다음의 인용문은 그 좋은 예다.

> 애기길느는 데는 時間을 꼭々맛처서 음식도 멕이고 잠을재우니까 그사이 사이마다 일하러나가는 셈입니다 … 아이들을 종일시중하면 얼마나 神經質이나고 疲困하겟슴니까? 그렇치만 하로 한번식 나가면 정신도 새로워지고 氣分도 오히려낫고 애기들이 더귀여워뵙니다[22]

21) 이에 대해서는 김진균 · 정근식 편저, 『근대주체와 식민지 규율권력』(서울: 문화과학사, 1997) 중 강이수, 「공장체제와 노동규율」와 조형근, 「식민지체제와 의료적 규율화」 참고.

22) '世專X光線科長 鄭一史 梨專音樂科敎師 金愛息', 「마주벌이 夫婦生活」, 『신동아』 제2권 제9호, 1932. 9, 150쪽.

이화여전의 음악과 교사였던 김애식은 시간 규율에 따른 자녀양육이 어머니 노릇과 직업을 병행할 수 있게 해 준다고 이야기한다. 또한 자녀양육만을 전담할 경우에 어머니-여성에게 나타나게 되는 문제점, 즉 "신경질이 나고 피곤"하다는 점을 지적하고 있다. 어머니-여성은 "시간젓"을 외부에서 요구하는 규율로만 받아들이는 수동적 위치에 있었던 것이 아니라, 자신만의 시간을 보장해 주는 기회로 선택할 수 있었던 것이다. 즉, 여성 자신의 욕구가 "시간젓"이라는 전문적 모성의 기제에 투영되어 있었던 것이다.

그러나 그러한 어머니-여성의 욕망은 두 가지 점에서 문제가 된다. 첫째, 직업과 자녀양육을 병행해야 한다는 논리를 받아들이게 되고, 이는 나아가 특정 직업 영역이 '여성적'으로 규정되는 것을 정당화한다.[23] 둘째, 근대적인 직업, 특히 전문직종에 종사하지 않는 어머니-여성과의 문제를 생각해 보아야 한다. 어머니-여성이 '자연적인' 것이라는 주장에 따르면, 모든 어머니-여성은 어머니 노릇을 피할 수 없다. 그렇다면 누가 "아이들을 종일시중"하는가? 일차적으로 직업을 가지지 않은 여성이 될 것이다. 또한 농업과 같은 전통적 산업에 종사하는 여성들[24]은 불가피하게 가족 내부에서 자녀양

23) 당시 여성에게 적합한 것으로 여겨졌던 직업으로는 교사와 의사, 자영업으로는 조선옷 재봉 등이 제시되었고, 그 이유도 여성의 생물학적 재생산 기능이 지적되었다. 「女性問題에對한 女性座談會」, 『신동아』 제2권 제4호, 1932. 4, 80쪽. 특히 교사는 "자녀를교양하는데는 선천적으로 책임을갓고잇다고해도조흘만한녀성"에게 가장 적당한 직업으로 추천되었다. 「女子職業案內」, 『별건곤』, 1927. 3, 100쪽.

24) 1930년 현재 여성 유업자(有業者) 3,322,465명 중 농업 종사자가 2,620,866명으로 78.8%를 차지하고 있었다. 조선총독부, 『昭和五年 國勢調査報告』 全鮮編, 1930.

육 보조자를 선택해야 했을 것이고, 이는 앞서 살펴보았던 과학적 · 정서적 모성론을 받아들일 수 없는 상황이 되는 것이다. 결국 신여성들이 능동적으로 수용한 전문적 모성은 아이들의 뒷시중에 신경질적이 되어 버린 어머니, 농사일을 위해 아이를 할머니나 누이에게 맡긴 어머니, 즉 구여성과 자신들을 분명하게 차별시켜 주는 기제였던 것이다.

시간에 따른 규율화와 함께 계량화의 요구도 자리한다. 좌담 참석자들은 모두 최소한 한 달에 한 번씩 아이들의 체중을 점검하였다. 체중 점검은 "태화여자관"이나 "남대문 예배당" "제대병원" 등 근대적인 의료 시설을 통해서 이루어졌다. 자녀의 체중을 점검하는 것은 단순히 아동의 신체적 조건을 점검하는 것이 아니라, 전문 의료 종사자들이 제시한 '기준'과의 일치 여부를 점검하는 작업이기도 하였다. 당시 제시된 아동의 신체 발육 기준은 〈표 5-2〉와 같다.

아이의 체중 역시 시간잠의 경우와 마찬가지로 '개월'을 기준으로 도달해야 할 표준 신장과 체중이 제시되고 있다. 또한 좌담에 참석했던 이양선은 자신의 자녀들을 "제대병원 리선근(李先根) 씨에게 전부맥겨버렷지요."라고 이야기한다. 전문적 모성 담론을 받아들인 어머니-여성은 스스로를 어머니 노릇(mothring)의 주체로 설정하는 순간, 과학 지식으로 무장한 남성 전문가 집단의 지시에 포섭되는 것이다. 한편 〈표 5-2〉는 차사백이 일본의 "삼도(三島) 박사의 조사" 결과를 제시한 것이다. 다시 말하면, 이는 식민지 조선 아동을 대상으로 한 '표준'도 아니었던 것이다. 상대적으로 생활수준이 높았던 서구와 일본의 표준이 제시되고, 전문적 모성은 이 기준에 도달하고자 하였던 것이다. 도식화의 위험은 있지만, 식민지 조선의 전문적 모성은 '어머니-조선의 남성 전문가-서구/일본의 남성 전문가'라는 성별과 인종/민족, 그리고 학교교육의 수준 등에 따라 다층적으

표 5-2 태아 발육 개황

개월 수(생후)	키(cm)	몸무게(g)
1	1	1
2	4	2
3	9	25
4	16	75
5	25	250
6	30	750
7	35	1,200
8	40	1,800
9	45	2,500
10	50	3,000

* 자료: 차사백, 「育兒講座 12」, 『家庭の友』 제42호, 1941. 4, 28쪽에서 재구성.

로 타자화되고 있었던 것이다.

아동에 대한 계량적 접근을 가장 분명하게 보여 준 것은 우량아선발대회였다. 우량아선발대회의 시작은 1925년 5월 미국 남감리교계의 태화관 진찰소가 시작한 '아동건강회(Baby Show)'라고 한다.[25] 1927년도의 심사기준은 500점을 만점으로 하여 몸무게 · 키 · 가슴 · 머리 크기(20점), 머리(20점), 얼굴 · 눈 · 코 · 입(40점), 가슴 · 폐 · 심장(70점), 배 · 대소변(60점), 음부(40점), 피부(30점), 영양(30점)을 비롯하여 머리털, 정수리, 숨구멍에 이르기까지 수십 항목에 걸쳐 몸의 모든 부분이 각기 분리되어 점수로 환산되고 발달의 표준으로 제시되었다.[26] 또한 선발된 우량아 어머니의 육아기가 지속적으로 신문지상에 게재되면서 전문적 모성상을 구축해 나갔다.[27]

---

25) 김혜경, 앞의 글, 71쪽.

26) 「동아일보」, 1927년 6월 2일; 김혜경, 위의 글, 71-72쪽에서 재인용.

27) '아동보건련합회에 우량아 되기까지 백八十명 중에서 뽑힌 十五아기의 어머

전문적 모성은 아동의 신체적인 발달뿐만 아니라 심리적 발달에도 유의해야 하였다. 좌담회에서는 자녀의 언어 발달과 심리 발달의 문제도 논의되었다. 주로 언어의 경우는 아동이 가진 '모방'이라는 심리적 특성이 논의의 중심을 이루었다. 또한 유각경은 자녀 심리에 대해 이야기하면서 "게집애는또 쌍-하고 좀처럼 제속을 남에게주지안어요. 소위게집애들하는짓이라하야 골무깁는법이라든지 설거질하는 작란으로하는것보아도 그심리적표현이 사내아히하고 아주싼판인것을아주늣길수가잇서요."라고 말하면서 남아와 여아의 행동발달상의 특성을 생물학적 성차로 환원시켜 수용하는 모습도 보여 준다. 〈표 5-3〉은 생후 1년 동안의 아동 행동발달상의 특징으로 제시된 것이다.

표 5-3 생후 1년 동안의 행동 발달

나이(주일)	행동 특성	나이(주일)	행동 특성
1	커다란 물건을 바라본다	28	나무토막을 집어 책상을 칠 수 있다
6	고개를 혼자 든다	32	조그만 구슬을 책상에서 집을 수 있다
8	물건을 움켜쥔다	36	나무토막 두 개를 집어들고 다른 하나를 바라본다
12	공의 움직임을 주시한다	40	종 속의 방울을 자세히 관찰한다
16	책상 위의 나무토막을 주시한다	44	고리를 실로 매어 굴려 본다
20	숟가락을 잡으려고 노력한다	48	컵을 쳐들고 나무토막을 관찰한다
24	나무토막을 잡을 수 있다	1년	연필로 글씨 쓰는 흉내를 낸다

* 자료: 「한돌타령 生後一週年-嬰兒의一週年間生活」, 『신동아』 제2권 제11호, 1932. 11, 162쪽에서 재구성.

님들의 고심담', 「동아일보」, 1932년 5월 25~29일; '보건회 우량아로 특등상 타기까지 육아의 비결과 고심담', 「동아일보」, 1933년 6월 14~21일; 「동아일보」, 1934년 6월 3일 등 참고.

이와 같이 아동의 심리 발달은 그에 따른 아동의 행동으로 표출되고, 전문적 모성은 이를 세밀히 관찰해야 한다. 나아가 각 심리 발달단계에 적합한 완구와 서적을 제공해 주어야 한다.

> 大體로보아 兒童은 生後 一個月에서 一個年半까지는 色彩가 燦爛한것과 소리나는것과 보드러운 人形이나 비닭이나 토끼나 개나 말갈은것을 取합니다. … 그러나 이 時期에 特히 注意할것은 玩具의 面이 보드럽고 미끈하고 또 相當히커서 兒童의 입에나 코나 귀에 드러갈수없는것을 사주어야할것입니다. 그러므로 흔이 商店에서 파는 값싼부리끼製라든가 단단한 새루로이드 製갈은것은 어린이에게는 禁物입니다. … 다음 生後 一個年半부터 三個年까지는 뿔록(木片)을 퍽 조아합니다. 이것은 아직 우리 朝鮮에는 適當한것이 市場에 없습니다.[28]

위 인용문에 나타나듯이, 전문적 모성은 아동의 발달단계를 정확히 파악하고 장난감을 선택하여야 한다. 아동의 심리적 기질을 "다혈질(多血質)·담즙질(膽汁質)·우울질(憂鬱質)·점액질(粘液質)" 등으로 구분하고, 각 기질의 단점을 상쇄할 수 있는 장난감의 선택 기준도 제시되었다.[29] 한편 여기에 제시되어 있는 완구 선택의 기준은

---

28) 김여제, 「兒童玩具 選擇標準; 未來의 社會를 擔當할 兒童의 精神과 身體에 큰 影響을끼치는 玩具는 어떻게 選擇하얄까」, 『여성』 제3권 제3호, 1938. 3, 57-58쪽.

29) '작난감이 어떠한 힘을 가젓는가, 아이의 삣뚜러진 성질을 족히 고칠 수 잇다', 「동아일보」, 1929년 12월 13일. 한편 교육적 목적에 의거한 완구의 분류법은 이미 대한제국 시기부터 소개되고 있었다. 김수철이 역술한 「家庭教育法」에는 "진보적·도덕적·사교적·심미적·체육적·직업적" 등으로 완구를 구분하고 있다. 김수철 역술, 「家庭教育法」, 『태극학보』 제26호, 1908. 11,

정확히 표현하면 완구 '구입' 시의 고려사항이다. 즉, 어머니-여성은 아동의 발달단계에 적합한 완구를 '구입해' 주는 역할을 하게 된 것이다. 이는 전문적 모성이 소비 자본주의와 만나고 있음을 의미한다. 또 생후 1개년 6개월부터 3년까지의 아이에게 가장 적합한 "뿔록(木片)"은 아직 조선에 수입되지 않은 상품이었다. 완구가 그 나라 문명의 정도를 반영하고 있다는 주장[30]과 이와 같이 현실적으로 구입할 수 없는 완구를 소개하는 모습은 전문적 모성론의 이면에 서구/일본 근대적 소비 자본주의가 자리 잡고 있었음을 알려 준다. 패션과 영화, 댄스, 스포츠, 축음기 등과 더불어 자녀의 완구, 서적, 간식[31] 등은 신여성이 전문적 모성을 내세우면서 새롭게 유입되고 있

26쪽.

30) 홍종옥(일본상업통신경성지사), 「작난감(玩具)과 어린이의科學的素養」, 『家庭の友』 제41호, 1941. 3, 22쪽.

31) 일제 강점기 동안 식료품비 중 곡물류 소비액은 거의 증가하지 못했다. 1912~1939년간 1인당 연간 곡물류 소비액은 32엔대에서 변함이 없었다. 하지만 그 밖의 식료비가 9엔에서 26엔으로 늘어, 전체 식료품 소비액이 20엔 가까이 증가하였다. 또한 성장기의 순영양상태를 반영하는 신장 역시 커다란 변동이 없었다. 이는 주식 이외의 식품 소비가 증가하였음을 의미한다. 주익종, 「식민지 시기의 생활수준」, 박지향·김철·김일영·이영훈 공편, 『해방 전후사의 재인식 1』(서울: 책세상, 2006), 107-144쪽. 좀 더 많은 통계자료가 뒷받침되어야 하겠지만, 최소한 신여성이 속해 있던 중류 이상의 계층에서 아동에게 주식 이외의 식품을 제공해 줄 수 있는 기회가 늘어난 것이라고 추정할 수는 있을 것이다. 또한 근대적 생활 방식을 소개하는 여러 설문조사나 가정탐방기에서도 아이들에게 제공하는 간식에 대한 질문이 종종 등장한다는 사실도 참고할 만하다. 「新家庭內容公開 八方으로解剖한 그네의 生活樣式」, 『신동아』 제2권 제6호, 1932. 6, 90-111쪽. 중상류 계층에 국한된 사례이기는 하지만, 아동의 간식에서 서구적인 식단으로의 변화도 나타났다. 아동의 간식에 대한 한 설문조사에 대해 조동수는 "近日은 사과, 밀

던 근대적 소비 자본주의를 향유할 수 있는 하나의 수단이 될 수 있었다.

1930년대 이르러 보통학교를 포함한 각급 학교의 입학 경쟁률이 상승하면서,[32] 아동의 입학시험은 전문적 모성이 개입해야 하는 또 다른 영역이 되었다.

> 어머니 되신분은 그어린사람에게 무리한 고로가 되지안토록 세심하게 생리위생의 주의를극히 게을리 말어야 하겟습니다. 잠자는 것이라든지음식이라든지 변의라든지 호흡이라든지 맥박이라든지 체열 이라든지 혈색이라든지 특히 여자면 월경시의 이상까지라도 아조 세밀하게 주의를해서 평소와비교하여 어쎠한부분에 어쎠한 이상이든지 발견하면 즉각으로 그원인을캐여서 곳처주어야 할것이요 … 어머니는 여기에서 간호부가하는정도의 위생지식이나 긔능쯤은 가저야 어린사람생리에잇서 민감(敏感)이 생겨질것입니다.[33]

아이의 입학시험을 앞둔 어머니는 수면, 음식, 호흡, 맥박, 체열, 혈색, 월경시 이상까지 세밀하게 관찰하고 점검해야 한다. 이뿐만 아니라 같은 글에서는 어머니가 "경쟁의식"에 사로잡히면 안 되고 시험 당

감, 「코코아」탄牛乳, 「버터」발른 食빵等을줌니다. 그러나 當時의健康狀態와季節을따러 種類를變합니다."라고 응답하였다. 이만각 외, 「家長과子女와平和」, 『여성』 제2권 제4호, 1937. 4, 67쪽.

32) 오성철에 따르면 1927년 84.8%였던 보통학교 합격률이 1949년에는 64.6%에 이를 만큼 보통학교 입학 경쟁은 치열해졌다. 1936년에는 가장 낮은 51.4%의 합격률을 보였다. 오성철, 『식민지 초등 교육의 형성』(서울: 교육과학사, 2000), 151쪽.

33) 이정호, 「兒童問題講話(四回) 入學試驗과어머니의注意」, 『신여성』 제6권 제3호, 1932. 3, 61-62쪽.

> 일 식사에 영양가 있는 음식을 제공해야 하며, 아이가 편안한 마음으로 시험에 임할 수 있도록 "세심한 주의와 검사"가 필요하다고 지적한다. 어머니는 "단일초동안이라도 마음을 놋치말고 어린사람의 일동일정에 극히주의"해야 한다. 그 이유는 아동의 시험이 곧 어머니의 시험이기 때문이다.[34)]

위에 인용문에서 어머니에게 요구되는 것은 "간호부가하는정도의 위생지식이나 긔능"이다. 여성은 전문적인 어머니 노릇을 할 수 있는, 해야 하는 존재가 된다. 또한 전문적 모성은 자녀의 시험을 자기 자신의 시험으로 받아들여야 한다. 시험에서의 자녀의 성공과 실패는 곧 어머니 자신의 성공과 실패를 의미한다. 어머니-자녀 사이의 심리적 교감과 일체감을 비난할 이유는 없겠지만, 이와 같은 명제는 어머니들을 자녀에게 고착시키는 효과를 나타낸다는 점도 고려해야 한다. 어머니의 전문성은 자녀의 입학시험에 따라 간접적인 방식으로 평가될 수 있다. 이는 앞서 언급하였던 우량아선발대회의 경우도 마찬가지다.

결국 전문적 모성론은 앞서 언급하였던 남성중심적 시각에서 제기된 과학적 모성론과 정서적 모성론을 어머니-여성이 주체적인 입장에서 수용하고 적용하려고 노력하였던 것이다. 이러한 전문적 모성론은 당시 교육받은 여성으로 사회적으로 주목받았던 신여성들을 중심으로 생산되고 전파되었다. 신여성이 당시 혜택받은 소수의 집단에 불과했다고 하더라도 이들이 생산해 내는 담론의 영향력은 무시할 수 없는 것이었다.[35)] 신여성은 전문적 모성론을 자신의 직업

---

34) 위의 글, 62-63쪽.

35) 절대 수치에서 신여성의 소수성과 이들이 사회적인 가시성의 영역으로 포착되었던 사실에 대해서는 김수진, 「1930년 경성의 여학생과 '직업부인'을 통

과 어머니 노릇을 병행할 수 있는 근거로 이용하기도 하였고, 자녀 교육을 통해 소비 자본주의를 향유하기도 하였다. 또한 스스로를 구여성과 구별하는 기제로 전문적 모성론을 활용하기도 하였다. 그렇다면 전문적 모성론은 최소한 신여성에게는 해방적인 것이었을까?

> 마즈막으로 科學的方法에依한 生活은專門的이어야한다. 專門을信用할줄알고 尊敬할줄아는同時에 저自身이 또한專門家가되어야할것이다. … 專門家를 信用한다는말을 뒤집어보면 專門家아닌 사람은 信用하지 아니한다는 말이된다. 누구보다도 朝鮮사람은 特히 이點에서 넘우떠러지는것갈다 … 教育學이란文字도 모르는 老人에게 學校校長을 맥기엇다가 失敗한 이야기等을듯는다 … 科學的方法에依한 生活을 한다는것은 別것이아니다. 專門智識이나 技術을가진 사람들이모혀서 專門家를 信賴하여 專門家에게適合한일을 서로맥기어 企業生活을營爲하면서 서로不偏不黨하야 行動과批判이 公正하며 서로증거없는일은믿지도안코 行하지도아느며 서로第三者的 卽客觀的態度를取하여 盲動하지안코 쓸데없이 激忿하지안코 서로 中傷하지아느며 무슨일에나 數字的正確을 嚴守하는社會는 곳 科學的方法에依한 生活社會이다.[36)]

해 본 신여성의 가시성과 주변성」, 공제욱 · 정근식 공편, 『식민지의 일상, 지배와 균열』(서울: 문화과학사, 2006), 489-524쪽 참고. 또한 일제 강점기 서울 지역에서의 유아기 사회화 과정에서 태교나 출산, 수유 및 이유, 배변 훈련 등이 실제로는 전통적이고 관용적인 방식으로 이루어졌다. 강득희, 「유아기 사회화 과정에 대한 연구—일제하 서울지역의 사례를 중심으로」, 이화여자대학교 사회학과 박사학위 논문, 1994. 특히 제2장 2절 '조사대상자의 유아기 사회화 과정과 그 내용' 참고.

36) 「(권두언) 科學的生活의 要素」, 『신동아』 제3권 제5호, 1933. 5, 3쪽.

앞의 글은 『신동아(新東亞)』 1933년 5월호의 권두언 중 일부다. 이 글에서는 과학적 생활의 특징으로 "정확, 객관적 태도, 증명할 수 있는 일만 하는 것, 불편부당의 정신" 등을 지적한 다음, 마지막으로 "전문적" 생활을 이야기한다. 여기에서 전문적 생활이란 스스로 전문가가 되는 것만이 아니라 "전문을 신용할 줄 알고 존경할 줄" 알아야 하는 것까지 포함하는 것이다. 그리고 조선 사람이 가장 뒤떨어진 부분이 바로 전문가에 대한 불신이라고 지적한다.

전문적 모성이란 어머니-여성 스스로가 자녀양육에서 전문가가 된다는 의미이고, 이는 이 분야에 대한 전문가가 누구인지 정확히 파악하고 그의 말을 신뢰하여야 함을 의미한다. 주체적으로 받아들였던 신여성의 전문적 모성론이 피할 수 없었던 함정은 앞서 지적하였던 남성 전문가에의 절대적 의존이었다. 또한 전문적 모성은 아동의 발달 상황과 신체의 이상, 심리적인 변화를 세밀하게 관찰하고 점검하며 적절한 조치를 취해야 하였다. 이는 어머니가 언제나 아동의 곁에 있어야 함을 의미하였다. 전문적인 양육 보조자가 없을 경우, 어머니-여성은 전문적 모성론을 주체적으로 수용할수록 자신의 시간을 확보할 수 없게 되는 것이다. 결과적으로 신여성이 스스로를 차별화시키기 위한 기제로 선택하였던 전문적 모성론은 남성 전문가와 아동에게 이중으로 구속될 수 있는 함정을 가진 것이었다.

2) 보조적 모성

개화기 이후 근대교육에 대한 요구와 관심이 높아지면서, 교육을 가정교육, 학교교육, 사회교육이라는 세 가지 종류로 구분하는 방법이 보편적으로 받아들여졌다.[37] 근대적 국가의 설립이나 민족을 위한 필요를 주장하든, 남녀동등권에 입각한 주장이든, 어머니－여성이 가정교육의 주체가 되어야 한다는 점에서는 이견이 없었다.

> 家庭教育이란 者ᄂᆞᆫ 學校教育의 基礎이니 … 人은 賢父兄이 有ᄒᆞᆷ을 樂ᄒᆞᆯ 바이오 靈芝ᄂᆞᆫ 有根ᄒᆞ고 醴泉은 有源ᄒᆞᄂᆞ니 有爲의 人物을 養成코자 ᄒᆞᆯ진ᄃᆡ 必先 兒童의 性情을 研究ᄒᆞ야 其 性質에 適宜ᄒᆞᆯ만ᄒᆞᆫ 特殊ᄒᆞᆫ 教育을 施與ᄒᆞ며 旣有ᄒᆞᆫ 感情을 誘掖ᄒᆞ야 美情과 愛情을 發達케ᄒᆞ며 明瞭ᄒᆞᆫ 概念을 構成ᄒᆞ야 堅强ᄒᆞᆫ 志氣를 作成케 ᄒᆞᆯ지라. 教育의 目的은 知識과 技能을 授與ᄒᆞᆷ에 不止ᄒᆞ고 道德과 倫理를 是要ᄒᆞᆯ지니 道德과 倫理ᄂᆞᆫ 人이 人되ᄂᆞᆫ 本領이라. … 兒童이 小學校에 入學ᄒᆞ기 以前에 施ᄒᆞᄂᆞᆫ 教育은 專主히 家庭에 在ᄒᆞ고 其 入學ᄒᆞᆫ 中이라도 學校 以外에 行ᄒᆞᆯ 教育은 卽 家庭教育이오 中等學校에 入ᄒᆞᆫ 以後에라도 感情이 猛烈ᄒᆞᆫ 靑年時節에ᄂᆞᆫ 思想力이 恒常 堅固치 못ᄒᆞᆷ으로 家庭教育이 亦是可無치 못ᄒᆞᆯ지니 家庭이란 者ᄂᆞᆫ 學校 以外에 特有ᄒᆞᆫ 教育所이오 將來 社會教育에 對ᄒᆞᆫ 補助機關이라. 此 關係를 概括ᄒᆞᆯ진ᄃᆡ 엇지 十分 注意ᄒᆞᆯ 바 아니리오.[38]

가정교육의 역할은 "학교교육의 기초"로서 "도덕"과 "윤리"를 그 주된 내용으로 삼는다는 주장이다. 학교교육이 시작되기 전의 가정

---

37) 극재 정운복, 「家庭教育」, 『대한자강회월보』 제1호, 1906. 7, 67쪽. 이러한 구분은 당시 소개된 교육학 저서인 『간명교육학』에서도 반복되고 있다. 유옥겸 역술, 앞의 책 참고.

38) 김문연, 「家庭教育의 必要」, 『대동학회월보』 제20호, 1909. 9, 7쪽. 한편 김수철 역술, 「家庭教育法」, 『태극학보』 제16호, 1907. 12에서도 가정교육의 필요성을 학교교육 및 사회교육의 보조자로서 규정하는 유사한 서술이 반복되고 있다.

에서의 교육은 당연한 것이고, 나아가 자녀가 학교에 입학한 후에도 청년의 "사상력(思想力)"이 견고하지 못하기 때문에 계속적인 가정교육이 필요하게 된다.

여기에서 가정은 자녀를 학교와 사회로 연결시켜 주는 매개체이자, 일종의 준비기관의 역할을 맡게 된다. 개화기 이후 가족[39]은 개인과 국가를 연결하는 하나의 정치적인 기능을 수행하는 단위로 설정되는 동시에, 개인과 국가의 직접적인 연결을 방해하는 '가족주의'[40]에 대한 비판을 통해 전통적인 가족 기능을 배제하였다.

교육의 경우는 근대적 국민 만들기 기획의 일환으로 국가가 근대적 교육체계를 마련하려는 움직임이 시작되었고, 개화사상가들 역시 근대적 교육내용을 준거로 한 학교 설립에 적극적으로 참여하였다. 이와 더불어 '교육=학교교육(schooling)'이라는 도식을 당연하게 받아들이게 된다.[41] 결국 가정교육은 본격적인 의미의 교육기관인 '학

---

39) 가족은 구성원을 중심으로 한 사회적 체계로서의 성격이 강하고, 가정은 구성원이 실제로 살고 있는 공간으로서의 성격이 강하다. 최새은 · 옥선화, 「『新女性』을 중심으로 본 신여성과 가족에 대한 담론」, 『가족과 문화』, 제15집 제1호, 2003, 62쪽 참고.

40) 이득재는 현재 한국의 가족주의가 보여 주는 병폐를 "가국주의"로 명명하고, "'근대적 가족 모델의 탄생'이란 관점을 강조하게 되면 가족 사랑이란 환상 때문에 국가 권력이 개입하여 가족을 통해 통치를 해도 이것이 '어쩔 수 없는' 근대의 산물로 비칠 여지가 생기게 된다. 이렇게 되면 근대적인 가족이 가족의 봉건성과 결합하여 가국 체제를 더욱 강화시키고, 가국 체제가 자꾸 가족을 전근대로 퇴행시키는 것을 파악할 수 없게 된다."고 주장한다. 연구자 역시 이 의견에 동의한다. 여기에서 사용한 "가족주의"라는 용어는 당시 사용되었던 용어를 강조하기 위하여 사용한 것이다. 이득재, 『가족주의는 야만이다』(서울: 소나무, 2001), 43쪽.

41) 박은식은 서구 열강의 교육제도를 설명하면서, 프랑스나 덴마크 등이 모두

교'를 보조하는 위치로 자리매김하게 된다. 또한 가정교육의 내용에서도 전문 지식을 갖춘 교사가 학교에서 담당하는 지식 교육의 측면은 거의 강조되지 않고,[42] 앞의 인용문에서처럼 도덕 교육의 측면과 위생 관념에 따른 체육이 강조되었다. 가정에서의 체육은 자녀에게 건강한 신체를 마련해 주기 위하여 임신부터 출산, 섭생에 이르는 전 과정을 근대적인 위생 관념에 입각하여 수행할 것이 요구되었고, 도덕 교육의 경우는 무엇보다 애국심(그 대상이 대한제국에서 일본 제국주의로 변화하기는 하였지만)과 민족의식, 그리고 그 기반이 되는 복종이 강조되었다.

服從性 家庭 中에 服從性을 養홈이 最好ᄒ거니와 在社會上에도 亦宜有服從性이라 蓋 社會는 不能人人이 皆 魁首라 必有服從이라야 方能組織社會니라. 然이나 服從은 宜講公理니 舊習의 家庭教育과 如히

"강제교육"을 통해 부국강병을 성취하고 있음을 지적하였다. 박은식, 「學校之制; 世界進化論中抄譯」, 『서우』 제1호, 1906. 12, 21-23쪽 참고.

42) 김수철은 『태극학보』 16호(1907. 12)부터 26호(1908. 11)까지, 그리고 『대한흥학보』 1호(1909. 3)에 「가정교육법」을 번역하여 소개하였다. 여기에서는 가정교육 자체를 덕육·체육·지육의 구분하에 각각의 목적과 방법, 재료 등을 소개하였다. 가정교육에서 지육의 측면을 언급한 드문 경우라고 할 수 있다. 하지만 여기에서도 지육은 "學校에셔 施ᄒᄂᆞᆫ 知育과 如히 嚴密치 아니ᄒ고 다못 精神의 發育을 助長식켜 將來 學校의 補助를 得코져 홈이니 故로 兒童心意에 過度ᄒᆞᆫ 刺激을 與치 아니ᄒ며 ᄯᅩᄒᆞᆫ 困難ᄒᆞᆫ 問題를 提出치 아니ᄒ야 오직 愉快ᄒᆞᆫ 裡에서 精神界의 知見을 擴張홈으로써 第一의 要務를 숨을지로다. ᄯᅩᄒᆞᆫ 此로 隨ᄒ야 兒童의 心的 狀態를 通曉ᄒ야 又其 適當ᄒᆞᆫ 材料와 方法을 施與치 아니치 못ᄒᆯ지니 於是乎 知的 作用에 關ᄒᆞᆫ 心象의 一般을 知홈이 最先의 急務로다."라고 학교교육에 대한 보조적 역할이라는 점을 분명히 하고 있다. 김수철 역술, 「家庭教育法」, 『태극학보』 제25호, 1908. 10, 26-27쪽.

> 多以規矩로 束縛子弟는 不可ᄒᆞ니 小兒로 ᄒᆞ야곰 見人에 不能發一語ᄒᆞ면 卽 非教育之法이니라.[43]

가정에서 가부장에 대한 복종이 곧 사회와 국가에 대한 복종심으로 연결된다는 것이 강조되고 있었다. 물론 전근대적인 방식의 "규구(規矩)"에 따른 복종을 비판하고 합리적 방식에 입각한 자발적 복종이 강조되기는 하였다. 논리적으로는 가정교육 역시 그 일차적인 책임이 '아버지'에게 있음을 전제하였기 때문에, 가정에서 가부장에 대한 복종은 곧 학교에서 교사에 대한 복종과 동일시될 수 있었다. 그런데 이와 같이 설정된 복종 관계에서 어머니－여성의 위치는 애매해진다. 어머니－여성 자신 역시 가부장에 대한 복종이 당연하였고, 아버지 책임으로 규정된 가정교육을 실제로 수행하는 역할만이 강조되었기 때문에, 어머니－여성 스스로에게는 자녀에게 복종을 요구할 수 있는 근거가 희박해지기 때문이다.

공사(公私) 영역이 구분되고 각각이 남성, 여성에게 배정되어야 한다는 담론이 광범위하게 전파되었던 상황을 고려한다면, 담론상으로 아버지는 가정교육에서 보이지 않는 존재였다. 어머니－여성은 가정교육의 수행 속에서 자신의 교육자로서의 지위를 끊임없이 부재하는 아버지의 권위에 기댈 수밖에 없었던 것이다. 자신의 행위에 입각한 권위를 확보할 수 없는 어머니－여성은 논리적으로 부재하는 아버지의 권위를 이상화시키거나 강압적인 방식으로 자녀들로부터 복종을 유도해 낼 수밖에 없었다. 그리고 이러한 모습은 다음의 인용문에서처럼 전근대적인 것이라는 비난을 피할 수 없었다.

43) 교육정의 역술, 「家庭教育의 特質」, 『서북학회월보』 제13호, 1909. 6, 4쪽.

> 北村으로 도라드는 엇던頑固 女人네들 家丈씌는 奴隷런지 打頻拔환 甘受ᄒᆞ며 子女들겐 잘ᄂᆞᆫ드시 恐喝敎詞 ᄒᆞᆫ답시구 쩍ᄒᆞ면은 짝장이니 주리틀놈 경을칠놈 물퍼붓듯 辱說ᄒᆞ야 家庭規模 紊亂ᄒᆞ니 그ㅁ習도 可痛터라.[44]

가부장에게 순종하는 모습과 자녀들에게는 “잘ᄂᆞᆫ드시” 욕설을 퍼붓는 “완고(頑固)”한 어머니－여성은 가정을 문란케 하는 주범으로 지적된다. 특히 일제 강점기 사랑을 매개로 한 근대적 가정론이 도입되었음에도 불구하고 계속해서 ‘양처’의 역할이 강조되었고, 여성에게 ‘가정의 평화’를 위해 남성에게 의존적이어야 한다는 계몽의 목소리가 지속되었음을 고려한다면,[45] 여성은 자신의 어머니 노릇에서 끊임없는 소외를 경험할 수밖에 없었다. 이는 ‘양처’에게 요구되는 미덕이 ‘현모’의 역할 수행과 갈등을 일으킬 수 있었음을 의미한다. 그리고 ‘양처현모(良妻賢母)’라는 사상은 한 여성에게 끊임없는 모순과 자기소외를 불러일으킬 수밖에 없는 개념이었던 것이다.

한편 1930년대 근대적 의학으로 무장한 전문가 집단이 대거 등장하면서 부모－자녀 사이의 생리학적 · 우생학적 연구 결과들이 계몽의 기획하에 전파되었다.

> 人間의智能이란것은必히遺傳的血統의 支配가되는바인대 後天的敎育만가지고서는 人間의智能을 無限히 向上식힐수업는것을우리는 등

44) ‘女界悖風’, 「대한매일신보」, 1909년 8월 17일.

45) 가정평화를 위한 비결로 제시되는 항목에는 ‘남성은 자아중심주의자’ ‘애처롭게 보일 것’ ‘꾸중을 달게 받아야’ ‘남편의 흉을 보지 말라’ 등이 제시되었다. 「主婦智識 家庭平和의 秘訣」, 『신동아』 제2권 제2호, 1932. 2, 70－73쪽.

> 한히生覺하여서안이될것이요 … 智能에對하여서 子女와父母間엇던 쪽 더담는가하는 것이다 第一담는것은 母親과女息間이고 다음으로는 母親과男兒요 마즈막으로 잘담지안는것이 父親과 男兒間이다(이點이 第一우리期待와다르니만좀섭섭하다)[46)]

여기에서는 의학적 지식을 기반으로 '지능'의 유전 방향을 이야기하고 있다. 이는 지능이 "무한히 향상"될 수 있는 것이 아니기 때문에 중요한 문제다. 지능의 유전적 연관은 '어머니－딸' '어머니－아들' 그리고 '아버지－아들'의 순서라고 지적된다. 표면적으로는 어머니와 자녀 사이의 관계가 아버지의 그것보다 유전적인 측면에서도 훨씬 밀접한 관련을 가지고 있다는 주장에 불과하다. 그러나 이 사실은 "제일 우리 기대와 다르니만 좀 섭섭"한 문제가 된다. 또한 어머니와 자녀 사이의 유전학적 연관성은 아버지로 하여금 일차적으로 어머니 선택에서의 신중함을 계몽하는 것이고, 이차적으로는 자녀 지능의 문제로부터 아버지를 자유롭게 해 주는 것이다. 인용글의 필자도 지적하고 있듯이, 지능의 발달은 후천적으로 무한히 노력할 수 없는 것이기 때문에, 어머니－여성은 자신이 통제할 수 없는, 그리고 가치중립적으로 포장된 과학적 지식에 따라 자녀와 공동 운명체로 포섭된다. 이에 반해 과학적 목소리는 아버지에게 선택 가능한 영역에 대한 이야기를 건넨다. 어머니에 비하여 관련성이 낮을 수는 있으나 아버지 역시 자녀의 지능에 관련된 인물이다.

---

46) 정석태(독일의학박사), 「子女는얼마나 父母를담는가」, 『삼천리』, 1935. 7, 198쪽.

> 兩親의年齡의素若은 果然 產兒의智能에 엇더케影響되는것인가 … 그러면 父親이몃살때쯤해서出生하는兒孩가良質일것인가? … 實로人種間에도 쏘한同種族의文明人中에도 明瞭히凡人으로부터 秀人에로 秀人으로부터 偉人에로 向上을보이면서잇고 動物間에도 整然히高等으로進化함에따라서 그의出山平均年齡은 놉하지는 것이다[47)]

여기에서 처음 제기한 문제는 양친의 연령과 아동의 지능 사이의 관계다. 인용글의 의학적 지식에 따르면, 가장 밀접한 관련을 가진 어머니가 중요함에도 불구하고 여기에서 양친은 "부친(父親)"으로 수렴된다. 그리고 여기에서는 출산 당시 아버지의 연령이 높을수록 아동의 지능이 우수하다고 결론을 내린다. 이를 위해 토끼와 소, 말, 원숭이, 인디언, 에스키모, 폴리네시아인, 중국인, 미국인(시카고 시), 영국인 등의 출산 평균연령을 제시한다.[48)] 또한 현인(賢人) 571명의 아버지 연령의 평균치는 40세, 위인(偉人) 10명의 아버지 연령의 평균치는 58세임을 제시한다. 아버지는 자녀양육 시기를 결정할 권리를 가진 존재다. 따라서 아버지는 자녀의 지능에 능동적인 위치에 설 수 있다. 그러나 어머니-여성은 밀접한 연관성을 가진 존재라는 사실만이 지적될 뿐, 어떠한 선택 가능성도 주어지지 않는다.[49)]

---

47) 「兩親年齡과 產兒의 能力」, 『신계단』 창간호, 조선지광사, 1932. 10, 57-61쪽.

48) 이는 개화기 이후 광범위하게 전파되었던 사회진화론의 영향으로 볼 수 있다. 이러한 연속선에서 문명인(미국/영국)은 하등 동물로부터 멀리 떨어진 곳에 자리 잡고, 미개인(인디언/에스키모/폴리네시안)은 동물에 가까운 상태로 묘사된다.

49) 앞서 인용한 「主婦智識 家庭平和의 秘訣」에는 가정주부로서 여성이 갖춰야 하는 미덕의 하나로 '성에 수동적일 것'이 제시되어 있다.

가정교육의 영역에서 아버지의 경우는 '선택', 어머니는 '책임'으로 구분하는 담론 형성 방식은 다음의 예에서도 드러난다.

> 엇던 사람의 아들이 학교에서 書冊을 훔쳐가지고 집으로오니 그어머니는 본ᄅᆡ 敎育이업는 녀편네인고로 아들의 손버릇이 고약함을 엄하게 고치려아니하고 도리혀 됴흔일을하얏다고 칭찬을 하엿습니다. … ᄂᆡ가 오늘 도적놈이된것은 어려서 남의ᄎᆡᆨ을 훔쳐온 버릇을 나의어머니가 곳쳐주지아니한 ᄶᅡ닭이라하니 그어머니는 두말도못하고 귀만 붓들고다라낫습니다.[50)]

절도죄로 재판정에 선 아들이 방청객으로 있던 어머니의 뺨을 때린 후 사람들에게 이야기했다는 내용이다. 성인이 된 자신이 절도죄를 범하게 된 것은 어머니가 어렸을 때 자신의 도벽을 꾸중하지 않고 칭찬했기 때문이라는 것이다. 어머니-여성의 교육적 역할을 강조하려는 의도로 읽을 수도 있겠지만, 이러한 일화 뒤에 숨겨진 의미는 어머니-여성은 자녀, 특히 아들의 행동에 무한한 책임을 가지고 있다는 것이다. 이 글 역시 제목에서는 '부모'의 죄를 이야기하지만 '책임'을 언급하면서 '어떤 사람의 아들'은 '어머니의 아들'로 구체화된다. 아들의 행동에 대한 책임에서 아버지는 사라지는 것이다. 어머니-여성의 근거가 되는 가정교육에서 여성은 공적 영역으로 진입하여 부재하는 아버지로부터 선택할 수 없는 책임만을 떠맡게 된 것이다.

한편 앞서 지적한 대로 가정교육은 학교교육을 보조하는 역할을

---

50) 「악한자식은부모의죄」, 『농민』, 1923. 10, 10쪽.

수행할 것으로 기대되었다. 국민국가의 이데올로기적 억압 기구로서 근대 학교는 그 자체가 공적 영역이었다. 그리고 어머니-여성은 가정교육을 매개로 공적 영역을 넘나들 수 있는 기회를 확보하기도 하였다. 여성이 어머니로서 공적 영역에 등장할 수 있는 계기를 보여 주는 대표적인 사례가 여러 가지 명칭으로 불렸던 '학부모회의'였다.

> ᄉᆡ문밧 보셩소학교에셔 삼작일 학도부형회를 기셜ᄒᆞ얏ᄂᆞᆫᄃᆡ 당초 학도부형에게 청텹ᄒᆞᆯ ᄯᅢ에 … 그 부모를 일체로 청텹ᄒᆞ얏더니 학도의 모친되ᄂᆞᆫ 이들이 죠금도 ᄉᆞ양치 안코 혹 타기도 ᄒᆞ며 혹 것기도 ᄒᆞ야 학교에 ᄅᆡ참ᄒᆞᆫ 부인이 ᄉᆞᆷ십여 인에 닐으러 학도부형회가 변ᄒᆞ야 학도부모회가 되얏셧다더라.[51]

1907년 보성소학교에서 '학부형회'를 개최하였다는 기사다. 여기에서 공식적인 명칭은 '학부형회'로 되어 있지만, 학교 측에서는 '부모' 모두를 청첩하였고, 그 결과 30여 명의 어머니가 참석했음을 긍정적인 어조로 알리고 있다. 또한 "학도부형회"가 단순히 대표성을 의식한 명칭이 아니라 "학도부모회"와 참석자를 달리 예상한 명칭임도 드러난다. 어머니-여성이 학교라는 공적 영역에서 진행된 공식 행사에 참석할 수 있었던 것에는 여러 가지 원인을 추정할 수 있을 것이다. 우선 개화기 이후 개화 인사들을 중심으로 공식적인 회합에 동부인(同夫人)하는 것이 문명의 상징으로 자리 잡고 있었던 사실도 고려해야 할 것이다. 다음의 기사는 이러한 배경을 보여 준다.

51) '父母同參', 「제국신문」, 1907년 6월 18일.

① 官立京橋普通學校長 宋淳형氏가 學部에 本校에셔 本月 十八日에 奬勵會를 開ᄒᆞ읍고 教育趣旨를 演講이온 바 學徒父母進席者爲百餘人이오며 同夫人來者 亦爲十八人이읍기 茲에 報告라 ᄒᆞ얏더라.[52]

② 新門外 天然亭 普成小學校에셔 本月 拾四日 下午 一時에 家庭教育과 聯絡ᄒᆞᆯ 目的으로 學徒父兄懇親會를 開ᄒᆞ얏는ᄃᆡ 學徒父兄의 出席이 一百七十八人이오 婦人이 一百二拾七人이오 … 婦人盛會도 加讚ᄒᆞᆯ만 ᄒᆞ다더라.[53]

두 기사는 관립 경교보통학교와 보성소학교에서 개최한 학부모회의 상황에 대한 것이다. 그 명칭은 ①의 경우 "장려회(奬勵會)", ②는 "학도부형간친회(學徒父兄懇親會)" 등으로 차이를 보인다. ②의 기사는 앞서 인용하였던 보성소학교의 학부모회의에 대한 기사인데, 동일한 회의의 명칭이 각기 다르게 표기되고 있었던 점이 드러난다. 그런데 이 두 기사 모두 '부형'과 '부인'을 구분하고 있다. ①의 기사는 관립 경교보통학교 교장 송순형이 학부에 보고한 내용을 전달하는 형식인데, 여기에서 참석 부모는 100여 명인데, 이 중 "동부인(同夫人)"하여 참석한 사람이 18인이라는 사실을 보고하고 있다. ②의 경우도 앞서 인용한 기사와 참석자 수에서 현격한 차이를 보이기는 하지만, 역시 참석한 '부형'과 '부인'을 각기 분리하여 보고하고 있음을 알 수 있다. 내외법의 관습이 완전히 사라지지 않은 상태에서, '동부인'이라는 문명의 풍습은 여성이 공적인 회합에 참석할 수 있는 계기를 마련해 줄 수 있었다. 특히 어머니-여성은 가정교

52) '普校奬勵', 「대한매일신보」, 1907년 5월 23일.

53) '普校懇會', 「대한매일신보」, 1907년 6월 18일.

육의 담당자로 학교에서 주관하는 공식 행사에 참석하는 것이 당연하고 "가찬(加讚)"할 만하다는 분위기가 형성되고 있었던 것이다.

> 京城高等女學校에셔는 來二十壹日頃부터 家庭과 학校間에 連絡ᄒᆞ며 生徒의 舊習을 矯正ᄒᆞᆯ 目的으로 母妹會를 開ᄒᆞᆫ다더라.[54)]

여학교의 경우는 '부형회'가 아닌 "모매회(母妹會)"를 개최하였다. 이는 아동의 성별에 따라 가정에서의 책임자도 '부형'과 '모매'로 구분하는 모습을 보여 주는 것인데, 근대적인 공사 영역의 분리가 전통적인 자녀교육 담론을 완전히 극복하지 못하고 있음을 드러내 준다.

여기에서 눈여겨보아야 할 또다른 사실은 '학부모회'의 목적이 "가정과 학교 간에 연락" 및 "생도의 구습(舊習)을 교정"하는 것으로 설정되어 있다는 점이다. 이는 보성소학교의 경우도 "가정교육과 연락ᄒᆞᆯ 목적"이라 하여 유사한 모습을 보이고 있다. 가정과 학교가 자녀교육이라는 목적을 위하여 긴밀한 협력관계를 유지해야 한다는 것은 오늘날 교육학 이론에서도 정당하게 받아들여지는 것이고, 개화기 이후 일제 강점기까지 줄곧 강조되었던 내용이다. 그렇다면 당시 소개된 교육학 이론에서는 가정과 학교의 협력관계를 어떻게 설명하고 있었는가?

> 家庭의 關係는 私人的이오 學校의 關係는 公共的이며 學校의 教師는 實로 具體的 道德의 法則이오 又非私人的 法則의 權勢라 … 家庭과 學校의 訓育上 兩處의 目的이 合一치 못ᄒᆞᆷ이 多ᄒᆞ야 家庭에셔는 兩親의 自然的 努力은 子의 幸福을 專主ᄒᆞ야 生存競爭場上에 優勝을

54) '母妹開會', 「대한매일신보」, 1908년 10월 8일.

得ᄒᆞᄂᆞᆫ 点에 着眼ᄒᆞᄂᆞᆫ 故로 個人的 主義에 傾ᄒᆞᄂᆞᆫ 方便이 有ᄒᆞ고 學校에셔ᄂᆞᆫ 公共의 敎育所라 自然의 性質이 一般의 幸福에 着眼ᄒᆞ야 一般兒童이 悉皆有爲의 國民됨에 努力ᄒᆞᄂᆞᆫ故로 … 請컨ᄃᆡ 眞正ᄒᆞᆫ 敎育者되ᄂᆞᆫ 父와 敎師ᄂᆞᆫ 반다시 個人的 及 公共的의 調和와 實利的 及 理想的의 調和를 務ᄒᆞ야 敎育의 目的을 貫徹케ᄒᆞᆯ지니 然ᄒᆞᆫ則 兩者ᄂᆞᆫ 恒常 聯絡ᄒᆞ며 互相協力ᄒᆞ야 統一을 以圖ᄒᆞᆷ이 可ᄒᆞ니라[55]

위 인용문은 『간명교육학』 중 '훈육'에 대한 서술이다. 여기에서 학교와 사회는 '공사'로 명확하게 구분되고, 따라서 훈육의 방향도 "공공적(公共的)/사인적(私人的)'으로 구분된다. 가정교육의 목적은 자기 자녀가 "생존경쟁장"에서 "우승"하는 것이다. 이는 국가/민족 내부의 경쟁을 촉발시킬 우려가 있는 것이다. 결국 가정교육은 학교의 "국민" 만들기 과정과 조화를 이루어야 하고, 이를 위하여 "부(父)"와 "교사"는 긴밀한 협력이 필요하다는 것이다. 인용된 부분에서는 공공적 측면에서의 훈육과 개인적 측면에서의 훈육이 동등하게 취급된다. 그러나 뒤이어 부모와의 연락을 위해 학교가 취할 수 있는 방법으로 "통신, 방문, 부형간화회(父兄懇話會)"를 설명하면서 이러한 연락의 방향이 분명하게 제시된다.

(三) 父母ᄂᆞᆫ 반다시 學校와 同一ᄒᆞᆫ 品性陶冶의 目的을 持ᄒᆞ고 且此目的에 基ᄒᆞ야 熱心으로 正當ᄒᆞᆫ 訓育을 行ᄒᆞᆯ지니라[56]

여기에서 분명하게 드러나듯이 부모는 학교의 목적을 받아들여

55) 유옥겸 역술, 앞의 책, 202－204쪽.

56) 위의 책, 206쪽.

자녀교육을 '수행'하는 존재다. 논리적으로 부모가 의도하는 개인적 목적은 학교의 공공적 목적의 테두리를 벗어나지 않는 선에서 용인될 수 있는 것이다. 이로써 교육의 대상인 자녀를 중심으로 어머니-여성의 위치는 명확해진다. 즉, '학교-아버지-어머니'의 순서가 설정되는 것이다. 학교는 가정교육 책임자인 아버지에게 자신의 목적을 명확히 전달하고 내면화시키고자 하고, 아버지의 방침은 어머니-여성을 통해 '직접' 수행된다. 어머니-여성은 학교와 아버지에게 이중으로 구속된 '보조적 교육 노동'을 수행하는 존재인 것이다.[57] 일제 강점기에는 학생의 관리라는 측면에서 학교와 가정의 연락이 강조되었다. 1933년 4월 『신동아』에 실린 「교장으로써 학부형에게 보냄」이라는 기사에서 설문에 응한 학교 당국자들은 모두 한결같이 학교와의 연락, 학교에 대한 관심을 촉구하고, 학생과의 친밀한 관계 형성을 강조하였다.[58]

---

57) 1907년 양규의숙(養閨義塾)은 학생의 체벌 문제로 학부형 친목회를 개최한다. 양규의숙 교사 진학신이 반장 김명자로 하여금 이아미를 체벌하도록 한 것이 아버지 사이의 다툼으로 확대되자 친목회를 소집한 것이다. 당시 이 사건은 학부가 직접 조사하고 진학신의 직책을 삭출(削出)하는 등 상당한 논란을 불러왔다. 그러나 이 역시 학교 측의 입장을 아버지에게 전달하려는 목적이었다는 점에서 전체 논의에서 예외를 보여 주는 것으로 보기는 어렵다. 이 사건에 대해서는 「만세보」, 1907년 4월 18 · 19일; 「황성신문」, 1907년 5월 8일; 「대한매일신보」, 1907년 5월 18일 등 참고.

58) 김려식(협성실업교장), '將來를決定지어가지고'; 현상윤(중앙고보교장), '在京監督者가 必要'; 잰 · 뗼말틀(정신여학교장), '子弟들을좀더잘알도록'; 박희도(중앙보육학교장), '세가지 간절한부탁'; 마리철취(이화여고보교장), '學校와 좀더親密하게', 「校長으로써 學父兄에게보냄」, 『신동아』 제3권 제4호, 1933. 4, 26-28쪽. 한편 학생 관리의 측면에서 가정과 학교의 협력을 강조한 일본 측의 자료로는 瀧澤又市, 『母性讀本 8. 學校と家庭』(東京: 文化生

또한 이러한 방향은 국가가 학교라는 기제를 통하여 가정을 계몽하는 순서와도 일치한다. 즉, 근대적 국민국가 형성 과정에서 국가는 '학교－아동－가정'의 순서로 자신의 의지를 전달하고 관철하려고 하였던 것이다. 실제로 일본 제국주의가 소위 '총력전' 체제로 접어들었던 일제 강점기 말기의 모성 경험을 구술사적 방법을 통해 연구한 결과를 보면, 학교가 학부모회를 통해 식민주의 이데올로기를 주입하고 적극적인 참여를 요구했다는 점을 내담자들이 공통적으로 지적하고 있음을 알 수 있다.[59] 또한 "부형회라 그랬는데 주로 어머니들이 모였다. 다 엄마들이야."[60]라는 지적에서 알 수 있듯이, 일제 강점기 말기에 접어들면서 학교와의 주된 연락 매개가 어머니로 정착되고 있음도 나타난다. 이는 학교 자체의 '공공＝남성'이라는 영역 설정에 변화를 가져온 것으로 해석할 수 있다. 어머니－여성이 보조적 모성으로 자리를 잡게 되면서, 공적인 영역이기는 하지만 학교에 대한 보조적 노동은 '여성적 영역'으로 규정되는 것이다.[61]

活研究會, 1927). 특히 제10장 '不良化の防止' 참고.

59) 안태윤, 「일제하 모성에 관한 연구－전시체제와 모성의 식민화를 중심으로」, 성신여자대학교 사회학과 박사학위 논문, 2001. 특히 제4장 '전시체제하의 생활과 여성의 모성경험' 중 제3절 '전시 가정교육자로서의 어머니의 경험'에 인용된 면담 결과 참고.

60) 위의 글, 163쪽. '윤주영의 면담'

61) 학교는 분명 공공적 성격을 갖는 공적 영역이다. 동시에 학교와의 연락이 어머니－여성을 통해 이루어진다는 것은 최근에 등장한 교단의 여성화 문제나 각종 대중매체를 통해 무차별적으로 전파되는 '학업성적＝어머니 노릇'이라는 등식 등은 학교교육 자체가 공적인 영역이면서도 '여성적'으로 규정되는 모습을 보여 주는 것이다.

그리고 가정교육의 담당자인 어머니-여성은 학교와의 연락과 가정교육 그 자체를 계기로 일본어 사용, 신사참배, 전시물자 공출 등에 동원되고 여성 스스로 적극적으로 참여하는 모습까지 나타난다.[62] 즉, 식민주의 국가-학교는 아동을 통해 어머니-여성을 관리·감시하고 식민주의를 내면화시켜 나갔던 것이다. 뿐만 아니라 학교교육에 대해 보조적 역할을 담당하는 어머니-여성은 아이의 결점뿐만 아니라 자신의 가정 상태를 숨김없이 보고할 것도 요구받았다. 다음 인용문은 그 좋은 사례다.

> 학교로부터는 처음에 아이의 지금까지의 생활사에 관한 다양한 조사가 있기 때문에 어떤 일이라도 정직하게 보고해야만 한다. 아이의 좋은 것만 쓰고 나쁜 면을 감추는 것은 결코 좋지 않다 … 근시, 색맹, 왼손잡이, 말더듬이, 불구의 요점, 현저한 성격상의 특징, 집안형편 때문에 바라는 것과 그렇지 않은 것 등을 명확하게 말씀드려 학교교육에 참고가 되도록 해야만 한다.[63]

---

62) 안태윤, 앞의 글, 164-169쪽. "학교와 아동을 통해 가정 및 어머니-여성을 식민화하려는 의도는 다음과 같은 문헌에서도 확인된다. 즉, 학교와 가정, 사회가 일치한 방침으로 서로 도와 훈련을 행하지 않으면 완전한 훈련이 이루어지지 않는다는 점을 늘 염두에 두어야 한다 … 그렇다면 학교에서 완전한 훈련을 행하는 것은 아동의 생활장소의 하나로서 가정의 풍습 또한 잘 이해해서 적합한 방법을 고려해서 가정생활까지 훈련하지 않으면 안된다는 것을 생각해야 한다." 심의린(沈宜麟), 「朝鮮風習と學校訓練」, 『朝鮮の教育研究』, 1929. 2, 52-53쪽; 김진균·정근식 편저, 『근대주체와 식민지 규율권력』(서울: 문화과학사, 1997), 304쪽에서 재인용.

63) 阪本一郎, 『國民學校と家庭教育』(東京: 第一公論社, 1941), 300쪽; 김진균·정근식 편저, 위의 책, 303-304쪽에서 재인용.

한편 어머니-여성은 자신의 교육 대상인 자녀에게 포섭되었고, 학교를 매개로 하여 끊임없이 보조적 노동을 수행하도록 요구받았다.

> 다른나라 사람들은 부모된책임이 그자녀로하여금 세상에서 살만한 지식과 학문을 너어주는데 잇다하야 무엇보다도 子女교육비부터 준비합니다. 그리하야 엇던뎡도의 학교년령까지는이르기에는 그부모는 그자녀에게 교육뎍희생이되는것이외다.[64]

위 인용문에서 나타나는 것처럼 가정교육의 담당자로 호명되었던 교육의 주체로서의 역할은 "여자교육비" 마련이라는 간접적인 방식으로 변화한다. 자녀교육은 '학교'가 담당하는 것이고 어머니-여성은 그를 위해 '교육적 희생'만을 요구받는 것이다. 이러한 보조적 모성이 보다 분명하게 드러나는 계기는 자녀들의 입학시험이었다. 특히 취학열의 상승 현상과 더불어 입학난이 제기되는 1930년대에 이르러 자녀들의 입학시험과 관련된 어머니 노릇에 관한 주의사항이 신문과 잡지를 통해 적지 않게 소개되고 있었다.[65]

---

64) 박달성(朴達成), 「入學年齡의子女를둔家庭에게」, 『신여성』 제2권 제3호, 1924. 3, 57쪽.

65) '입학시험을 앞두고(4) 시험 치를 아이의 부모는 어찌할가', 「동아일보」, 1932년 1월 30일; '입학시험을 압둔 아이에 대한 주의', 「동아일보」, 1932년 2월 21일; '입학시험 준비하는 자녀에 대한 주의', 「동아일보」, 1932년 12월 17일; '이제 한 달 박에 남지 안흔 입학시험과 부모의 주의', 「동아일보」, 1933년 2월 9일; '입학시험을 앞두고(上) 시험준비하는 아동의 음식물에 대한 주의', 「동아일보」, 1935년 2월 13일; '입학시험을 앞두고(下) 입학시험준비할 때 부형은 이러케합시다', 「동아일보」, 1935년 2월 14일; '삼학기는 되엇다! 부형이 철없이 떠드는 입학시험준비(上)', 「동아일보」, 1936년 1월 22일; '입학시험을 앞두고 학동 지도하는 방법(上)', 「동아일보」, 1939년 2월 11일

1934년 2월, 『별건곤』에 실린 「입학시험과 어머니 주의(注意)」[66]는 입학시험을 앞둔 어머니-여성에게 요구되는 주의사항이 체계적으로 정리된 대표적인 사례다. 이 글은 주로 "고등보통학교"에 입학할 자녀를 둔 어머니들을 대상으로 한 것인데, "어린 사람의 시험은 즉 어머니의 시험입니다. 어머니의 세심한 주의와 정성은 자녀들의 합격 불합격을 좌우하는 것입니다."를 전제로 한다. 어머니-여성과 자녀는 하나의 공동 운명체이면서도, 어머니-여성은 자녀에게 일방향적인 주의와 정성을 기울여야 하는 존재가 된다. 이러한 전제는 '자녀의 불합격은 곧 어머니의 주의와 정성이 부족하다'는 것을 의미한다. 이 글에서는 어머니-여성에게 요구되는 것은 학교선택문제를 비롯하여, 학과 준비, 위생상 주의, 어머니와 자녀의 심리 상태에 이르기까지 비교적 세밀하게 주의사항이 제시되고 있다. 어머니-여성은 우선 학교선택에서 각 학교의 "교풍(校風), 방침, 정도, 조직, 설립취지"를 파악해야 할 뿐만 아니라, 자녀의 희망과 특징까지 고려하여 집중적인 입학시험 준비에 임해야 한다. 또한 자녀의 건강 상태에 대한 세밀한 점검과 "대담(大膽), 세심(細心), 솔직(率直), 침착(沈着), 성실(誠實)" 등 자녀를 대하면서 갖춰야 하는 어머니-여성의 마음가짐과 자녀에게 심어 줘야 하는 심리 상태까지 자세하게 지적하고 있다.

엘리자베트 벡-게른스하임(Elisabeth Beck-Gernsheim)에 따르면, 어머니-여성이 자녀를 "뒷받침"해 주어야 한다는 요구는 이미 19세

등 1930년대 접어들면서 오늘날과 유사한 수준으로 거의 매년 입학시험 기간에 부모의 주의사항을 제시하는 기사가 반복된다.

66) 미소, 「入學試驗과 어머니 注意」, 『별건곤』 제70호, 1934. 2, 32-33쪽, 35쪽.

기에 등장하였던 것이지만, 1950년대와 1960년대에 한층 진전되었다. 그리고 이는 의학과 심리학, 교육학 등의 근대 학문의 지지를 받았고, 결국 "아이는 점점 더 만들 수 있는 존재가 되었다."[67] 이러한 변화 속에서 어머니 노릇의 핵심에 "정보 노동"이 자리하게 되었다. 이 "정보 노동"이라는 용어는 과학적 모성론과 보조적 모성론이 마주치는 지점을 잘 묘사한 개념이다. 그리고 아이에 대해 당연히 알게 되는 지식과 문화적으로 요구되는 지식 간의 균열은 점차 커지게 되는데, 이 때문에 "정보 노동"[68]은 결코 도달할 수 없는 목표를 향한 질주가 된다.

이와 같은 보조적 모성론은 현실에서 어머니-자녀 관계를 '공의존적(codependent) 관계'로 형성하게 된다. 앤서니 기든스(Anthony Giddens)에 따르면, '공의존적 관계'는 "한 개인이 어떤 종류의 강박

---

67) Elisabeth Beck-Gernsheim, 이재원 역, 『내 모든 사랑을 아이에게?(한 조각 내 인생과 아이 문제)』(서울: 새물결, 2000), 150쪽.

68) '정보 노동' 개념은 엘리자베트 벡-게른스하임(Elisabeth Beck-Gernsheim)의 책에서 차용한 개념이다. 한편 이반 일리치(Ivan Illich)가 사용한 '그림자 노동(shadow work)' 개념 역시 차용할 수 있을 것이다. 일리치는 그림자 노동을 '한 상품에 추가가치를 더해 주기 위해 소비자가 행하는 무보수 노동'으로 개념화한다. 특히 우리와 같이 학력(學歷)이 시장에서 개인의 가치에 미치는 영향이 지대한 사회에서 어머니-여성이 자녀교육과 관련하여 수행하는 '정보 노동'은 곧 '그림자 노동'의 개념 정의와 유사한 부분이 많다. 이에 대해서는 Ivan Illich, 최효선·이승환 공역, 『젠더』(서울: 뜨님, 1996), 62-79쪽 참고. "시험때가 닥치면 애이것 큰일낫구나하며 웬집안 식구가 들석어리고 내일 모레 시험이라니까 사면에서 참고서를 얻어다가 산같이싸놓고"(「입학시험을 앞두고(下) 입학시험준비할 때 부형은 이러케합시다」, 「동아일보」, 1935년 2월 14일)라는 일제 강점기 신문기사는 '정보 노동' 내지는 '그림자 노동'으로의 일면을 보여 주는 경우라고 할 수 있다.

성에 지배되는 행동을 하는 파트너에게 심리적으로 묶여 있는 관계"를 말한다. 그리고 기든스는 관계 그 자체가 중독의 대상(object)이 될 경우를 "고착된 관계(fixated relationship)"라고 개념화한다.[69] 보조적 모성론의 이면에는 어머니-여성을 "타자를 돌보는 것을 스스로 필요로 하는 보호자(carer)"이면서 "무의식 수준에서는 부분적으로 혹은 거의 전적으로 자기의 헌신이 되짜맞기를 기대하는"[70] 사람이 될 것을 요구한다. 나아가 어머니-여성과 자녀, 특히 우리의 경우는 아들의 관계는 고착된 관계로 진행되면서 관계에 참여하는 누구도 스스로의 의존성을 파악하지 못하게 된다.

박완서의 연작 소설인 「엄마의 말뚝」 1·2·3은 바로 이와 같이 고착된 관계에 빠진 보조적 모성론을 잘 보여 주고 있다.[71] 주인공인 '내'가 어머니의 삼우날 찾은 산소 앞에서 "말뚝에 적힌 한자로 된 어머니의 성함"에 빨려 들고 "어머니의 성함 중, 이름을 따로 뜻으로 읽어보긴 처음"이라는 사실을 깨닫는 순간에 이르러서야 이러한 고착된 관계에 균열이 감지된다. 그러나 보조적 모성으로 호명되었고, 자녀와 고착된 관계를 형성하였던 어머니가 상실된 상태이기 때문에, "어머닌 부드럽고 나직하게 속삭이며 아직도 내 의식 밑바

69) Anthony Giddens, 배은미·황정미 공역, 『현대 사회의 성·사랑·에로티시즘: 친밀성의 구조변동』(서울: 새물결, 2003), 146-149쪽.

70) 위의 책, 146쪽. 기든스(Anthony Giddens)는 이러한 공의존적 관계를 "역전된 성찰성(reverse reflexivity)의 한 예"라고 지적한다.

71) 박완서, 『박완서 소설전집 7. 엄마의 말뚝』 2판, (서울: 세계사, 2002). 한편 전인권은 아들의 입장에서 이러한 어머니-아들 사이의 고착된 관계에 대해 천착해 들어가는 모습을 보여 준다. 전인권, 『남자의 탄생』(서울: 푸른숲, 2003) 참고.

닥에 웅어리진 자책을 어루만지는 것 같았다. 딸아, 괜찮다 괜찮아. 그까짓 몸 아무데 누우면 어떠냐. 너희들이 마련해준 데가 곧 내 잠자리인 것을."[72]이라는 자기 위안으로 균열이 봉합되고 만다.

어머니-여성은 가정교육의 주체라는 수사에도 불구하고 실제로는 일차적으로 가정교육의 책임자로 호명되었던 가부장에게, 그리고 이차적으로 학교라는 근대적 교육기관을 통해 국가/민족에 보조적인 어머니 노릇을 제공하는 역할만이 허용되었다. 보조적 모성은 학교의 공식 행사인 학부모회 등을 통해 공적 영역으로의 진입을 모색할 수 있었고, 또한 그러한 공적 영역으로의 참여가 어머니-여성의 주체성을 확인시켜 주는 계기가 되기도 하였다. 학교라는 공적 영역이 학부모회를 자신의 의사를 전달하는 도구로 사용하면서, '국가-학교(학생)-가정(어머니)'이라는 일방향적 의사소통 체계를 구축하였다. 이러한 기제는 일제 강점기 말기로 접어들면서 일본 제국주의의 황민화 교육 정책을 가정에까지 침투시키는 역할을 맡기도 하였다.

한편 자녀들의 입학시험은 보조적 모성이 분명하게 표출되는 계기가 되었다. 근대적인 계몽 기획은 끊임없이 세세한 항목의 주의사항을 어머니에게 전달함으로써, 어머니-여성의 교육적 기능을 학교교육의 보조자로 자리매김해 나갔다. 이와 같이 구축된 보조적 모성은 곧 어머니 노릇을 끊임없는 '정보 노동' 내지는 '그림자 노동'으로 만들어 나갔다.

또한 보조적 모성론은 실제에서 어머니-자녀 관계를 공의존적 관계로, 나아가 고착된 관계로 형성하면서, 어머니와 자녀 모두에게 상대에 대한 자신의 의존 여부에 대한 감각을 무디게 만들었다. 이

72) 박완서, 「엄마의 말뚝 3」, 위의 책, 131쪽.

는 보조적 모성론이 어머니-여성을 자신의 교육적 기능에서 소외시킬 뿐만 아니라, 자녀 역시 '교육'이라는 기능 때문에 어머니와의 친밀한 관계 속에서 소외감을 느끼지 않을 수 없게 만들었다.[73)]

2 가능성으로서의 모성

1) 선택할 수 있는 모성

임신과 출산, 수유는 여성의 생물학적 특징으로 오랫동안 여성의 어머니 노릇을 정당화해 왔다. 동시에 세계 곳곳에서 독특한 낙태 시도가 계속되었고, 영아 살해가 보편적으로 관찰되고 있다는 점도 주지의 사실이다.[74)] 또한 1970년대 중반부터 페미니스트들을 중심

---

73) 정확한 통계자료를 확인하지는 못하였지만, 우리나라 학생들이 학업성취 문제에서 부모(어머니)에 대한 미안함을 표명하는 경우가 적지 않다. 이를 단순히 전통적인 '효' 개념으로 설명하는 것은 오히려 어머니-자녀 관계의 이면에 자리하는 젠더 문제를 은폐할 수도 있을 것이다. 이는 실증적 연구를 통해 면밀하게 고찰해야 할 것이다. 한편 이러한 현상은 이미 일제 강점기에도 나타나고 있었다. 해주의 14~5세 소년 4명이 고등보통학교 입학시험에서 불합격된 후, '부모뵐 면목이 없어서' 행방불명되었던 사건이 신문지상에 보도되고 있다. '入學地獄의 放浪兒. 거듭 入學試驗에 落第되고 行方不明된 四少年 海州서 十四五세 소년들이 父母뵐 面目이 없어', 「동아일보」, 1935년 3월 9일.

74) 영아 살해의 풍습 및 그 교육적 관련성에 대해서는 우메네 사토루(梅根悟), 김정환 · 심성보 공역, 『세계교육사』(서울: 풀빛, 1990) 중 '교육을 위한 자녀 살해' 참고.

으로 '재생산적 권리(reproductive rights)'를 둘러싼 논의가 전개되면서, 여성의 생물학적 모성 자체가 중요한 논제로 자리 잡기 시작하였다.[75] 그 이면에 자리 잡은 논리와 이유가 무엇이든 간에, 생물학적인 어머니 노릇을 여성이 선택할 수 있는 가능성이 열리게 되었다는 사실은 모성 개념에 상당한 변화를 가져올 수밖에 없었다.

근대 국민국가는 주로 인구학적 이유에서 여성의 생물학적 모성에 대한 관리와 통제를 주장하기 시작하였다.

> 一. 禁棄兒, 而設法養育事, … 一. 禁婦女飮毒墮胎事[76]

이미 1888년 박영효의 「개화(開化)에 대한 상소(上疏)」에는 '자녀유기를 금하고 법률로 이들을 양육할 것'과 '부녀자가 음독하여 타태(墮胎)하는 일을 금할 것'을 주장하였다. 사회진화론에 입각하여 '우승열패(優勝劣敗)'의 생존경쟁을 '자연스러운' 현상으로 받아들이고, 국가유기체설을 근간으로 강력한 국가 주도의 부국강병 전략이 동원되면서, 여성의 몸에 대한 국가의 통제 역시 불가피한 것으로 인식되기 시작한 것이다. 또한 여기에는 직선적인 역사발전관에 입각한 '인종주의'와 우생학이 또 하나의 토대로 작용하고 있었다.

그러나 대한제국 시기까지는 법률과 조약 등을 통한 국가체제의

---

75) 최근에는 재생산적 권리의 개념을 선택의 자유(freedom to choose), 접근권(right to access), 통제권(right to control)이라는 세 가지 측면을 모두 포함하는 것으로 구성하고 있다. 재생산적 권리의 개념에 대해서는 배은경, 「가족계획 사업과 여성의 몸—1960~70년대 출산조절 보급 과정을 통해 본 여성과 '근대'」, 『사회와 역사』 제67권, 2005. 6, 266쪽 참고.

76) 박영효, 「開化에 대한 上疏」(1888), 『신동아』 1966. 1, 19쪽.

정비, 교육을 통한 '국민' 양성 등의 계몽적 기획이 전면에 부각되면서 이에 대한 실제적인 논의가 이루어지지는 못하였다. 이후 미국에서 활발하게 출산조절운동을 펼치던 마거릿 생어(Margaret Sanger)가 1922년 일본과 중국을 방문한 것을 계기로 식민지 조선에도 본격적인 '산아조절' 논의가 진행되었다.77)

> 産兒制限은 婦女自身이 受胎懷姙을 技術的으로 回避하는 것이다. … 現代에 流行하는 産兒制限의 意義는 두 가지로 나누어 볼 수 잇스니 그 하나는 性的享樂의 機會를 일치아니하고 自己 容色의 衰退를 실어하는 純然한 個人主義的 立場에서 實行하는 것이오. 그 달은 하나는 그 經濟生活 社會生活上의 不得已한 要求에 依하야 그 階級的 活動力을 有効하게 發揮하랴는 見解로써 實行하는 것이니 卽 貧困中에서 子女가 만흐면 만흘스록 그 몸은 더욱 不自由롭고 生活苦가 더욱 深刻하야 그 活動力을 減退케 하는 것임으로78)

식민지 남성 지식인이 규정한 산아제한의 개념은 "부녀 자신이 수

77) 마거릿 생어는 여성 자신이 자기 몸의 생식력에 대해 자율적 통제권을 가져야 함을 강조하기 위해 '출산조절(birth control)'이라는 용어를 1914년 만들어 냈다고 한다. 배은경은 'birth control'이 여성을 주체로 위치 짓는 개념인데 반해, '인구 통제(population control)'나 '출산 억제(birth limitation)'란 용어는 주로 국가 단위의 총인구 특성의 변화·관리를 목적으로 하는 정책적 개입을 지칭한다고 지적한다. 배은경, 앞의 글, 264－265쪽. 1930년대 조선의 경우는 '산아조절'과 '산아제한' 등의 용어가 가장 널리 사용되었다. 한편 중국에서의 마거릿 생어의 영향력에 대한 논의는 천성림, 「1920·30년대 중국지식인의 '모성'담론과 '모성보호' 인식」, 『중국사연구』 제24집, 2003. 6, 227－228쪽 참고.

78) 배성룡, '産兒制限의 實現性－朝鮮의 經濟情勢와 生活形態에 鑑하야', 「産兒制限의 絕叫!!」, 『삼천리』 제5호, 1930. 4, 30－31쪽.

태양임(受胎懷姙)을 기술적으로 회피"하는 것을 의미하였다. 그리고 산아제한이 요구되는 필요성으로는 향락적 개인주의와 경제적 요구가 제시되고 있다. 산아제한에 대한 이러한 개념 규정은 한편으로는 여성의 재생산권의 측면에서 접근하는 것처럼 보이지만, 여성에게 성적 수동성이 강조되는 동시에 능동적인 성적 요구가 곧 타락으로 등치되었던 분위기에서 산아제한은 남성 지식인이 여성의 몸에 대한 통제권을 확보하는 동시에 산아제한이 요구되었던 사회적 상황의 책임을 여성에게 전가하는 기제로 활용될 수 있었다.

> 산아제한이라는 것은 아이를 둘이나 셋까지는 낳을 수 있고 그 이상을 낳서는 안된다고 천변일률로 제한하는 것이 아니다. 아이를 낳는 것이 그 아이를 위하야, 그 집안을 위하야, 그 사회를 위하야 좋다고 생각만 하면 누구나 서슴치 말고 연속 다산하야 세계적 최고기록(한 어머니 배에 43명, 이것은 미국)을 돌파하고 일약 세계적 母性이 되어볼 일이다. 그러나 만일 병신을 낳고 또는 어린 것을 낳아야 멕여 기를 것이 없고 일가가 살아나갈 수가 없는 경우에는 처음부터 어린 애를 배지 않는 것만같지 못하다.[79]

위 인용문의 "병신을 낳고"라는 표현에서 알 수 있듯이, 우생학적 인구 재생산이 산아제한의 필요성의 하나로 인식되고 있다. 또한 사회경제적 및 우생학적으로 문제를 느끼지 않을 수 있는 경우는 "그 아이를 위하야, 그 집안을 위하야, 그 사회를 위하야 좋다고 생각만 하면 누구나 서슴치 말고 연속 다산"을 해 볼 만하다는 것이다. 여기

79) '産兒調節의 意義와 現勢', 「東光大學 제7강 社會問題篇」, 『동광』 제25호, 1931. 9. 4, 87쪽.

에서 여성의 일차적 미덕은 "다산"으로 다시 확인되고 있다. 여성이 스스로 임신을 기술적으로 회피해야 하는 이유는 '아이'와 '집안' '사회'를 위해서다. 여성 자신은 산아제한의 이유가 될 수 없는 것이다. 남성 지식인은 전체 사회에 대해 자신들이 관철시키려 했던 계몽적 기획의 하나로 산아제한을 바라보고 있었고,[80] 어머니－여성은 수단이 될 뿐이었다. 자신이 여자라면 '피임법을 실행하겠다'[81]는 한 남성 지식인의 발언의 이면에는 바로 어머니－여성에게 부담을 전가하는 모습이 잘 드러나 있다.

산아제한에 나타난 남성중심적 계몽 기획은 산아제한을 위한 실질적인 피임방법에 대한 정보를 제공해 주는 기사에서도 분명하게 드러난다.

> ① 優良兒童을엇기爲하야, 病든母體의生命을保護하기爲하야, 健全한家庭生活을하기爲하야 産兒調節의 必要가잇슴으로, … 그方面에造詣가깁흔 醫學者의指導를밧기로하엿슴니다 …
>
> 問 선생님 저는 스물여덜에 나는 女子인데 벌서아해 넷이잇고 또임신할것갓슴니다. 약픔을 사용하거나 洗滌法을쓰면 絶對로 効果가잇겟슴니까
>
> 答 … 獨逸製 「세모리」가튼것等은效用이잇지요. … 그러나 性×한뒤卽時 洗滌한다면 [82]

80) 산아제한 논의를 가장 중요하게 다루었던 『삼천리』와 『동광』, 「동아일보」 등 소위 '부르주아 민족주의 지식층'을 대변하는 매체였다는 점도 주목할 만하다.

81) 차청오, 「내가女子면!! 내가男子면!!」, 『별건곤』, 1927. 12, 98쪽.

82) 「誌上 産兒調節所」, 『삼천리』, 1931. 3, 43쪽.

② 부인들이 늘 필요로하는 남성의 분필물(分泌物)이 이「곤도-무」때문에 흡입(吸入)되지못하니까 생리적으로 보아서 해로울것은 정한일입니다.[83]

두 인용문은 독일에 유학하여 의학박사 학위를 취득하고 돌아온 정석태(鄭錫泰)가 담당하였던 산아조절에 대한 질의응답식 기사다. 정석태 역시 산아조절의 필요성을 우생학적 인구 재생산, 모성 보호, 사회경제적 이유[84] 등으로 제시하는 데서는 유사한 모습을 보이고 있다. 이 인용문에서는 두 가지 사실을 눈여겨보아야 한다.

우선 이 질의응답이 어머니-여성과 남성 지식인 사이에서 진행되는 형식을 보여 준다는 것이다. 산아조절의 일차적 책임을 여성에게 전가할 뿐만 아니라, 어머니-여성을 끊임없이 계몽의 대상으로 설정하고 있는 것이다. 따라서 피임방법 역시 여성이 선택할 수 있는 수단이 주로 제공되고 있다. 이 글이 실린『삼천리(三千里)』라는 잡지가 여성을 특정한 독자층으로 설정하지 않았던 사실을 고려한다면, 이러한 계몽적 기획은 '남성 지식인-남성 대중-여성 대중'의

83) 정석태(독일의학박사),「産兒調節所(3): 곤·도-무의 使用은 無害한가, 兩性中 어느편이 性慾이强한가 月經中의 問題 其他」,『삼천리』, 1931. 5, 52쪽.

84) 사회경제적 요구가 산아제한이 필요한 이유 중 하나로 중요하게 부각되면서, 산아제한에 대한 계급적 견해도 논쟁의 대상이 되었다. "産兒制限은無産階級의經濟的窮乏을現在程度以上으로써러지는것을防止하는一策에不過한것"이라는 주장은 이러한 계급적 이해관계를 단적으로 보여 준다. 박용해,「産兒調節運動의社會的考察」,『학지광』 제29호, 1930. 4 참고. 이 외에도 산아제한과 계급성의 관계에 대해서는 '産兒調節의 意義와 現勢',「東光大學 제7강 社會問題篇」,『동광』 제25호, 1931. 9. 4, 87-94쪽; 조빈,「産兒制限과 無産者」,『대중』 제3호, 1933. 6; 오평숙,「無産者式 産兒制限法」,『신계단』 제9호, 1933. 6 등 참고.

전파 고리를 형성하면서 여성을 끊임없이 하위 주체화한다.

또 하나는 두 번째 인용문에서 나타나듯이, 상대적으로 손쉬운 피임법이라고 할 수 있는 콘돔의 경우는 부인들이 늘 필요로 하는 남성 분비물을 흡입할 수 없기 때문에 생리적으로 '부인에게' 해롭다는 사실을 확인해 주고 있다는 점이다. 의학이라는 가치중립적 '학문'의 목소리가 이 명제에 권위를 확보해 주면서, 여성의 생물학적 모성에 대한 결정권은 남성에게 의존적인 것이 되고 만다.

그러나 마거릿 생어가 모성 보호의 입장에서 산아조절을 주장하기 시작하였듯이,[85] 산아조절은 여성이 자신의 몸과 모성을 선택할 수 있는 가능성을 열어 주었던 것도 사실이다.

> 여자의 문제를 해결하자면 먼저『자유러운 모성(母性)』이되어지어야하겟다는것입니다. … 모성은 모성이되 자유스러운모성이 되어질랴면 첫재자긔의 배우자(남편)를 자긔가택하고 둘재자식날시긔를 자긔가결정하고 셋재낫는아해의수효를 자긔가규정하게되는데에잇다고 봅니다.[86]

이 인용문에서 "자유스러운 모성"이라는 개념을 뒷받침해 주는 것은 배우자 선택의 자유와 생물학적 재생산의 시기 및 수효에 대한

---

85) 마거릿 생어가 산아제한을 하는 경우로 제시한 것은 '산아년수' '신체적 · 정신적 질병' '유전' '연령' '환경' 등으로 주로 모성 보호와 아동양육의 범주에 해당하는 것이었다. '産兒調節의 意義와 現勢', 위의 책, 90쪽. 그러나 생어의 주장은 남성 지식인의 계몽 기획에서는 의도적으로 무시되는 경향이 강하였다.

86) 유상규,「朝鮮女性과 産兒制限」,『신여성』제6권 제3호, 1932. 3, 9쪽.

결정권이다. 비록 신여성, 즉 교육받은 여성을 대상으로 하는 남성 지식인의 계몽적 기획이 반영되어 있기는 하였지만, 여성잡지 『신여성(新女性)』에 등장하는 산아조절론은 분명한 차이를 보여 주고 있다. 산아제한의 중요한 근거 중 하나로 남성 지식인들이 제시하였던 '우생학'에서도 어머니-여성의 자기 결정권이 미세한 균열을 만들어 낸다.

> 우리는 아모나 결혼하기전에저편의성격과 톄질의유전(遺傳)에 대하야도 깁히생각하지안으면 아니됩니다. 렬정뎍이고 감정뎍인녀자면 리성(理性) 만흔남자와결혼하여야 그녀자자신과 또그자녀의성질까지 개선(改善)해가게되는것입니다.[87)]

신여성의 등장과 함께 자유연애의 풍조가 남녀 지식인층을 중심으로 급속하게 확산되어 갔던 분위기도 고려해야겠지만, 여기에서 어머니-여성은 남성 지식인이 동원하고 있던 우생학 및 유전학의 과학적 담론을 자신의 배우자 선택의 논리적 근거로 전환시켜 사용하고 있다. 그리고 그 궁극적인 근거는 "자녀의 성질까지 개선"한다는 모성의 교육적 기능이다. 물론 일제 강점기 확산된 자유연애의 대표적인 이데올로그인 구리야가와 하쿠손(廚川白村)의 이론이 국민국가의 기초로서 근대 가족을 설정한 이데올로기였고, 1930년대 후반 일본 파시즘이 대두되면서 모성애를 매개로 정치화되는 과정을 밟았다는 견해가 일반적으로 통용되는 것도 사실이다.[88)] 그러나 어

87) 아-드 · 킨쓰, '産兒는「優生」으로하도록', 「自由意志로 結婚하려는處女에게」, 『신여성』 제2권 제6호, 1924. 6, 18쪽.

88) 川村邦光, 『セクシュアリティの近代』(東京: 講談社, 1996), 161-163쪽; 김

머니-여성이 자신의 생물학적 재생산권을 확보할 수 있는 균열을 찾아 나갔던 것도 부인하기는 어렵다. 산아조절은 "제슈족을 가지고 긔거와 운동을 제ᄆᆞ음ᄃᆡ로 ᄒᆞ야ᄂᆞᆷ의게 제어ᄒᆞᆷ을 밧지안는"89) 것이라는 개화기 이후 자리 잡아 나갔던 "ᄌᆞ유" 개념을 어머니-여성에게 확보해 줄 수 있는 가능성의 기제였던 것이다. 앞서 인용하였던 차청오 역시 피임법을 실행해야 하는 이유에 대해서 다음과 같이 지적한다.

> 종족을보존할만치 몃개의자녀를나흔뒤에는 무슨방법이든지 폐임을하겟다. … 다만 몃사람이라도 상당히길느고가르처야만된다. 쑨만안이라 여자자신의 건강으로든지 사회뎍활동으로보더라도 자식을함부로나서 일생을그자녀의 로예가되는것은 쏘한찬성할일은안이다.90)

생물학적 모성의 반복적인 임신-출산-수유의 순환은 어머니-여성을 "그자녀의 로예"로 만든다는 것이다. 생물학적 모성과 사회문화적 모성을 전면적으로 거부하지 않으면서도, 자녀에게 일방적으로 얽매이지 않을 수 있는 가능성을 산아조절이 마련해 줄 수 있었던 것이다.

물론 이러한 가능성이 현실화되었던 것은 아니었다. 1930년 9월

경일, 『여성의 근대, 근대의 여성』(서울: 푸른역사, 2004), 163쪽. 각주 12에서 재인용. 구리야가와의 '모성'은 1930년대 후반 이후 '민족 위생'이라는 명목으로 우생주의(優生主義)사상과 결합함으로써 침략 전쟁을 옹호하는 '모성애의 공동체' 담론으로 흡수되어 갔다고 지적한다.

89) 「제국신문」, 1898년 8월 17일.

90) 차청오, 앞의 글, 98쪽.

『삼천리』에서 대표적인 신여성들을 대상으로 실시한 설문조사를 살펴보면, 14명의 응답자 중 10명이 산아제한을 하지 않고 있다고 답변하였다.[91] 미혼자였던 손초악을 제외하면 실제로 산아제한을 실행했다고 볼 수 있는 사람은 나혜석과 윤성상뿐이었다.[92] 그런데 산아제한을 실시했던 두 사람 모두 그 방법에 대해서는 "후일 다른 기회로 미루지요."(윤성상), "부자연해서 말하기 실습니다(나혜석)."라고 대답하면서 당시 여성들에게 제시되었던 산아제한이 여성에게 수치심을 유발하는 방법이었기에 현실적으로 거부되는 경우가 많았음을 시사해 준다. 또한 "알면은 실시하고 십흔데 아지 못하여 실시를 못함니다."(박영선), "실행하지 안으나 나으려고 애쓰지는 아니하오."(김일엽), "아직은 실시치 못합니다."(전유덕), "긔회가 오면 실행하려고 함니다."(김말봉) 등의 대답에서 알 수 있듯이, 산아제한 방법에 접근이 용이하지 않았다는 점도 실제 산아제한을 실행하는 데 제약이 되었다.

산아제한을 실시하지 않는다고 대답한 사람 중에서 당시 자녀의 수와 상관없이 황신덕, 박영선, 전유덕, 김말봉, 진덕순 등은 자녀 출산에 대한 희망을 피력하고 있었다. 즉, 출산을 원하는 어머니-여성이었기 때문에 피임을 선택하지 않았을 가능성이 높다는 것이다. 결국 산아제한에 대해서 명백한 반대 입장을 표명하거나(여순옥), 하지 않는다는 단답형의 대답(최선복, 유영숙, 진덕순)을 한 사람은 4명에

91) 「名流婦人과 産兒制限」, 『삼천리』 제8호, 1930. 9, 50-54쪽.

92) 허영숙은 "필요가 업슴으로 아니합니다."라고 대답하였지만, "젓을 먹이는 동안에 임신이 되지 아니하는 것"을 알고 있으며 당시 수유 중이라고 대답하였다. 여기에서는 본인이 '산아제한'을 실시할 필요가 없다고 강조했기 때문에, 실시하지 않는 사람으로 보았다.

불과하다. 또 하나 흥미로운 것은 비교적 분명하게 산아제한을 실시하지 않는다는 입장을 표명한 네 사람은 모두 남성 지식인의 아내임이 소개되고 있다는 것이다.[93]

응답자들의 진실성을 쉽게 의심할 수는 없지만, 소개된 신여성들이 보여 준 부정적 반응은 실제 여성들의 희망과는 어느 정도 괴리된 것이라고 말할 수 있을 것이다. 1949년 「국도신문(國都新聞)」이 서울에서 실시한 '산아제한문제'에 대한 여론조사 결과를 보면 응답자 총 2,639명 중 찬성 1,538명(58.2%), 반대 1,099명(38.2%)으로 나타났다. 찬성은 여성이 61.7%로 남자의 58.3%보다 많았고 반대는 남성이 39.5%인 데 반해 여성은 26%로 나타나, 최소한 서울 지역의 경우는 많은 여성들이 산아제한에 찬성했음을 알 수 있다.[94] 이것이 비록 광복 이후의 자료이기는 하지만, 산아제한을 둘러싼 의미 있는 정책적 변화가 일어났다고 보기 어렵고, 오히려 일본 제국주의의 총동원 체제에서 '다산(多産)'이 정책적으로 장려되었던 점을 고려한다면, 위 인용문에 나타난 신여성들의 부정적 반응은 오히려 예외적인 것으로 볼 수 있을 것이다. 산아제한을 하지 않는다고 응답한 여성 중 최선복은 "딸 둘", 유영숙은 "아모 것도 업습니다."라고 당시의 자녀 상태를 분명히 밝히고 있지만, 대부분 부정적 응답을 보여 준 신여성들은 자신이 이상적으로 여기는 자녀 구성보다 실제로 적은 수

93) 최선복(-주요한) "안합니다.", 여순옥(-양주동) "달갑게 생각지 안습니다.", 유영숙(-최독견) "안이함니다.", 진덕순(-김영팔) "생각하여 본 일이 업습니다." 방인근의 부인으로 소개된 전유덕만이 "아직은 실시치 못합니다."라는 유보적 태도를 보이고 있다.

94) 「국도신문」, 1949년 10월 17일; 이임하, 『여성, 전쟁을 넘어 일어서다』(서울: 서해문집, 2004), 200쪽에서 재인용.

의 자녀를 두고 있었다고 볼 수 있다.[95]

결국 이 설문 기사는 (의도적인 것으로 단언할 수는 없지만) '신여성'에만 초점을 맞춤으로써 실제 그 가족상황이 산아제한을 진지하게 고민할 조건이 되지 않은 여성들에게 질문하고 있음을 알 수 있다. 여기에는 당시 미혼자였던 손초악까지 포함되어 있었다. 산아제한의 경험이 있음을 밝힌 윤성상의 경우는 이상적인 자녀 구성을 묻는 질문에 "아들 하나 딸 하나만이 제일 조흘 것 갓습니다만은 아직은 그리 급한 생각이 나지 안습니다."라고 대답함으로써, 남성 지식인이 주장하던 산아제한을 실행에 옮기는 모습을 보여 주고 있다.[96] 이 기사는 산아제한이라는 계몽적 기획에 대해 질문을 던지면서, 의도하였던 것이든 그렇지 않든, 신여성들의 부정적 반응을 이끌어 내었고, 이는 신여성의 '새로움'도 남성 지식인의 계몽적 시선을 벗어날 수 없는 수준이라는 것을 은연중에 드러내 주고 있다. 또한 신여성이 욕망하였던 계몽 기획은 실제 삶과 연결되지 못하고 있음을 드러내 줌으로써, 이들의 진정성을 '비워' 버린다.

이와 같이 여성에게 재생산의 권리를 확보해 줄 수 있는 가능성인 산아제한에 대해 실제로 미온적이거나 부정적인 반응을 보이는 데는 산아제한의 중요성을 역설하면서도 실제 산아제한에 대해서 이

95) 시기상조라고 대답한 황신덕은 "아들 둘에 딸 둘이면 조켓소마는 가난하닛가 하나씩이라도 無放"이라고 응답했고, 아직 실행하지 못한다고 대답한 전유덕은 "아들 둘 딸 하나"를 원하고 있었다.

96) 실제 윤성상은 산아제한을 주장하는 글을 발표하기도 하였다. 윤성상, '宣傳과 實行이 必要', 「産兒制限의 絕叫!!」, 『삼천리』 제5호, 1930. 4, 35-37쪽. 여기에서도 윤성상을 남성 필자들과는 달리 마거릿 생어를 인용하고, 산아제한의 필요성으로 "자녀의 양육문제"와 "모체의 건강"을 제시하면서 미묘한 차이를 보여 주고 있다.

중적인 입장을 보이고 있던 남성중심적 사회 분위기가 상당히 작용하고 있었다.

> 인테리 여인들은 얼마나 「산아제한」에 관심을 가지느냐. 뿐만 아니라 어느 정도로 실행하고 잇느냐. 그러한 붓그러운 閨門의 일이요 緋帳 속의 일이지만 필경 暮夜에 남몰래 병원문을 두다려 그의 의학적 방법을 의사에게 뭇고 잇지 안을가?[97]

즉, 산아제한의 실행 여부뿐 아니라 관심 여부조차도 "붓그러운 규문(閨門)"의 일이고, "모야(暮夜)에 남몰래 병원문을 두다려" 문의해야 하는 것이었다. 박창훈, 정석태, 장문경 등 3명의 의사가 참석한 이 좌담은 "여학교 마친 인테리 여성들이 아이를 작고 나으면 제 미모가 판이 난다고 그런 의미로 병원에 차저오지 안습뎃가"라는 기자의 질문으로 시작된다.

국가 및 사회의 인구학적 측면을 비롯하여 우생학, 유전학, 사회경제적 요인, 효율적인 자녀양육 등 여러 가지 이유가 남성 지식인들을 통해 산아제한의 필요성으로 제시되고 있었으면서도, 실제로 산아제한을 실행하고자 하는 여성들에게는 자신의 미모를 유지하기 위해서, "결혼 전의 여성들이 불품행(不品行)한 뒤끗을 가리우기 위하여" 등이라는 시선이 쏟아지고 있었던 것이다. 또한 좌담에 참석한 의사들은 산아제한의 방법으로 "벳사리-"나 "삿그" 등의 기구와 금욕, 수술 등을 제시하면서, 수술을 제외한 방법의 불완전성을 누누

---

97) 「심야에 병원문을 두다리는 「産兒制限」의 新女性群」, 『삼천리』 제9권 제4호, 1937. 5, 14쪽.

이 지적하고 있다. 물론 여기에서 이야기하는 수술은 모체를 대상으로 하는 것이었다.

이러한 현실 속에서도 남성 지식인은 전체 사회에 대한 자신들의 계몽적 기획 속에서 여성들의 무지를 끊임없이 비판하였다.

> 120명 중 반수 이상이 「나는 질문의 의미조차 모름니다」라는 대답이엿고 그 남어지 처녀들의 38명 쯤은 얼골이 붉히며 머리를 숙엿다. … 질문의 의미조차 모르는 생도가 잇는 한 편에는 놀나지 말어라. 기자도 생각지 못햇든 신긔하고 교묘한 대답까지 터저 나오게 되엿다.[98)]

기자는 서울의 모 여자고등보통학교 졸업생들에게 '산아제한을 소원하나?'라는 질문을 던졌다고 전달하면서, 120명 중 38명만이 산아제한의 의미를 알고 그에 대한 자신의 의견을 가지고 있었을 뿐이라며 계몽적 비판의 어조로 탄식한다. 또한 사회적 분위기 때문에 산아제한의 의미를 알고 있는 여학생들의 부끄러움이 당연하다고 말하면서도, 기자의 질문에 대한 학생들의 대답을 놀랄 만한 것, "기자도 생각지 못햇든 신긔하고 교묘한 대답"이라고 의심의 눈초리를 거두지 않고 있다.

여성의 생물학적 재생산권은 남성 지식인들이 끊임없이 정조 문제로 연결하고 있었다. 경제적 계급에 따라 산아제한이 다른 의미를 지니고 있다는 것은 당시 산아제한을 주장하던 대부분의 지식층이

---

98) 「心境打診, 여학생들은 産兒制限을 所願하나, 今春 卒業生의 心境打診」, 『삼천리』 제5권 제4호, 1933. 4, 97쪽.

인정하였던 것이다. 그런데 이러한 논리는 계급에 따른 정조관으로 확대되어 남성 지식인들의 호사거리로 취급되었다.

[子息은 나치안을 테요]

△子息을 나코십노라?

A: 百名中八十九名　　B: 百名中九名

△結婚後五年以內는 아니나켓노라.

A: 百名中八十三名　　B: 百名中六十二名

△結婚後十年間은 아니나켓노라.

A: 百名中五名　　B: 百名中三名

△낫치안케할 方法을알고잇노라.

A: 百名中七十九名　　B: 百名中三十七名[99)]

위 인용문은 여학생들을 부르주아(A: 중역(重役), 지주, 거상(巨商), 귀족의 집 따님)와 프롤레타리아(B: 졸업 후에 부모와 형제를 부조(扶助)하여야 되는 중산계급 이하의 가정의 따님)로 계급에 따라 구분한 다음 정조관, 희망하는 결혼방식, 남성의 동정(童貞) 여부, 남편에 대한 수절여부 등을 질문한 결과다. 이 기사는 "무기명 투표"로 진행되었다는 사실을 언급함으로써 자기 타당성을 확보한다. 그리고 희망하는 결혼방식(연애결혼/중매결혼)과 남자의 동정문제에 대해서만 기자의 해석을 덧붙임으로써 그 외의 결과의 객관성을 확인시키려고 노력한다.

'자녀를 낳고 싶은가?'라는 질문에 부르주아 계급(A)의 여학생은

99) 「푸로와쁘르女學生의 貞操와戀愛觀」, 『삼천리』 제4권 제12호, 1932. 12, 71쪽.

100명 중 89명이, 프롤레타리아 계급(B)의 여학생은 9명이 응답하였다. 이런 결과는 일제 강점기 공업의 발전과 더불어 형성되고 있었던 도시 프롤레타리아 모성이 위협받고 있던 현실[100]을 반영한다고 볼 수 있다. 그러나 이와는 대조적으로, 자녀 출산을 기피하는 프롤레타리아 계급의 여학생들이 산아조절을 모르는 경우가 100명 중 63명으로, 21명만이 모른다고 대답한 부르주아 계급의 여학생보다 월등한 수치를 보이고 있다. 비록 프롤레타리아 계급으로 분류되기는 하였으나, 이 기사가 작성된 1932년 당시 보통학교에 취학하고 있던 여학생이 모두 97,800명(공립 88,993명, 사립 8,807명)이었고, 여자고등보통학교의 경우는 총 17개 학교에 4,830명(공립 7개교 1,882명, 사립 10개교 2,948명)에 불과하였다는 사실[101]을 고려한다면, 응답자는 당시 식민지 조선에서 극히 혜택받은 일부의 경우라고 볼 수 있을 것이다.

그런데 이러한 결과는 이 기사에서 가장 첫 번째 던진 질문, "결혼하기까지 처녀대로 잇고십노라."라는 항목과 연관 지어 생각해 볼 필요가 있다. 이 질문에 대해서 부르주아 계급의 여학생은 100명 중 78명이, 프롤레타리아 계급의 여학생은 85명이 긍정하였는데, 뒤이

---

100) 1930년대 여성 직업을 사진과 함께 소개한 기사 중 고무 공업에 종사하는 여성 노동자의 상황을 묘사한 글에는 "엽헤서는 어린애들이 젓을달나고 보챈다 이렇케 고생을해야 하로에 八十錢 그나마 봄과 가을에는일거리 엇기가 힘이 든다고한다."라는 설명이 덧붙여져 있어서, 당시 도시 프롤레타리아 계급의 기혼 여성의 모성이 심각하게 위협받고 있음을 보여 주고 있다. 「고무女工」, 『신동아』 제2권 제6호, 1932. 6, 70쪽.

101) 상기 재학생 수치는 김경일, 『여성의 근대, 근대의 여성』(서울: 푸른역사, 2004), 278-283쪽의 〈표 2〉 보통학교 수와 학생 수의 변화 및 〈표 4〉 고등보통학교 학교 수와 학생 수의 변화에 근거한 것임.

은 "결혼은 한 개의 모험임으로 처녀대로 잇고십지만은 사실 그것은 불가능함으로 정조에 구니(拘泥)하지 안노라."라는 항목에 대해서는 각각 44명과 63명이 긍정하여 좋은 대조를 보여 주고 있다. 결국 혼전 정조에 대해서는 프롤레타리아 계급의 여학생이 더 희망하는 데 비하여, 이들이 현실적으로 그것을 유지할 수 없다고 보는 경우가 더 많았다는 것이다. 타락과 허영, 사치 등을 이유로 끊임없이 의심의 시선에 노출되었던 여학생들 중에서, 특히 프롤레타리아 계급의 여학생은 부르주아 계급의 동료에 비해 더 강한 정조관념을 지녔으면서도 현실적으로 유지가 불가능하다는 비관적 관념이 자리하고 있었던 것이다. 더구나 앞에서 지적했듯이, 자녀 출산의 기피 정도는 더 심하고, 산아제한 방법에 대해서는 더 무지한 상태가 결합되면, 모성의 생물학적 재생산권의 확보에서 여성 사이를 가로지르는 계급적 차이가 분명했음이 드러난다.

한편 어머니-여성이 산아제한을 통해 생물학적 재생산권을 확보해야 한다는 주장에서 자녀양육 및 교육의 문제가 중요한 근거로 제시되고 있음을 주목할 필요가 있다.

첫재로 나는 子女의 養育育題를 들지 안을 수 업다. 그것도 우리의 生活이 裕足하다면 모르거니와 子息의 養育費는커녕 自身의 糊口도 朝夕으로 걱정하는 판에 無制限하고 子女를 生産하야서는 어데 處置할 것인가. 食糧, 居處面積, 敎育問題 等 實로 枚擧하기 어려우리만큼 우리는 그 重荷를 堪耐하기 어려운 形便이다. 나는 數爻를 늘임보다 보담 나흔 養育이 우리의 義務요 또한 責任이라고 생각한다. 罪惡을 云謂한다면 養育의 不充分으로 無能한 子女를 社會에 내어 놋는 것보다 더 큰 罪惡은 업슬 것이다. … 近者 産兒制限을 論하는 者로도 往

> 往 이러한 誤謬를 犯하는 것을 볼 수 잇는 것이다. 年前 日本에서는 「產兒制限이냐? 階級鬪爭이냐?」하는 妄言을 發하리만큼 그들은 產兒制限을 過大評價한 것이다. 日本의 有名한 女流批評家요 女性運動인 山川菊榮 女史의 論文 「女性의 叛逆」中 「父母로서의 責任을 充分히 다 할 수 잇는 範圍에서 子女의 數를 制限하는 것은 必要하며 當然한 父母의 義務요 또는 權利라고 밋는다」란 言句가 잇섯다. 女史의 所論과 가티 우리의게 父母로서의 責任을 『充分』히 다 할 範圍가 잇슬것인가? 이 社會아래에서 나는 決코 「充分」을 바라는 者가 아니다. 「보담 낫게」 養育할 수 잇는 것을 미듬에 끗칠 뿐이다. 우리는 하로밧비 이러한 誤謬를 淸算하는 同時 이것은(產兒制限) 우리 生活에 極히 적은 消極的 問題임을 이저서는 안된다.[102]

앞에서도 지적하였듯이, 윤성상은 산아제한이 필요한 이유로 자녀의 양육문제를 가장 먼저 제시한다. "양육의 불충분으로 무능한 자녀를 사회에 내어 놋는 것보다 더 큰 죄악은 업슬 것"이라는 이유로 산아제한을 주장한다는 것이다. 여기에서 여성 지식인인 윤성상은 남성 지식인의 모성 담론을 전략적으로 활용하고 있다.

우선 윤성상은 자녀의 양육 및 교육 문제를 "자식의 교육비" 문제로 환원시키고 있다. 이미 지적하였듯이, 체계적으로 구성된 학교가 교육의 일차적 담지자라는 논리는 어머니－여성의 교육적 기능을 보조적인 것으로 후퇴시키는 데 활용될 수 있었다. 그러나 동시에 어머니－여성은 교육적 기능의 부담을 학교에 전가할 수도 있었던 것이다. 현실 상황에서 회피하기 어려웠을지도 모르는 자녀에 대한 초기 육아 부담을 자녀의 성장과 함께 자연스럽게 학교로 전가시킬

102) 윤성상, 앞의 글, 35－37쪽.

수 있는 것이다. 또한 남성 지식인이 활용한 '공/사=직장/가정=남성/여성'이라는 논리 속에서, 교육비를 확보하는 것은 일차적으로 남성의 몫이 될 수밖에 없다. 무능력한 자녀를 사회로 내보내는 책임은 남성 지식인이 전파하고 있었던 '교육=학교교육'의 논리와 결합하여, "유족(裕足)"할 정도의 교육비를 확보할 수 없었던 남성의 책임이 되는 것이다. 이는 반(反)여성적 수준의 행동이 아니라 반(反)사회적·반(反)문명적 행동을 범하는 것이 된다. 결국 남성은 적극적으로 산아제한을 실천하든가, 아니면 여성의 산아제한 요구를 수용해야 하는 것이다.

두 번째로, 윤성상은 일본에서 진행된 산아제한 논의를 평가하면서, 야마카와 기쿠에(山川菊榮)의 "부모로서의 책임을 충분히 다 할 수 잇는 범위"라는 어구에 대해, 과연 그 범위를 설정할 수 있는 것인지 반문한다. "나"로 하여금 "충분"한 범위를 설정할 수 없도록 만드는 것은 "이 사회", 즉 식민지 조선의 사회경제적 상황 때문이다. 부족한 교육시설과 교육비용이 나로 하여금 모성의 교육적 기능을 충분한 수준으로 발휘하지 못하도록 만드는 것이다. 그래서 "나"는 "보담 낫게"라는 준거를 활용한다. "충분하다"는 평가가 기본적으로 "나"로부터 분리된 기준에 의거하여 외부의 평가자가 판단하는 문제라면, "보다 낫다"는 평가는 주관적인 만족도의 성격이 강하다. 즉, "충분하다"는 평가는 끊임없이 어머니-모성을 비판·감시·감독하고 갈등상황을 마련하는 데 비하여, "보다 낫다"는 자기결정권이 더 많이 반영될 여지가 있는 판단인 것이다. "나"는 내가 수행하는 어머니 노릇의 교육적 측면에서 어머니-여성인 "나"를 빠져나올 수 없는 외부 기준을 거부하고, 자기만족감을 기준으로 하는 '자기평가' 기준을 선택함으로써 어머니 노릇의 자율성을 확보하고 있다. "나"

의 어머니 노릇에 대한 평가는 "나" 아닌 다른 사람이 "충분하다"고 평가할 수 없고, 내가 "보다 낫다"는 만족감으로 정당화할 수 있는 성격의 것이 될 수 있다.

이와 같이 신여성 윤성상은 남성의 가부장적 논리, 즉 여성을 가정에 배정하고 어머니 노릇만을 강요하면서도 학교에 대한 보조노동 제공자로 소외시켜 나갔던 계몽적 기획을 산아제한이라는 선택 가능성과 연결 지으면서, 논리상의 틈새를 확보하고 있었던 것이다. 바로 이 틈새가 어머니-여성이 선택적 모성론을 활용하여 자기 공간을 만들어 나갈 수 있는 공간을 마련해 주고 있었다.[103)]

선택적 모성론은 산아제한을 통한 생물학적 재생산에의 권리에 국한된 것은 아니었다.

> [조선일보기자 尹聖相] 分業적으로 본다면 女子에게는 第二世國民을 낳고 또養育한다는 天職이 잇으니까 도로혀 더 優越하지요 … [블

---

103) 이와 같은 틈새는 적극적인 모성거부로 발전될 수 있다. 애정을 매개로 한 부부중심의 가정 담론이 자발적인 모성거부(voluntarily childless)의 토대가 되기도 한 서구의 예는 이와 유사한 남성중심적 논리의 틈새를 보여 주는 것이다. 여성의 성 정체성과 모성거부의 관계에 대해서는 Rosemary Gillespie, 'Childfree and Feminine: Understanding the Gender Identity of Voluntarily Childless Women', *GENDER & SOCIETY*, Vol. 17 No. 1, Feb. 2003, pp. 123-134 참고. 또한 독신 여성이나 과부가 된 여성이 확장된 모성성을 기반으로 교사나 학교 설립자로써 자신의 영역을 확보해 나갔다는 점도 교육사와 젠더 사이의 관계를 둘러싼 중요한 연구 주제다. 이에 관해 인도의 사례를 연구한 것으로는 Nita Kumar, 'Mothers and Non-Mothers: Gendering the Discourse of Education in South Asia', *Gender & History*, Vol. 17 No. 1. (April 2005.), pp. 154-182 참고. 우리의 경우도 김활란, 차미리사 등 독신 여성이나 과부가 적극적인 교육활동을 전개한 예를 찾아볼 수 있다.

> 교잡지사가지 김일엽] 子女生產은不得已女子가 責任을 지겟스나 그 養育은 專門家에게 막이고 女子도 社會로 나와서 活動할必要가 잇습니다 … [蘇義植] 離婚을 批判할적에 子女의 有無가 關係가 될까요? … [윤성상] 社會的으로 보아서는 다를것이 없지요. [소의식] 어린애는 어머니가 마타길러야 할까요? [윤성상] 왜 어머니만 責任을가저? 義務가 兩便에 다잇지요. 離婚해야 할경우가 되거든 子女有無를 不拘하고 갈라서는것이 좋겟지오. 더욱이 아이들을 밤낫 싸움만하는 家庭에서 길르는것보다 두리갈라나서 따로 따로히 기리는것이 子女教育上에도 좋겟지오. 그러나 朝鮮에는 子女들 때문에 살기실흔것을 억지로 사는 사람이 매우 많습니다.104)

언론사에 종사하는 신여성들이 참석한 좌담회에서 김일엽은 생물학적 모성의 불가피성을 인정한 후, "그 양육은 전문가에게 막이고"라고 이야기하면서 남성 지식인의 과학적·전문적 모성론에 틈새를 만들어 낸다. 의학을 비롯하여 교육학, 심리학 등 아동양육을 둘러싼 근대적 과학 담론을 근거로 등장한 전문가 집단이 어머니-여성을 보조노동자로만 위치 지을 것이 아니라 직접 자녀양육을 담당하도록 하자고 이야기하면서 남성중심적 논리를 극단으로 끌어가는 것이다. 또한 윤성상은 자녀양육의 책임이 남성과 여성 모두에게 있음을 전제한다. 그리고 가정교육이 자녀 정서에 지대한 영향을 미치기 때문에, "자연적으로" 모성애를 가진 어머니-여성이 그것을 담당해야 하고, 나아가 어머니-여성을 대상으로 하는 교육은 '현모양처주의'에 입각해서 시행해야 한다는 남성중심적 논리를 뒤집는다. 즉, "아이들을 밤낫 싸움만하는 가정에서 길르는것보다 두리갈라나

104) 「女記者座談會」, 『신동아』 제2권 제5호, 1932. 5, 90-92쪽.

서 따로 따로히 기리는것이 자녀교육상에도 좋겟지오"라는 윤성상의 발언에는 어머니-여성에게 자녀교육이 억지스러운 결혼생활을 거부할 수 있는 근거가 될 수 있음을 보여 주고 있다.

1910년대 미국의 마거릿 생어를 중심으로 한 산아조절운동은 여성의 생물학적 재생산권을 보장한다는 의미에서 출발하였음에도 불구하고, 그 근거를 인종주의적 우생학 및 유전학, 사회경제적 계급론, 향락적 개인주의 등에 의존하게 되면서, 남성중심적인 가부장 담론에 포섭된다.[105] 그러나 근대적 모성의 핵심 과제의 하나로 부각되었던 자녀교육은 남성중심적인 공사 영역의 분리, '사회를 위한 자녀양육' 등의 담론 사이에 균열을 부각시킴으로써 선택적 모성론을 어머니-여성이 전략적으로 활용할 수 있는 공간을 확보해 줄 수 있었다. 또한 남성 지식인의 과학적 · 정서적 모성 담론에 대해서도 자녀교육은 어머니-여성의 과도한 부담을 축소시키고 종속적인 결혼생활을 비판할 수 있는 계기를 마련해 주기도 하였다.

2) 경험적 모성론

민족주의와 군국주의가 요구한 도구적 모성론, 의학을 비롯하여

105) "여성은 자기 신체의 완전한 주인이 되어야 하며 … 생명을 생성하거나 혹은 그 생성을 억제할 수 있는 절대적 권리를 가져야만 한다."는 마거릿 생어의 주장은 1970년대 등장한 급진주의적 페미니즘(radical feminism)의 그것과 궤를 같이하는 것이었다. 그러나 생어는 이 운동을 진행하는 과정에서 여성의 자율성에 대한 처음 주장을 포기하고 우생학이나 신맬더스주의 같은 당시 주류 담론으로부터 동맹자를 확보하였다. 이에 대해서는 배은경, 「1950년대 한국 여성의 삶과 출산조절」, 『한국학보』 제29권 제3호, 2003, 30쪽의 각주 13 참고.

교육학, 심리학 등의 근대적 학문에 기반을 둔 과학적 모성론과 전문적 모성론은 궁극적으로 여성의 정체성을 '어머니'로 규정지으려는 남성중심적 시각에 기인하고 있음을 앞서 살펴보았다. 한편 전문적 모성론은 여성 스스로 어머니-여성으로서의 정체성을 구성하고 공적인 지위를 확보하려는 전략이었지만, 보조적 모성론이라는 함정에 빠지는 경우도 있었다.

서구의 경우도 생산 활동으로부터의 여성의 배제와 함께 등장하는 어머니 역할의 부상이 여성의 삶에 양가적인 결과를 가져왔다. 즉, 새로운 부담이 되면서 동시에 새로운 보상을 가져다주었던 것이다.[106] 실제로 어머니 역할이 전례 없이 강조되고 있었음에도 불구하고, 법률적인 차원에서 어머니-여성의 지위는 극히 취약한 상태였다. 일제 강점기 초기에는 부모가 그 자녀에 대하여 연령에 관계없이 친권을 행사할 수 있었다. 물론 부(父)에게 우선권이 있기는 하였지만, 일단 모(母)가 친권을 행사함에서는 부가 행사하는 경우와 그 내용과 범위에서 차이가 없었다. 1921년 개정된 '조선민사령'에 따르면, 모가 미성년자를 대리하여 보증, 부동산 내지 중요한 동산에 관한 권리 상실 행위, 상속 파기, 증여 등의 중요한 법률적 행위를 하거나 미성년자가 이러한 행위를 하려는 데 동의하려면 친족회의의 동의를 얻어야 한다고 규정하였고, 동의를 얻지 못한 행위는 취소할 수 있다고 하여 모의 친권자로서의 지위는 오히려 후퇴하였다.[107]

---

106) Elisabeth Beck-Gernsheim, 이재원 역, 『내 모든 사랑을 아이에게?(한 조각 내 인생과 아이 문제)』(서울: 새물결, 2000), 69-70쪽. 공적인 교육체계, 즉 학교교육에의 접근 기회는 이러한 보상 중 가장 대표적인 것이었다.

107) 유해정, 「일제 식민지하의 여성정책」, 한국여성연구소 여성사연구실, 『우리 여성의 역사』(서울: 청년사, 1999), 282-283쪽.

모성에 대한 강조가 어머니-여성에게 가져다준 보상 중에는 어머니 노릇의 경험을 통해 새로운 자아정체성을 탐색하고, 나아가 그를 통해 공적인 영역에서 자기표현의 공간을 마련할 수 있게 되었다는 점도 있었다. 모성은 "젠더 이데올로기를 둘러싼 모순이 공간적 재현에 각인되는 과정을, 식민지 여성의 일상적 공간이(제국주의/민족주의) 남성의 차별적 공간정치에 따라 내부식민주의의 공간으로 영속화되는 과정을, 또 이러한 남성중심적 공간전략에 맞서는 여성의 탈식민 욕망이 저항적 차이의 공간을 구현하는 과정"[108)]을 가장 잘 드러내는 주제가 되었다. 각종 좌담회나 가정방문기, 육아일기류, 수필과 소설 등에서 어머니-여성은 자신들이 경험한 모성을 표현해 내기 시작하였다. 이는 어머니-여성의 실제 경험을 기반으로 하였고, 남성중심적 모성론과는 분명한 차이를 보이면서 또 다른 담론 공간을 마련해 나가고 있었음을 의미한다.

이 절에서는 이와 같이 여성 스스로 구성해 나가고 있었던 모성 담론을 '경험적 모성론'이라는 범주로 살펴보고자 한다. '경험적 모성론'이라는 용어가 실제 이들이 수행했던 어머니 노릇과 일치한다는 의미는 아니다. 이 용어는 직접 경험했던 어머니 노릇을 공적 성격의 매체를 통해 구성해 보임으로써, 어머니-여성이 외부로부터의 남성중심적 모성 담론과는 다른 스스로에 대한 자기 규정력을 획득해 나가면서 '주체'로서의 지위를 모색했다는 의미에서 사용한 것이다.

우선 자신의 어머니되기 과정을 회고적 형식으로 풀어냈던 나혜석은 자신의 목소리를 확보하기 시작한 여성에게 모성 경험이 어떤

108) 태혜숙, 「한국의 식민지 근대체험과 여성공간」, 태혜숙 외, 『한국의 식민지 근대와 여성공간』(서울: 도서출판 여이연, 2004), 31쪽.

의미로 구성되는지를 대표적으로 보여 주는 사례다.

> 옆에 있던 경험 있는 부인이 "그것은 태기요" 하는 말에 나는 깜짝 놀라 내놓은 말을 다시 주워들이고 싶었다. 그러나 내가 과연 부끄러워서 그랬던 것도 아니요, 몰랐던 것을 그때 비로소 알게 된 것도 아니었다. 그러나 일로부터 나는 먹을 수 없는 밥도 먹고 할 수 없는 일도 하여 참을 수 있는 대로 참아가며 그 후로는 '그 말'은 일절 입 밖에도 내지 않고 어찌하면 그네들로 의심을 풀게 할까 하는 것이 유일의 심려였다. … 마침내 마음으로 '그런 듯'하게 몽상하는 것을 그네들 입으로 '그렇게' 구체화하려고 하는 듯싶었다. 어쩌면 그다지도 밉고 싫고 원망스러웠었던지! … "도무지 그럴 리 없다"고 고집을 세울 용기는 없으면서도 아직까지도 아이다, 태기다, 임신이다, 라고 꼭 집어내기는 싫었다. 그런 중에 뱃속에서는 어느덧 무엇이 움직거리기 시작하는 것을 깨달은 나는 몸이 오싹해지고 가슴에서 무엇인지 떨어지는 소리가 완연히 탕 하는 것같이 들리었다.[109]

위 인용문은 「모(母)된 감상기(感想記)」에서 나혜석이 임신 사실을 알게 되었을 당시의 심경을 토로한 것이다. 누군가 자신의 임신 사실을 확인해 주는 순간, 나혜석은 자신이 꺼내 놓은 말을 "주워들이고" 싶을 정도로 당황해한다. 그것은 임신 사실이 부끄럽다거나 그 사실을 몰랐기 때문이 아니었다. 자신의 임신 사실을 타인으로부터 확인받는 것 자체에 대한 심리적 갈등은 타인에 대한 원망으로 표출되고, 태동을 느끼는 순간에 무거운 절망감이 엄습해 온다. 나혜석

109) 나혜석, 「母된 感想記」(『동명』, 1923. 3. 18), 이상경 편, 『나혜석 전집』(서울: 태학사, 2000), 218－219쪽.

은 자신의 임신을 "억울함"으로 표현하였다. 그 억울함은 "나는 할 일이 많았다. 아니 꼭 해야만 할 일이 부지기수이다. 게다가 내 눈이 겨우 좀 뜨이려고 하는 때이었다."[110]라는 자기 인식에서 비롯되는 것이었다.

소수의 교육받은 신여성은 그에 걸맞은 사회적 책임을 요구받았고, 스스로도 그러한 책임의식을 기반으로 자의식을 형성하고 있었다. 그러나 그러한 사회적 책무감만이 아니라, 공사 영역 분리에 따른 '근대적' 아내 · 어머니로서의 역할 역시 신여성에게 요구되고 있었다. 신여성의 사치와 허영, 사회에 대한 무지 등은 항상 이 두 가지를 준거로 이루어지고 있었다. 남성의 남편되기와 아버지되기는 의문을 제기할 필요가 없는 '자연스러운' 기준이었기 때문에, 그에 따른 역할 습득 노력이나 정체성 갈등이 발생하지 않았다. 그러나 여성의 아내되기와 어머니되기는 새로운 관계성을 위한 노력과 훈련이 요구되는, 일종의 자기 소외 과정이었다.

> 남자는 부(夫)요, 부(父)라. 양부현부(良夫賢父)의 교육법은 아직도 듣지 못하였으니, 다만 여자에 한하여 부속물된 교육주의라. 정신수양상으로 언(言)하더라도 실로 재미없는 말이라. 또 부인의 온양유순(溫良柔順)으로만 이상이라 함도 필취(必取)할 바가 아닌가 하노니, 운(云)하면 여자를 노예 만들기 위하여 차(此) 주의로 부덕의 장려가 필요하였었도다.[111]

---

110) 위의 글, 220쪽.

111) 나혜석, 「理想的 婦人」(『학지광』, 1914. 12), 앞의 책, 184쪽.

앞의 인용문은 나혜석이 동경 유학 시절 『학지광(學之光)』 지면에 발표한 「이상적 부인(理想的 婦人)」의 일부다. 여기에서 나혜석은 남성에 대한 교육이 '좋은 남편'이나 '훌륭한 아버지'라는 역할 습득을 목표로 하지 않음을 지적하면서, 여성 역시 이와 동등한 한 개인으로서의 자의식이 필요함을 역설하고 있다. 근대적 교육이 공적 영역에서의 성취를 전제로 한 개인중심적 · 업적중심적 방식으로 진행되면서,[112] 공적 영역에 배치된 남성은 자신의 생애주기를 일관성 있게 편성해 나갈 수 있는 반면, 사적 영역인 가정에 배치된 여성은 아내와 어머니로서 생애주기의 단절과 타협을 경험해야 하는 것이다.[113] 특히 근대적 가족관에 비추어 보았을 때, 동등한 개인 사이의 결합인 부부 관계에서 파생되는 아내의 역할보다 일방향적인 의존관계를 전제하는 어머니의 역할은 상대적으로 더 많은 갈등을 불러온다.

그러나 여기까지 이르러서도 모(母)될 생각은 꿈에도 없었다. 혹

112) 나혜석은 교육받은 신여성으로서, 그리고 예술가로서 분명한 자의식을 표명하고 있었다. "우리는 어서 속히 내 한 몸이 있는 것을 확인하여야 하겠고, 동시에 내 몸이 귀엽고 사랑스럽고 아껴야 할 것을 잊지 않도록 되어야 하겠다. 내 몸이 귀엽거늘 어찌 남의 손에만 맡겨둘 수 있겠으며 … 자기를 잊지 않고서라야 남을 진심으로 사랑할 수 있을 것이요, 자기를 잊지 아니하는 가운데에 여자의 해방, 자유, 평등이 다 있는 것이요." 나혜석, 「나를 잊지 않는 행복」(『신여성』, 1924. 8), 위의 책, 264쪽.

113) 이는 직업의 유무에 관계없이 여성에게 현재까지도 계속되는 자아정체성의 혼란의 원인이 되고 있다. 이에 대한 사례연구로는 노영주, 「초기 모성 경험에 관한 문화기술적 사례연구」, 서울대학교 소비자아동학과 박사학위 논문, 1998. 참고.

> 생각해본 일이 있었다 하면 부인잡지 같은 것을 보고 난 뒤에 잠깐 꿈같이 그려 보았을 뿐이다. 그리하여 처가 되어볼 꿈을 꿀 때에는 하나에서 둘, 둘에서 셋, 그렇게 힘들지 않게 요리조리 배치해 볼 수 있었으나 모(母)된 꿈을 꿀 때에는 하나가 나서고 한참 있다 둘이 나서며 그 다음 셋부터는 결코 나서지 않으리라. 그리되면 더 생각할 것도 아니하고 떠오르던 생각은 싹싹 지워버렸다.[114)]

소위 '스위트 홈'의 이상과 함께, 결혼이 자기 이성에 대한 선택이 되어야 한다는 이상적 논리 속에서 강조되었던 상대방에 대한 이성적 관찰과 그에 토대를 둔 판단은 오히려 아내로서의 역할을 구성하는 데 도움이 될 수도 있었다. 그러나 상상을 통해 설정해 볼 수밖에 없는 자녀와의 관계는 "하나가 나서고 한참 있다 둘이 나서며 그 다음 셋부터는 결코 나서지 않"는 추상적인 관계가 될 수밖에 없었다. "'모'의 세계까지는 숫자로 계산할 수 없을 만한 멀고 먼 세계"[115)] 였던 것이다. 아내로서의 관계맺음과 어머니로서의 관계맺음이 서로 일치하지 않을 수 있다는 사실은 남성중심적 사회가 이야기하는 여성의 '자연스러움'이 모순을 내포한 허구임을 의미한다.[116)]

어머니-여성의 모성을 자연스러움으로 규정짓는 (남성적) 목소리에 대해 나혜석은 의문을 제기한다.

---

114) 나혜석, 「母된 感想記」, 앞의 책, 223쪽.

115) 위의 글, 223쪽.

116) 나혜석은 "이해와 자유의 행복된 생활을 두 사람 사이에 하게 되고 다시 얻을 수 없는 사랑의 창조요 구체화요 해답인 줄 알면서도 마음에서 솟아오르는 행복과 환락을 느낄 수 없는 것이 어찌나 슬펐는지 몰랐다."고 말하면서 이러한 괴리를 표현한다. 위의 글, 224쪽.

> 부모가 자식을 사랑하는 것은 솟아오르는 정이라고들 한다. 그러면 아들이나 딸이나 평등으로 사랑할 것이다. 어찌하여 한 부모의 자식에게 대하여 출생시부터 사랑의 차별이 생기고 조건이 생기고 요구가 생길까. 아들이니 귀엽고 딸이니 천하며, 여자보다 남자를, 약자보다 강자를, 패자(敗者)보다 우자(優者)를-이런 절대적 타산이 생기는 것이 웬일인가. 이 사실을 보아서는 그들의 소위 솟는 정이라고 하는 것을 믿을 수 없다. 그들의 내면에는 무슨 이만한 비밀이 감추어 있는 것이 분명하다. … 세인들은 항용, 모친의 애라는 것은 처음부터 모된 자 마음 속에 구비하여 있는 것같이 말하나 나는 도무지 그렇게 생각이 들지 않는다. 혹 있다 하면 제2차부터 모될 때에야 있을 수 있다. 즉 경험과 시간을 경(經)하여야만 있는 듯싶다. … 최초부터 구비하여 있는 것이 아니라 적어도 5, 6삭간(朔間)의 장시간을 두고 포육(哺育)할 동안 영아의 심신에는 기묘한 변천이 생기어 그 천사의 평화한 웃음으로 모심(母心)을 자아낼 때, 이는 나의 혈육으로 된 것이요, 내 정신에서 생한 것이라 의식할 순간에, 비로소 짜릿짜릿한 모(母)된 처음 사랑을 느끼지 않을 수 없다.[117)]

나혜석은 자신의 어머니되기 경험을 통해 자연적이고 선천적인 모성애라는 관념을 부정한다. 이는 두 가지 경험, 즉 자녀에 대한 사랑이 차별적이고 그 바탕에는 "절대적 타산"이 자리하고 있음을 관찰한 경험과 나혜석 스스로가 어머니 노릇을 하면서 직접 겪어야 했던 모성 경험을 통해 입증된다. '자연스러운 모성'이라는 관념은 나혜석 개인적인 어머니 경험만이 아니라 보편적으로 관찰할 수 있는 부모-자녀 관계를 통해서도 부정될 수 있는 사실임을 보여 줌으로

117) 위의 글, 231-233쪽.

써 자신의 견해를 객관적으로 뒷받침하고 있다. 어머니－여성이 자녀에게 사랑을 느낀다는 것, 즉 모성애라는 것은 "경험과 시간"을 통해 두 사람 사이에서 형성된 교감을 바탕으로 하고 있음을 지적하고 있다. 그리고 모성은 자녀를 "나의 혈육으로 된 것" "내 정신에서 생한 것"이라는 사실을 "의식할 순간에" 느껴질 수 있는 어머니－여성의 의식적 행위의 산물이다.

이와 같이 '자연스러운 모성'에 대한 거부는 신여성이 자신의 '신(新)'을 안전하게 드러낼[118] 수 있도록 만들어 준 전문적 모성론과 그 근거가 되고 있던 과학적 · 정서적 모성론에 대한 의문으로 이어진다.

> 나는 분만기가 닥쳐올수록 이러한 생각이 났다. "내가 사람의 '모(母)'가 될 자격이 있을까? 그러나 있기에 자식이 생기는 것이지"하며 아무리 이리저리 있을듯한 것을 끌어보니 생리상 구조의 자격 외에는 겸사가 아니라 정신상으로는 아무 자격이 없다고 하는 수밖에 없었었다.[119]

나혜석은 자신에게 어머니가 될 자격이 있는지 자문한다. 어머니－여성의 자연스러움에 대한 의구심은 어머니 자격에 대한 의문으로 이어진다. '자격이 있는가'라는 질문은 이미 자격의 유무를 전제로 한 질문이다. 나혜석은 자신은 "생리상 구조의 자격"밖에 없다고 이야기하면서 생물학적 모성(maternity)과 사회문화적 모성(motherhood)

118) 연구공간 수유+너머 근대매체연구팀, 『매체로 본 근대 여성 풍속사 新女性』(서울: 한겨레신문사, 2005), 254쪽.

119) 나혜석, 앞의 글, 224쪽.

을 구분하고 있다. 과학적 · 정서적 모성론이 어머니－여성의 당연함을 생물학적 모성에 연결시켜 설명하는 한편, 그에 걸맞은 자격을 위해 이른바 현모양처주의 교육을 주장하던 남성중심적 담론 구성의 내적 모순을 적나라하게 보여 주는 것이다. 이어 "자식의 필요를 아무렇게 하여서라도 알고 싶다. 그러나 용이히 해득할 수는 없다."[120]라고 말하면서, 어머니－여성이 자녀양육 및 교육에 '타고난' 재능이 있는 것이 아님을 지적한다.

나혜석은 「모된 감상기」의 앞부분에서 "'있었던 것을' 찾아 여러 신식 모(母)들게 '그렇지 않습디까, 아니 그랬었지요?'라고 묻고 싶다."면서 이 글을 쓰게 된 동기를 밝히고 있다. 모성을 계기로 어머니－여성 사이의 공감대를 형성해 보고자 하는 나혜석의 노력은 이 글에 대한 남성 지식인의 비판[121]에 대한 답변에서 한층 구체적으로 피력된다.

> 나는 꼭 믿는다. 내 「모(母)된 감상기(感想記)」가 일부의 모(母) 중에 공명할 자가 있는 줄 믿는다. 만일 이것을 부인하는 모가 있다 하면 불원간(不遠間) 그의 마음의 눈이 떠지는 동시에 불가피할 필연적 동감이 있을 줄 믿는다. 그리고 나는 꼭 있기를 바란다. 조금 있는 것보다 많이 있기를 바란다. 이런 경험이 있어야만 우리는 꼭 단단히 살

120) 위의 글, 233쪽.

121) 백결생, 「觀念의 襤褸를 벗은 悲哀－羅蕙錫女史의 '母된 感想記'를 보고」, 『동명』 제23호, 1923. 2. 4; 「觀念의 襤褸를 벗은 悲哀－羅蕙錫女史의 '母된 感想記'를 읽고」, 『동명』 제24호, 1923. 2. 11. 이상경이 편집한 『나혜석 전집』에는 1923년 3월 18일자에 수록된 것으로 되어 있는데, 이는 연구자가 확인한 것과는 다르다.

아갈 길이 나설 줄 안다. 부디 있기를 바란다.[122]

여기에서 나혜석은 자신이 어머니가 되어 가는 과정에서 경험했던 좌절과 슬픔, 혼란스러움, 자녀에 대한 사랑 등을 다른 어머니-여성과 공유하기를 원하고 있다. 그리고 그것은 '필연적 동감'으로 모성이 여성 사이의 연대감을 형성하는 바탕이 될 수 있을 것이라는 확신을 보여 주고 있다. 물론 나혜석의 어머니 노릇은 전형적인 신여성의 전문적 모성론을 보여 주는 것이었다.

나혜석은 "이곳저곳서 얻어 들었던 태교(胎敎)"에 많은 주의를 기울이고, 시간에 따른 수유를 강조하며 발달단계에 따른 아이들의 행동과 그에 대해 어머니가 보여 주어야 하는 반응, 그리고 끊임없는 감독과 주의를 강조하고 있었다.[123] 또한 유명한 「이혼 고백장」에서는 여성이 "본능적으로 맹목적으로 육체와 영혼을 무조건으로 자식을 위하여 바쳐왔나이다. 이는 여성으로서 날 때부터 가지고 나온 한 도덕이었고 한 의무이었고 이보다 이상되는 천직이 없었나이다. … 어머니가 자식을 사랑하는 것만은 절대적이요, 무보수적이요, 희생적이외다."[124]라고 「모된 감상기」에서의 논의를 스스로 뒤엎고 있는 것도 사실이다. 그러나 「이혼 고백장」에서도 다시금 「모된 감상기」를 인용하고 있고, "과연 하나 기르고 둘 기르는 동안 지금까지의 애인에게서나 친구에게서 맛보지 못하는 애정을 느끼게 되었"다는

---

122) 나혜석, 「百結生에게 答함」(『동명』, 1923. 3. 18), 앞의 책, 238쪽.

123) 나혜석, 「내가 어린애 기른 경험」(「조선일보」, 1926년 1월 3일), 위의 책, 266-271쪽.

124) 나혜석, 「이혼 고백장-靑邱씨에게」(『삼천리』 1934. 8·9), 위의 책, 420-421쪽.

지적 등은 나혜석이 선천적이고 자연적인 모성을 단순하게 받아들인 것은 아님을 보여 준다.

나혜석은 신여성으로서 '자아'와 '개성'을 인식하는 삶을 사는 것과 어머니-아내로 살아가는 것 사이의 갈등이 극복하기 어려움을 정확히 인식하고 있었다. 즉, 그녀에게 모성애는 "최고 행복인 동시에 최고 불행한 것이 되고" 만 것이다.

'신여성'이라는 사회적 규정을 내면화한 여성들은 자신들을 새롭게 만들어 준 교육이 강조하였던 '개성'이나 '자아'와 어머니-여성에게 요구되는 '희생' 사이에서 끊임없이 갈등하였다. 나혜석과 비슷한 갈등은 박인덕에게서도 나타난다.

> 6년을 사느라고 사는 사이에 나는 내 自身까지 아주 깜아케 이저버리도록 정신을 차릴 수 없었읍니다. 마음과 몸이 함께 한가할 수 없었읍니다. … 地獄에서 사는 것이엿읍니다. … 이렇게 6년을 사는 사이에 아이가 둘이 낫읍니다. 두 아이를 길르면서 그 날 그 날을 밑빠진 항아리에 물부어가는 격으로 살어왔읍니다. 마는 날이 갈사록 나는 결혼생활에서 오는 地獄보다 더 무섭고 싫은 감정을 억눌를 수 없었읍니다. … 나를 살리자. 아랫돌을 빼여 웃목에 막고 웃돌을 빼여 아랫목에 막는-밤낮 마찬가진 空虛한 生活에서 뛰처나자. … 남들이야 별별 소리를 하거나 말거나 나는 天堂이엿읍니다. 묵어운 쇠사슬이 내 발목에 항상 얼키여 내 거름을 방해하든 것이 툭 끊기여 나간 듯 했읍니다.[125]

나혜석과 박인덕, 이 두 여성은 모두 전문직에 종사하였고, 당시로

125) 박인덕, 「波瀾많은 나의 半生」, 『삼천리』 제10권 제11호, 1938. 11, 211쪽.

서는 매우 드물게 해외 유학이나 여행이라는 경험을 했으며 상대적으로 부유한 생활을 누렸던 신여성이었다. 두 사람 모두 이혼을 경험하였고, 그것이 사회적 지탄을 받는 이유가 되기도 하였다.[126] 박인덕 역시 두 아이를 기르면서 교사로서의 생활을 영위하던 결혼생활을 "지옥"으로 회상한다. 그리고 "나를 살리자."는 외침과 함께, 그 생활로부터 능동적으로 벗어난다. '자기'를 찾아 나온 박인덕에게 남들의 쑥덕거림과 비난은 그다지 영향을 주지 못했다고 고백한다.

신여성의 어머니 경험은 생물학적 모성과 사회문화적 모성이 분리 가능한 것이라는 점을 파악할 수 있도록 해 주었다. 나아가 신여성은 자신의 자아와 개성이 사회문화적 모성 때문에, 또는 자녀를 매개로 그 아버지를 통해 상실되는 것을 거부하였다.

> 보고싶다고 한 번 만나면 두 번 만나고 싶고, 두 번 만나면 자주 만나고 싶고, 자주 만나면 아주 곁에다 두고 떠나지 않게 되기를 바라

126) 나혜석과 박인덕은 모두 1930년대에 이혼을 한 신여성이다. 또한 이혼 후 나혜석은 화가로서, 박인덕은 미국 유학을 떠남으로써 분명한 '자기찾기' 노력을 보여 준다. 그러나 나혜석은 최린과의 정사문제나 위자료 청구 소송 등으로 사회적 비난이 한층 심했고, 박인덕은 이혼 그 자체보다는 여성이 먼저 이혼을 제의했다는 점이나 자녀를 돌아보지 않았다는 정도에 그쳤다. 이는 신여성이라는 범주 안에도 상당히 이질적인 조건을 가진 여성들이 포함되어 있었음을 말해 준다. 또한 박인덕의 경우는 '정조' 문제에서 자유로웠던 것이 사회적 비난을 감소시킬 수 있었다. 나혜석과 더불어 소위 '제1세대 신여성'이라 할 수 있는 김명순 역시 언제나 정조의 문제가 비난의 초점이 되었다는 점을 감안한다면, 이 문제는 여성과 섹슈얼리티의 문제를 역사화하려는 시도에서 간과할 수 없는 것이라고 말할 수 있다.

게 될 것이니 그렇게만 되면 아이 아버지와 또 인연이 맺어진다면 내 자존심과 인격은 여지없이 깨어질 것이외다. 나는 자식의 사랑으로 인하여 내 전 생활을 희생할 수는 절대로 없나이다. 물론 남의 부모가 되어 자식을 기르고 교육시켜서 한 개 완전한 사람을 만드는 것이 당연한 직무이겠지요. 그러나 부모의 한 사람인 아버지가 아이의 양육을 넉넉히 할 수 있음에도 불구하고 여지없는 모욕을 당하면서 자식 때문에 할 수는 없나이다. 그러니까 아이가 자라서 어미라고 찾으면 만나고 아니 찾으면 그만일 것이외다.[127)]

김원주가 자신을 찾아오는 아들을 매몰차게 거절하는 것은 그 아이 때문에 아버지/남편과 다시 인연이 맺어지는 것을 거부하고자 하였기 때문이다. 사회문화적 모성에 끌려 남성에게 종속당하는 것에 대해 적극적으로 저항하는 것이다. 또한 사회문화적 모성이 생물학적 모성과 분리될 수 있는 것이라는 의식은 남성의 아버지됨, 즉 "부모의 한 사람인 아버지가 아이의 양육을 넉넉히 할 수 있음"을 지적하고 있다. 김원주는 여성의 어머니됨, 다시 말해 생물학적 모성과 사회문화적 모성의 일치를 전면적으로 거부했다기보다는 그러한 담론이 남성에 대한 여성의 종속과 여성의 자아상실로 이어지는 현실을 거부하였던 것이다.[128)]

---

127) 김원주, 「자각」(1926. 6), 김일엽, 『미래세가 다하고 남도록 (상)』(인물연구소, 1974), 172쪽; 최혜실, 『신여성들은 무엇을 꿈꾸었는가』(서울: 생각의 나무, 2000), 313쪽에서 재인용.

128) 최혜실에 따르면, 불가에 입문한 어머니를 찾아 수덕사로 온 아들을 김원주는 매몰차게 거절했다고 한다. 그리고 그 아들을 따뜻하게 위로해 주었던 것은 다름 아닌 나혜석이었다. 그러나 김원주가 모성의 의미 자체를 거부했던 것이라고 보기는 어렵다. 김원주는 다른 글에서 "여성이 여성적 기질에서 벗

나혜석이나 박인덕, 김원주와 같은 신여성이 '자아'와 '모성' 사이에서 갈등만을 경험했던 것은 아니었다.

> 올타저그림은 「미레」의「晩鐘」보다도 더貴한藝術的 心理에서 나온 作品이다 밤이라고 부르고 그얼굴에 깁쁨의 우슴을 씌우는 그마음을 나는사랑한다 어쩌케하면 더길너줄가 어른들 보기에는 아모意味도 아모價値도업는 둥그런 圓形이지마는 … 과연 아이의 긔대는 어그러지지안엇다 쏄을 치노라고 덤비는 꼴이 우리젊은부처의 우슴 써리엿다(우리는 아버지 어머니를 파파 마마라고 가르첫다동식이는 방금두돌지낫다) 129)

아이가 그려온 도무지 알아보기 힘든 그림을 한 신여성은 밀레(J. F. Millet)의 〈만종〉보다 더 귀한 그림으로 받아들인다. 오늘날 어머니—여성에게도 자기 자녀의 그림은 이와 같이 귀하게 여겨질 것이다. 여기에서 주목하고자 하는 것은 아이가 "쏄"을 치는 모습에 부부가 웃음을 짓고, 부모를 "파파 마마"라고 가르치는 장면이다. 뿐만 아니라 신여성들은 자녀의 교육을 위하여 "매일 기차 통학"을 시키며 "열시 차로 경성(京城)가서 학교에서 더리고" 올 정도로 열성을 보였고, 서양 가정의 모습에서처럼 나무에 그네를 매 주었으나 "동리아이들이 작고 모혀들고 전염병(傳染病)이 올물 염녀가잇서서"130)

어날 수 없다는 것"을 인정한다. 그러나 "모성에 대한 자각"보다 더욱 중요한 것은 "사람으로서 자각한 것"이었다. 김원주, 「꿈길로만 오는 어린이」, 김일엽, 위의 책, 399쪽; 최혜실, 위의 책, 314－315쪽에서 재인용.

129) 최명열, 「어머니日記」, 『신동아』 제1권 제2호, 1931. 12, 102쪽.

130) 「名士家庭訪問記(6) 京紡專務 李康賢氏家庭－子女敎育에苦心」, 『신동아』 제2권 제8호, 1932. 8, 127쪽.

다시 끊어 버리기도 하였다.

신여성들은 자신의 사회적 지위를 규정해 주는 '신(新)'을 자녀에게 전달해 주기 위하여 많은 노력을 기울이고 있었다. 그리고 그 방법은 '구(舊)'에 소속된 아이들과의 거리두기와 동시에, 서구/일본이라는 문명의 기준에 걸맞는 문화자본(영어와 그네)을 확보하는 것이었다. 교육받은 어머니-여성은 자신이 받은 학교교육이 무엇을 의미하는지 파악하고 있었기 때문에, 매일같이 영등포에서 서울까지 자녀들의 기차 하굣길을 동행한다. 공이 아닌 "쌜"을 차는 아이의 어머니 아닌 "마마"가 되고자 하는 것, 그리고 사랑하는 자녀에게 슈베르트(F. P. Schubert)의 자장가를 불러주는 것,[131] 이것이 신여성이 경험하고 있던 모성의 하나였다.

한편 전통적인 육아방법이 완전히 무시되었던 것은 아니었다.

> 李(良善) 어느정도까지 재래습관으로 어린애길느는편입니다만은 금방나은 갓난어린애는될수잇는대로 용(사슴 쌜)을 대려서 먹이어야 한답니다. …
>
> 兪(珏卿) 아기가나자 쓰는비방으로 역시 재래습관가튼것을 더러고찰하여쓰는것을 저는퍽찬성합니다. … 쏘신의는 어머니의첫젓은 그영양가치로보아 심히조치못하다는구실로써 짜버리는것을찬성하지만은 저의경험 쏘한 어썬박사의학설은 그것을 아주반대하엿습듸다.[132]

---

131) 아이들에게 불러 주는 자장가 역시 어머니-여성이 수행하는 교육적 기능에서 중요한 부분을 차지한다고 강조되고 있었다. 이에 대해서는 '꼭 선택할 자장가, 어머니의 책임, 마음대로 꾸며 부르면 教育에 지장', 「동아일보」, 1929년 12월 3일; 김상덕, 「어머니讀本 第五課-자장가」, 『家庭の友』 제13호, 1938. 8, 45-49쪽 등 참고.

132) 「特輯記事 育兒問題移動座談會」, 『신여성』 제6권 제10호, 1932. 10, 25쪽.

육아문제를 논의하는 좌담회에 참석한 신여성들은 "재래습관"을 완전히 부정하지 않는다. 특히 갓 태어난 영아들의 육아방법에서, 전통적인 방법이 "어썬박사의학설"보다 '경험상' 오히려 낫다는 것을 이야기하고 있다. 일제 강점기의 육아 과정에 대한 한 사례 연구는 태교부터 출산, 수유 및 이유(離乳), 배변 훈련, 가정 내 역할 교육 등이 1930년대 들어서면서 변화를 보이기는 하지만 실제로 많은 부분 전통적인 방식을 고수하고 있었음을 보여 주고 있다.[133] 서구/일본의 근대적인 문화를 재생산하는 것이든, 전통적인 방식을 고수하는 것이든, 중요한 점은 그 과정을 어머니-여성이 주체적으로 결정하고 선택하는 모습을 보이고 있다는 것이다. 이는 근대적 모성에 배정된 교육적 기능이 어머니-여성이 가정 내에서 권력을 획득할 수 있는 기반으로 작용할 수 있었다는 사실을 보여 주는 것이다.

나아가 어머니-자녀 관계의 설정에 교육이 중요한 기능을 차지하는 모습을 강경애의 소설에서 찾아볼 수 있다. 강경애는 박화성, 백신애, 최정희 등 1930년대 여성 작가들과 함께 한국여성문학사의 제2기를 형성했던 대표적인 작가다.[134] 특히 강경애는 아버지의 죽

133) 강득희, 「유아기 사회화 과정에 대한 연구-일제하 서울지역의 사례를 중심으로」, 이화여자대학교 사회학과 박사학위 논문, 1994. 특히 제3장 제2절 참고. 유치원의 선택에서도 서울 문안 가정은 일본이나 서양식의 교육방법을 적용한 유치원을 선호했던 반면, 문밖 지역인 마포의 경우는 사설 학술 강습회를 선호하는 모습을 보인다고 지적하였다. 문안 가정의 가계(家系)는 근대적 직업을 가졌거나 대한제국 시기까지 관료를 지낸 경우가 대부분인데, 이는 근대적/전통적 지식을 자신의 사회적 기반으로 활용하였다는 점에서는 공통적인 모습이라고 할 수 있다.

134) 김민정, 「강경애 문학에 나타난 지배담론의 영향과 여성적 정체성의 형성에 관한 연구」, 『어문학』 통권 제85호, 2004. 9, 315쪽.

음과 어머니의 재혼, 만주에서의 삶, 지식인 남편과의 결혼 등 여성으로서의 자기 경험을 소설에 투영시킨 '여성' 작가로 많은 주목을 받고 있다.[135)]

그의 장편소설 「어머니와 딸」은 가난 때문에 지주에게 팔려 가다시피 소실로 들어가는 엡분과 그녀의 딸 옥이, 그리고 엡분에게서 어머니 역할을 넘겨받은 산호주와 그의 아들 봉준의 이야기로 구성되어 있다. 이 소설은 제목에서도 드러나듯이, 아버지가 없는 모녀 관계를 중심으로 진행된다.[136)] 아들을 낳고자 하는 지주의 소실로 들어와서 딸 옥이를 낳게 된 엡분은 집에서 쫓겨나면서, 이전의 순종적인 모습과는 달리 아기를 포기하지 않겠다는 저항을 보이고 그 과정에서 자신의 연인을 잃는다. 그러나 복수하러 나선 아버지, 그리고 아버지를 찾아 어머니와 동생 세인이 떠나자 엡분은 "「이년의 게집애! 네아비때문에 우리어머니 동생은 써나누나 죽어라!」 … 한참성푸리를하고나니 도리혀후회가낫다「어린것이무슨죄가잇나 내팔자 사나와그럿치」"[137)]라며 혼란을 겪는다. 아기는 나의 아기인 동시

135) 강경애 소설의 여성의식에 대한 연구로는 서정자, 「페미니스트 성장소설과 자기발견의 체험」, 『한국여성학』 Vol. 7, 1991, 44-70쪽; 김윤선, 「1930년대 한국 소설에 나타난 性談論 연구」, 『한성어문학』 Vol. 22, 2003, 135-170쪽; 김민정, 위의 글, 315-337쪽; 김연숙, 「식민지 近代小說에 나타난 母性談論 연구-李泰俊 · 羅蕙錫 · 姜敬愛를 중심으로」, 『어문연구』 제122권, 2004. 6, 381-403쪽; 임선애, 「강경애 소설, 제도 뛰어넘기 방식-「어머니와 딸」을 중심으로」, 『한민족어문학』 제46집, 2005. 6, 409-432쪽; 이상경, 「1930년대 후반 여성문학사의 재구성: 강경애의 「어둠」을 중심으로」, 『페미니즘연구』 제5호, 2005, 13-41쪽 등 참고.

136) 「어머니와 딸」에 등장하는 '한부모가족'에 대해서는 김윤선, 위의 글, 141-153쪽 참고.

137) 강경애, 「어머니와딸」, 권영민 · 이주형 · 정호웅 공편, 『韓國近代短篇小說

에 아버지의 딸이기도 하였다.

소실이 되기 전, 엡분은 동생 세인에게 누구보다도 다정다감한 어머니 노릇을 해 주고 있었다. 그러나 자신의 딸에 대해 표출되는 모성애는 아기가 아버지의 딸이라는 사실 앞에서 왜곡될 수밖에 없었다. 이후 엡분의 타락은 모성애의 타락과 궤를 같이한다.

> 그의어린딸은 연중에탐스러웟다 – 무엇보담도 쏙담은입술 사려깁흔듯한 그의눈은 장래가잇다는것을 그로하여곰 상상케하엿다. 이럿케생각이들사록 엡분이에게서 아이해를자긔에게로 쌔서올마음이들엇다 … 아기는 눈만쓰면 봉준어머니가보고십헛다 언제나고요히웃는눈 항상쓰다듬어주는 그의흰손 그러고 가늘고도 부드러운그의음성이엿다 … 아기는 가만히자긔어머니를생각해보앗다 – 구석구석이쌔물은옷을 내바려두는것 그러고술이나 마시고마시고해종일마시고는 사내놈들의 무릅과무릅새이로 옮아다니는쏠이엿다 그는 울고십헛다 … 「아기도 공부하고십흐늬?」그는 머리를폭숙엿다. 「학교가고십허?」손으로 그의 머리를쓰다듬엇다[138)]

엡분의 딸 옥이는 자신의 어머니와 봉준 어머니를 비교한다. 봉준 어머니 산호주는 기생 시절 지식인 남성 강수와 자유연애를 하며 학업의 뒷바라지를 하였다. 그리고 학업을 마친 강수에게서 버림받고 사생아인 봉준을 낳게 된다. 산호주는 봉준을 통해서 어머니로서의 자아정체성을 확고히 하는 인물이다. 이에 반해 엡분은 모성을 계기로 타락의 길에 접어든다는 점에서 두 인물은 대조적이다. 그리고

大系 2』(서울: 태학사, 1988), 372쪽.

138) 위의 글, 379－380쪽.

앞서 인용한 부분에서처럼 딸 옥이는 생물학적 어머니인 엡분을 받아들이고 싶지 않다. 그런데 봉준 어머니가 옥이의 어머니 노릇을 결심하게 된 것은 "장래가잇다는것"을 파악했기 때문이었고, 옥이에게 제안하는 것도 "공부"와 "학교"가기였다. 즉, 봉준 어머니는 모성의 교육적 기능을 계기로 옥이의 어머니가 될 수 있었고, 그것이 자연스럽게 받아들여지고 있는 것이다. 옥이는 열 살이 되도록 이름 없이 지내다가 봉준 어머니인 산호주의 딸이 됨으로써 이름을 갖게 되었다. 아기에게 이름을 붙여 주는 어머니는 바로 교육을 매개로 관계를 맺게 된 어머니였다.

이 소설에서 긍정적인 인물로 묘사되는 산호주는 모성의 역할 중 교육을 가장 강조하고 있다.

> 그후부터는 아츰이되면 봉준이가 책보를들고 학교로다라나는것이엿다 그는 말업시아들의가는 뒤꼴을물그럼이바라보며 저것을사람을맨드러놔야할턴데 이럿케생각할때어머니란책임이 무겁고도 막연함을깨다랏다.[139]

자식을 교육시킨다는 것, 그것이 산호주에게는 가장 중요한 어머니 노릇이었다. 나아가 자식의 교육은 곧 어머니 산호주의 자아정체성에서 핵심적인 부분을 차지하는 것이었다. 교육을 통해 "사람을맨드러놔야" 하는 것이 어머니 노릇을 규정하게 되었던 것이다.

옥이의 두 어머니인 엡분과 산호주는 신여성이라기보다는 구여성을 표상하는 인물들이다. 어머니로서 이들의 모습 역시 구여성의 그

---

139) 위의 글, 379－380쪽.

것으로 묘사되고 있다. 엡분은 오줌을 참지 못한 아기를 아침이 되면 "차고 던지고하며" 때리는, 나쁜 구여성-어머니를 표상한다. 아기가 자신의 어머니인 엡분과 대조되는 모습으로 묘사하는 산호주의 모습도 "언제나고요히웃는눈 항상쓰다듬어주는 그의흰손" 등 구여성의 그것으로 나타난다. 이 두 어머니를 분명하게 구분하는 것은 '교육의 제공여부'였다. '엡분-나쁜 어머니'와 '산호주-좋은 어머니'를 옥이가 판단할 수 있고, 나아가 독자에게 각인시켜 줄 수 있는 것은 아이가 "사람"이 될 수 있도록 교육을 제공해 주는가의 문제였다. 그리고 여기에서 모성의 교육적 기능은 무엇보다 학교에 보내는 것이었다.

강경애의 소설 「어머니와 딸」은 옥이와 관계를 맺는 두 어머니를 통해 생물학적 모성이 필연적으로 사회문화적 모성과 일치하는 것은 아니라는 점을 아기의 시선으로 분명하게 보여 준다. 이는 앞서 나혜석의 글에서 살펴보았듯이, 사회문화적 모성은 여성이 사적 영역인 가정에서 지속적인 아이와의 교감 속에서 경험하고 습득하는 것이다. 즉, 여성은 (사회문화적) 어머니이기 때문에 가정에 위치하는 것이 아니라, 가정에 배정되었기 때문에 (사회문화적) 어머니가 되는 것이다. 또한 사회문화적 모성의 좋고 나쁨을 판별하는 중요한 준거는 '교육'이었다. 정확히 말하면, '학교'에 보내는 것이 '좋은' 어머니의 핵심 과제였던 것이다. 나아가 '좋은' 어머니는 학교에 보내는 것만이 아니라 자녀의 학교교육을 끊임없이 의심해 보고 감시해야 했다.[140]

---

140) "자녀의마짱한 교육을위하야서는 불가불 학교에보내지 안흘수가업는데 이 학교교육이큰문제입니다. … 학교에들어간뒤에도 그곳에서밧는교육을 과

당시 근대적인 어머니 노릇이 기대되었던 신여성들은 모성을 실천하는 과정에서 '여성=천부적 어머니'라는 남성중심적 담론과의 괴리를 경험하였다. 신여성들이 경험하였던 임신과 출산, 수유, 육아의 어머니 노릇은 불안과 좌절, 자기소외 등의 감정을 불러일으키는 것이었다. 이는 자기희생이 강조되는 모성이 신여성의 '자아'와 '개성'과 자연스럽게 조화를 이룰 수 없는 성격을 내재하고 있었기 때문이었다. 하지만 신여성들이 모성애를 부정했던 것은 아니었다. 이들 역시 남성 지식인이 강조하였던 모성애를 실감하였으나, 그것은 '자연스러운' 감정이라기보다는 경험과 학습의 결과였다. 나아가 어머니로서의 자기 경험들을 공적인 장을 통해 발표하고 공감을 호소함으로써, 모성을 여성들 사이의 새로운 연대의식의 토대로 활용하려는 시도도 나타나고 있었다.

한편으로는 서구/일본 문명을 적극적으로 전달하는 어머니로, 다른 한편으로는 경험을 통해 확인한 전통적 어머니 노릇을 주체적으로 선택하는 모습을 보여 주기도 하였다. 또한 신여성에게 모성의 교육적 기능의 핵심을 차지하는 것은 '학교'를 보내는 것으로 받아들여지고 있었다. 그리고 강경애의 소설에서 살펴보았듯이, 자녀에 대한 교육적 기능을 수행한다는 것이 곧 어머니 노릇으로 받아들여지고 있었고, 이러한 어머니 노릇이 생물학적 모성과 일치하지 않을 수 있음을 주장하고 있었다.

연 우리가 절대로신임하여서 가정에서는 조곰도관심하지안허서 조흐냐하면 그럿치도안습니다." 김상덕, 「어머니讀本 第六課 兒童과家庭教育」, 『家庭の友』 제14호, 1938. 9, 40-41쪽.

3 근대적 모성론 수용의 의미

'근대적 모성'을 둘러싼 논의의 지평은 독자적인 담론 영역을 형성해 나가고 있었을 뿐만 아니라, 사회 전체적인 '근대성'의 담론들이 복잡하게 얽혀 있던 장(場)이었다. 새롭게 신뢰를 획득해 나가고 있던 서구의 근대적 과학을 비롯하여, 이에 뒤따르는 새로운 윤리관과 전통적인 윤리관, 가족을 재편하기 시작한 법 체계, 자본주의적 노동방식의 도입, 그리고 유교와 불교, 기독교, 동학 등의 종교 등 '어머니'를 바라보는 시선은 다양하였다. 특히 서구에서 직간접적으로 유입된 각 학문 영역들은 과학의 이름으로 '어머니'를 호명하기 시작하였다. 여성의 몸과 위생 관념을 규율하기 시작한 의학, 교육학, 심리학, 가정학, 법학, 사회학 등이 과학적 권위를 기반으로 '근대적 모성'을 만들어 가기 시작하였다.

'어머니'라는 위치는 언제나 자녀의 존재를 전제로 성립되는 개념이라고 할 수 있다. 따라서 근대적 어머니에 대한 요구와 담론은 다음 세대에게 요구되는 근대적 인간상의 모습을 포함하는 것이었다. 또한 신문이나 잡지뿐 아니라, 공식적인 학교교육에서조차 근대적 모성론의 생산 및 재생산이 강조되었던 데 반해, 그 상대항인 '근대적 부성(fatherhood)'에 대한 논의는 거의 찾아보기 어렵다는 사실도 주목해야 할 것이다. 남성은 가부장으로서 가족 구성원에 대해 자신의 의견을 관철시킬 수 있는 권력을 소유한 존재로서 아버지나 남편이라는 관계성으로 규정될 필요가 없는 존재였다. 이에 반해, 여성은 가부장인 남성의 권력이 관철되는 대상으로서 끊임없이 어머니와 아내, 며느리 등의 관계망에 구속되었다.

소수의 교육받은 여성들을 중심으로 근대적인 어머니 노릇(mothering)이 논의되는 한편으로, 대다수 일제 강점기 여성들의 일상은 여전히 봉건적 굴레를 벗어나지 못하고 있었던 것도 사실이다. 다음은 일제 강점기 말기 군위안부로 끌려갔던 할머니들의 증언 중 일부다.

> 나는 학교를 다니지 못했다. 내가 아홉 살 때 어머니가 아버지 몰래 쌀 한 말을 팔아 보통학교에 넣었다. 그러나 아버지는 "가시나는 공부하면 여우가 된다"고 입학한 지 5일 만에 학교를 찾아와 교실에서 나를 끌어내고 책을 모두 태워 버렸다. 그래서 학교를 그만두게 되었다. 그 일로 나는 아버지에게 맞기도 많이 맞았고 결국은 집에서 쫓겨나 큰집에 가 있었다. 다시는 공부를 안하겠다고 약속하고 나서야 다시 집으로 돌아올 수 있었다. … 진양군의 우리 마을에는 일본인의 앞잡이 노릇을 하는 50대 정도의 아저씨가 살았다. 어느날 그 아저씨가 나에게 말하기를 공부도 할 수 있고 돈도 벌 수 있는 곳으로 보내 주겠다고 했다. 나는 공부 못한 것이 한이 되어 공부시켜 준다는 말에 솔깃하여 승낙을 했다. … 그때가 내가 열여덟 살 되던 해인 1943년 가을이었다. 그때 나는 집안일도 고되고, 아버지가 하고 싶은 공부도 못하게 하였으므로 집을 떠나 공부도 하고 돈도 벌고 싶었다.[141)]

구술자의 어머니는 "아버지 몰래" 딸을 학교에 입학시켰다. 그러나 "가시나는 공부하면 여우가 된다."라는 여성교육에 대한 아버지

141) 한국정신대문제대책협의회 · 정신대연구회 공편, 『강제로 끌려간 조선인 군위안부들－증언집 I』(서울: 한울, 1993), 109－110쪽. 인용부분은 1925년생인 문필기 할머니의 증언 중 일부다. 문필기 할머니의 집안은 구멍가게를 하면서 논밭을 소유할 정도여서 어려운 형편은 아니었고, 형제는 2남 9녀였다.

의 인식은 딸의 공식적 교육을 중단시키고, 구술자의 학교교육에 대한 잠재된 열망은 위안부 모집의 유혹을 받아들이게 한다. 구술자가 직접 이야기하고 있듯이, "아버지가 하고 싶은 공부도 못하게" 한 것이 집을 떠나게 하는 하나의 계기가 되었던 것이다.

앞서 살펴보았듯이, 자녀의 학교 취학과 그에 대한 뒷받침은 근대적 모성에게 요구되는 중요한 과제였다. 그렇지만 어머니－여성을 규제하는 가부장적 기획은 근대적 모성의 교육적 결정을 제약하고 있었다.[142] 특히 여아의 학교교육에 대한 반대가 극심하였던 것은 '장래의 어머니'로서 교육이 필요하다는 개화기 이후의 계몽적 담론이 현실과 얼마나 커다란 차이를 보이고 있었는지를 보여 주는 사례라고 할 수 있다. 〈표 5－4〉는 일제 강점기 동안 초등교육기관에 취학한 아동의 성별 현황을 보여 준다.

여기에서 알 수 있듯이, 근대적인 학교교육의 형태를 가지고 있던 관립 · 공립 · 사립 보통학교의 학생 수는 일제 강점기 내내 지속적인 증가세를 보이고 있었던 반면, 서당의 학생 수는 1921년 298,067명을 최대치로 이후 지속적으로 감소하였다. 관 · 공 · 사립의 보통학교에서는 남녀학생 모두 그 수가 증가하고 있었던 데 비해, 서당의 경우는 남학생의 수가 1921년 295,280명을 최대치로 이후 지속적으

142) 앞서 인용한 문필기 할머니 외에도 이상옥 할머니(1922년생)는 오빠의 극심한 반대로, 이득남 할머니(가명, 1918년생)와 김은례 할머니(1926년생)는 아버지의 반대로 학교교육을 중도에 포기해야 했다. 그리고 이들은 모두 배움에 대한 열망으로 집을 떠나게 되고, 이것이 위안부로 끌려 가게 되는 하나의 계기가 되었다. 이상옥, 이득남 할머니의 구술은 한국정신대문제대책협의회 · 정신대연구회 공편, 위의 책, 183－185쪽, 199－201쪽. 김은례 할머니의 구술은 한국정신대문제대책협의회 · 한국정신대연구소 공편, 『강제로 끌려간 조선인 군위안부들 3』(서울: 한울, 1999), 120－125쪽 참고.

표 5-4 일제 강점기 초등교육기관의 성별 취학 현황

연도	관립보통학교			공립보통학교			사립보통학교			서 당			
	남	여	전체	남	여	전체	남	여	전체	서당수	남	여	전체
1912	242	126	368	38,001	3,140	41,141	–	–	–	18,238	168,728	349	169,077
1913	245	140	385	43,447	3,619	47,066	–	–	–	20,268	195,298	391	195,689
1914	291	141	432	46,711	4,042	50,753	1,528	306	1,834	21,358	203,864	297	204,161
1915	311	156	467	53,594	5,193	58,787	1,122	314	1,436	23,441	229,028	522	229,550
1916	329	157	486	59,527	6,126	65,653	1,305	184	1,489	25,486	258,614	917	259,531
1917	330	146	476	65,553	7,604	73,157	1,787	268	2,055	24,294	264,023	812	264,835
1918	305	164	469	67,616	8,415	76,031	2,823	790	3,613	23,369	260,146	829	260,975
1919	285	134	419	68,628	8,290	76,918	2,403	892	3,295	24,030	275,261	659	275,920
1920	335	187	522	90,815	11,209	102,024	3,789	1,030	4,819	25,482	290,983	1,642	292,625
1921	490	258	748	134,719	17,586	152,305	4,702	1,606	6,308	24,193	295,280	2,787	298,067
1922	616	395	1,011	197,691	30,983	228,674	6,295	2,078	8,373	21,057	275,952	4,910	280,862
1923	700	372	1,072	255,093	38,550	293,643	8,623	3,020	11,643	19,613	251,063	5,788	256,851
1924	698	336	1,034	287,339	46,041	333,380	8,449	3,185	11,634	18,510	226,430	5,324	231,754
1925	459	349	808	315,681	52,096	367,777	11,463	5,639	17,012	16,873	203,580	4,730	208,310
1926	467	327	794	335,517	56,547	390,064	12,270	5,800	18,070	16,089	192,241	4,597	196,838
1927	478	282	760	342,494	59,498	401,992	13,053	6,407	19,460	15,069	184,541	4,719	189,260
1928	478	281	759	348,643	63,019	411,662	13,251	6,552	19,803	14,957	186,195	5,477	191,672
1929	470	289	759	356,643	66,157	422,800	13,104	6,862	19,966	11,469	157,066	5,181	162,247
1930	490	318	808	365,404	72,204	437,608	13,858	7,183	21,041	10,036	144,913	5,979	150,892
1931	466	323	789	370,661	76,928	447,589	14,174	7,653	21,827	9,208	140,034	6,867	146,901
1932	433	297	730	387,006	84,777	471,783	15,247	8,316	23,563	8,630	134,639	8,029	142,668
1933	–	–	–	437,746	99,820	537,566	17,155	9,490	26,645	7,529	137,283	10,822	148,105
1934	–	–	–	493,449	116,150	609,599	19,271	10,595	29,866	6,843	139,381	14,303	153,684
1935	364	296	660	549,913	137,164	687,077	21,318	11,702	33,020	6,209	142,468	19,306	161,774
1936	337	322	659	605,492	161,738	767,230	22,324	12,763	35,087	5,944	147,558	22,441	169,999
1937	1,879	569	2,448	667,410	191,531	858,941	25,022	14,771	39,793	5,681	145,365	27,421	172,786
1938	1,789	1,255	3,044	767,528	234,799	1,002,327	28,395	16,605	45,000	5,293	142,055	30,401	172,456
1939	2,328	1,534	3,862	874,534	285,190	1,159,724	32,421	19,333	51,754	4,686	129,967	34,540	164,507
1940	2,572	1,690	4,262	980,162	343,642	1,323,804	35,958	21,920	57,878	4,105	121,837	36,483	158,320
1941	2,797	1,827	4,624	1,076,364	427,454	1,503,818	38,513	25,035	63,548	3,504	111,240	38,944	150,184
1942	3,246	2,013	5,259	1,205,041	404,907	1,710,948	–	–	–	3,052	106,033	47,751	153,784

* 자료: 조선총독부, 『朝鮮總督府統計年報』 각년판.

** 출처: 송규진 · 변은진 · 김윤희 · 김승은, 『통계로 본 한국근현대사』, 서울: 아연출판부, 2004, 352-377쪽에서 재구성.

로 감소하여 1942년에는 1912년의 168,728명에도 미치지 못하는 106,033명으로 줄어들었으나, 여학생의 경우는 1912년 349명에서 1942년 47,751명에 이르기까지 지속적으로 증가하는 모습을 보이고 있다. 이는 초등교육기관에의 접근 가능성이 성별화되어 있었음을 의미하는 것으로 볼 수 있다. 나아가 가정에서의 부모 노릇(parenting)이 자녀의 성별에 따라 서로 다르게 이루어지고 있었음을 알려 주는 것이다. 결국 근대적 모성론의 이면에는 여전히 봉건적인 방식의 자녀교육이 지속되고 있었던 것이다.[143] 또한 일제 강점기까지 아버지가 딸을 매매하는 봉건적 상황[144]이 계속되는 봉건적 가부장제가 일상적인 가정생활의 한 측면을 이루고 있기도 하였다. 자녀와 교육을 둘러싼 이와 같은 봉건적 현실이 모성에 대한 근대 가부장적 기획을 어머니–여성이 적극적으로 받아들이고자 하였던 실제 맥락이었던 것이다.

한편으로는 봉건적 가부장제가 지속되고, 다른 한편으로는 여성들의 많은 구술자료에 나타나듯이 교육이나 노동, 독립운동, 첩실과의

---

143) 일제 강점기 서울 지역의 사례를 중심으로 유아기 사회화를 연구한 강득희는 가정교육에서 전통적인 것을 존중하고 이어 나가는 경향이 있었음을 지적하면서, 유아교육의 대체적인 특징을 "새로운 형식의 교육에 대한 보수적 수용"이라는 용어로 설명하였다. 강득희, 앞의 글, 58쪽. 여기에서 '전통적인 것을 존중'한다는 것이나 '보수적 수용'이라는 용어의 이면에는 아동의 성별에 따라 분리된 교육이 이루어졌다는 의미를 함축하고 있는 것으로 해석해야 할 것이다.

144) 1921년생인 조남례 할머니는 아버지가 자신을 팔아 위안부가 되었다. 조남례 할머니의 여동생 역시 아버지 때문에 팔려 가게 된 상황에서 자살을 선택하였다. 한국정신대문제대책협의회 · 한국정신대연구소 공편, 앞의 책, 264쪽.

동거 등으로 아버지가 부재하는 '모중심 가족'[145]이 일상화되는 상황 속에서 어머니-여성은 자녀의 양육과 생계 문제 해결이라는 이중적 부담을 피하기 어려웠다. 여성들이 그 이면에 놓인 가부장적 기획에도 불구하고, 근대적 모성론과 그 교육적 기능을 주체적으로 수용하였던 것은 이와 같은 현실적 맥락 속에서 다음과 같은 저항의 의미를 생산할 수 있었다.

우선 전문적 모성론과 보조적 모성론은 개화기 이후 제기되었던 여성교육, 특히 학교교육에의 접근 가능성을 지속적으로 요구할 수 있는 계기를 마련할 수 있었다. 〈표 5-4〉에 드러나듯이, 초등교육조차도 그 접근성이 성별화되어 있던 현실에서 어머니-여성으로서 학교교육이 필요하다는 주장은 여전히 설득력을 가질 수밖에 없었다. 둘째, 산아제한론을 중심으로 한 모성보호론은 여성의 생물학적 재생산권을 확보하는 데, 어머니의 교육적 역할이 하나의 근거가 될 수 있음을 보여 주는 것이다. 또한 아동양육 및 교육의 사회적 측면을 부각시키면서 여성의 '어머니됨'을 가부장적 사회 구성을 의문시하는 출발점으로 삼기도 하였다. 셋째, 경험적 모성론은 여성 스스로 경험한 임신과 출산, 양육 등의 경험을 공론의 장으로 끌어내면서 다른 여성과의 공감대를 모색할 수 있도록 하였다. 근대적 모성

---

145) 조혜정은 일제 강점기 시대와 한국전쟁 시기까지 아버지가 부재하면서 가족이 실질적으로 모중심적 성격을 강하게 보인다고 지적한다. 조혜정, 『한국의 여성과 남성』(서울: 문학과지성사, 1988), 91-93쪽. 또한 실제 구술자료의 분석에서도 아버지를 "능력과 존경"의 상징으로 인식하는 반면, 어머니는 가부장의 능력과 엄격함의 그늘에 묻혀 있으면서도 가정살림을 맡아 "헌신과 고생"을 운명처럼 지고 가야 하는 존재로 표현하고 있음이 나타난다. 전경옥 · 김은실 · 정기은, 『한국여성근현대사 1: 개화기-1945년 한국여성인물사』(서울: 숙명여자대학교 아시아여성연구소, 2004), 368쪽.

의 교육적 기능은 생물학적 이유를 근거로 모든 여성을 자녀교육의 전담자로 규정하였지만, 어머니-여성은 자녀교육이라는 공통분모가 서로의 상황을 공유하고, 가부장적 사회에 대한 비판적 의식이 싹트는 계기로 만들어 가기도 하였던 것이다.

즉, 가부장적인 모성 규정을 어머니-여성이 주체적으로 구성하고자 하였던 전문적 모성론에는 보조적인 노동력 제공이라는 함정이 도사리고 있었다. 그러나 이는 가부장적 사회에서 여성이 자신만의 공간을 확보하려는 노력이었고, 나아가 선택적 모성론이나 경험적 모성론에서 나타나는 것과 같이 어머니 노릇을 통해 여성에 대한 가부장적 규정의 허구성을 드러내고 여성들 사이의 연대를 모색하는 토대를 마련해 나가는 전략이라는 측면도 가지고 있었다.

제 6 장

근대적 모성론을 넘어서

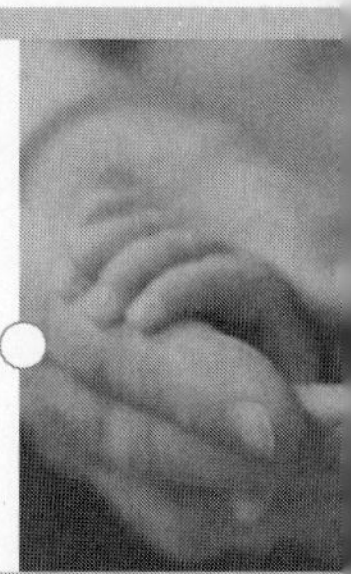

1 근대교육과 모성 담론

오늘날 교육이 '자녀교육을 전담해야 하는 어머니'를 당연하게 받아들이는 현실에 의문을 제기하고, 근대교육이 형성되는 과정에서 모성 개념, 특히 모성의 교육적 기능에 대한 담론이 어떻게 구성되고 있었는지 살펴보았다. 이를 위해 우선 모성의 역사적 변천에 대한 서구의 연구 결과를 개관하고, 조선시대를 중심으로 근대 이전의 여성에게 요구되었던 지위와 역할, 그리고 어머니에게 요구되는 기대 등을 살펴보았다.

주로 영어권을 중심으로 하는 서구에서는 가족의 변화, 아동기의 발견, 그리고 학교교육의 확대, 산업혁명, 국민국가의 출현 등의 원인으로 근대적 모성 담론이 형성되었다고 논의되고 있다. 이러한 사회적 변화에 대한 인식은 코메니우스(J. A. Comenius)로 대표되는 당시 교육학적 논의에서도 나타나고 있었다. 18 · 19세기 산업혁명이 근대적 방식의 공사(公私) 영역 분리를 촉진시키는 가운데, 자녀교육을 담당하는 어머니상이 구체화되기 시작했으며, 루소(J. J. Rousseau)나 페스탈로치(J. H. Pestalozi)의 교육사상은 이러한 변화를 반영하고 있었다. 20세기에 들어서면서 과학적 모성과 공감적 모성이 부각되었고, 이는 자녀에게 물리적 · 정신적으로 집중하는 어머니상을 구성하면서 '좋은' 어머니와 '나쁜' 어머니를 구분하는 새로운 준거를 마련하게 되었다. 그리고 이러한 변화의 과정은 남성 전문가가 주도하였음도 일반적으로 인정되고 있다.

한편 조선시대 여성에게 가장 중요하게 요구되었던 사회적 지위는 주부로서의 지위로서 봉제사(奉祭祀), 접빈객(接賓客)이라는 역할로 구체화되었다. 조선시대 여성에게도 모성은 일정한 수준의 권력을 행사할 수 있는 가능성의 영역이었다. 그러나 어머니로서의 권력은 '아들'을 출산함으로써 보장되는 생물학적 측면이 강하였다. 이는 이른바 '삼부팔모론(三父八母論)'에서 볼 수 있는 것처럼, 어머니의 지위가 일차적으로 아버지와의 관계에 따라서 결정되었다는 점과 자녀교육의 역할이 반드시 생물학적 어머니에게 요구되는 것은 아니었다는 점을 통해서 드러난다. 조선시대의 경우 자녀, 특히 아들에 대한 교육의 일차적 책임은 아버지로 이어지는 부계 혈통이 담당하였고, 사대부의 경우는 아들에 대한 교육이 곧 가문의 사회적 지위를 결정하는 중요한 요소였다. 또한 일반적으로 어머니의 '돌봄노동'은 조부모나 누이 등 보조적인 친척들에게 분산되어 있었다.

근대 모성의 등장 배경으로는 가정과 교육에 대한 인식의 변화를 살펴보았다. 20세기에 들어서면서 광범위하게 논의되었던 이른바

'자유연애'는 당사자들의 합리적 판단과 선택에 따른 가족 구성이라는 새로운 방식을 가능하게 하는 토대가 되었다. 또한 자유연애의 등장과 확산의 이면에는 근대적 학교제도를 전제로 한 '학생'의 등장이 자리하고 있었다. 인간의 심리를 '지정의(知情意)'의 구조로 파악하면서, '정'을 중심으로 개성과 자아에 대한 인식이 지식인층을 중심으로 광범위하게 확산되었고, 이는 근대적인 개인이 출현하는 배경이 되었다. 그리고 이러한 변화는 개인적 선택에 따른 가족 구성을 방해하는 조혼이나 축첩제, 매매혼 등에 대한 비판의 근거가 되기도 하였다. 가정은 개인을 단위로 하는 근대적 국민국가의 형성에서 장애물로 인식되는 동시에, 국가에 대한 소속감을 심어 줘야 한다는 모순적 위치를 차지하게 되었다. 근대적인 공사 영역의 분리가 진행되면서, 가족은 사적인 집단으로 인정되었다. 국가를 가족과 가문의 확장으로 이해하던 조선시대의 인식틀을 벗어나면서, 가족은 개인을 국가의 구성원으로 길러 내야 하는 교육학적 요구를 피할 수 없게 되었다. 그리고 이러한 요구는 일제 강점기의 가정개량론으로 이어졌다. '친애(親愛)'를 가족 구성의 원칙으로 하는 부부중심성을 토대로 한 가정개량론은 가정을 여성의 영역으로 규정하면서, 여성에게 과학적 · 정서적 가정관리 능력을 요구하였다. 소위 '스위트 홈'의 이상(理想)이 등장하고, 소가족제도가 당연시되면서 자녀교육은 가족의 가장 중요한 기능으로 부각되었다.

서구 및 일본의 제국주의적 침탈에 맞서 교육은 부국강병한 근대국가의 건설과 근대적 개인의 자각이라는 이중적 기능을 요구받게 되었다. 개화사상가들이 주장하였던 근대교육론의 이면에는 제국주의의 식민지 경영 논리인 사회진화론이 자리하고 있었다. 중국과 일본 등을 거쳐 유입된 사회진화론은 서구와는 달리 생존경쟁의 주체를 개인이 아닌 인종이나 민족, 국가 등의 집단으로 설정하는 특징을 보였다. 또한 교육내용으로는 전통적인 성리학적 지식을 대신하여 근대 자연과학적 지식이 강조되었고, 교육에 임하는 학생에게는 경쟁의식이나 '호승지심(好勝之心)' 등의 마음가짐이 요구되었다. 국가유기체설과 연결된 사회진화론은 일제 강점기 민족주의 우파 지식인의 교육관에도 반영되었고, 실질적으로 근대적 국가 건설이 좌절된 상태에서 근대적 개인의 완성을 통한 사회의 근대화라는 목표로 제시되었다.

근대적 교육론의 전개 이면에는 근대적 아동관의 등장이 자리하고 있었다. 아동은 민족과 국가의 미래를 담지하고 있는 존재이자, 어른과는 구분되는 특징을 가진 발달단계의 하나로 인식되면서 전통적인 성리학적 아동관이 대체되어 갔다. 이러한 근대적 아동관은 기존의 부모-자녀 관계에 변화를 가져올 수밖에 없었다.

한편 여성이 공식적 교육기관인 학교에 다닐 수 있게 된 것은 근대적 교육이 보여 주는 가장 중요한 특징 중 하나다. 1890년대 「독립신문(獨立新聞)」을 중심으로 한편으로는 남녀동권론에 입각한 여성교육론이 주장되었고, 다른 한편으로는 부국강병적 입장에서 여성을 교육해야 한다는 입장도 많은 지지를 받고 있었다. 일제 강점기에는 현모양처주의 여성교육론이 강조되면서, 이러한 여성교육이 사실상 여성을 도구화한다는 비판도 있었다. 또한 여성의 입장에서는 학교교육을 통하여 사회로 진출하고자 하는 욕망을 강하게 표출하고 있었다.

근대적 모성 담론을 구성하는 주체에 따라서는 가부장적 입장과 여성적 입장으로 구분하여 살펴보았다. 우선 가부장적 입장에서 구성된 근대적 모성 담론은 도구적 모성론과 계몽적 모성론으로 분리하여 논의됐다. 첫째, 도구적 모성론의 경우는 담론 구성 주체가 저항적 민족주의와 식민주의 세력으로 구분될 수 있다. 근대적 국가/사회 만들기 기획을 추진하였던 개화사상가 및 일제 강점기 남성 지식인은 어머니-여성의 교육적 역할을 강조하였다. 근대적인 공사영역 분리를 전제로 한 상태에서, 어머니-여성이 자녀교육의 책임을 담당해야 한다는 논리가 광범위하게 지지를 받고 있었다. 어머니가 자녀교육의 담당자라는 논리는 여성이 교육을 받아야 한다는 논리로 이어질 수 있는 긍정적인 측면도 가지고 있었다. 그러나 근대적 국가/사회 만들기의 과제가 '아들'에게 집중되면서 어머니와 딸로서 여성은 끊임없이 미래적 존재로 유보될 수밖에 없었다. 여성이 이른바 '민족의 어머니'로 호명되면서 여성은 가정 내에서의 어머니라는 지위로 고착될 수밖에 없었고, 나아가 식민지배를 받는 민족을 표상하는 존재로 '자연화'되었다.

일본 제국주의 역시 어머니-여성에 대한 교육을 동화주의 및 황민화 교육의 출발점으로 강조하였다. 1930년대 일본 제국주의가 파시즘 체제로 접어들면서 어머니-여성은 '군국의 어머니'로 호명되었다. 1938년 '육군특별지원병령'이 공포되면서 각종 좌담회 및 편지, 수기 등은 '아들'을 국가에 바친 자랑스러운 '군국의 어머니'상을 강화시켜 나갔다. 1942년 발표된 최정희의 「야국초(野菊抄)」는 이러한 군국의 모성론을 가장 잘 표현하고 있는 작품이었다. 군국의 모성상이 구성한 '좋은' 어머니상은 결국 자녀의 죽음을 전제로 하고 있었기 때문에, 자녀의 생명 보호라는 모성의 근본적 역할을 부정함으로써만 달성될 수 있는 것이었다.

저항적 민족주의와 식민주의는 담론 구성 주체가 전혀 상반된 목적을 가지고 있었음에도 불구하고, 어머니의 교육적 역할을 도구화시킨다는 공통점을 가지고 있다. 즉, 어머니-여성은 자신의 교육적 역할을 수행하는 가운데, 끊임없이 자기 소외를 경험할 수밖에 없었다. 국가/민족을 위해 목숨을 바쳐야 한다고 가르쳐야 했던 군국의 어머니는 그 극단적인 형태를 보여 주는 것이다. 또한 남성중심적 입장에서 구성하였던 '민족의 어머니'와 '군국의 어머니'는 계속적인 계몽의 대상이 되었고, 나아가 근대적인 학교교육을 접한 아들에게도 교육을 받게 되는 모순적 존재가 되기도 하였다.

둘째, 계몽적 모성론은 과학적 모성과 정서적 모성의 두 측면을 가지고 있었다. 서양에서도 과학적 모성과 정서적 모성의 등장은 근대적 모성론의 가장 중요한 특징이었다. 과학적 모성론은 자연스러운 아이의 발달과 시간에 따른 규율과 습관의 내면화를 강조하였다. 또한 근대적 의료체계를 전제로 한 위생 담론 역시 과학적 모성을 구성하는 한 축이었다. 과학적 모성론은 가치중립적 학문을 근거로 '좋은' 어머니와 '나쁜' 어머니를 구분해 나갔고, 이는 당시 신여성과 구여성의 구분과 중첩되면서 여성 내부의 차이를 생산해 내었다. 과학적 모성론은 어머니-여성으로 하여금 지식을 제공해 주는 전문가의 지시를 따라야 한다는 점을 강조하였다. 그런데 일제 강점기까지 과학적 모성론을 구성할 수 있는 전문가라고 할 수 있는 의료 종사자와 교육 종사자를 살펴본 결과, 어머니-여성이 일차적으로는 남성 전문가에게, 나아가 민족적으로는 일본인에게 종속될 수밖에 없었다는 사실이 드러났다. 과학적 모성 담론은 젠더와 인종, 지역, 계급 등의 여러 범주에서 주변적인 존재가 되었던 '구여성'을 문제적인 모성을 가진 존재로 격하시켰고, 신여성의 경우는 자신의 어머니 노릇을 보조해 주고 경험적 지식을 전달해 줄 수 있는 주변 인물과의 단절을 피할 수 없었다. 결국 과학적 모성 담론은 어머니 노릇이 여성

사이의 연대감을 창출할 수 있는 가능성을 봉쇄하면서, 어머니-여성으로 하여금 전문가에 대해 수동적 지위를 차지하게끔 만들었다.

정서적 모성은 과학적 모성과 동전의 양면 관계를 형성한다. 근대적인 과학의 한 분과로 등장하였던 교육학과 심리학은 아동의 '정'을 강조하면서 어머니-여성을 가정교육의 주체로 자리매김하였다. 근대적 학교교육이 '지'의 측면을 전담하면서 어머니-여성에게 강조되었던 교육적 역할은 '덕'과 '체' 그리고 '정'과 '의'의 부분에 초점을 맞추게 되었다. 특히 국가에 대한 충성이 강조되는 사회적 조건 속에서 가정교육에서 아버지의 권위에 대한 복종의 중요성이 강조되었다. 이는 어머니-여성이 실질적으로 자녀교육을 수행해야 함에도 불구하고, 그 권위의 근거를 끊임없이 아버지에게 돌리게 만들면서 어머니-여성이 자녀교육의 주체라는 명제가 허구에 불과하다는 사실을 보여 주었다. 또한 근대적 인간관에 기반하여 아이가 존중받아야 할 개성과 자유를 지닌 존재로 규정되었고, 이에 따라 어머니-여성에게는 끊임없는 관찰과 정확한 판단이 요구되었다. 자유와 개성 존중이라는 정서적 모성의 과제는 어머니로 하여금 이상적 상태의 어린이와 현실의 어린이 사이에서 갈등과 좌절을 피할 수 없게 만들었다. 그리고 정서적 모성에게 요구되는 자녀와의 심리적 균형 상태가 깨어진 가장 대표적인 경우가 과보호하는 어머니였다. 과학적 모성과 정서적 모성은 어머니가 가치중립적인 학문 및 지식을 가지고 있는 전문가의 지시를 실행해야 한다는 측면에서 공통점을 보인다. 그리고 이에 필요한 지식과 정보를 습득할 수 있는지의 여부가 '좋은' 어머니와 '나쁜' 어머니를 구분하게 되면서, 당시 등장하고 있던 신여성과 구여성을 구분하는 또다른 준거가 되었다. 전문가의 일방향적인 지시를 강조하는 과학적 모성과 정서적 모성은 어머니 노릇을 보조해 줄 수 있는 여성들 사이의 연대 가능성을 봉쇄함으로써 어머니 노릇을 사회적으로 고립된 노동으로 만들었다.

한편 어머니-여성이 남성중심적으로 구성되는 근대적 모성 담론에 수동적인 위치에 머물렀던 것은 아니었다. 남성중심적 모성 담론을 여성 스스로 수용하기도 하였고, 그 이면에 자리한 내부적 모순을 적극적으로 드러내기도 하였다.

전문적 모성론은 신여성을 중심으로 새롭게 구성되고 있던 근대적 모성 담론을 적극적으로 수용한 경우였다. 여성이 어머니로서 교육을 받아야 한다는 논리는 전통적으로 학교교육에서 배제되어 있던 여성에게는 하나의 전략이 될 수 있었다. 비록 소수에 불과하였지만, 학교교육의 혜택을 받을 수 있었던 신여성들은 과학적 모성과 정서적 모성을 실제 수행하고 있던 자신들의 어머니 노릇을 통해 일정한 사회적 지위를 확보하고자 하였다. 즉, 자신들을 구여성과 분명하게 차별되는 존재로 각인시켜 나갔고, 나아가 미래의 '조선'을 만들어 나가는 사회적 역할을 강조하였다. 또한 과학적 모성의 실상을 보여 주는 '시간젖' 같은 경우는 시간의식과 규율을 내면화한 근대적 인간을 형성한다는 남성중심적 시각만 강조되는 것이 아니라, 그것이 여성의 직업 및 사회활동에 도움이 된다는 측면에서 적극적인 수용의지를 표명하는 모습도 보여 주었다. 또한 아동의 신체적·심리적 발달단계에 따른 완구나 간식, 서적 등이 지속적으로 소개되었던 상황 속에서, 전문적 모성론은 이러한 아동용 상품을 직접 선택하고 소비하는 주체가 될 수 있었다. 즉, 사치나 허영과 같은 사회적 비난을 피하면서 소비자본주의의 주체가 될 수 있는 가능성이 전문적 모성론 안에 자리하고 있었다.

그러나 전문적 모성론은 보조적 어머니라는 함정을 함께 가지고 있었다. 근대적인 학교체계의 도입과 함께 가정교육은 학교교육에 대해 보조적 역할을 수행할 수밖에 없었다. 학부모회의는 여성이 어머니라는 지위를 통해 공적인 영역으로 진입할 수 있는 가능성을 열어 주기도 하였지만, '가정과 학교 사이의 연락'이라는 학부모회의의 목적은 사실상 학교의 요구사항을 가정에 전달하고 학교의 방침에 맞는 가정교육을 요구하는 수준이었다. 학교교육을 매개로 하여 어머니-여성이 끊임없이 보조적 노동을 수행해야 했던 모습을 가장 잘 보여 주는 사례는 일제 강점기 입학경쟁이 격화되면서 등장한 자녀의 입학시험이었다. 입학시험을 앞둔 자녀를 두고 있는 어머니-여성에게 요구되는 주의사항은 자녀의 신체적 변화에서 영양, 환경조성, 심리 상태에 이르기까지 광범위한 것이었고, 이는 어머니-여성의 교육적 기능을 끊임없는 정보 노동 또는 그림자 노동으로 만들었다. 이러한 보조적 모성론은 현실적으로 어머니-자녀 관계를 공(共)의존적 관계(codependent relationship), 나아가 고착된 관계(fixated relationship)로 만들 수 있었다.

과학기술의 발전과 인구의 질적 관리라는 남성중심적 모성론은 여성에게 산아제한이라는 가능성을 제공해 주기도 하였다. 즉, 여성은 남성중심적 모성론을 자신의 재생산권 보장을 위한 전략으로 활용할 수 있었던 것이다. 그리고 어머니-여성이 자신의 재생산권 보장을 내세울 수 있었던 논리에서 자녀교육은 가장 강력한 근거가 되었다. 또한 실질적으로 공적 영역에서 남성이 경제활동을 해야 한다는 논리, 학교교육의 수행 여부가 다음 세대의 질적인 측면을 보장해 준다는 논리, 무능력한 자녀를 사회에 내보내는 것은 죄악이기 때문에 어머니의 역할이 중요하다는 논리 등의 남성중심적 논리를 산아제한과 연결시키면서, 어머니-여성의 재생산권을 실제 거부하던 남성들의 논리 모순을 반박하는 모습도 살펴볼 수 있었다.

교육받은 여성이 자신의 어머니 경험을 공론화시킬 수 있는 가능성을 확보하면서, 남성중심적 모성 담론과는 구분되는 경험적 모성론이 구성될 수 있었다. 경험적 모성론은 남성들이 이야기하는 어머니 노릇의 '자연스러움'에 의문을 제기하고, 어머니이기 이전에 한 개인이기를 요구하였다. 이들은 개인으로서 인정받지 못하는 어머니가 결코 좋은 어머니가 될 수 없음을 이야기하였고, 나아가 자녀와의 관계를 전제로 한 어머니라는 지위가 궁극적으로 여성이 아버지인 남성에게 종속되도록 만든다는 점을 간파하기도 하였다. 또한 어머니로서의 경험을 공론화함으로써 여성들 사이의 연대 가능성도 모색하였다. 강경애의 「어머니와 딸」은 아버지가 부재하는 한부모 가족을 설정하고 어머니와 딸 사이의 공감을 통한 연대 가능성을 시사해 준다. 그리고 어머니가 될 수 있는 가장 중요한 조건으로 '교육'이 강조되면서 생물학적 모성과 사회문화적 모성이 분리될 수 있는 가능성을 보여 주는 작품이다. 여성이 주체적으로 구성하였던 경험적 모성론이 생물학적 모성과 사회문화적 모성 사이의 불일치를 강조하고 '자아'와 '모성' 사이의 갈등만을 부각시켰던 것은 아니었다. 이들은 서구/일본이라는 근대적 문명의 기준에 걸맞는 문화자본을 확보하기 위해 노력하고 있었고, 적극적인 학교교육의 보조를 통해 사회적 요구와 개인적 이상을 조화시키려고 하였다.

2 21세기의 교육과 모성

오늘날 우리 사회에서 어머니 노릇, 특히 그 교육적 기능은 여성에 대한 극단적 평가를 부추기는 준거가 되고 있다. 근대적 교육의 형성과 함께 진행되었던 모성의 근대적 (재)구성 과정에서 등장한 교육적 기능에 대한 질문에서 출발한 이 책의 논의는 다음과 같은 결과를 도출하였다.

첫째, 모성의 교육적 기능을 둘러싼 논의는 남성과 여성이 각각의 이해관계에 따라 설정한 권력의 갈등과 저항, 타협의 장(場)이었다. 저항적 성격의 민족주의의 논리와 제국주의의 식민지 경영을 위한 논리는 모두 남성중심적 가부장제를 공고히 하기 위하여 여성을 모성으로 호명하고 규정하려는 측면에서는 공모자였다. 또한 가치중립성을 표방하는 과학조차도 어머니-여성을 남성중심적 시선 아래에 묶어 두려는 의도를 내포하고 있었기 때문에, 어머니-여성은 자신이 수행하는 어머니 노릇으로부터 끊임없는 소외를 경험할 수밖에 없었다. 근대적 모성에게 요구되었던 교육적 기능은 이러한 어머니-여성의 자기소외 과정을 가장 잘 드러내는 지점이다.

둘째, 근대로의 편입이 요구되던 개화기 이후 일제 강점기까지의 기간은 교육과 모성의 근대적 관계설정이 이루어지는 공간을 마련하였다. 근대적 모성 담론이 형성되는 기원의 공간을 지배했던 시선은 '근대적' 가부장제였다. 서양 및 일본의 제국주의 세력과 이에 대항하였던 민족주의, 그리고 가치중립성을 근거로 삼았던 전문가 집단 등은 직접적인 이해관계를 달리 하면서도, 남성중심적인 가부장제의 틀에서 여성을 어머니로 규정하고자 하였다는 측면에서 공통점을 보인다. 다른 한편으로는 봉건적인 가부장제가 일상을 지배하고 있었고, 실제적인 '모중심 가족'이 본격적으로 자리를 잡았던 현실 속에서, 다양한 '근대적' 가부장제가 요구하였던 모성의 교육적 기능은 어머니-여성에게 하나의 전략으로 받아들여질 수 있었다.

교육의 근대성에 대한 규정에서 사회적 · 역사적 조건에 따라 서로 다른 측면이 부각되지만, 그것은 궁극적으로 가부장적 남성 주체의 기획이었다. 젠더(gender)라는 범주를 통해 교육의 역사에 접근할 때, 봉건성과 근대성을 이어 주는 가부장적 기획을 확인할 수 있는 것이다. 즉, 근대교육으로의 가부장적 재편 과정에서 주체와 객체의 자리를 오갈 수밖에 없었던 어머니-여성의 입장을 고려해 보면, 교육의 '근대'는 복수성(複數性, plurality)을 갖는 것일 수 있다. 가부장적 사회 속에서 동요할 수밖에 없는 근대적 모성의 교육적 기능은 여전히 교육의 장(場)에서 근대와 전근대의 요소가 혼재되어 나타나고, 근대교육의 해방적 기능에 대한 의문이 계속되는 이유의 하나를 보여 주는 것이다.

셋째, 여성은 자신들에게 부과된 모성의 교육적 기능을 전략적으로 수용하면서, 그 안에 은폐된 가부장적 논리의 내적 모순을 인식할 수 있는 계기를 발견할 수 있었다. 외부에서 요구된 어머니 노릇의 자연스러움을 수용하였던 여성은 자신의 실제 어머니 노릇에서 그것이 결코 자연스러운 논리가 될 수 없음을 발견하였고, 나아가 근대적 모성 담론이 구축하고 있던 교육적 기능은 여성에게 부과되는 어머니 노릇(mothering)이 내부적으로 균열과 모순을 가지고 있으며 자녀에게 필요한 것은 어머니 노릇이 아니라 부모 노릇(parenting)이라는 사실을 의식할 수 있는 계기를 제공하였다. 여성에게 강조되는 어머니라는 지위는 남편인 남성에게 종속되도록 만드는 근거가 되면서도, 여성 스스로가 사회적 권력을 확보할 수 있는 가능성의 영역이 될 수 있었다.

넷째, 근대적 모성에게 강요된 교육적 기능은 성차별적인 성격을 보이면서 오히려 교육의 장에 참여한 모든 구성원, 즉 아버지와 어머니, 아들과 딸 모두에게 비교육적인 결과를 야기하기도 하였다. 어머니－여성은 교육적 기능을 수행하면서도 끊임없이 선택과 판단의 권위를 아버지에게서 찾아야 하기 때문에 자기 소외를 벗어날 수 없었다. 또한 아버지 역시 공사 영역의 분리로 자녀에 대한 거리두기를 사회적으로 요구받게 됨으로써, 친밀한 관계성을 기반으로 하는 아버지 노릇(fathering)에 제약을 받을 수밖에 없었다. 자녀들은 아버지와 어머니로 분리된 부모 노릇을 내면화하고 재생산하면서 사회적으로 집중된 어머니의 교육적 기능에 감사와 저항이라는 양가적인 감정을 느낄 수밖에 없었다. 또한 자녀에 대한 교육적 기능이 생물학적 어머니에게 집중됨으로써 아버지와 어머니 그리고 자녀가 모두 교육의 주체로 여겨지면서도 동시에 객체의 지위를 벗어날 수 없는 모순적 상황을 피할 수 없게 된다.

다섯째, 모성은 여성을 다른 여성으로부터 분리하고 고립화시키는 계기가 되면서도 여성들 사이의 연대를 모색할 수 있는 가능성의 영역이다. 남성적 시각으로 판별되는 '좋은' 어머니와 '나쁜' 어머니의 분류는 여성들 내부를 가로지르는 경계선이면서도 남성중심적 모성 담론이 내포하는 균열과 모순을 노출할 수밖에 없었고, 실제 어머니 노릇을 통해 여성들이 구성해 나갔던 모성 담론은 자녀에 대한 교육적 기능을 여성들 사이의 연대성을 모색할 수 있는 계기로 제시하고 있었다.

모성(motherhood)은 교육적 기능으로 수렴될 수 있는 개념은 아니다. 그러나 다음 세대에 대한 교육적 영향력은 사회적으로 모성의 중요성이 부각될 수 있는 계기였고, 여성으로 하여금 사회적으로 구성된 모성을 적극적으로 수용하도록 하는 중요한 요인이 되었다. 오늘날 어머니들이 자녀교육에 대해 많은 권력을 행사하는 것으로 느끼면서도 결코 보조적 노동의 수준을 벗어나지 못하는 것, 모성의 교육적 기능이 어머니-자녀 관계, 나아가 부모-자녀 관계에서 중요한 갈등 요인으로 지적되는 것, 그리고 이러한 현상이 다음 세대에서 다시 재생산되는 것 등은 근대적 모성 담론이 구성되는 기원의 공간에서 어머니 노릇이 그것을 실제 수행하는 여성에게 갈등과 모순, 소외의 경험을 요구하였던 것에서 비롯되었다고 볼 수 있다. 아버지-남성과는 달리 어머니-여성은 '모성'과 '자아' 사이에서 스스로를 끊임없이 의심하고 갈등하며 적극적 수용과 소극적 저항을 반복해야 했던 것이다.

앞서 언급한 결과와 한계를 근거로 한 후속 연구에 대한 제언은 다음과 같다.

첫째, '자녀교육을 전담하는 어머니'라는 근대적 모성의 교육적 기능은 가족제도와 교육제도를 포괄하는 근대적 사회변화의 가부장적 기획에서 구성된 것이다. 여전히 근대적 모성론에 근거한 가족제도와 교육제도가 규범적 이념형(ideal type)으로 기능하면서, 오늘날의 다양한 가족 구성 방식을 충분히 반영하지 못하고 있다. 그리고 이는 가족과 학교 그리고 사회라는 교육의 장 사이의 괴리감을 증대시키고 있다. 따라서 다양한 가족 구성을 인정하고 이를 바탕으로 한 교육제도가 필요하다고 할 수 있다. 대안적인 가족 구성과 교육제도는 '어머니 노릇'과 '아버지 노릇'을 생물학적 어머니와 아버지에게 강제하지 않는 방향이 될 수밖에 없을 것이고, 특히 그 각각의 교육적 기능은 사회적으로 공유되어야 할 것이다. 또한 아동을 바라보는 관점 역시 변화되어야 할 것이다. 어머니와 아버지가 동등한 교육의 주체이자 책임자로 자리매김해야 할 뿐만 아니라, 아동이 단순한 교육의 대상이 아닌 동등한 참여자로 인정받을 수 있는 방향을 모색해 나가야 할 것이다. 어머니와 아버지, 자녀들의 생물학적 차이가 교육에서의 기능적 차이와 연결되지 않을 때, 교육은 하나의 인간적인 관계맺음이 될 수 있을 것이다.

둘째, 근대적 모성론의 교육적 기능은 공적인 영역에서의 근대적 학교교육을 전제로 하면서도, 사적 영역의 어머니－여성이 자녀교육의 책임을 떠맡아야 한다는 주장을 되풀이하고 있었다. 그렇다면 교육이 자리하는 위치는 분리된 공사 영역의 어느 곳인지를 반문해 보아야 할 것이다. 유례를 찾아보기 힘든 오늘날 우리 사회의 높은 교육열의 밑바탕에는 공교육과 사교육을 명확하게 분리하면서 학부모의 교육 참여를 왜곡된 방향으로 이끌고 있다. 즉, 교육의 목적이나 과정(process)에 대한 근본적인 논의는 공적인 영역으로 한정지음으로써 학부모, 더 정확하게는 자녀교육의 전담을 강요받는 어머니－여성에게는 성적으로 나타나는 교육의 결과에 대한 책임만을 전가하고 있는 것이다. 제5장에서 살펴보았듯이, 근대적 모성론의 교육적 기능은 여성들 사이의 연대성을 구축할 수 있는 계기가 될 수 있었듯이, 이는 오늘날 한국의 어머니－여성 역시 '차이'에 대한 진지한 인식을 전제로 여성들 사이의 연대성을 모색하는 계기를 마련해 줄 수 있을 것이다. 어머니－여성에게 집중되는 자녀교육의 부담이 성적에만 집중되는 '교육노동'으로 지속되어야 하는 것인지, 그리고 자녀교육을 어머니－여성 각각이 고립된 채 수행해야 하는 '사적 영역'의 몫으로 유지하는 것이 옳은지를 성찰해 보아야 할 것이다. 이는 진정한 의미의 학부모 운동을 촉진시키는 계기가 되는 동시에, 교육 주체 간의 이해를 바탕으로 하는 교육의 제자리 찾기 운동을 요구하는 것이 될 것이다.

셋째, 개화기부터 일제 강점기까지로 시기가 제한되어 진행되었다. 현재 우리 사회에서 영향력을 행사하고 있는 모성 담론과 그 교육적 기능은 해방 이후 경험한 사회적·역사적 경험까지 포함하고 있는 것이다. 해방 이후 적극적으로 수행되지 못하였던 식민주의의 극복, 민족 내부의 갈등을 극단적으로 표현한 전쟁과 그것의 국제적 확대, 연이어 등장한 독재정권과 이를 통해 정착된 비합리적 관행, 국가 주도로 전개된 하향식 경제발전 등은 모성의 교육적 기능에 지대한 변화를 요구하는 사회적 요인이 되었다. 해방 이후 전개된 사회적 변화는 근대적 모성 담론을 변형하고 재구성하면서 이전과는 다른 어머니 노릇을 요구하였다. 긍정적이든 부정적이든 현재 우리나라 교육에서 나타나는 어머니 노릇은 해방 이후 진행된 사회역사적 변화를 기반으로 하고 있는 것이다. 따라서 이에 대한 교육학적 연구가 요구된다고 할 수 있다.

넷째, 모성은 오늘날 교육을 이해하기 위한 간학문적 연구의 중요한 주제가 될 수 있다. 교육학뿐만 아니라 여성학과 사회학, 심리학, 문학, 역사학 등 다양한 학문 분과에서 접근이 가능한 모성은 근대 교육을 이해하는 데 여러 시각을 갖는 것이 가능하다는 사실을 알려 줄 수 있을 것이다. 이러한 간학문적 연구는 오늘날 교육이 마주하고 있는 위기를 진단하는 데 도움이 될 뿐 아니라, 교육의 장에서 가장 중심이 되는 인간과 근대성의 문제를 진지하게 고민할 수 있는 계기를 마련해 줄 것이다.

다섯째, 모성과 그 교육적 기능이 사회문화적으로 구성되는 개념이라는 사실은 기존의 교육학 연구와 교육정책에서 일정한 변화를 요구한다. 실증적 · 계량적 측면의 교육학 연구가 사실은 젠더편향적인 가설에 기반을 두고 있을 수 있듯이, 교육정책이 실질적인 효과를 이끌어 내기 위해서는 교육이라는 현상에 참여하는 구성원이 젠더에 따라 서로 다른 이해관계를 가지고 있는 것이다. 현재 교육을 설명하고 예측하려는 교육학 연구와 특정한 가치를 실현시키고자 하는 교육정책에서 젠더라는 범주는 그 타당성과 효과성을 예언할 수 있는 중요한 것임이 근대적 모성 담론의 연구에서도 드러난다. 교육의 장에서 어머니-여성의 실질적인 주체화가 진정한 교육의 변화를 이끌어 내는 데 중요한 역할을 할 수 있다는 것은 앞으로의 교육학 연구와 교육정책 수립에서 젠더 범주가 중요한 준거로 설정되어야 함을 의미하는 것이다.

참고문헌

1. 신문 및 잡지 자료

「국도신문(國都新聞)」「대한매일신보(大韓每日申報)」「독립신문(獨立新聞)」「동아일보(東亞日報)」「만세보(萬歲報)」「매일신보(每日申(新)報)」「제국신문(帝國新聞)」「조선일보(朝鮮日報)」「황성신문(皇城新聞)」

『가뎡잡지(家庭雜誌)』『가정의 벗(家庭の友)』『개벽(開闢)』『기호흥학회월보(畿湖興學會月報)』『녀ᄌᆞ지남(女子指南)』『농민(農民)』『대동학회월보(大東學會月報)』『대중(大衆)』『대한자강회월보(大韓自强會月報)』『대한흥학보(大韓興學報)』『동광(東光)』『동명(東明)』『문교의 조선(文敎の朝鮮)』『별건곤(別乾坤)』『부녀세계(婦女世界)』『부녀지광(婦女之光)』『부인(婦人)』『삼천리(三千里)』『서북(西北)』『서북학회월보(西北學會月報)』『서우(西友)』『소년한반도(少年韓半島)』『신가정(新家庭)』『신계단(新階段)』『신동아(新東亞)』『신여성(新女性)』『신여자(新女子)』『여성(女性)』『여성지우(女性之友)』『여인(女人)』『여자계(女子界)』『우리가정』『자선부인회잡지』『제1선(第1線)』『태극학보(太極學報)』『학지광(學之光)』『현대평론(現代評論)』

2. 국내 문헌

가와 가오루. 김미란 역. 「총력전 아래의 조선 여성」. 『실천문학』 2002년 가을호, 2002. 8.

강경애. 「어머니와 딸」. 권영민 · 이주형 · 정호웅 공편. 『韓國近代短篇小說大系』 2. 서울: 태학사, 1988.

강득희. 「유아기 사회화 과정에 대한 연구－일제하 서울지역의 사례를 중심으로」. 이화여자대학교 사회학과 박사학위 논문, 1994.

강만길 · 김남식 · 김영하 · 김태영 · 박종기 · 박현채 · 안병직 · 정석종 · 정창렬 · 조광 · 최광식 · 최장집 공편. 『한국사 15－민족해방운동의 전개(1)』. 서울: 한길사, 1994.

강선미. 『한국의 근대 초기 페미니즘 연구』. 서울: 푸른사상, 2005.

경기도. 『전통시대 법과 여성』. 2005.

고미숙. 『한국의 근대성, 그 기원을 찾아서: 민족 · 섹슈얼리티 · 병리학』. 서울: 책세상, 2001.

고려대학교 교육사철학연구회 편. 『새로운 교육의 탐색』. 서울: 내일을 여는 책, 1997.

공제욱 · 정근식 공편. 『식민지의 일상, 지배와 균열』. 서울: 문화과학사, 2006.

권명아. 『역사적 파시즘－제국의 판타지와 젠더 정치』. 서울: 책세상, 2005.

권보드래. 『연애의 시대』. 서울: 현실문화연구, 2003.

________. 『한국 근대소설의 기원』. 서울: 소명출판, 2000.

권희영. 「1920～1930년대 '신여성'과 모더니티의 문제－『新女性』을 중심으로」. 『사회와 역사』 통권 제54집, 1998.

김경미. 「선비의 아내, 그녀들의 숨은 노동」. 『여/성이론』 제11호, 2004년 겨울호.

김경일. 『여성의 근대, 근대의 여성』. 서울: 푸른역사, 2004.

______. 「한국 근대 사회의 형성에서 전통과 근대」. 『사회와 역사』 제54집, 1998.

김기수. 이재호 역. 「日東記遊」. 『국역 해행총재』 X. 서울: 민족문화추진회, 1977.

김동식. 「연애와 근대성」. 『민족문학사연구』 18, 2001.

김미영. 『유교문화와 여성』. 서울: 살림, 2004.

김민정. 「강경애 문학에 나타난 지배담론의 영향과 여성적 정체성의 형성에 관한 연구」. 『어문학』 통권 제85호, 2004. 9.

김성학. 『서구교육학 도입의 기원과 전개』. 서울: 문음사, 1996.

김성희. 「조선시대 여성의 가내외에서의 일상생활－조선후기 회화에 나타난 여성을 중심으로」. 『대한가정학회지』 제42권 제7호, 2004.

김숙자. 「유교 전통사회의 어머니 역할과 아동양육」. 『교육학연구』 제34권 제5호, 1996.

김연숙. 「식민지 近代小說에 나타난 母性談論 연구－李泰俊 · 羅蕙錫 · 姜敬愛를 중심으로」. 『어문연구』 제122권, 2004. 6.

김영진. 『한국의 아들과 아버지』. 서울: 황금가지, 2001.

김영철. 「"구운몽"에 나타난 전통 가정교육」. 서울대학교 교육학과 박사학위 논문, 1996.

______. 『전통 가정교육 연구』. 서울: 문음사, 1998.

김윤선. 「1930년대 한국 소설에 나타난 性談論 연구」. 『한성어문학』 Vol. 22, 2003.

김은실. 『(사교육 1번지) 대치동 엄마들의 입시전략』. 서울: 이지북, 2004.

김재용 · 김화선 · 노혜경 · 이상경 · 이선옥 · 이재명 · 한도연. 『친일문학의 내적 논리』. 서울: 도서출판 역락, 2003.

김재인 · 양애경 · 허현란 · 유현옥. 『한국 여성교육의 변천과정 연구』. 서울: 한국여성개발원, 2001.

김정환. 『페스탈로치의 교육철학』. 서울: 고려대학교 출판부, 1995.

김진균 · 정근식 편저. 『근대주체와 식민지 규율권력』. 서울: 문화과학사, 1997.

김진송. 『서울에 딴스홀을 許하라』. 서울: 현실문화연구, 1999.

김현미. 「문화 번역: 근대적 성찰의 비판적 작업」. 『문화과학』 27, 2001년 가을호.

김현주. 「공감적 국민＝민족 만들기」. 『작가세계』 2003년 여름호.

______. 「논쟁의 정치와 「민족개조론」의 글쓰기」. 『역사와 현실』 제57권, 2005. 9.

______. 「식민지 시대와 '문명' · '문화'의 이념－1910년대 이광수의 '정신적 문명'론을 중심으로」. 『민족문학사연구』 20, 2002.

______. 『이광수와 문화의 기획』. 서울: 태학사, 2005.

김현철. 「일제기 청소년 문제에 대한 연구」. 연세대학교 교육학과 박사학위 논문, 2000.

김혜경. 「일제하 "어린이기"의 형성과 가족변화에 관한 연구」. 이화여자대학교 사회학과 박사학위 논문, 1998.

김혜경 · 정진성. 「"핵가족"논의와 "식민지적 근대성": 식민지 시기 새로운 가족개념의 도입과 변형」. 『한국사회학』 제35집 제4호, 2001.

김희복. 「학부모 문화 연구」. 서울대학교 교육학과 박사학위 논문, 1992.

나혜석. 이상경 편. 『나혜석 전집』. 서울: 태학사, 2000.

노영주. 「초기 모성경험에 관한 문화기술적 사례연구」. 서울대학교 소비자아동학과 박사학위 논문, 1998.

류점숙. 『전통사회의 아동교육』. 대구: 중문, 1994.

______. 『전통사회의 아동교육』 재판. 대구: 중문, 2001.

문소정. 「일제하 한국농민가족에 관한 연구: 1920-1930년대 빈농층을 중심으로」. 서울대학교 사회학과 박사학위 논문, 1991.

______. 「현모양처/양처현모 정체성을 통해 본 한일 여성의 일상적 삶의 질 비교 연구」. 『사회와 역사』 제61권, 2002.

문은미. 「가부장제」. 『여/성이론』 제2호, 2000. 1.

민족문학연구소. 『탈식민주의를 넘어서』. 서울: 소명출판, 2006.

박광용. 「조선후기 여성의 사회적 지위에 대한 시론」. 『성평등연구』 제2집, 1999.

박명규. 「한말 '사회'개념의 수용과 그 의미체계」. 『사회와 역사』 제59집, 2001.

박미선. 「젠더」. 『여/성이론』 제1호, 1999. 4.

박성진. 『韓末~日帝下 사회진화론과 식민지사회사상』. 서울: 선인, 2003.

박숙자. 「아동의 발견과 모성 담론-1920년대 아동문학 작품을 중심으로」. 『어문학』 제84집, 2004.

박영효. 「開化에 대한 上疏」. 『近代韓國名論說集』. 『신동아』. 1966년 1월호 부록.

박완서. 『박완서 소설전집 7. 엄마의 말뚝』 2판. 서울: 세계사, 2002.
박지향 · 김철 · 김일영 · 이영훈 공편. 『해방 전후사의 재인식 1』. 서울: 책세상, 2006.
박찬승. 『한국근대정치사상사연구』. 서울: 역사비평사, 1992.
박철희. 「식민지기 한국 중등교육 연구: 1920~30년대 고등보통학교를 중심으로」. 서울대학교 교육학과 박사학위 논문, 2002.
박희경. 「모성 담론에 부재하는 어머니」. 『페미니즘 연구』 창간호, 2001.
배은경. 「1950년대 한국 여성의 삶과 출산조절」. 『한국학보』 제29권 제3호, 2003.
______. 「가족계획 사업과 여성의 몸-1960~70년대 출산조절 보급 과정을 통해 본 여성과 '근대'」. 『사회와 역사』 제67권, 2005. 6.
______. 「한국사회 출산조절의 역사적 과정과 젠더: 1970년대까지의 경험을 중심으로」. 서울대학교 사회학과 박사학위 논문, 2004.
백지혜. 『스위트 홈의 기원』. 서울: 살림, 2005.
서정자. 「페미니스트 성장소설과 자기발견의 체험」. 『한국여성학』 Vol. 7, 1991.
소래섭. 「『少年』誌에 나타난 '소년'의 의미와 '아동'의 발견」. 『한국학보』 제109집, 2002년 겨울호.
소현숙. 「일제 식민지 시기 조선의 출산 통제 담론의 연구」. 한양대학교 사학과 석사학위 논문, 1999.
손인수. 「한국근대교육의 이념과 실태」. 『한국교육연구』 제1집. 성남: 한국정신문화연구원, 1980.
______. 『韓國人의 家庭教育』. 서울: 문음사, 1992.
손직수. 『조선시대여성교육연구』. 서울: 성균관대학교 출판부, 1982.
송규진 · 변은진 · 김윤희 · 김승은. 『통계로 본 한국근현대사』. 서울: 아연출판부, 2004.
송인자. 「조선시대 가족문화의 교육적 의미」. 『교육학연구』 제40권 제3호, 2002.
신영숙. 「일제하 한국여성사회사 연구」. 이화여자대학교 박사학위 논문,

1989.
심영희 · 정진성 · 윤정로 공편. 『모성의 담론과 현실: 어머니의 성 · 삶 · 정체성』. 서울: 나남출판, 1999.
신용하. 「우리나라 最初의 近代學校 設立에 대하여」. 『한국사연구』 10, 1974.
안경식. 『구비설화에 나타난 한국 전통교육』. 서울: 문음사, 2004.
______. 『한국 전통아동교육사상』. 서울: 학지사, 2005.
안태윤. 「일제하 모성에 관한 연구－전시체제와 모성의 식민화를 중심으로」. 성신여자대학교 박사학위 논문, 2001.
여성부. 「전국가족조사 및 한국가족보고서」(연구보고 2003-24). 2003.
연구공간 수유+너머 근대매체연구팀. 『매체로 본 근대 여성 풍속사 新女性』. 서울: 한겨레신문사, 2005.
오성철. 『식민지 초등 교육의 형성』. 서울: 교육과학사, 2000.
유길준. 「勞動夜學讀本」(1907. 11). 유길준전서편찬위원회 편. 『유길준전서 2, 문법 · 교육편』. 서울: 일조각, 1996.
______. 허경진 역. 『서유견문』. 서울: 한양출판, 1995.
유안진. 『한국 전통사회의 유아교육』. 서울: 서울대학교 출판부, 1990.
유옥겸 역술. 『簡明教育學』. 皇城: 右文館, 1908.
윤택림. 『한국의 母性』. 서울: 미래인력연구센터, 2001.
이계학 · 유혜령 · 손직수 · 이홍우. 『한국인의 전통가정교육사상』. 성남: 한국정신문화연구원, 1994.
이광규. 『韓國家族의 構造分析』. 서울: 일지사, 1982.
이광수. 『이광수전집』 1. 서울: 삼중당, 1963.
______. 『이광수전집』 9. 서울: 삼중당, 1971.
______. 『이광수전집』 10 중판. 서울: 삼중당, 1973.
______. 『이광수전집』 13. 서울: 삼중당, 1968.
______. 『이광수전집』 17. 서울: 삼중당, 1963.
이기훈. 「청년, 근대의 표상－1920년대 '청년' 담론의 형성과 변화」. 『문화과학』 제37호, 2004. 3.

이득재. 『가족주의는 야만이다』. 서울: 소나무, 2001.
이만규. 『조선교육사 下』. 서울: 을유문화사, 1949.
이문건. 이상주 역주. 『양아록』. 서울: 태학사, 1997.
이문열 · 권영민 · 이남호 공편. 『한국문학이란 무엇인가』. 서울: 민음사, 1995.
이상경. 「1930년대 후반 여성문학사의 재구성: 강경애의 「어둠」을 중심으로」. 『페미니즘 연구』 제5호, 2005.
______. 「일제 말기의 여성 동원과 '군국(軍國)의 어머니'」. 『페미니즘 연구』 제2호, 2002.
이선옥. 「평등에 대한 유혹-여성 지식인과 친일의 내적 논리」. 『실천문학』 제67권, 2002년 가을호.
이숙인. 『동아시아 고대의 여성사상』. 서울: 여이연, 2005.
이숙인 역주. 『여사서』. 서울: 도서출판 여이연, 2003.
이순구. 「조선초기 여성의 생산노동」. 『국사관논총』 제49집, 1993.
이순형. 「경국대전을 통해 본 조선 초기 여성의 지위」. 『가족과 문화』 제13집 제2호, 2001.
이연정. 「모성론에 관한 비판적 고찰」. 서울대학교 사회학과 석사학위 논문, 1994.
이옥수 편저. 『한국근세여성사화 上』. 서울: 규문각, 1985.
이윤미. 「식민지근대화론 논의의 성격과 그에 대한 교육적 이해와 비판」. 『한국교육사학』 제25권 제1호, 2003.
______. 「전지구화 시대 민족국가 담론과 식민지 연속성 문제」. 한국교육사학회 제7회 식민주의 연구 국제심포지엄 발표문, 2004. 8.
______. 「한국 개화기 교육에 나타난 동양관과 민족 개념-개화론자들의 논의를 중심으로」. 『한국교육사학』 제20집, 1998.
이이효재. 『조선조 사회와 가족-신분상승과 가부장제문화』. 서울: 한울아카데미, 2003.
이임하. 『여성, 전쟁을 넘어 일어서다』. 서울: 서해문집, 2004.
이재경. 『가족의 이름으로-한국근대가족과 페미니즘』. 서울: 또 하나의 문화, 2003.

이종각. 『교육열 올바로 보기』. 서울: 원미사, 2003.

이종서. 「'전통적' 계모관(繼母觀)의 형성과정과 그 의미」. 『역사와 현실』 제51호, 2004. 3.

이헌영. 권영대 외 공역. 「日槎集略」. 『국역 해행총재』 XI. 서울: 민족문화추진회, 1977.

이화여대 한국문화연구원. 『근대계몽기 지식 개념의 수용과 그 변용』. 서울: 소명출판, 2004.

임선애. 「강경애 소설, 제도 뛰어넘기 방식－「어머니와 딸」을 중심으로」. 『한민족어문학』 제46집, 2005. 6.

전경옥 · 김은실 · 정기은. 『한국여성근현대사 1: 개화기－1945년 한국여성인물사』. 서울: 숙명여자대학교 아시아여성연구소, 2004.

전경옥 · 변신원 · 박진석 · 김은정. 『한국여성근현대사 1: 개화기－1945년 한국여성문화사』. 서울: 숙명여자대학교 출판국, 2004.

전미경. 「1900-1910년대 家政 教科書에 관한 연구－현공렴 발행 『漢文家政學』, 『新編家政學』, 『新訂家政學』을 중심으로」. 『한국가정과교육학회지』 제17권 제1호, 2005. 3.

______. 「개화기 계몽담론에 나타난 '가족'에 대한 단상－대한매일신보를 중심으로」. 『한국가정관리학회지』 제20권 제3호, 2002.

______. 『근대계몽기 가족론과 국민 생산 프로젝트』. 서울: 소명출판, 2005.

전복희. 『사회진화론과 국가사상』. 서울: 한울, 1996.

전인권. 『남자의 탄생』. 서울: 푸른숲, 2003.

정선이. 「周易의 女性觀과 教育觀에 관한 一考察」. 『교육철학』 8. 1990.

정순목. 「한국개화교육의 이상과 전개」. 한국정신문화연구원 교육연구실 편, 『한국교육연구』 제1집. 성남: 한국정신문화연구원, 1980.

정순우. 「18세기 서당 연구」. 서울대학교 박사학위 논문, 1985.

정약용. 박석무 편역. 『유배지에서 보낸 편지』 개정판. 서울: 창작과비평사, 2001.

정옥자 · 이순형 · 이숙인 · 함재봉. 「좌담 조선 여성은 억압받았는가?」.

『전통과 현대』 통권 제12호, 2000년 여름호.

정운현 편. 『학도여 성전에 나서라』. 서울: 없어지지 않는 이야기, 1997.

정재걸. 「우리나라 최초의 근대학교」. http://igifted2.dnue.ac.kr/~jgjung.

정재철. 『日帝의 對韓國植民地敎育政策史』. 서울: 일지사, 1985.

정지영. 「조선 후기의 첩(妾)과 가족질서: 가부장제와 여성의 위계」. 『사회와 역사』 제65집, 2004.

정진성. 「억압된 여성의 주체 형성과 군위안부 동원」. 『사회와 역사』 제54호, 1998.

정현백. 「민족주의와 페미니즘－비교사적 고찰을 중심으로」. 『페미니즘 연구』 창간호, 2001.

조선사회연구회 편. 『조선시대의 사회와 사상』. 서울: 조선사회연구회, 1998.

조성숙. 『'어머니'라는 이데올로기: 어머니의 경험세계와 자아찾기』. 서울: 한울, 2002.

조옥라 · 정지역 공편. 『젠더, 경험, 역사』. 서울: 서강대학교 출판부, 2004.

조은. 「모성의 사회적 · 역사적 구성－조선 전기 가부장적 지배 구조의 형성과 '아들의 어머니'」. 『사회와 역사』 제55집, 1999.

조은 · 윤택림. 「일제하 '신여성'과 가부장제－근대성과 여성성에 대한 식민담론의 재조명」. 광복 50주년 기념사업회 · 한국학술진흥재단. 『광복 50주년 기념논문집』 8, 1995.

조주은. "엄마인 게 행복한 대한민국'은 불가능한가'. 「프레시안」(www.pressian.com). 2005년 11월 2일.

조혜정. 「가부장제의 변형과 극복: 한국가족의 경우」. 『한국여성학』 제2집, 1986.

______. 『한국의 여성과 남성』. 서울: 문학과 지성사, 1988.

천성림. 「1920 · 30년대 중국지식인의 '모성'담론과 '모성보호' 인식」. 『중국사연구』 제24집, 2003. 6.

천정환. 『근대의 책읽기: 독자의 탄생과 한국 근대문학』. 서울: 푸른역사, 2003.

최새은 · 옥선화. 「『新女性』을 중심으로 본 신여성과 가족에 대한 담론」.

『가족과 문화』 제15집 제1호, 2003.

최서영. "강남 대치동 엄마' vs '강북 품앗이 엄마". 「프레시안」(www.pressian.com), 2005년 5월 14일.

______. '애 못 낳는 이유 1위, 교육 · 육아비'. 「프레시안」(www.pressian.com), 2005년 11월 17일.

______. '학교급식 학부모 강제 동원, 이제 그만'. 「프레시안」(www.pressian.com), 2005년 4월 7일.

최숙경 · 이배용 · 신영숙 · 안연선. 「한국여성사 정립을 위한 여성인물 유형연구 Ⅲ」. 『여성학논집』 제10집, 1993. 12.

최유리. 「일제하 통혼 정책과 여성의 지위」. 『국사관논총』 제83집, 1999. 6.

최재석. 『韓國家族硏究』 개정판. 서울: 일지사, 1994.

최정무. 「민족과 여성: 혁명의 주변」. 『실천문학』 제69권, 2003년 봄호.

최혜실. 『신여성들은 무엇을 꿈꾸었는가』. 서울: 생각의 나무, 2000.

추병식. 「집단 순응과 대리 만족의 교육열」. 『교육사회학연구』 제9권 제1호, 1999.

태혜숙 · 김연숙 · 김윤선 · 문영희 · 이경 · 이윤미 · 이은경 · 임옥희 · 임우경 · 정미옥 · 정혜영. 『한국의 식민지 근대와 여성공간』. 서울: 도서출판 여이연, 2004.

하수경. 「조선시대 가정교육과 문자도」. 『종교교육학연구』 제17권, 2003. 12.

한국교육연구소 편. 『한국교육사 근 · 현대편』. 서울: 풀빛, 1993.

한국여성연구소 여성사연구실. 『우리 여성의 역사』. 서울: 청년사, 1999.

한국정신대문제대책협의회 · 정신대연구회 공편. 『강제로 끌려간 조선인 군위안부들-증언집 Ⅰ』. 서울: 한울, 1993.

한국정신대문제대책협의회 · 한국정신대연구소 공편. 『강제로 끌려간 조선인 군위안부들 3』. 서울: 한울, 1999.

한용진 · 강성현 · 김귀성 · 이승원 · 쓰즈키 쓰구오(都築繼雄). 『동아시아 근대교육사상가론』. 서울: 문음사, 2004.

황희경, 「기혼남녀 절반, "자녀 조기유학 보낼 의향"」. 「한겨레신문」. 2005

년 12월 5일.
Deuchler, Martina. 윤성진 역. 「유교에 기초한 입법화와 이것이 여성의 지위에 미친 결과」. 『역사와 경계』 Vol. 44, 2002.

3. 동양 문헌

니시카와 나가오(西川長夫). 윤대석 역. 『국민이라는 괴물』. 서울: 소명출판, 2002.
우매네 사토루(梅根悟). 김정환 · 심성보 공역. 『세계교육사』. 서울: 풀빛, 1990.
윤건차. 심성보 역. 『한국근대교육의 사상과 운동』. 서울: 청사, 1987.
_____. 이지원 역. 『한일 근대사상의 교착』. 서울: 문화과학사, 2003.
조선총독부. 『昭和五年 國勢調査報告』 全鮮編. 1930.
_________. 『朝鮮總督府統計年譜』. 각년판.
瀧澤又市. 『母性讀本 8. 學校と家庭』. 東京: 文化生活研究會, 1927.
小山靜子. 『子どもたちの近代: 學校敎育と家庭敎育』. 東京: 吉川弘文館, 2002.

4. 서양 문헌

최정무. 「한국의 민족주의와 성(차)별 구조」. Kim, Elaine H. · 최정무 편저. 박은미 역. 『위험한 여성(*Dangerous women*)』. 서울: 삼인, 2001.
Anderson, Benedict. 윤형숙 역. 『상상의 공동체: 민족주의의 기원과 전파에 대한 성찰(*Imagined Communities: Reflections on the Origin and Spread of Nationalism*)』 개정증보판. 서울: 나남출판, 1991.
Ariés, Philippe. 문지영 역. 『아동의 탄생(*L'enfant et la vie familiale sous l'ancien regime*)』. 서울: 새물결, 2003.
Ariés, Philippe · Duby, Georges · Chartier, Roger 공편. 이영림 역. 『사생활

의 역사 3, 르네상스부터 계몽주의까지(*Histoire de la vie privee*)』. 서울: 새물결, 2002.

Beck-Gernsheim, Elisabeth. 박은주 역. 『가족 이후에 무엇이 오는가?(*Was kommt nach der Familie?: Einblicke in neue Lebensformen*)』. 서울: 새물결, 2005.

__________. 이재원 역. 『내 모든 사랑을 아이에게?(한 조각 내 인생과 아이 문제)(*Die Kinderfrage: Frauen zwischen Kinderwunsch und Unabhangigkeit*)』. 서울: 새물결, 2000.

Beauvoir, Simone de. 조홍식 역. 『제2의 성(*The Second sex*)』. 서울: 을유문화사, 1993.

Comenius, J. A. 정확실 역. 『대교수학(*Didactica magna*)』. 서울: 교육과학사, 1987.

Duby, Georges · Perrot, Michélle 공편. 권기돈 · 정나원 공역. 『여성의 역사 4, 페미니즘의 등장: 프랑스 대혁명부터 제1차세계대전까지(*Storia delle donne in Occidente Vol IV, L'Ottocento*)』. 서울: 새물결, 1999.

Dülmen, Richard van. 최윤영 역. 『개인의 발견: 어떻게 개인을 찾아가는가 1500~1800(*Die Entdeckung des Individuums 1500~1800*)』. 서울: 현실문화연구, 2005.

Elias, Norbert. 박미애 역. 『문명화과정 1(*Über den Prozess der Zivilisation. I*)』. 서울: 한길사, 1996.

Firestone, Shulamith. 김애숙 역. 『성의 변증법(*The dialectic of sex*)』. 서울: 풀빛, 1983.

Foucault, Michel. 이광래 역. 『말과 사물(*Les Mots et les choses*)』. 서울: 민음사, 1980.

__________. 이규현 역. 『성의 역사 1: 앎의 의지(*Histoire de la sexualite 1*)』. 서울: 나남, 1999.

__________. 이정우 역. 『담론의 질서(*(L')ordre du discours*)』. 서울: 새길, 1993.

Friedan, Betty. 김행자 역. 『여성의 신비(*Feminine mystique*)』. 서울: 평민사, 1996.

Giddens, Anthony. 배은경 · 황정미 공역. 『현대사회의 성 · 사랑 · 에로티시즘: 친밀성의 구조변동(*Transformation of intimacy: Sexuality, love and eroticism in morderm societies*)』. 서울: 새물결, 2003.

Grass, Günter. 김재혁 역. 『넙치(*Der Butt*)』. 서울: 민음사, 2002.

Illich, Ivan. 최효선 · 이승환 공역. 『젠더(*Gender*)』. 서울: 뜨님, 1996.

Jagger, Alison M. · Young, Iris Marion 공편. 한국여성철학회 역. 『여성주의 철학 1(*A Companion to Feminist Philosophy*)』. 서울: 서광사, 2005.

Lerner, Gerda. 강정하 역. 『왜 여성사인가(*Why History Matters: Life and Thought*)』. 서울: 푸른역사, 2006.

Martin, Jane Roland. 유현옥 역. 『교육적 인간상과 여성－이상적인 여성상 정립을 위한 탐색(*Reclaiming a conversation: the ideal of the educated woman*)』. 서울: 학지사, 2002.

Millett, Kate. 정의숙 · 조정호 공역. 『성의 정치학(上)(*Sexual politics*)』. 서울: 현대사상사, 1976.

Mosse, George L. 서강여성문학연구회 역. 『내셔널리즘과 섹슈얼리티(*Nationalism and sexuality: respectability and abnormal sexuality in modern Europe*)』. 서울: 소명출판, 2004.

Noddings, Nel. 추병완 · 박병춘 · 황인표 공역. 『배려교육론: 인간화교육을 위한 새로운 접근(*The Challenge to care in schools: an alternative approach to education*)』. 서울: 다른우리, 2002.

Pestalozzi, J. H. 김정환 역. 『페스탈로치가 어머니들에게 보내는 편지(*Letters on Early Education: Addressed to J. P. Greaves, Esq.*)』. 서울: 양서원, 1999.

Ramazanoglu, Caroline. 최영 · 박정우 · 최경희 · 이희원 공역. 『푸코와 페미니즘(*Up Against foucault: explorations of some tensions between foucault and feminism*)』. 서울: 동문선, 1997.

Rich, Adrienne. 김인성 역. 『더 이상 어머니는 없다: 모성의 신화에 대한 반성(*Of woman born: Motherhood as experience and institution*)』. 서울: 평민사, 1995.

Rousseau, J. J. 정봉구 역. 『에밀(*Emile, ou Traite de l'Education*)』. 서울: 범우사, 1984.

Ruddick, Sara. 이혜정 역. 『모성적 사유: 전쟁과 평화의 정치학(*Maternal Thinking: Toward a Politics of Peace*)』. 서울: 철학과 현실사, 2002.

Scott, Joan Wallach. 배은경 역. 「젠더와 정치에 대한 몇가지 성찰(*Some More Reflection on Gender and Politics*)」. 『여성과 사회』 제13호, 2001.

Suransky, Valerie Polakow. 윤종희 · 이재연 공역. 『아동기의 실종(*Erosion of Childhood*)』. 서울: 교보문고, 1994.

Thurer, Shari L. 박미경 역. 『어머니의 신화(*The myths of motherhood*)』. 서울: 까치, 1995.

Tuttle, Lisa. 유혜련 · 호승희 공역. 『페미니즘 사전(*Encyclopedia of feminism*)』. 서울: 동문선, 1999.

Warner, Judith. 임경현 역. 『엄마는 미친 짓이다(*Perfect Madness*)』. 서울: 프리즘하우스, 2005.

Wood, Julia T. 한희정 역. 『젠더에 갇힌 삶(*Gendered live: communication, gender, and culture*)』. 서울: 커뮤니케이션북스, 2006.

Burman, Erica. 'Motherhood', Lorraine Code (Ed.). *Encyclopedia of Feminist Theories*. London & New York: Routledge, 2000.

Chatterjee, Partha. 'The Nationalist Resolution of The Women's Question'. Gregory Castle (Ed.). *Postcolonial Discourses: an Anthology*. Oxford. UK; Malden, MA: Blackwell, 2001.

_______________. *National Thought and The Colonial World: A Derivative Discourse*. London: Zed Books, 1986.

Code, Lorraine. (Ed.). *Encyclopedia of Feminist Theories*. London & New

York: Routledge, 2000.

Ehrenreich, Barbara & English, Deirdre. *For Her Own Good: 150 Years of The Experts' Advice to Women.* New York: Anchor Books, 1989.

Gillespie, Rosemary. 'Childfree and Feminine: Understanding The Gender Identity of Voluntarily Childless Women'. *GENDER & SOCIETY,* Vol. 17 No. 1, Feb. 2003.

Glenn, Evelyn Nakano. 'Social Constructions of Mothering: A Thematic Overview'. Evelyn Nakano Glenn, Grace Chang, & Linda Rennie Forcey (Eds.). *Mothering: Ideology, Experience, and Agency.* New York & London: Routledge, 1994.

Heyhood, Colin. *A History of Childhood: Children and Childhood in the West from Medieval to Modern Times.* Cambridge, UK; Malden, Mass.: Polity Press, 2001.

Kumar, Nita. 'Mothers and Non-Mothers: Gendering The Discourse of Education in South Asia'. *Gender & History,* Vol. 17 No. 1, April 2005.

McClintock, Anne. '"No Longer in a Future Heaven": Women and Nationalism in South Africa'. *Transition, 51,* 1991.

Noddings, Nel. *Caring, a Feminine Approach to Ethics & Moral Education.* Berkeley: University of California Press, 1984.

Scott, Joan Wallach. *Gender and The Politics of History.* New York: Columbia University Press, 1988.

Taylor Allen, Ann. 'Spiritual Motherhood: German Feminists and the Kindergarten Movement, 1848-1911'. *History of Education Quarterly. 22,* Fall 1982.

찾아보기

인명

내용

감수자 소개

■ **한용진(韓龍震)**

고려대학교 교육학과 교육철학 및 교육사학 전공(교육학 박사)

현 고려대학교 교육학과 교수, 고려대학교 평생교육원장

〈저 · 역서/논문〉

『아희원람(兒戲原覽)』(공역, 한국학술정보, 2008)

『동아시아 근대교육사상가론』(공저, 문음사, 2004)

「교육학사 서설(序說)」(2007)

「한국교육사 교재분석」(2007)

「학제의 비교교육사적 고찰」(2006)

「경성학당에 관한 연구」(2004)

저자 소개

■ **채성주**(蔡成柱)

평강(平康) 채씨(蔡氏) 27대손으로 아버지 채수열(蔡洙悅)과 어머니 김영희(金英姬)의 삼남 중 장남으로 1972년 12월 29일 전북 군산에서 태어났다. 부친은 경영학 석사 출신으로 서울은행 경인 본부장을 역임하였고, 아래 동생으로 영주(永柱, 1974년생), 경주(京柱, 1977년생) 등도 각기 공학 석사와 교육학 석사로 집안 모두가 학문을 즐기는 가풍을 간직하며 자라났다.

초등학교 시절에는 부친의 잦은 전근으로 2년마다 익산, 군산, 대전 등으로 전학을 다녔는데, 초등학교를 졸업한 곳은 대전 태평초등학교(1985. 2)이다. 중고등학교 시절에는 전주에서 다녔는데, 전주 전라중학교(1988. 2)와 전주고등학교(1991. 2)를 졸업하고, 이후 고려대학교 사범대학 교육학과에 진학하여 학사(1991. 3~1997. 8)와 석사과정(1997. 9~2000. 2), 박사과정(2000. 3~2002. 2)을 모두 마치고, 2006년 8월에 「근대교육 형성기의 모성 담론 연구」로 박사학위를 취득하게 되었다.

대학을 다니는 동안 육군 하사관 학교에 입대하여 전라북도 금마에서 근무(1993. 4~1995. 6)하면서 하사관 교육교재를 편집하는 등 군대에서도 교육 관련 업무에 종사하였고, 대학을 졸업한 이후에는 경기도 포천여자중학교에서 잠시 기간제 교사생활을 하고, 박사과정 때 교육대학원의 월간신문인 교육신보사 간사를 2년간 맡아 활동(2000. 3~2002. 2)하였고, 이후 고려대학교 100년사 편찬실에 근무(2001. 3~2005. 8)하며, 고려대학교 100주년 기념으로 간행된 『고려대학교 100년사 자료집』, 『고려대학교 학생운동사』, 『고려대학교 문화사』 등의 대학사 간행사업에 직접 관여하였다. 박사학위를 받은 2006년 11월부터 고려대학교 교육문제연구소 연구교수로 근무하며, 전도유망한 신예학자로 주변으로부터 큰 기대와 주목을 받았으나 2007년 9월 26일 저녁 불의의 사고로 세상을 떠나게 되었다.

유족으로는 2000년 10월에 같은 학과 선후배로 만나 결혼한 안수경과 장남 희준(2001년생)과 차남 희건(2003년생) 등이 있다. 배우자인 안수경은 현재 인천에서 영어교사로 교편을 잡고 있다. 삼가 가족 모두의 행복을 기원한다.

근대교육 형성기의 모성 담론

2009년 1월 15일 1판 1쇄 인쇄
2009년 1월 21일 1판 1쇄 발행

감수자 • 한용진
지은이 • 채성주
펴낸이 • 김진환
펴낸곳 • (주) 학지사
121-837 서울특별시 마포구 서교동 352-29 마인드월드빌딩 5층
대표전화 • 02)330-5114 / 팩스 02)324-2345
홈페이지 • http://www.hakjisa.co.kr
등 록 • 제313-2006-000265호

ISBN 978-89-93510-09-6 93370

정가 14,000원